U0946969

天星地理学

——赖布衣堪舆体系解秘

赖雅浩　著

中国商业出版社

图书在版编目(CIP)数据

天星地理学/ 赖雅浩著. —北京：中国商业出版社，2012. 6

ISBN 978-7-5044-7752-1

Ⅰ. ①天… Ⅱ. ①赖… Ⅲ. ①风水—研究—中国 Ⅳ. ①B992.4

中国版本图书馆 CIP数据核字（2012）第 129186 号

责任编辑 李赫

中国商业出版社出版发行

010-63180647 www.c-cbook.com

（100053 北京广安门内报国寺 1 号）

新华书店总店北京发行所经销

北京明月印务有限责任公司印刷

*

710×1000 毫米 1/16 开 29 印张 428 千字

2013 年 1 月第 1 版 2013 年 1 月第 1 次印刷

定价：60.00 元

* * * *

目　录

甲　古天文运用篇

乙　天星择日篇

丙 消砂纳水篇

丁 催官葬法篇

戊　控制作法篇

己 手抄秘籍篇

庚　五鬼运财篇

辛　留题钤记篇

壬 天星阳宅篇

癸　呼形喝象篇

子　形神克应篇

丑　风水用具篇

寅 造葬实战篇

卯 赖公足迹篇

本书缘起（代序）

赖雅浩

宋儒牧堂蔡先生家训云：“为人子者，不可不知医药、地理。”朱文公也曾说：“夫，医药者，养其生，地理者，善其终，是二者乃养生送死，孝亲之大者也。”百善孝为先，故古之圣贤于治经研理之暇，亦谆谆于此焉。圣贤垂教，其慎如此，何况今人乎。故择地一事，人子慎终切务也。

本书是雅浩为方便自己学习赖布衣理论，在十几年拜师学艺期间，花费不知多少个日夜精心整理而成的学习笔记，全部属于赖布衣天星派风水相关的内容。回想起来，十几年光阴如白隙，在随师相宅葬地的历程中，汇聚心血累积成书，属于赖布衣催官天星派风水之天机秘笈，很多师传的内容世间绝无仅有，书内有观星象之秘诀，盖闻观天象必观诸日月星辰；察地理必察诸山川岳岗陵；星辰有吉凶则地穹有美恶；所谓在天成像在地成形也。其法，上可定天之运气，日月星度之轮回；下可定山川方位，应合天星之吉凶，中可定人间阴阳两宅之事，合万事利用之理。书内还涉及赖公天星的无穷风水玄机妙法，除另外出书论述之外的，不再重复，其余术数基本尽揽其中，故而甚为珍罕！

目前关于赖布衣风水理论类书籍存世绝少，因此一直以来，赖布衣天星理论都为风水行家们梦寐以求之宝典！雅浩一直珍藏着这套天星派风水秘本，而今愿意拿出来，是希望能广大弘扬赖公精神，奉献给那些有缘于天星派风水的朋友们，让他们能够深入了解我们赖布衣天星风水，或者用来参考、研究和收藏，希望能惠及到更多的人。

在这里首先要感谢天星风水祖师赖布衣，感谢历代古圣先贤、感谢支持我的师父，感谢我的家人以及师兄弟和朋友们，因为没有他们的经验总结，没有家人和朋友的支持，就没有雅浩现在的成果。如果作品当中有什么错误和得罪之处，敬请谅解。雅浩也很希望易友们能批评指正，将不胜感激。

说到天星风水，大家首先想到的很自然就会是宋朝国师赖布衣，因为他是中国风水发展领域中是最具传奇色彩的风水大师；同时也是中国堪舆历史上最知名、技术最好，一生行迹跨越弧度最大、传播范围最广的风水大师，在香港、台湾、新加坡、马来西亚等地都有深远的影响。

赖布衣是出生在赣南的客家风水大师，一直以来就被人们称颂为风水祖师、寻龙大侠、赖仙等美誉，被易学界尊称为堪舆界的一代宗师。其忧国忧民、救苦救难、惩恶扬善、侠肝义胆的事迹，其笑傲江湖、不畏强权、不图名利、超凡脱俗的人品，其刻苦钻研、追求完美、精益求精、学以致用的治学态度，其闲云野鹤、四海为家、修真得道、羽化成仙的传奇归宿，反映的都是赖公作为一个客家人的精神面貌和人格魅力的集中体现。

收拢祖师足迹的历史思绪，笔下犹如千斤之重，努力去记录赖布衣的一生葬地经历，精彩的事实充满传奇色彩，光阴似箭，日月如梭，至今虽然过去了 800 多年，但他救苦怜贫的风水故事仍然被人们广泛传颂。

赖公的辉煌人生和风水成就，可以说是前无古人后无来者，他的非凡一生注定了他就是为风水而生的，品读他的著作以及堪舆作品和民间一直流传讲述他的神奇故事，只要汇总起来，就是一部辉煌而传奇的风水发展史。

本书的付梓出版，可以说，是对赖布衣催官天星派风水的一个完整历史重现。希望大家了解赖布衣生平事迹，弘扬天星派风水。对这一门中华历史传统文化精粹，起到积极促进的作用。

2010 年 2 月于广州

相识之缘（代序）

陈良荃

赖雅浩先生来无锡找我的时候，是2009年的夏天，我当时正在闭门写作《风水学探秘》一书；相谈后才知他是看了我在网上发布的一些关于风水的观点，很是认同，前来交流，并欲拜师学艺。

通过了解，我才知雅浩这些年很是不易：为学易行走四方，先后拜师学四柱、奇门、道法、风水等，所耗精力与财力颇大，其中尤以风水之学投入最多；仅仅现在各门各派之师兄弟如累算，就约有二万余人。

我才知：现代学易之路，何其难也！一难在明师难求，二难在明师肯授艺之难，三难在财力耗费之大。而这三难归之，则是相识投缘之难——真明师者，又岂是能以钱财可论之乎！

雅浩系江西赣州赖氏后裔，江西赖氏只一宗谱，据其宗谱记载，确有赖文俊（赖布衣）其人。雅浩言之：史称之赖布衣者，民间一直传说是有二人，一为唐末人，乃杨公杨筠松高徒曾文辿之女婿；二为南宋赖布衣，因其曾任朝中国师，且掌管天文，故能根据天上二十八宿发明人盘；因当时天文之学，为朝廷禁学，惟有国师方可观测天象；故世传之赖布衣，为南宋人也。

据记载，唐末之赖布衣，其墓在赣南；而南宋定南之赖布衣，则无墓载，世传其得道羽化，故无墓。且后学风水术者，必尊之历代堪舆先师杨、曾、廖、赖，其中曾、廖、赖三家，又互有姻亲，传说唐末之赖布衣，称唐末之廖瑀（史称廖瑀者，也有两人，一唐一宋）为舅舅，又是曾家之女婿；相传赖布衣之父，又为杨公弟子刘江东之再传弟子；故赖公所学，除了继承赣南本地风水术之精华，也汇集了杨公所传之大成，堪舆术到南宋赖布衣完善之后，其造诣已达到顶峰，无人出其左右，从宋至今依然是风水之巅峰。

雅浩性情真诚，学易之心至坚；与雅浩交流，方知其收砂纳水、察龙立向之法，与本派先师刘天禄所传颇为吻合，所学实为同源；因其家传秘本久远，也自感尚有不足，有未融会贯通处，我知无不言，相互学习，各有所得也。

后，雅浩与我一起到我老家四川宜宾，礼拜家父陈忠和为师，学得刘伯温嫡传风水，并一同前往拜祭了先师刘天禄。

雅浩今欲将家传秘本和这些年所学所悟编撰一书，并邀我参与其中；此为弘扬中国传统风水文化之善举，我故而欣然答应。初稿全部由雅浩写就，我只做了后期整编和一些补充的工作，实有愧于心。愿雅浩能博采众家之长，精益求精，不负先贤与师门所望也。

仅此为序。

2010 年 2 月于广州

赖布衣祖师简介

定南神仙寺布衣殿赖公祠塑像

赖布衣，南宋建炎年间国师，原名风岗，字文俊，为江西定南人，赖公生于北宋哲宗年间，天纵奇才，三岁启蒙，九岁时即高中秀才。其父赖澄山，亦为明师。为使赖公更上一层，赖父自扦粤北犯师地，以牺牲自己来成就赖公万世之名。与奸相秦桧为敌后，改名太素，号布衣，流落江湖，一路怜贫救苦，留下许多佳扦，凡其手定无不富贵，为区别杨派“救贫”，故用“催官”，以醒世人耳目。传世著作有《催官篇》、《理气扦穴精义》、《金斗秘》、《廿四龙主应》、《拨砂诀》、《七十二葬法》等。

催官之学，将日月五星、四大星垣、北斗九星、廿四天星、廿八星宿等整个星空体系贯通于龙穴砂水向中，理气参佐寻龙点穴，寻龙点穴可定理气。有葬法、作法、破法、谋法、化法等等机秘。阴阳二宅均可施用，丁财贵寿信手拈来。因其成就不世之神术，或成天妒之夙因？

世人多不知赖公实有二人，皆为风水明师。一是江西宁都人——赖文进；一个是江西定南人——赖文俊。赖文进是唐末杨公传人，而赖文俊才是真正的南宋国师。故此，后人常将此二位赖公混为一谈。

南宋时期，奸臣秦桧把持朝政二十年之久，致使赖公一辈子隐匿民间，在隐居广西容县时，曾留下《都峤山金斗赋》一篇，惹得两广地师寻找数百年未果。

赖公南逃粤、桂之时，留下许多神奇之事，这是后人撰写赖布衣传奇的根源。而今，流于影视热播的有两个版本，《寻龙剑侠赖布衣》和《赖布衣传奇》，其中，对赖布衣的人生传奇也能反映一二。

真实的赖布衣——赖氏族谱生平实录

千百年来，因为大家只能根据野史片言只句的记载，才会导致大家都在争论同一个问题，赖公是谁？赖布衣到底是不是两个人？具体用的是哪一个名字？现在雅浩就把家谱中所载详细抄录如下，打消长久以来一直困扰大家的疑惑，还原了一个真实的赖布衣生平。

根据家父赖凤飞从宗祠阁楼上搬下来的《赖氏族谱》中有明确的记载，雅浩特意把赖公在族谱的生平摘录如下：

国师赖文俊，公讳文俊，字太素，自号“布衣子”，世曰“赖布衣”。宋朝进士，当朝国师，著名地理学家，一代堪舆宗师。

溯公生平，英名卓荦，秉性聪颖，天性洒脱。处人公正公直，处世平易平和；为官忧时忧世，为民爱乡爱国。指点江山，龙生水活；神奇生涯，世人称说。童游泮水志气高，长登辟雍见闻多。惜光阴，不蹉跎；完国课，尤利索。子集并蓄，经史胸罗。诸子百家皆纵览，天文地理更揣度。采众儒之梁，廷自己之棁，诵记如流，举笔成作。屡试居红榜，殿试摘硕果。十载求学惟勤奋，一朝成名靠拼拓。高中进士，文星闪烁。公仕宦福建，尝官建阳，肩负重任，主政一方，与朝廷分忧，替黎民担纲。正风励俗思图治，殚精竭虑为兴邦。民生为本，理法至上；力丰稼穑，并兴工商。德泽人称颂，风范传世长。

公卸任后怡情山水，崇尚自然，遍游河川，浪迹天涯，仰观天文，俯察地理，活跃于大江南北。寻龙探穴，评砂品水，趋利避凶，为民造福，给世人留下了众多的风水宝地。公涉猎广博，阅历丰富，饱经沧桑，深韵世情，著书立说颇见真知灼见，传世佳作为后辈行家里手之楷模。有《罗经七十二层格式解义》、《绍兴大地八大钤》、《三十六钤》、《催官篇》等书，于阴阳五行，生克制化，皆言之成理，字字珠玑。其中《催官篇》两卷四篇，各为之歌。载辑于清乾隆四十六年编撰的大百科《四库全书》中，翰林院大学士纪晓岚撰写有提要，是研究历代地理学家必读典章。当代学者，尤其是港台学者掀起一股“布衣热”，成立独立的研究学会，派员专程来江西、广东、福建等地考察，在媒体上广泛传扬。公之行止，不胜枚举，家喻户晓，世说传奇，为中华民族留下了一笔宝贵的精神财富。

公系客家赖氏始祖忠公之远孙，为泰安公之子，诞于桴源，终葬于福建上杭胜运里丰捻寺墟背，形曰“文星赶月”。广州白云山土名白石岗有赖布衣公衣冠冢。公娶妣麦氏，育下四子，名曰文，武，泰，平，嗣孙兴盛，集聚于广东河源惠东；江西南康、上犹；陕西柞水；散居于国内多省市，港澳台，海外各地。

十戏！公含笑九泉，永垂天地，仁术嘉风，万众心仪。文星高照，典籍铭记，世人传颂，后昆永祀！

值此客家赖氏联修族谱之际，特撰此文谨易为志。（公之远孙桥新拜撰雅浩抄录）

以上族谱内容，为重修谱时的赖氏后人编撰。为了更好了解赖公，来一个古今之对照。另附上古代的《德兴县志》卷八内人物志，对赖布衣的行迹，就有珍贵的参考价值。请看县志内真实记载的赖公篇：

赖太素公，讳文俊，字敬仙，号采山，人称布衣。曾祖为宋进士，盱江太守，以廉忠称，民情悦之，朝命进爵，封邑盱江，卒赠礼部侍郎。祖贻烈以任子令，官至福建节制，临海枢帅，卒赠特进上卿，左仆射、光禄大夫、爵盱江公。父也进士，官至江西潭相太守，君差知提典刑狱公事，袭封盱江，家世清白。

布衣公其季子也，公生十年，从江浙运漕师赵旭学，十九岁以礼部贡士进，官建阳郡博。在官清介，处物恬淡。父提刑公卒，乃弃印绶居制，毁灭物甚，终丧其年。摒妻子，弃家务，萍梗江湖间。

遇至人授以导引术，遂放浪间籍，随寓旅宿。或一日半载，千日半纪者有之。以堪舆术游历当世士林官途间，凡有扦作不较其值，惟寓情讨酒。每家住坐，身常布衣，不事修饰，然龙虎餐而豹狼飧，以此遇之者寡。故其见于踪迹者，亦仅有一二焉，余皆载缄记。

公之足迹遍及两广，江浙，江西，福建，安徽，甚至大江南北，入越两次，留住时光最长，授徒五人，门人傅伯通、方斗南等人，后至白塔太乙峰巅修长生诀。

三年后，门人迹至旧所访问，杳无形迹，独清风白日，老松盘石，石壁留题而已，世人谓其仙去，羽化登仙不知所终。

关于赖布衣祖师的一切真实谜底，答案在这里一下子就全部解开了，雅浩希望大家由此，可以看到赖公的生平，一切都是这样的清晰明了，赖公的生世是那么的传奇而感人，激励着我们这些赖氏后人和风水后学们！

甲

古天文运用篇

第一章　古天文篇

先贤云：“谈易惟天，人神致用。惟知天者方不惑，所以谈天。天道无边，周行有度；天象难穷，数理归宗；天人合一，见微知着；仰观俯察，感而逐通；通权达变，人以神能，所以致用。外人求天者非理，外天求人者非道。天人之道，易占之理，不外阴阳造化之机。太极以降，六甲轮回。大至天体，小至人身；皆可比类象通，观象知数，理在其中。”

赖公曰：“风乃未央之气，水乃山家血脉”。可见风水的精髓就是宇宙星体场态相互间所发生的作用和影响，而此与自然界所谓的“风”和“水”已经是大相径庭了！《天学摘要》云：世间一切造化都是体现大自然，人类的所有发明都是模仿大自然。

天道即乾道，先天能量之始，观天象，测天文，以理气趋吉避凶；地道

即坤道，坤德承载，万物资生，以地表自然之形势，涵发先天之气机，乃理气之施用处。

先贤仰观天文，俯察地理，成就堪舆大道，用以夺神功、改天命，大而建都立邦，小而卜宅营葬，使人类繁衍昌盛，生生不息。

第一节　黄帝阴符经

天星开篇以阴符经者，含有深意，此乃黄帝演道书也。《悟真篇》："阴符宝字逾三百，道德灵文止五千。"本书言简意赅，具有朴素的唯物主义思想，为历来学者所重视。全篇共分三章，上篇论天道与人事的关系 中篇论天道的法则 下篇论用兵理论。此书论述深刻，在中国古代的易经哲学和兵学中都占有一定的地位。其言深奥，其理精微，凿开混沌，剖析鸿蒙，演造化之秘，阐性命之幽，造性命之精，证天人之奥，体古圣觉世之婆心，也为古今来修道第一部真经。

顾名思义，阴者，暗也，默也，人莫能见，莫能知，而己独见独知之谓；符者，契也，两而相合，彼此如一之谓；经者，径也，道也，常也，常行之道，经久不易之谓。阴符经即神明暗运，默契造化之道。默契造化，则人与天合，一动一静，皆是天机，人亦一天矣。上中下三篇，无非申明阴符经三字，会得阴符经三字，则三篇之大意可推而矣。

上　篇

观天之道，执天之行，尽矣。故天有五贼，见之者昌。五贼在乎心，施行乎天。宇宙在乎手，万化生乎身。天性，人也；人心，机也。立天之道，以定人也。天发杀机，移星易宿；地发杀机，龙蛇起陆；人发杀机，天地反覆；天人合发，万变定基。性有巧拙，可以伏藏。九窍之邪，在乎三要，可以动静。火生于木，祸发必克；奸生于国，时动必溃。知之修炼，谓之圣人。

中 篇

天生天杀，道之理也。天地，万物之盗；万物，人之盗；人，万物之盗。三盗既宜，三才既安。故曰：食其时，百骸治；动其机，万化安。人知其神而神，不知其不神之所以神也。日月有数，大小有定，圣功生焉，神明出焉。其盗机也，天下莫能见，莫能知也。君子得之固躬，小人得之轻命。

下 篇

瞽者善听，聋者善视。绝利一源，用师十倍。三返昼夜，用师万倍。心生于物，死于物，机在于目。天之无恩而大恩生。迅雷烈风，莫不蠢然。至乐性余，至静性廉。天之至私，用之至公。禽之制在炁。生者死之根，死者生之根。恩生于害，害生于恩。愚人以天地文理圣，我以时物文理哲。人以愚虞愚，我以不愚虞圣；人以奇期胜，我以不奇期胜。故曰：沉水入火，自取灭亡。自然之道静，故天地万物生。天地之道浸，故阴阳胜。阴阳相推，而变化顺矣。是故圣人知自然之道不可违，因而制之至静之道。律历所不能契。爰有奇器，是生万象，八卦甲子，神机鬼藏。阴阳相胜之术，昭昭乎进于象矣。

这是一部朴素、抽象的思想著作，是一种实践经验的总结。此篇大抵言天地阴阳运行变化，与人事之间有相生相克之辩证关系，蕴含无穷机变，包含比较丰富的辩证唯物主义思想。这些思想对于研究宇宙大自然变化规律，养心修身，谋事策略都有很好的借鉴作用。

此经出处源于少宝山达观子李筌，好神仙之道，常历名山。博采方术，至嵩山虎口岩石壁中，得《阴符》本绢素书，朱漆轴，以绛缯缄之。封云："魏真君二年七月七日，上清道士寇谦之藏诸名山，用传同好。"其本糜烂，应手灰灭。

有传此经出自黄帝，乃中华始祖，在位任期最久，长达一百年。皇帝师承崆峒山广成子，百岁后方得道，乘龙升天而去。黄帝意何？黄者，中央之色；帝者，晦明之先；中以统五行，帝以先万物，调合万有，诚乎中庸也。

经誉："辨天人合变之机，演阴阳动静之妙"。历代经注者就有太公、范蠡、鬼谷子、张良、诸葛亮、李筌及宋儒朱熹等。朱熹更赞其"非深于道者不能作"。清朝名医徐大椿曰："阴符赞易之书也。"《阴符经发隐》曰："隐微难见，故名为阴；妙合大道，名之为符。经者，万古之常法也，后人撰述如纬。"

按：《道德经》云："人法地，地法天，天法道，道法自然。"故地有地中生气，天有星光运气；天文显于外，地理藏于内，一阳一阴，二气结合，即天文地理学说之精髓，亦是堪舆之道也。

第二节　《青囊经》的天文意义

中华传统文化中，风水文化是不可缺少的一页。古之先贤，已劳心竭力，遗留下不少丰富多彩的经典文章。然，古今风水之书，汗牛充栋，惟有黄石公《青囊经》上中下三卷，全文仅四百一十字，真是博大精深、简洁明快、直言学理，而不故弄玄虚，值得一读。

青囊经上卷

经曰：天尊地卑，阳奇阴耦，一六共宗，二七同道，三八为朋，四九为友，五十同途，阖辟奇耦，五兆生成，流行终始，八体洪布，子母分施，天地定位，山泽通气，雷风相薄，水火不相射，中五立极，临制四方，背一面九，三七居旁，二八四六，纵横纪纲，阳以相阴，阴以含阳，阳生于阴，柔生于刚，阴德洪济，阳德顺昌，是故，阳本阴，阴育阳，天依形，地附气，此之谓化始。

青囊经中卷

经曰：天有五星，地有五行，天分星宿，地列山川，气行于地，形丽于天，因形察气，以立人纪，紫微天极，太乙之御，君临四正，南面而治，天市春宫，少微西掖，太微南垣，旁照四极，四七为经，五德为纬，运乾坤舆，垂光乾纪，七政枢机，流通终始，地德上载，天光下临，阴用阳朝，阳用阴应，阴阳相见，福禄永贞，阴阳相乘，祸咎踵门，天之所临，地之所盛，形止气蓄，万物化生，气感而应，鬼福及人，是故，天有象，地有形，上下相须而成一体，此之谓化机。

青囊经下卷

经曰：无极而太极也，理寓于气，气囿于形，日月星宿，刚气上腾，山川草木，柔气下凝，资阳以昌，用阴以成，阳德有象，阴德有位，地有四势，气从八方，外气行形，内气止生，乘风则散，界水则止，是故，顺五兆，用八卦，排六甲，布八门，推五运，定六气，明地德，立人道，因变化，原终始，此之谓化成。

堪为天道、舆为地道，天文结合地理，这在《青囊中卷》已做最好左证与诠释：

“紫微天极，太乙之御，君临四正，南面而治，天市春宫，少微西掖，太微南垣，旁照四极，四七为经，五德为纬，运乾坤舆，垂光干纪，七政枢机，流通终始。”七政乃以北斗七星为枢机也，其流通终始，在天皆有形可见、有象可求也。此为阐扬观象之法。

“地德上载，天光下临，阴用阳朝，阳用阴应，阴阳相见，福禄永贞，阴阳相乘，祸咎踵门，天之所临，地之所盛，形止气蓄，万物化生，气感而应，鬼福及人，”地为静、天为动。“形止气蓄”亦可用于观天与地交媾的气与形也。地气在下，必得日月五星之精光下照，始有所涵育。阴令用阳星、阳令用阴星，必求阴阳交媾、二气相济，穴得得阴阳交媾之气，福才能永贞。此阐述观天象后的用法即操作。

“天有象、地有形，上下相须，而成一体，此之谓化机”则是阴阳交媾的天文意义，惜自古无人不知《青囊经》、无人不读《青囊经》，但从《青囊经》里透出和得到的天文启发，已经很少有人去探究了。

第三节　观天之源

相传在远古时候，共工和颛顼两人为了争夺天下发生了争战。共工失败后，一气之下跑到了大地的西北角，撞倒了那里的不周山。不周山原是八根擎天柱之一，撞倒之后，西北方的天就塌了，东南方的地也陷了下去。于是，天上的日月星辰都滑向西北方，地上的流水泥沙都流向了东南方。

当古人对自然现象的成因不能理解时，他们往往会借助想像，创造出各种各样的神话传说，以表达他们对自然界发生的各种现象的揣测。这则神话生动地反映了古人对于天地结构的推测。

天地到底是什么形状？它们之间的位置关系如何？天地各有多大？从春秋战国时期开始，人们就围绕着这些问题争论不休，参与讨论的不仅有天文学家、哲学家，甚至连一些帝王，如梁武帝萧衍、明太祖朱元璋等也加入了争论的行列。

汉代到魏晋南北朝是中国天文学飞速发展的时代，也是学术思想比较活跃的时代。在这段时期内，涌现了许多讨论天地结构的学说，其中最重要的就是形成于汉代的盖天说、浑天说和昼夜说。

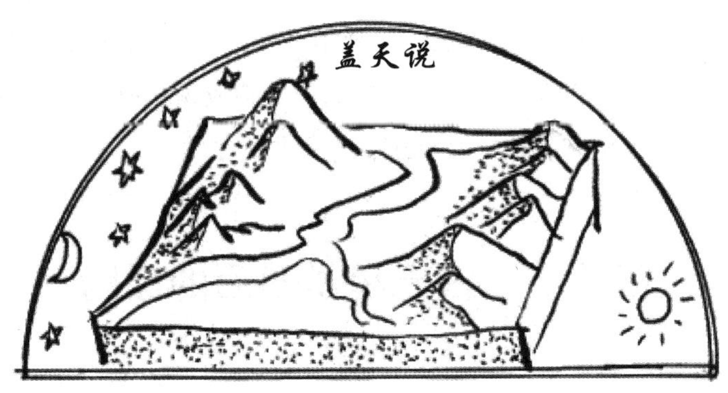

在夜晚当我们迷失了方向，只要看看北斗星在什么地方，就会知道方向。

远古时期的人类，没有精确的日历告诉今天是何月何时，怎样知道什么时候是春天？什么时候是夏天？人们可以观察恒星来判断现在是什么季节，古书上说：“斗柄东指，天下皆春；斗柄南指，天下皆夏；斗柄西指，天下皆秋；斗柄北指，天下皆冬”，说的就是以北斗星斗柄的不同指向来判断四季。

由此我们也可以计算出每天太阳出没方位，正月九月出巳入庚，二月八月出卯入酉，三月七月出甲入辛，四月六月出寅入戌，五月出艮入乾，十一月出巽入坤，十与十二月出辰入申。

在中国最古老诗歌总集《诗经》就有“七月流火，九月授衣”字句，意思是说：当在七月份的黄昏看到“大火（心宿二）”向西南方很快落下时，就要准备冬衣了，以便九月份能够穿上。

掌握天地运行规律，顺应天道为我所用，这就是我们学习观天的目的。古云：“堪，天道也；舆，地道也。”而“道”者，“首”在“走”也，故要寻天地真髓，把握龙脉，必然要涉行万水千山，除此，还须步天，精于天道。

时至今日，人们对古天文学中的称谓依然令人神往，但中国璀璨的古天文与西方天文不同的是，中国古代天文用的是“星官”系统，就是把天空分为“三垣二十八宿”以及其它星官，最早的记录出现在《史记·天官书》中，其中“二十八宿”又分为四大星区，分别用动物命名，即“朱雀”、“玄武”、“青龙”、“白虎”。可以说，这是中国古代天文台体系中四个大规模的“星座”。

天文有五官。官者，星官也。星座有尊卑，若人之官曹列位，故曰天官。把天体对应地理以及人事，是古人的天人感应说！所有术数都来源于古天文，只有完全了解它，才能找到理论的依据。

第四节　古天星学落后的原因

造成现在古天星学落后的原因很多，最大的原因就是封建皇朝严禁老百姓学习天文星卜堪舆之术，使得这种最厉害的堪舆天机不能得到普传，不能通过葬地之法荫生天子，来威胁到皇位皇权。因此在明朝初年颁布“习历者遣戌，造历者诛死”之令，所以禁止老百姓接触和学习这种秘术，为的就是稳固自己的江山。

到了我们现代社会开明时代，可惜已经到了民间天文基本失传的境地，相比较西方天文而言，自然落后了下来，目前总结起来，无非是以下几种。

一、现代很多人不识天星，对古天文则更加陌生，所以根本不会也没办法去实际观测。

二、星历难算，市面上连藏本都久已绝迹，致使爱好五术之学的人难以进入此门。

三、法不外传，书上写的很明白，实际用的却在手上，不经师传者会也不精。

四、中国星学，历代只是为上层社会所服务，星命之术也只流行于上中层社会，下层很少接触，平民百姓无人问津，限制了它的流行范围；运用到风水中的天星之术则更加是少之又少，几成绝学。

也许正是以上这四者，使得我们中国的古天星学、占星术已濒到了临失传的境地。

正因为这样，才要我们来继承和发扬这门学问，也是作为后学之辈需要为之一生努力的目标，雅浩和友人为此曾先后几次前往南京紫金山天文台，就是为了实现这样一个心愿而来的。“星星之火可以燎原”，希望志同道合者能参与进来一起努力，为弘扬中华民族的古天文而努力。

第二章　赖公古天文基础

第一节　赖布衣——古代天文星象学家

赖公擅长天文、悟透天机；在他身为国师期间，掌管灵台观天职责，利用历代天文观测记录，大量研究了历代天文历法，精于漫天星斗；于是把地理和天理、人理结合，运用天文知识校正拨砂罗盘精度而创人盘。并在风水先贤基础之上，自创催官之学，将日月五星、四大星垣、北斗九星、廿四天星、廿八星宿等整个星空体系贯通于龙穴砂水向中，理气参佐寻龙点穴，寻龙点穴又可定理气；有葬法、作法、破法、谋法、化法等等机秘；阴阳二宅均可施用，丁财贵寿信手拈来，因此成就了不世之神术。

赖公所有的成就，都建立在古天文地理为主的源头上，人们只看到赖公运用地术，不知背后赖公为天文所付出的努力，他已经把天理、地理和人理融为一体了。所以，懂不懂天文和观星，目前就是一个鉴定是否进入赖派或天星派门墙的标准！

祖师云：堪为天道，舆为地道，人为人道；作为地球上的人类，就需要天地都为人所用，故而天地人是密不可分；一语道出堪舆学实与古天文学有密切联系，而且所有的一切都必须要作用于人，服务于社会。所以说任何术数，只有实际运用到现实生活中，造福与人才能发挥实质的作用。高人通过它，可以决定人的吉凶祸福，家族命运，国家兴旺。

历代国师掌管司天监、钦天监，司天文地理，观天占卜，预测国运，参与国事，而且他们可以非常自由和完全合法地享用国家所收藏的历代风水祖师总结出来的稀有资源，所以往往能走到捷径，可以很快很好地掌握到历代天文历法，故而赖公也深受此益处，对后来创立人盘和完善风水打下了扎实稳固的基础。

关于古代天文，在古经也早有记载，坊间亦有人得诀，不过真正用法少人知，今公布出来与同好们分享，实乃是抛砖引玉，希望好学者受惠，也希望有更多的有识之士一起来弘扬此事。如此，也算达成了雅浩期望的一点小小心愿。

古人常用掌诀来计算天文节气，如图：

节气推移时候定，阴阳顺逆要精通。
三元积数成六纪，天地未成有一理。
阴阳顺逆妙难穷，二至还乡一九宫。
若能了然阴阳理，天地都来一掌中。

第二节　赖氏图腾

从我国古代的原始部落开始，就有了图腾族徽铭。后来慢慢发展成为炎黄子孙以家族为主的姓图腾。所谓图腾，就是原始时代的人们把某种动物、植物或非生物等当作自己的亲属、祖先或保护神。相信他们有一种超自然力，会保护自己，并且还可以获得他们的力量和技能。在原始人的眼里，图腾实际是一个被人格化的崇拜对象。图腾作为崇拜对象，主要的不在他的自然形象本身，而在于它所体现的血缘关系。图腾崇拜的意义也就在于确认氏族成员在血缘上的统一性。

首先，雅浩就从赖氏图腾说起，图腾一直都是古代氏族的族徽。赖姓的赖字是由为束（束，囊袋）与负（负，驮着贝壳）组成。其造字的本义为：驮着满袋贝壳，有所依靠。在文言版的《说文解字》：赖，赢也。也许大家到了这里不由地会问，那么赖布衣家族的赖氏图腾是什么样子呢？

原来，赖氏的图腾的“赖”，就是由俞表、贝、刀组成，合为贝氏立俞表观天之地，占卜、契刻、纪历。俞表外围的圆圈所代表的意思，则为满天星斗的浩瀚宇宙。它所反应的就是古人观天之象。把这种观测天星的结果，运用到人们日常的生活之中，去服务于人们。其实，这和赖布衣祖师一生的成就惊人的吻合，所有的东西都不是偶然，大象可以应事，天体宇宙的运行规律对我们地球和人类是决定性的影响。古人以此图形作为赖姓的图腾，一点也不偶然。

我们把这一切追述到800年前，会发现，在赖公（赖文俊）的身上已经体现的淋漓尽致了。由此，也见到赖布衣为国师期间掌管的就是天文，而且一直以来都是以天星风水在造福大众，他的作品和人生经历，有力地证明了家族图腾蕴藏的神秘力量。以他为代表，作为赖氏家族宋代的一名杰出的古代天文学家，确实算得上是名副其实了。

中国古人历来提倡天人合一，因为自然法则在人身上都会有所体现的，外在的环境必然会影响到我们的内部问题，一定会体现到我们身体的某个部分，然而，人身体内部有什么问题也会在身体外部有所表现，这就是“有诸内必形诸外!”就是要人和自然达到和谐，如此就越来越接近于至善，从而回归大道，达到道法自然。这就是天人合一的意义，也是对风水术的最高追求。

第三节 天星地理学原理

周易系辞曰："在天成象，在地成形，变化见矣。"

风水乃是一门深奥的学问，理论基础首先是就建立在中国古天文学之上。丽天而长久者，日月之光华；丽地而长久者，山川之流峙；丽于两间而永久者，贤人君子之令名也。

风水上应天星，中应人命，下应山水。天时曰：取星光下临；地利曰：地得天时，成形成象，才为得地利；人和曰：人在地之方位，以对天角之经纬，取星象之光下临。因天地之相去，八万四千里；人之心肾相去，也八寸四分；对应人体之金木水火土（心肝脾肺肾），上应五天星元。

张衡云："文曜丽乎天，其动者有七，日月五星是也。日者，阳精之宗；月者，阴精之宗；五星，五行之精。天星列布，体生于地，精成于天，列居错峙，各有所属，在野象物，在朝象官，在人象事。其以神着有五列焉，是有三十五名：一居中央，谓之北斗；四布于方各七，为二十八舍；日月运行，历示吉凶也。"

《灵城精义》曰："地无精气，以星光为精气；地无吉凶，以星气为吉凶。"

古人仰观天文，取其天地人对应，借天象推吉凶。一日有二十四时，一年有二十四节气，而对应风水罗盘上有二十四方位，古人也就用天星来命名为：天皇、天罡、天官、天苑、天市、天厨、太槲、太汉、天垒、天辅、天厩、天鬼、天乙、少微、天汉、天关、天帝、南极、天马、天屏、太乙、太微。故二十四星对应天下山川地理，天星美恶，应之吉凶矣。

天有宇宙星神，地有河川山岳，以天地之气，精钟为星。地星者，体生于地，精成于天，列星有时，各有所属。紫宫为皇极之居，太微为五帝之廷，明堂之房，大角有席，天市有座；苍龙连蜷于左，白虎猛据于右，朱雀翼于前，灵龟圈首于后，皇极立于中，六畜狮虎狼犬鱼鳖，天星化于各星神守护，天地人皆取于自然。

《青囊经》曰："在天成像，在地成形。"天有一星，地有一山，天有一辰，地有一水，天有日、月所照耀，地有人及物相应；地下形是迹品象，天上风云之兑济，以山川为星辰之窟，河海为日月之门，江溪为日月之户，山高耸起者为星峰。水曲流行者为水神。星之气茸形贤，神之气舒形行。

动是智，主义；静是仁，主信。故形先有体、势接而为用，形正气蓄，势正气成，气得用、形得体。用形气定神，则为龙穴砂水。配得势仪情，有象则万位宾主可清。清则情和义合，合则福长祸消。此为天光下临，得九天之兆应；乃地德上载，以成一地之钟灵。

序为木金土气互相连，出处太极生两仪，天为阳仪，地为阴仪。由天造日月星辰，风云雷雨，地有山川河溪，活有人员禽兽与草木，这就是两仪天和地。两仪生四象，四象者，日月星辰。四象生八卦，八卦化生五行，水火木金土。五行生万物，诸气万物诸司，所以阐诸形，见诸象；诸象生气，诸气化诸动静，诸动静各有阴阳，有阴阳即有五行。

看风水就有以戊己为中心，用砂和水为用神。有山川是星辰之窑，有河海为日月之门，有江溪为日月之户，有山高耸起者为星之峰，有三江九曲流行之水者为水中之神。

故曰：上上之穴必与日月星辰相应。以星云流转定穴位，这就是风水学术中最难掌握的技术。此风水学说既以天星来命名，是它以天上的星辰来看风水的。需要研究天星，地理及人命，在唐朝曾经风行一时，而今中国的观星术流传下来的不多。

故学堪舆者，当从游累年，精思实体，而其学之所造亦深矣。雅浩求学，也当仿此，学得理论，努力实践，真所谓读圣贤书，行万里路。

精通天星的吉凶与排列，通过分野划分地域，运用土圭准确定位，就能精准地寻龙，点出穴位，这都需要扎实的天文和地理功底，这也就是为何历代国师都是精通天文历法，堪称天文学家之故也。

雅浩作为后学，首先要做到的就是要很好地继承这门学问，而后是要运用好这套学问，真正做到学以致用。

阴符经曰：观天之道，执天之行，尽矣。

天星派风水的杰出代表人物有：

东晋著名学者郭璞：

郭璞，字景纯，河东闻喜县人，既是文学家和训诂学家，又是道学、术数、天文、堪舆大师以及游仙诗的祖师。

实例：温州就是一座象应星宿而设计的古城，为郭璞所扦之作。大家知道，风水常规基本是背山面水，但温州却背水面山。因郭璞相中的是九山如天上之北斗星座，合乎其古经所言："天分星宿，地列山川，气行于地，形丽于天"。"天有象，地有形，上下相须成一体"。

郭璞故而因地制宜，对温州城作了象天则天的风水规划，把城市设计成星宿的象征。这种体象天地的规划方法，不是一种简单的比拟和附会，而是古人对天、地、人之间某种同形同构关系的把握，是一种天地合德的风水操作大法，非老于天星之道者不能为。

古来战乱频繁，又考虑军事防守，为适应战时的需要，解决城内人民的用水，郭璞在城内开凿廿八口井，象应廿八星宿。廿八宿乃天宫之舍，应四灵四时，为北斗运转所主宰，故凿井以策应之。

郭公扦造温州，象则北斗，凿井以应廿八列星，连五行之山蓄五水之潭，人居与生态环境相协调，并兼顾军事安全，可谓横开宏基，福益千秋！在一千六百多年间几乎保持原貌，直到数十年前古城墙才被尽数拆除，实在是罕见的堪舆实例。

今温州地区人杰地灵、富甲天下，恐也少不了郭璞当年的功劳吧。

宋朝国师赖布衣：

赖公天纵奇才，在古人基础上创立人盘，将风水之术更加完善，提升到了另一个高峰。将日月五星、四大星垣、北斗九星、廿四天星、廿八星宿等整个星空体系贯通于龙穴砂水向中，有葬法、作法、破法、谋法、化法等等机秘。阴阳二宅均可施用，丁财贵寿信手拈来，成就不世之神术。

赖公辞官行走江湖，怀医者之心，一路怜贫救苦，留下许多佳扦，凡其手笔无不富贵，为区别杨派“救贫”，故用“催官”，以醒世人耳目。传世著作有《催官篇》等。本书主题讲的都是赖布衣的理论体系。

南宋朱熹：

朱熹受教于父，聪明过人。四岁时，其父指天说：“这是天。”朱熹则问：“天上有何物？”其父大惊。他勤于思考，学习长进，八岁便能读懂《孝经》，在书题字自勉曰：“若不如此，便不成人。”

朱熹江西婺源人，精通易经和天文，一生志在树立理学，“地理”一说也是朱熹提出，兼采释、道各家思想，形成了一个庞大的哲学体系。

朱熹曾在江西庐山白鹿书院传播理学，晚年游行到福建教书观星寻地，留下了朱子鉴地。

陈良荃按：相传朱熹祖母之地为宋朝国师吴景鸾所作；当年吴景鸾在回家途中因母突病，留宿于朱家；后为答谢朱家照顾之恩，为其扦点一穴，并交代葬时在棺底布七颗小石呈北斗形；后朱熹诞生，脚底果有七颗黑痣。其墓在江西婺源文公山，本人于2009年夏与雅浩同去瞻仰时，故地之人皆晓上说。

朱熹死后千年仍受后人崇敬，想风水之力，实非人力所能度测也。

明朝开国功臣刘基：

刘基，字伯温，精通天文地理、星占卜象、奇门遁甲等术数之学，曾辅助朱元璋夺取天下，后世将之喻为诸葛亮式的传奇人物。

第四节　赖布衣二十四山对应天星

要学习好赖布衣风水，大家首先必须要懂得天星的基本术语。要研究催官风水，就先要了解二十四天星的基本知识。只有天星法才是开启催官天星宝库的密码，我们必须对它有一个全面的了解。为了方便大家了解赖公的天星风水体系，今雅浩将家传《赖公手记》手抄本中整理的资料抄录如下：

壬：天辅，阴权，天权；

子：天垒，太阴，阳光，帝座；

癸：阴光，瑶光，北道，五气；

丑：天吊，武曲，金牛，天厨；

艮：凤阁，天枢，贪狼，阳枢，天市；

寅：功曹，棓星，天棓；

甲：天苑，阴玑，天尸，鬼劫，画笔，禄存，木印；

卯：阳衡，将星，扶桑，天命，廉贞，阿香，天理；

乙：官骑，天宫，右弼，天府；

辰：亢金，天罡，贼旗，破军；

巽：巨门，宝殿，阳璇，太乙；

巳：金枝，赤蛇，明堂，天屏；

丙：天贵，太微，阴枢；

午：天广，阳权，天马，文曲，天庙，太阳，游魂，炎精；

丁：天柱，南极，寿星，红罗，武曲，帝劫；

未：天常，鬼金，太常，天杀，亢阴；

坤：天钺，阴玄，玄戈，老阴，地母，灵盖，佐尊；

申：天关，传送，破军，玉印；

庚：天汉，阴衡，天潢，长庚，威斗，判笔，劫杀；

酉：少微，阳关，金鸡，武曲，华盖，太乙；

辛：天乙，阴璇，巨门，文笔，直符；

戌：天魁，娄金，鼓盆，河魁，贼旗，文曲，天劫；

乾：天厩，禄存，北极，阳玑，亢阳，龙楼，太极；

亥：天皇，紫微，玉叶，天门。

《气布于地二十四位所主天星之图》中以为："此天星下临之妙用也，

盖星者，气之清而上者也；地者，气之浊而下者也。故天分星宿，地列山川，气行于地，形丽乎天。”

此经之所谓“天有象，地有形，上下相须而成一体”者也，故罗经二十四位，各有天星主之，星吉则吉，星凶则凶。

第五节　三垣四象二十八宿

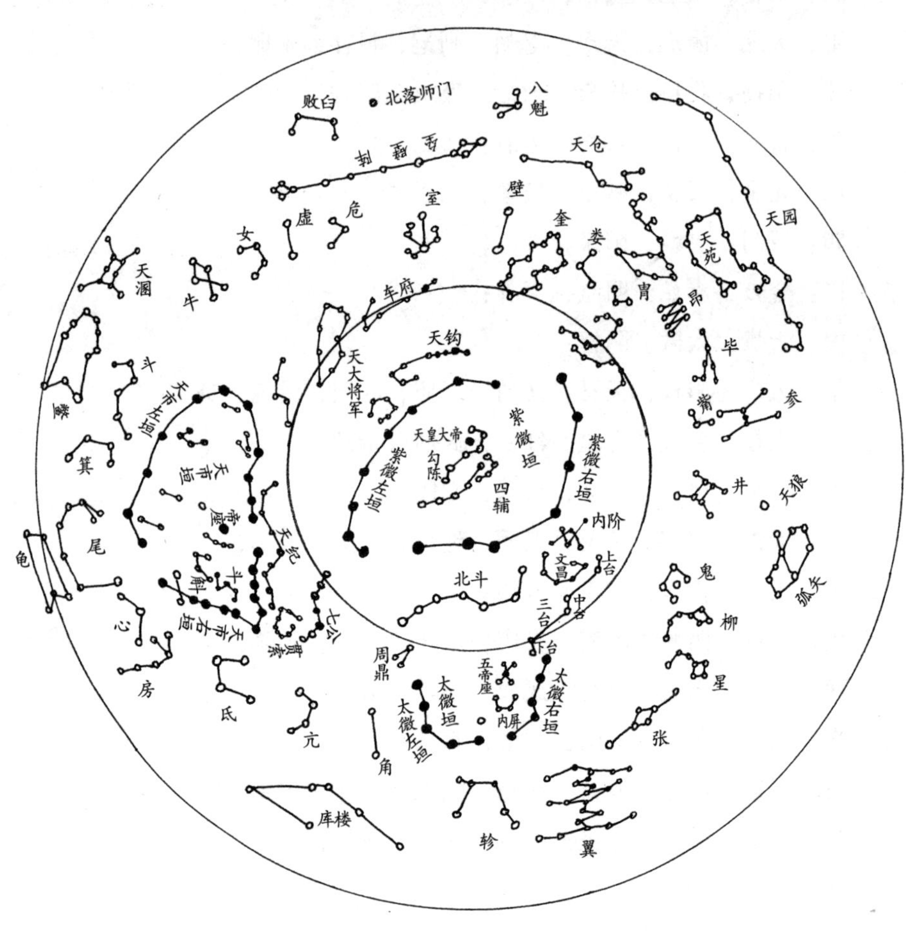

三垣四象二十八宿图

古代天文学认为，可命名的星是320座，其中有星是2500颗，而包括不可命名的那些星数大概是在11520颗左右（后面这个数字不知是如何推断出来）。其中日月及金、木、水、火、土（即古代的太白、岁、辰、荧惑、镇五星）为七政。而北斗为天上最尊贵的星，在它的周围划分出三垣：则紫微垣、太微垣、天市垣；而在这个中心辐射出去的就是四象，分为二十八宿。

另外，古人把突然出现的星空异象或是流星、彗星叫作客星，一般分为五类，《黄帝占》中称："客星者，周伯、老子、王蓬絮、国皇、温星，凡五星皆客星也。"区分五种客星的标准是："客星出，大而色黄，煌煌然"，称作周伯星；"客星出，明大，色白，淳淳然"，称作老子星；"客星出，状如粉絮，拂拂然"，称作王蓬絮星；"客星出而大，其色黄白，望之上有芒角"，称作国皇星；"客星出，色白而大，状如风动摇"，称作温星。

客星中分妖星、瑞星二种，常见的妖星多命名为彗、孛（光芒四出者）；瑞星多是前五种，也有其他命名。其实不是这样的，下面就让我们一起来看看中国独特的星宫系统群——三垣局。

一、三垣

中国古人按照他们在人间生活的一种想像，把他们能想像到的所有人间事情都搬到了天上去，觉得天上的热闹程度一点都不亚于人间，来构造他们的一个星座体系，这就是中国古天文星座的来历。现代的星座解释为，是以赤经赤纬线为边界把天空划分成一个一个小区域，这个赤经赤纬是天球上的赤经赤纬，和我们地球上有经纬线是一样的，划成的那一片片的小区域都是横平竖直的，只不过不一定是正方形而已。星座实际上就是一片星星组成的，是一个区域的星星。很多人会有这么一个概念：星座必须是有那么几颗星星，然后把它们连起来是一个特定的形状，或者是一个特定的象征意义，这才叫星座。

紫微垣：

紫微垣就是天上的皇帝的寝宫。紫微星就是北极星，也是小熊座的主星。紫微化气曰“尊”，为官禄主。所谓化气曰尊曰贵等，无非是指星曜的主要特征。紫微星号称“斗数之主”，古来的研究者都把紫微星当成“帝星”，所以命宫主星是紫微的人就是帝王之相。北斗七星则围绕着它四季旋转。如果把天比作一个漏斗，那紫微星则是这个漏斗的顶尖。我们把这种象“被群星围绕的紫微星”的人称作紫微下凡的命，但是被围绕的范围有大有小，生在家为一家之主，生在国为一国之主。“紫”字是指紫微星垣，代称皇帝。因为天上恒星中的三垣，紫禁垣居中央，太微垣、天市垣陪设两旁。古时候认为天皇应住在天宫里，天宫又叫紫微宫。人间的皇帝自诩为天子。“太平天子当中坐，清慎官员四海分”，所以紫微星垣代称皇帝，又因为皇帝居住的内城严禁黎民百姓靠近，所又叫紫禁城。

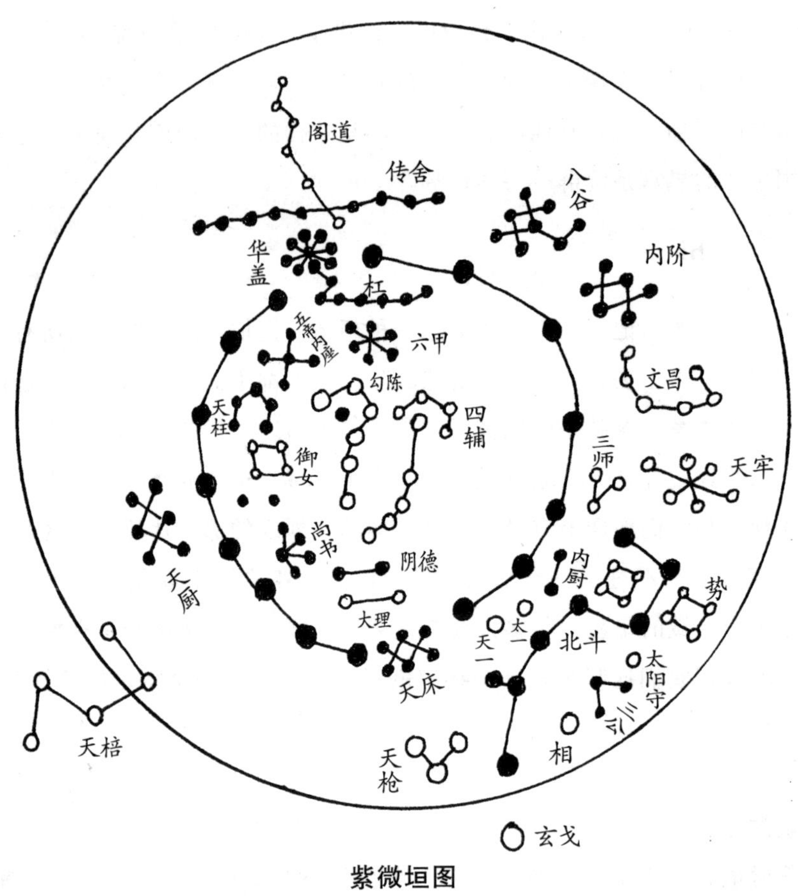

紫微垣图

在远古时期，我们的祖先在观天时发现一个特点，在北方有这么一个区域，很多星星都在转，但是有那么一点星星，似乎不动。其实这个道理是因为，我们看到星星在转圈是因为地球的自转引起的。地球自转时地球有个自转轴，有两个极，一极冲着北极，一极冲着南极。当然南极的那块儿我们看不到，我们在北半球。那么看到北极这块儿有星星不动，那么把这块儿选作皇宫的意义就很明显了，因为其他星星都绕着这个转，就象征着我们人间百官也好，百姓也好，我们都是在围绕着皇上转。就像孔子说的："众星拱之。"那么天上不动的这块儿，众星都在绕它转，就把它作为皇宫。

紫微垣，三垣之一，按《步天歌》，紫微垣为三垣的中垣，位于北天中央位置，故称中宫，以北极为中枢。有十五星，分为左垣与右垣两列，宋史天文志：紫微垣在北斗北，左右环列，翊卫之象也。左垣八星包括左枢、上宰、少宰、上弼、少弼、上卫、少卫、少丞。右垣七星包括右枢、少尉、上辅、少辅、上卫、少卫、上丞。紫微宫即皇宫的意思，各星多数以官名命名。整个紫微垣据宋皇佑年间的观测记录，共合 37 个星座，附座 2 个，正星 163 颗，增星 181 颗。它的天区大致相当于现今国际通用的小熊、大熊、天龙、猎犬、牧夫、武仙、仙王、仙后、英仙、鹿豹等星座。

太微垣：

太微垣是皇帝和群臣一起处理政务办公的地方。太微即中央政府的意思，中国古代星名亦多用官名命名，例如三公、九卿、虎贲、从官、幸臣、左执法即廷尉，右执法即御史大夫等。太微垣是三垣的上垣，位居于紫微垣之下的东北方，北斗之南。约占天区 63 度范围，以五帝座为中枢，共含 20 个星座，正星 78 颗，增星 100 颗。它包含室女、后发、狮子等星座的一部分。

《晋书·天文志》说："是天子的宫廷，五帝的御座，十二诸侯的府第。它的外边的藩屏，就是九卿。一种观点认为太微垣是衡，衡，就是掌管平衡；又是天庭，治理法度，判决案件，掌管晋升，任用有德行的人，各个星宿接受符命，各个神明考察法则，舒展情怀，解释疑难。南蕃之中的两颗星之间叫端门。东边的叫左执法，是廷尉的象征。西边的叫右执法，是御史大夫的象征。执法就是用来检举惩治凶恶奸邪的人。左执法的东边，是左掖门。右执法的西边，是右掖门。幸臣在黄帝座的东北方向，日常侍奉太子，以星光昏暗为吉利。

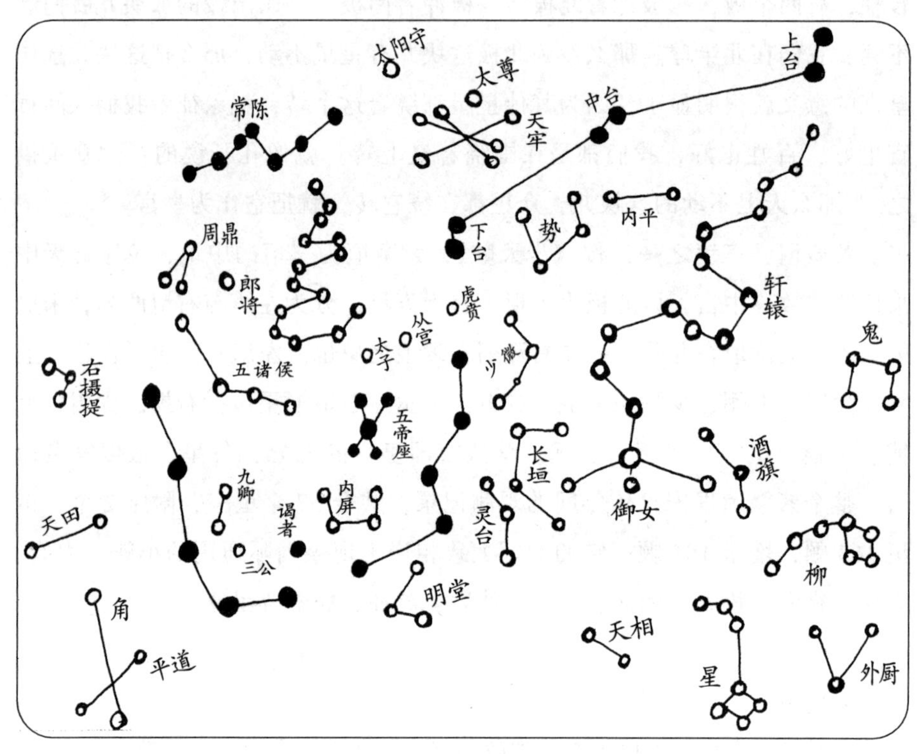

太微垣图

关于星占，月亮、五大行星的运行侵入太微垣的运行轨道，预示吉利；如果侵入中坐的所在天区，预示刑法完成。月亮侵入太微垣的所在天区，辅佐的大臣厌恶这种情况的发生，又预示君王孱弱，臣属强大，四方的军队无法节制；月亮侵入执法星的所在天区，《海中占》说：“三年之内，将相之中将有被免职的。”月亮运行进入东、西门，左、右掖门，又向南出端门，预示将有叛逆的大臣，君王将有忧患；月亮进入西门，从东门出去，预示君王将有忧患，大臣假借君主的龙威。

天市垣：

天市垣是天上的市集。是天子领诸侯视察集贸之处，象征繁华街市。是三垣的下垣，位居紫微垣之下的东南方向，它以帝座为中枢，成屏藩之状。像天王在上，诸侯朝王，王出皋门大朝会，西方诸侯在应门左，东方诸侯在应门右。其率诸侯幸都市也亦然。

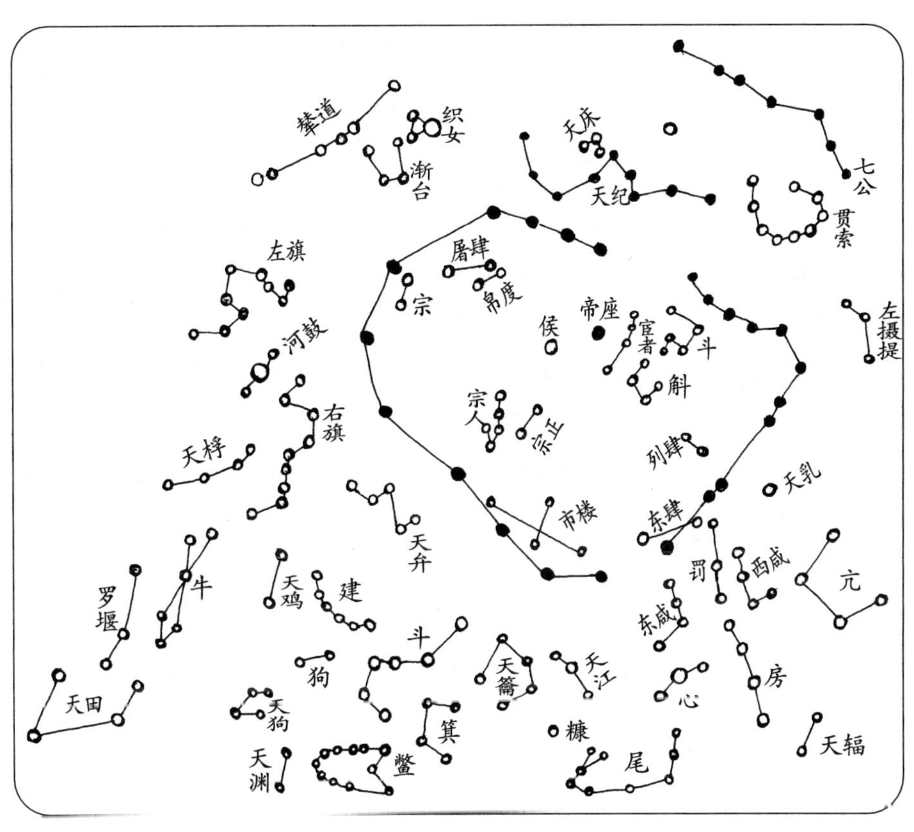

天市垣图

天市垣二十二星，约占天空的57度范围，在氐、房、心、尾、箕、斗内宫之内。东蕃十一星：南一曰宋，二曰南海，三曰燕，四曰东海，五曰徐，六曰吴越，七曰齐，八曰中山，九曰九河，十曰赵，十一曰魏。西蕃十一星：南一曰韩，二曰楚，三曰梁，四曰巴，五曰蜀，六曰秦，七曰周，八曰郑，九曰晋，十曰河间，十一曰河中。一曰在房、心东北，主权衡，主聚众。又曰天旗庭，主斩戮事。包括蛇夫、武仙、巨蛇，天鹰等星座。中国古代多以市井商贾命名，如：斗、斛、肆、楼等。

《天文录》曰：天子之市，天下所会也。星明大，则市吏急，商人无利；小，则反是；忽然不明，籴贵；中多小星，则民富。月入天市，易政更弊，近臣有抵罪，兵起。月守其中，女主忧，大臣灾。五星入，将相忧，五官灾；守之，主市惊更弊。又曰：五星入，兵起。荧惑守，大饥，火灾。或芒角色赤如血，市臣叛。填星守，籴贵。太白入，起兵，籴贵。辰星守，蛮夷君死。客星守，度量不平；星色白，市乱；出天市，有丧。彗星守，谷贵；出天市，豪杰起，徙易市都；扫帝坐，出天市，除旧布新。流星入，色苍白，物贵；赤，火灾，民疫。一曰出天市，为外兵。云气入，色苍白，民多疾；苍黑，物贵；出，物贱；黄白，物贱；黑，为啬夫死。

天市垣又名天府，长城。天市，五帝之治水宫也。天市主聚众，主权衡。天市西北大星南方相距三尺所，为天曹。市者，四方所乐。帝都之邦，主王之座，故帝座在市中，圣主明侯也。天市之垣，天子之旗帜也。王者于族人有次序，则天市正明。天市星明则市吏逼迫，商人无利。星微小则吏弱，商人多利；天市中星众而明则岁实。天市中星稀而不明则岁虚，五谷伤，市谷大贵，人民饥；天市中星次，其明润泽，众蓄，可以积贮；天市中星稀少而不明可以发出积贮；天市星欲明大则谷贱；天市中多小星，民富足。

二、四象

在上古时期，春天黄昏的时候，这四象正好各自在东、南、西、北四方。太阳直射点在南北回归线移动的轨道，就是黄道，而古人将黄道附近的星空分为东，西，南，北，他们对应的吉祥灵兽分别是东方苍龙，西方白虎，南方朱雀，北方玄武，它们就是“四象”，其实四象即是道教里常说的四神、四兽、四灵，叫法不同，实际是一样的。四大神兽就是青龙、白虎、朱雀、玄武四兽了，青龙白虎掌四方，朱雀玄武顺阴阳；四灵圣兽说的就是苍龙、白虎、朱雀、玄武天之四灵，四神就是青龙为东方之神；白虎为西方之神；朱雀为南方之神；玄武为北方之神，龟蛇合体。故有《三辅图》曰："青龙、白虎、朱雀、玄武，天之四灵，以正四方，王者制宫阙殿阁取法焉。四象属于我国传统文化范畴。古人把东、南、西、北四方每一方的七宿想像为四种动物形象，叫做"四象"。

东方七宿东方苍龙：

青色，像腾空而起的飞龙，双角三爪四脚，遍体鳞甲，有不可一世之气；如同飞舞在春天初夏夜空的巨龙，故而称为"东宫苍龙"。

南方七宿南方朱雀：

红色，类似凤凰，作仰首展翅、振奋有力之状。像一只展翅飞翔的朱雀，出现在寒冬早春的夜空，故而称为"南宫朱雀"。

西方七宿西方白虎：

白色，一只张牙舞爪的跃虎，四脚五爪，作腾云驾雾之姿；犹猛虎跃出深秋初冬的夜空，故而称为"西宫白虎"。

北方七宿北方玄武：

黑色，蛇绕于龟上的灵兽。似蛇、龟出现在夏天秋初的夜空，故而称为"北宫玄武"。

在上古时代，古人将天空分成东、北、西、南区域，称东方为苍龙象，北方为玄武 (龟蛇) 象，西方为白虎象，南方为朱雀象，是为"四象"。这种"四象"是古人把每一个方位的七宿联系起来加以想像而成的四种动物的形象。如东方苍龙，角宿象龙角，氐、房宿象龙身，尾宿象龙尾。南方朱雀则以井宿到轸宿象鸟，柳宿为鸟嘴，星为鸟颈，张为嗉，翼为羽翮。后来古人又将其与阴阳五行五方五色相配，故有东方青龙、西方白虎、南方朱雀、北方玄武之说。后又将其运用于军窖军列，成为行军打仗的保护神，如《礼记·曲礼上》曰："行，前朱鸟（雀）而后玄武，左青龙而右白虎，招摇在上。"陈皓注曰："行，军旅之出也。朱雀、玄武、青龙、自虎，四方宿名也。"又曰："旒（liú，旗子上的飘带）数皆放之，龙旗则九旒，雀则七旒，虎则六旒，龟蛇则四旒也。"即说其表现形式是将"四象"分别画在旌旗上，以此来表明前后左右之军阵，鼓舞士气，达到战无不胜的目的。《十三经注疏·礼记·曲礼上》论及其作用时说："如鸟之翔，如龟蛇之毒，龙腾虎奋，无能敌此四物。"可见其作用之大。实际上是把天空分为四部，以每部分中的七个主要星宿连线成形，以其形状命名。

东方的七星宫：角、亢、氐、房、心、尾、箕，形状如龙，所以称东宫为青龙或苍龙。

西方的七星宫：奎、娄、胄、昴、毕、觜、参，形状如虎，称西宫为白虎。

南方的七星宫：井、鬼、柳、星、张、翼、轸，连为鸟形，称朱雀。

北方的七星宫：斗、牛、女、虚、危、室、壁，其形如龟，称玄武。

在道教护卫神中，源于中国古代的星宿信仰，有一种专门用于镇守道观山门的天神，他们就是青龙、白虎、朱雀、玄武，称为"四象"，亦称"四灵"。如道教胜地青城山天师洞（古常道观），在巍峨的山门前面，左右各建有一座神殿，左殿塑威武的青龙神像，名孟章神君，右殿塑勇猛的白虎神像，名监兵神君。宋朝范致能《岳阳风土记》云："老子祠有二神像，谓青龙、白虎也。"明姚宗仪《常熟私志·舒寺观篇》云："致道观山门二大神，左为青龙孟章神君，右为白虎监兵神君。以下专门论述一下道教的四灵。

青龙

青龙原为古老神话中的东方之神，道教东方七宿星君四象之一。为二十八宿的东方七宿（角、亢、氐、房、心、尾、箕），而这七宿的形状又极似龙形，从他们的字义上就可以看出来，角是龙的角，亢是颈项，氐是本，而是颈根，房是膀，是胁，心是心脏，尾是尾，箕是尾末。位于东方，属木，色青，总称青龙，又名苍龙。《太上黄箓斋仪》卷四十四称青龙东斗星君"

为："角宿天门星君，亢宿庭庭星君，氐宿天府星君，房宿天驷星君，心宿天王星君，尾宿天鸡星君，箕宿天律星君。"至于其形象，《道门通教必用集》卷七云："东方龙角亢之精，吐云郁气，喊雷发声，飞翔八极，周游四冥，来立吾左。此外，道教还将其用于炼丹术语，如《云笈七籤》卷七十二引《古经》四神之丹称：青龙者，东方甲乙木水银也，澄之不情，搅之不浊，近不可取，远不可舍，潜藏变化无尽，故言龙也。在古时候的中国，头有角的为公龙；双角的称为龙，单角的称蛟；无角的为螭，古时玉佩常有大小双龙，仍称母子螭。因在中国龙是神物、是至高无上的，也是皇帝的象徵。

白虎

白虎原为古老神话中的西方之神，道教西方七宿星君四象之一。为二十八宿的西方七宿 (奎、娄、胄、昂、毕、觜、参)，其形象虎，位于西方，属金，色白，总称白虎。《太上黄箓斋仪》卷四十四称白虎西斗星君为："奎宿天将星君，娄宿天狱星君，胄宿天仓星君，昂宿天目星君，毕宿天耳星君，觜宿天屏星君，参宿天水星君。"至于其形象，《道门通教必用集》卷七云："西方自虎上应觜宿，英英素质，肃肃清音，威摄禽兽，啸动山林，来立吾右。"同时，道教亦将其用于炼丹术语，如《云笈七羲》卷七十二引《古经》四神之丹称："白虎者，西方庚辛金白金也，得真一之位。《经》云：子若得一万事毕，淑女之异名，五行感化，至精之所致也。其伏不动，故称之为虎也。"而白虎也是战神、杀伐之神。白虎具有避邪、禳灾、祈丰及惩恶的扬善、发财致富、喜结良缘等多种神力。它的威猛和传说中降服鬼物的能力，使得它也变成了属阳的神兽，常常跟着龙一起出动，"云从龙，风从虎"成为降服鬼物的一对最佳拍档。

朱雀

朱雀原为古老神话中的南方之神，道教南方七宿星君、四象之一。为二十八宿的南方七宿 (井、鬼、柳、星、张、翼、轸)，其形象鸟，以井宿到轸宿象鸟，柳宿为鸟嘴，星为鸟颈，张为嗉，翼为羽翮。位于南方，属火，色赤，总称朱雀，亦名“朱鸟”，又可说是凤凰或玄鸟。《太上黄箓斋仪》卷四十四称南方朱崔星君为：“井宿天井星君，鬼宿天匮星君，柳宿天厨星君，星宿天库星君，张宿天秤星君，翼宿天都星君，轸宿天街星君。”至于其形象，《道门通教必用集》卷七云：“南方朱雀，众禽之长，丹穴化生，碧雷流响，奇彩五色，神仪六象，来导吾前。”同时，道教也将其用于炼丹术语，如《云笈七籖》卷七十二引《古经》“四神之丹”称：朱雀者，南方丙丁火朱砂也，刨液成龙，结气成鸟，其气腾而为天，其质阵而为地，所以为大丹之本也，见火即飞，故得朱雀之称也。它也有从火里重生的特性，和西方的不死鸟一样，故又叫火凤凰。

玄武

玄武原为古老神话中的北方之神，道教北方七宿星君、四象之一。为二十八宿的北方七宿（斗、牛、女、虚、危、室、壁)，其形象龟，亦称龟蛇合体，位于北方，属水，色玄，总称“玄武”。《太上黄箓斋仪》卷四十四称北方玄武星君为：“斗宿天庙星君，牛宿天机星君，女宿天女星君，虚宿天卿星君，危宿天钱星君，室宿天廪星君，壁宿天市星君。”至于其形象，《道门通教必用集》卷七云：“北方玄武，太阴化生，虚危表质，龟蛇台形，盘游九地，统摄万灵，来从吾右。”同时，道教也将其用于炼丹术语，如《云笈七签》卷七十二引《古经》四神之丹称：“玄武者，北方壬癸水黑汞也，能柔能刚。”《经》云：上菩若水。非铅非锡非众石之类，水乃河东神水，生乎天地之先，至药不可暂舍，能养育万物，故称玄武也。

道教兴起后，沿用古人之说，将青龙、白虎、朱雀、玄武纳入神系，作为护卫之神，以壮威仪。《抱朴子·杂应》引《仙经》描绘太上老君形象时说：左有十二青龙，右有二十六白虎，前有二十四朱雀，后有七十二玄武。十分气派，着实威风。后来，四象逐渐被人格化，并有了其封号。

据《北极七元紫延秘诀》记载，青龙号为“孟章神君”，白虎号为“监兵神君”，朱雀号为“陵光神君”，玄武号为“执明神君”。不久，玄武（即真武）的信仰逐渐扩大，从四象中脱颖而出，跃居“大帝”显位，青龙、白虎则被列入门神之列，专门镇守道观的山门。

于是，青龙、白虎、朱雀、玄武又成为镇守天官的四神，辟邪恶、调阴阳。四神之中，青龙与白虎因为体相勇武，主要地被人们当作镇邪的神灵，其形象多出现在宫阙、殿门、城门或墓葬建筑及其器物上，在最后一种场合里，龙已不是助墓主升天，而是镇慑邪魔，保卫墓主的灵魂安宁。

三、二十八宿

角、亢、氐、房、心、尾、箕、斗、牛、女、虚、危、室、壁、
奎、娄、胃、昴、毕、觜、参、井、鬼、柳、星、张、翼、轸。

东方苍龙七宿：角、亢、氐、房、心、尾、箕。

北方玄武七宿：斗、牛、女、虚、危、室、壁。

西方白虎七宿：奎、娄、胃、昴、毕、觜、参。

南方朱雀七宿：井、鬼、柳、星、张、翼、轸。

二十八宿的起源很早，最初它们是古人用作观测日、月、五星运行坐标的二十八组星座。古人觉得星座相互间的位置恒久不变，可以利用它们做标志来说明日、月、五星运行所到的位置。经过长期观测，古人先后选择了黄道赤道附近的二十八个星宿作为坐标。因为它们环列在日、月、五星的四方，好比星空之二十八家客栈，所以称作二十八宿。古人还把二十八宿分为东、南、西、北四宫，每宫七宿，各宫分别将所属七宿连缀想像为一种动物的形象，以正四方。

二十八宿不仅是观察日、月、五星位置的坐标，其中有些星宿还是古人测定岁时、季节的观测对象。如初昏时参宿在正南就是春季正月，心宿在正南就是夏季五月，等等。二十八宿环绕在天体大气象里面，周而复始的运行不停，分别主掌东、西、南、北四方天象，以分昼夜、寒暑的交替和阴阳气数的变化。古人以二十八宿轮流值日记法，是以一宿代表一日，二十八宿代表二十八日，周而复始；唐代许多铜镜背面均刻有四象图及二十八星宿的分布图，可见二十八星宿在很早以前已深入民间，广泛流行。

斗纲三合图

四、十二星次

1. 星纪（纪者言其统纪万物，十二月之门，万物之所终始，故曰星纪）：对应斗、牛、女三宿，按列国时的分野是：吴越。

2. 玄枵（玄者黑，北方之色，枵者耗也，十一月之时阳气在下，阴气在上，万物幽死，未有生者，天地空虚，故曰玄枵）：对应女、虚、危三宿，按列国时的分野是：齐。

3. 诹訾（十月之时，阴气始盛，阳气伏藏，万物失藏养育之气，故哀愁而悲叹，故曰诹訾）：对应危、室、壁、奎四宿，按列国时的分野是：卫。

4. 降娄（阴生于午，与阳俱行，至八月阳遂下，九月阳微，剥卦用事，阳将剥尽，万物柘落，卷缩而死，故曰降娄）：对应奎、娄、胄三宿，按列国时的分野是：鲁。

5. 大梁（八月之时白露始降，万物于是坚成而强，故曰大梁）：对应胄、昴、毕三宿，按列国时的分野是：赵。

6. 实沈（七月之时，万物极茂，阴气沈重，降实万物，故曰实沈）：对应觜、参、井三宿，按列国时的分野是：晋。

7. 鹑首（南方七宿，其形象鸟，以井为冠，以柳为口，故曰鹑首）：对应井、鬼、柳三宿，按列国时的分野是：秦。

8. 鹑火（南方为火，言五月之时，阳气始盛，火星昏中，在七星、朱鸟之处，故曰鹑火）：对应柳、星、张三宿，按列国时的分野是：周。

9. 鹑尾（南方七宿，以轸为尾，故曰鹑尾）：对应张、翼、轸三宿，按列国时的分野是：楚。

10. 寿星（三月，春气布养万物，各尽天性，不罹天矢，故曰寿星）：对应轸、角、亢、氐四宿，按列国时的分野是：郑。

11. 大火（心星在卯，火出木心，故曰大火）：对应氐、房、心、尾四宿，按列国时的分野是：宋。

12. 析木（尾东方，木宿之末，斗北方，水宿之初。次在其间，隔别水木，故曰析木）：对应尾、箕、斗三宿，按列国时的分野是：燕。

人之生也，禀天地之精英，萃阴阳之造化。星家乃将人生诸事、先天宿命归类于十二宫，借其曜宿所布，而推人之禄命。然而世上没有绝对的凶与吉，基本都是以星之吉凶为吉凶，并以此来趋吉避凶，是凶则祈福，是吉则托福。

十二宫与十二星次图

五、二十八宿分野——星宿列国分野

1. 郑：角亢；2. 宋：氐房心；3. 燕：尾箕；4. 越：斗牛；5. 吴：女；6. 齐：危虚；7. 卫：室壁；8. 鲁：奎娄；9. 魏：胄昴毕；10. 赵：觜参；11. 秦：井鬼；12. 周：柳星张；13. 楚：翼轸；

九野：九天与二十八宿

中央钧天：角宿、亢宿、氐宿

东方苍天：房宿、心宿、尾宿

东北变天：箕宿、斗宿、牛宿

北方玄天：女宿、虚宿、危宿、室宿

西北幽天：壁宿、奎宿、娄宿

西方颢天：胄宿、昴宿、毕宿

西南朱天：觜宿、参宿、井宿

南方炎天：鬼宿、柳宿、星宿

东南阳天：张宿、翼宿、轸宿

二十八宿分野图

二十八宿之列国与州治分野图见下表：

星宿按列国分野表	
星 宿	列国
角亢	郑
氐房心	宋
尾箕	燕
斗牛	越
女	吴
虚危	齐
室壁	卫
奎娄	鲁
胃昴毕	魏
觜参	赵
井鬼	秦
柳星张	周
翼轸	楚

星宿按州分野表	
星宿	州治
角亢氐	兖州
房心	豫州
尾箕	幽州
斗	江浙
牛女	扬州
虚危	青州
室壁	并州
奎娄胃	徐州
昴毕	冀州
觜参	益州
井鬼	雍州
柳星张	三河
翼轸	荆州

星宿州县分野与现代区域对照（参考）

1. 角、亢、氐：陈、兖州。韩、郑。对应大概是现在河南东部和安徽北部、今山西省东部和河南省西北部、河南新郑一带、山东兖州。

2. 氐、房、心、尾：豫州。原先是宋的分野，大概是今河南东部及山东、江苏、安徽之间。

3. 尾、箕：幽州。燕国的分野，大概是今河北省北部和辽宁省西端。

4. 斗、牛、女：江苏、浙江。这三个包括的地方很广。斗分野在吴，牵牛、婺女，则在越，包括了今江苏省南部和浙江省东部及北部，而后来扩展到交趾、南海、九真、日南等。

5. 女、虚、危：青州。主要是齐的分野。包括现今山东省及辽宁省辽河以东，及河南省东南一部分。

6. 危、室、壁：并州。主要是卫的分野，今河北保定、正定和山西大同、太原一带。

7. 奎、娄：徐州。主要是鲁的分野，则今山东省南部和江苏西北部。

8. 胄、昴、毕：冀州。主要包括赵、魏的分野，今山西北部和西南部、河北西部和南部一带、陕西省东部一带。

9. 毕、觜、参：益州。主要是魏晋的分野。今山西省大部与河北省西南地区。

10. 井、鬼：雍州。主要是秦的分野，今陕西省和甘肃省一带，还包括了四川的大部分。

11. 柳、七星、张：三河。主要是周的分野，但未详何为称三河。按以河南、河内、河东三郡为三河，而周灭后，多数在魏地，大概是指河南东部及南部一带。

12. 翼、轸：荆州。主要是楚的分野，主要是湖南大部分，旁及湖北、安徽、广东、江西、贵州等。

六、二十八宿在天上排列图

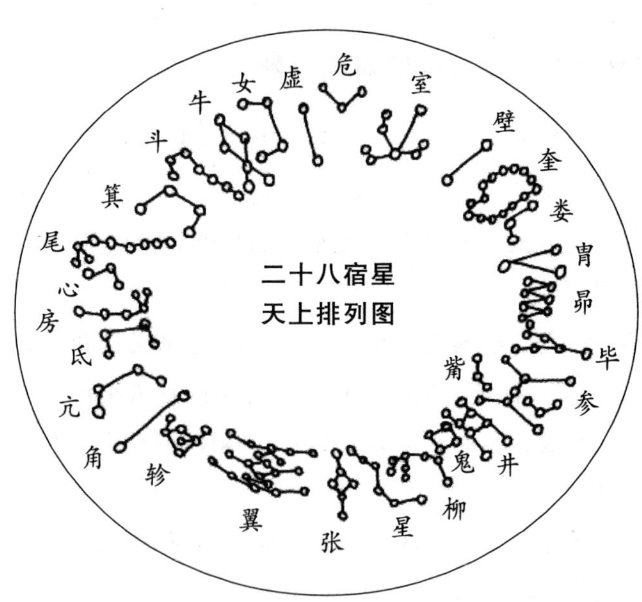

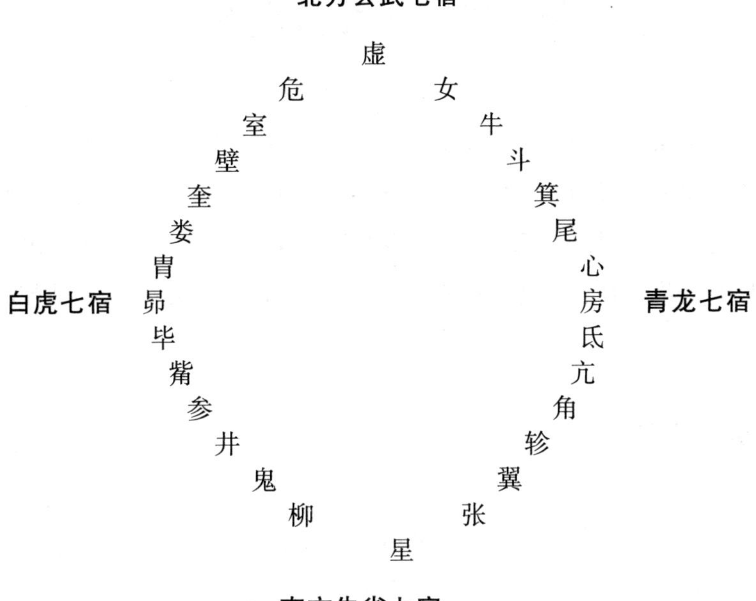

太阳在天上是按逆时针方向运行，二十八宿的排列效仿它。比如以张宿为起始点的话，下一个是翼宿，再下一个是轸宿，再下一个是角宿……，以此类推。而太阳每年产生的岁差却是顺时针方向运行，太阳在南半球离北半球最远为冬至点，所以北方七宿却在南方；太阳在北半球离北半球最近时为夏冬点，所以南方七宿却在北方。

此图上方应与南方对应，左方与东方对应，右方与西方对应，下方与北方对应。其实学习二十八宿很简单，只要按图即可记住一个歌诀：

角亢氐房心尾箕
斗牛女虚危室壁
奎娄胃昴毕觜参
井鬼柳星张翼轸

第六节　天文经典篇

对于爱好堪舆和正在学习天星风水者，都必须了解天文知识，而作为古代先贤们常用的量天和步天推算之利器，《步天歌》就是其中经典，雅浩现在把它整理出来，因原书无图，很难靠想像来学习天星，这不利于初学者入门，所以雅浩竭尽所能，把28宿一个个配好星图，就是为了方便同好一起来研究。

一、《步天歌》

（一）三垣

紫微宫

中元北极紫微宫，北极五星在其中，大帝之座第二珠，
第三之星庶子居，第一号曰为太子，四为后宫五天枢，
左右四星是四辅，天乙太乙当门路，左枢右枢夹南门，
两面营卫一十五，东藩左枢连上宰，少宰上辅次少辅，
上卫少卫次上丞，后门东边大赞府，西藩右枢次少尉，
上辅少辅四相视，上卫少卫七少丞，以次却向前门数，
阴德门星两黄聚，尚书以次其位五，女史柱史各一户，
御女四星五天柱，大理两星阴德边，勾陈尾指北极巅，
六甲六星勾陈前，天皇独在勾陈里，五帝内座后门间，
华盖并杠十六星，杠作柄象华盖形，盖上连连九个星，
名曰传舍如连丁，垣外左右各六珠，右是内阶左天厨，
阶前八星名八谷，厨下五个天棓宿，天床六星左枢右，
内厨两星右枢对，文昌斗上半月形，稀疏分明六个星，
文昌之下曰三公，太尊只向三公明，天牢六星太尊边，
太阳之守四势前，一个宰相太阳侧，更有三公向西偏，

即是玄戈一星圆，天理四星斗里暗，辅星近着开阳淡，
北斗之宿七星明，第一主帝名枢精，第二第三璇玑是，
第四名权第五衡，开阳摇光六七名，摇光左三天枪明。

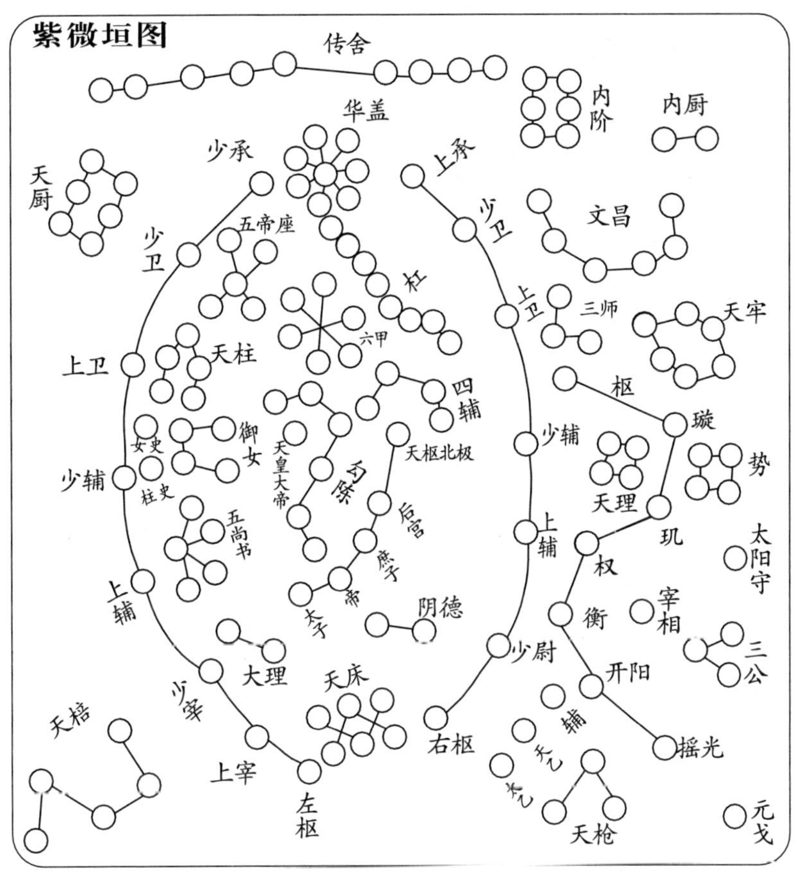

紫微垣图

太微宫

上元天庭太微宫，昭昭列象布苍穹，端门只是门之中，
左右执法门西东，门左皂衣一谒者，以次即是乌三公，
三黑九卿公背旁，五黑诸侯卿后行，四个门西主轩屏，
五帝内座于中正，幸臣太子并从官，乌列帝后从东定，
郎将虎贲居左右，常陈郎位居其后，常陈七星不相误，

郎位陈东一十五，两面宫垣十星布，左右执法是其数，宫外明堂布政宫，三个灵台候云雨，少微四星西北隅，长垣双双微西居，北门西外接三台，与垣相对无兵灾。

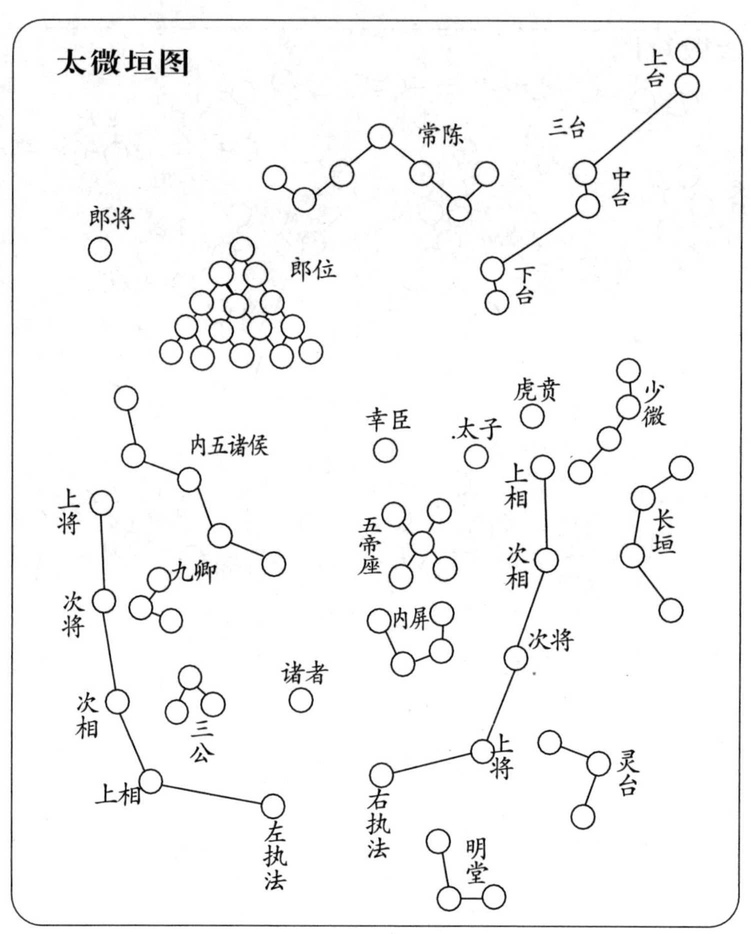

天市宫

下元一宫名天市，两扇垣墙二十二，当门六角黑市楼，门左两星是车肆，两个宗正四宗人，宗星一双亦依次，帛度两星屠肆前，候星还在帝座边，帝座一星常光明，四个微茫宦者星，以次两星名列肆，斗斛帝前依其次，

斗是五星斛是四，垣北九个贯索星，索口横者七公成，
天纪恰似七公形，数着分明多两星，纪北三星名女床，
此坐还依织女傍，三元之像无相侵，二十八宿随其阴，
水火木土与并金，以次别有五行吟，河中河间晋郑周，
秦连巴蜀细搜求，十一星属十一国，梁楚韩邦在尽头，
魏赵九河与中山，齐越吴徐东海间，燕连南海尽属宋，
请君熟记有何难。

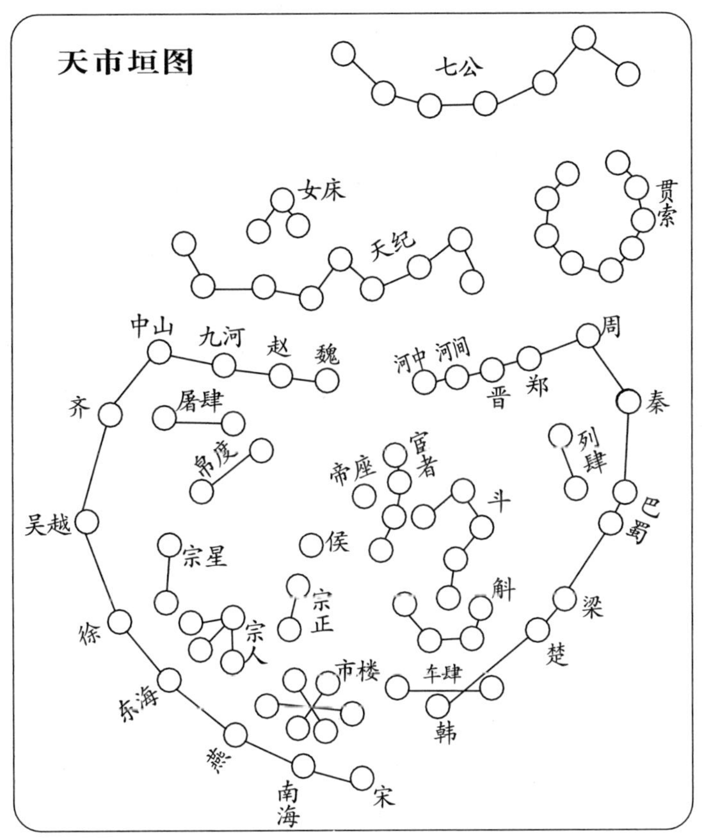

天市垣图

（二）二十八宿

1. 东方苍龙七宿

《宋中兴天文志》：石氏云，东宫青帝，其精为苍龙七宿，其象：有角、

有亢、有氐、有房、有心、有尾、有箕，氐胸，房腹，箕所粪也。司春、司木、司东方、司鳞虫三百六十，苍龙为鳞虫之长，角两星南北正直，中有平道上天田，总是黑星两相连，别有一乌名进贤，平道右畔独渊然，最上三星周鼎形，角下天门左平星，双双横于楼库上，楼库十星屈曲明，楼中五柱十五星，三三相似如鼎形，其中四星别名衡，南门楼外两星横。

【1】角宿

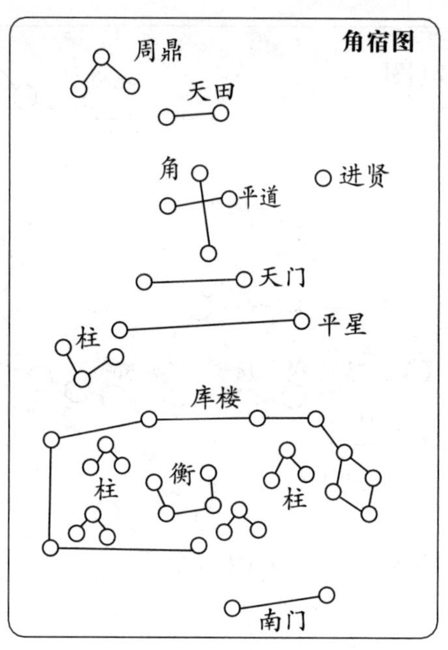

角二星，十二度，为主造化万物，布君之威信，谓之天阙，其间天门者，其内天庭也，故黄道经其中，七曜之所行也，其明则太平，芒动则国不宁，日食右角国不宁，月食左角天下道断，金火犯有战敌，金守之大将持政。左角为天田为理，主刑，其南为太阳道，五星犯之为旱，右角为将，主兵，其北为太阴道，五星犯之，为水，盖天之三门，犹房之四表也，左右角间二星，曰平道，为天子八达之衢，明正则吉，动摇则法驾有虞。天田主天子畿内封疆，金守之主兵，火守之主旱，水守之主潦。平道西一星曰进贤，在太微宫东，明则贤者在位，暗则在野，又曰主卿相主逸才。周鼎三星在摄提西，国之神器也，不见过移徙则云祚不宁。天门二黑星在平星北，角之南，主天之门，为朝聘待客之所，明则四方归化，不见则兵革起，邪佞生。平星二星在库楼北，平天下之法狱，廷尉之象也。库楼十星，其六大星为库，南四星为楼，在角南，一曰天库，兵车之府也，旁十五星三三而聚者柱也，中央四小星衡也，主陈兵，其占曰：库中星不见，兵四合，无星则下臣谋上，明而动摇则兵出四方，尽不见则国无君。库楼东北二星曰阳门，主守隘塞也，南门二星在库楼南，天之外门也，主守兵，明则远方八贡，暗则夷狄叛，客星守之，主兵至。

【2】亢宿

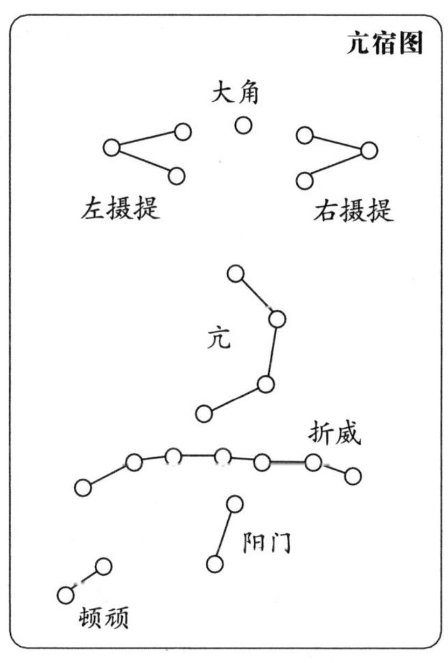

亢四星恰似弯弓状，大角一星直上明，折威七子亢下横，大角左右摄提星，三三相对如鼎形，折威下左顿顽星，两个斜安黄色精，顽西二星号阳门，色若顿顽直下存。

亢四星九度，日月之中道，主天子内朝，天下之礼法也。又曰总摄天下奏事，听讼、理狱、録功者也，亦为疏庙，主疾疫，其星明大，四海归王，辅臣纳忠，人无疾疫；移动多病，不见则天下鼎沸，而旱涝作矣。大角一星在是摄提间，天王坐也。又为天子梁栋，金守之则兵起，日食主凶，亢南七黑星曰折威，主斩杀，金火守之，夷狄犯边，将有弃市者。摄提六星直斗柄之南，主建时节，伺机祥，摄提为盾，以夹拥帝坐也，主九卿，明大三公恣横，客星入之，圣人受制，一曰大臣之象。顿顽二星在折威东南，主考囚，察情伪也，阳门在库楼东北，主边塞险阻之地，客星出阳门，夷狄犯边。

【3】氐宿

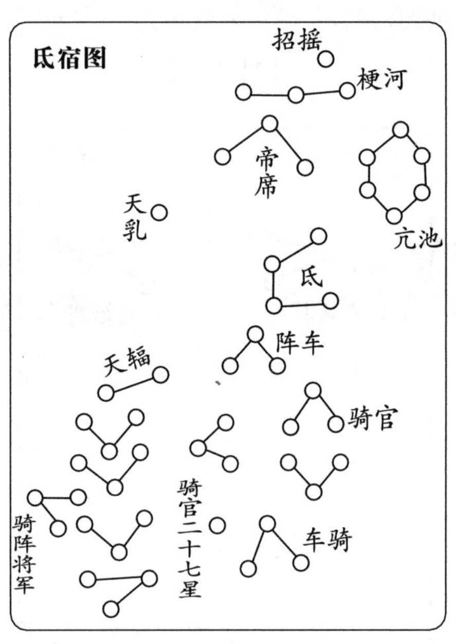

氐四星似斗侧量米，天内乳氐上黑一星，世人不识称无名，一个招摇梗河上，梗河横列三星状，帝席三黑河之西，亢池六星近摄提，氐下众星骑官出，骑官之众二十七，三三相连十欠一，阵车氐下骑官次，骑官下三车骑位，天辐两星在阵旁，将军阵里振威霜。

氐十六度下二尺，为五星日月中道，为天子之路寝，明则大臣妃后奉君不失节，如不见或移动，则臣将谋内，祸乱生矣。日月食主内乱，木犯之主妃后，火犯臣僭上，金犯拜将，水犯百官忧，客星犯婚礼不整，彗孛犯暴兵起，月晕人不安。一曰氐为后妃之府，休解之房，前二星嫡也，后二星妾也，将有徭役之事，氐先动，星明大则民无劳。天乳在氐北，主甘露，明则润泽，甘露降。招摇一星在梗河北次，北斗柄端，主胡兵，芒角变色、摇动，则兵革大起。梗河三星，在大角北，天子备不虞，其色变动有兵丧。帝席三星，在天角西北，天子举乐献寿之所，其星不见，大人失位。亢池大黑星，为泛舟楫，主迎送，移徙则凶。骑官二十七星，在氐南，天子骑士之象，星众则安，不见并起。车骑三黑星，在氐西骑官之上，都车马之将也，金火犯为灾，动摇车骑行。天辐两黄星，在房西，主鸾驾，客星来守之，则辇毂（车轮中心部分）有忧也。骑阵将军一星，在骑官东南，主骑将也，摇动则骑将出。

【4】房宿

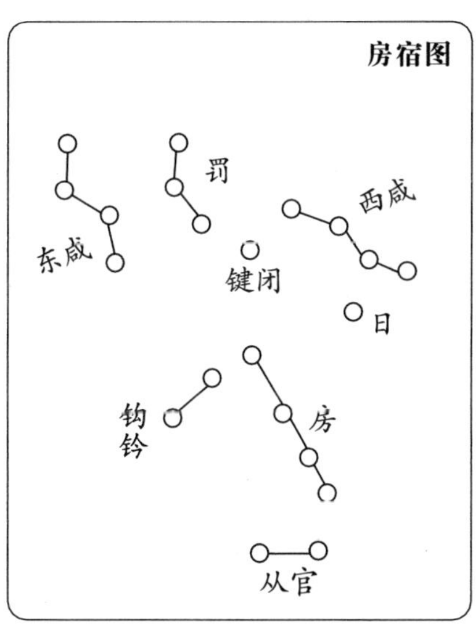

房四星直下主明堂，键闭一黄斜向上，钩铃两个近其旁，罚有三星值键上，两咸夹罚似房状，房西一星号为日，从宫两个日下出。

房六度为明堂，天子布政之官也，亦四辅也，下第四星，上将也，次，次将也，次次，相也，上星上相也，南二星君位，北二星大人位，又为四表，中间为天衢也。天道亦谓之天阙，黄道之所经也，南间曰阳环，亦曰阳道，其南曰太阳，北间曰阴间，亦曰阴道，其北曰太阴，七曜由乎天衢，则天下平和，由阳道则主旱丧，由阴道则主水、兵。房星，亦曰天驷，为天马，主车驾。南星曰左骖，次左服，次右服，次右骖，亦曰天厩，又主开碧，为蓄藏之所由也。房星明则王者明，骖星大则兵起，星离则人流，日月食，主昏乱，权臣横，彗孛犯之兵起，下二星为阴，五星犯之为水，上二星为阳，五星犯之为旱。房北二小星，曰钩铃，房之铃键，天之管籥，主闭藏键天心也，王者孝则钩铃明，近房则天下同心，远则天下不和，王者绝后，房，钩铃间有星，及疏拆则地动河清。东咸西咸各四星，在房星北，日月五星之道也，为房之户，所以防淫佚也，明则吉，暗则凶，日月五星犯守之有阴谋，火守之兵起。罚三星在东咸正西，南北而列，主受金赎罪，正而列则法令太平，曲而斜行则刑罚不中，曰一星，在房中道前，太阳之精，主明德，金火犯守之有忧，从官二星，在积卒西北。

【5】心宿

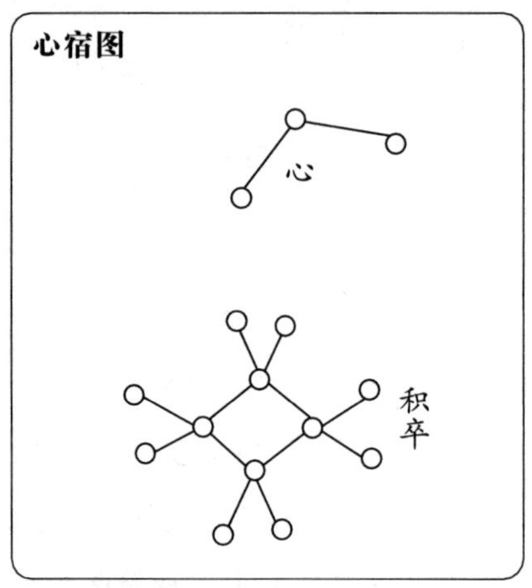

心三星中央色最深，上有积卒共十二，三三相聚心下是。

心六度，一名大火，天王位也，中星曰明堂，为大辰，天子之正位也，前星为太子，不明则太子不得位，后星为庶子，明则庶子继。心上四星为日月五星之中道，中心明则化成道昌，直则地动，移徙不见国亡。又曰，心变黑色，大人有忧，直则王失势，动则国有忧，离则民流，金火犯血光不止，土木犯及，日月食不吉，月晕兵起，火来守之国无主，客星及彗孛犯，天下兵荒。积卒十二星在房心西南，五营军士也，微而小则吉，明大摇动兵大起，一星亡兵出，二星亡半出，三星亡兵出尽，他星守之兵大起，近臣诛。

【6】尾宿

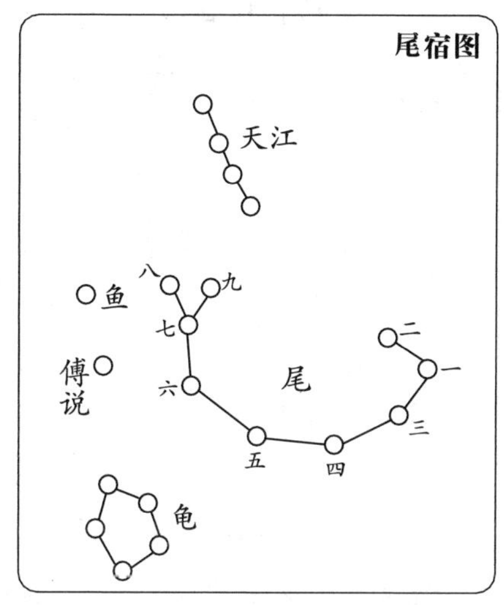

尾九星如钩苍龙尾，下头五点号龟星，尾上天江四横是，尾东一星名传说，传说东畔一鱼子，尾西一室是神宫，所以列在后妃中。

尾十九度，后妃之府，后宫之场也。北之一丈为天之中道，上第一星后也，次三星夫人，次则嫔妾，第三星旁一星名神宫，解衣之内室，尾亦为九子星，色欲均明，大小相承，则后妃无忌妒，后宫有叙，多子孙，星微细暗，后有忧疾，疏远则后失势，动移则君臣不和，天下乱，就聚则大水，木犯之及月晕，则后妃死，火犯宫中内乱，土犯吉，水犯，宫中有事，客星犯大臣诛，日月食主饥，一曰金火守之，后宫兵起。龟五星在尾南汉中，主占定吉凶，明则君臣和，不明则为乖戾，亡则赤地千里，火守之，兵起，在外守之，兵罢。天江四星，在尾之北，主太阴，不欲明，明而动水暴出，参差则马贵，其星不具，则津河关道不通，荧惑守之，有立主客星入，河津绝。

传说一星，在尾后河中，主后宫女、巫祝、祀神灵、祈祷、子孕，故曰主王后之内祭祀，以求子孙。《诗》云：克禋克祀，以弗无子，此之象也。其明星大，王者多子孙，小而暗，后宫少子，动摇则后不安，星摇则天子无嗣。鱼一星在尾后河中，主阴事，知云雨之期也，大明则阴阳和，风雨时，暗则鱼多亡，动摇则大水暴出汉中，则大鱼多死，火守在南则旱，在北则水起。

【7】箕宿

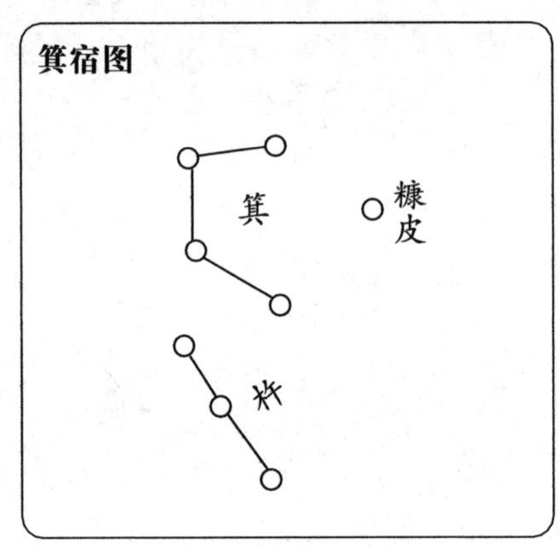

箕四星形状似簸箕，箕下三星名木杵，箕前一黑是糠皮。

箕十一度，亦谓之天津，后宫妃后之位，上六尺为天之中道，箕一曰天鸡，主八风，凡日月宿在箕、东壁、翼、轸者，风起，又主口舌，主客蛮夷胡貊，故蛮夷将动，先表箕焉，星大明直则五谷熟，君无谗间，疏暗则无君世乱，五谷贵，蛮夷不伏，内外有差，就聚细微，天下忧，动则蛮夷有使来，离徙则人流，若移入河国灾，人相食，月晕金火犯之，兵起，流星犯，大臣叛，日宿其野，风起。杵三星在箕南，主杵臼之用也，纵，为丰，横，为饥，移徙，人失业，不见，人相食，客星入杵臼，天下有急变。糠一星，在箕口前，杵臼西北，明，则为丰，暗，则为饥，不见，人相食。

2. 北方玄武七宿

《宋中兴志》：石氏云，北方黑帝，其精玄武为七宿，斗有龟蛇蟠结之象，牛蛇象，女龟象，虚、危、室、壁，皆蛇龟、蟠蚪之象，司冬、司水、司北岳、司北方、司介虫三百六十。王奕曰：龟不独介虫之长也，北冬令其气蛰藏，有缩藏之象焉。

【1】斗宿

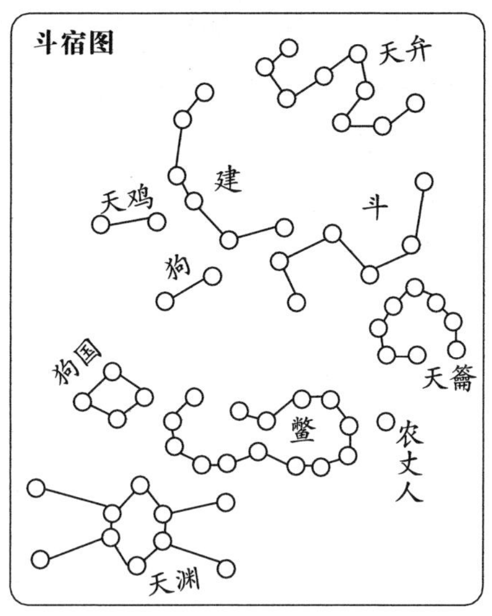

斗六星其状似北斗，魁上建星三相对，天弁（biàn 帽子）建上三三九，斗下圆安十四星，虽然名鳖贯索形，天鸡建背双黑星，天籥柄前八黄精，狗国四方鸡下生，天渊十星鳖东边，更有两狗斗魁前，农家丈人斗下眠，天渊十黄狗色玄。

斗二十五度，天庙也，亦曰天机，五星贯中，日月正道，为丞相太宰之位，酌量政事之宜，裒（póu）进贤良，禀受爵禄，又主兵。南二星星魁，天梁也，中央二星，天相也，北二星杓，天府建也，亦为寿命之期，将有天子之事，占于南斗，星盛明，君臣一心天下和平爵禄行，芒角动摇天子愁兵起，移徙其臣逐，日月五星逆入斗，天下流荡，孛犯之兵起，星小暗则废宰相及死。鳖十四星在南斗南，鳖为水虫归太阴，有星守之，白衣会，主有水，火守之，旱。建六星，在斗背，亦曰天旗，临于黄道，天之都关也，建、斗之间，七曜之道，建为谋事，为天鼓，为天马，南二星，天库也，中央二二星，市也，斧锧也，上二星旗跗也，建动摇，则人劳，月晕，蛟龙见，牛马疫。月食，五星犯守，大臣相谮臣谋主为关梁不通，有大水。天弁九星，在建星北，入河中，宫之长也，主列肆，阛阓，若市籍之事 以知市珍也。星明则吉，彗星犯守粜贵兵起。天鸡二星，在狗国北，主候时也，金火守入兵大起，天籥八星在斗南斗勺西，主锁籥关闭，明吉暗凶，狗国四星在建东北，主鲜卑、乌桓、沃沮，明则兵寇作乱，金火犯守外夷有变，太白逆守，其国乱，客星守犯之有大盗其玉且来。天渊十星，在鳖东南，一曰天海，主灌溉，火守之大旱，水守之大水，一曰主海中鱼鳖。狗二黑星，在斗魁前，主吠，守防奸回也，不居常处为大灾。农丈人一星，在南斗西南，老农主稼穑也，其占与糠略同。

【2】牛宿

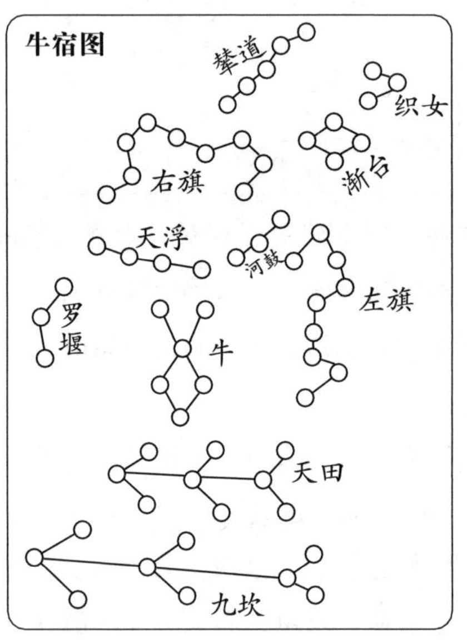

牛六星近在河岸头，头上虽然有两角，腹下从来欠一足，牛下九黑是天田，田下三三九坎连，牛上直建三河鼓，鼓上三星号织女，左旗右旗各九星，河鼓西畔右边明，更有四黄名天桴，河鼓之下如连珠，罗堰三乌牛东居，渐台四星如口形，辇道东足连五丁，辇道渐台在何许，欲得见时近织女。

牛七度，天之关梁，日月五星之中道，主牺牲，其北二星，一曰郎路，二曰聚火，又曰，上一星主道路，次二星主关梁，次三星主南越。甘氏曰，上二星主道路，次二星主关梁，次二星主南夷，中一星主牛，移动则牛多殃，明大则王道昌，其星曲则粂贵，又曰星明大则关梁通牛贵，怒则黑马贵，不明失常谷不登，细则牛贱，中星移上下，牛多死，小星之则牛多疫，月晕损犊，金火犯之兵灾，水土犯之，吉。天田九星，牵牛南，太微东，主天子畿内之田，其占与角之天田同。九坎九黑星，在天田东，主沟渠，所以导达泉源，流泻盈溢，明盛则有灾，夷狄侵边，不明则吉。河鼓三星，在牵牛北，天鼓也，主军鼓及天钺，一曰三武，主天子三将军，中央大星为大将军，左星为左将军，右星为右将军，左星南星也，所以备关梁、设险阻而拒难也，明大光润将军吉，动摇，差度，乱兵起，直则将有功，曲则将失律。右旗左旗各九星，在河鼓左右，皆天之旗鼓也，旗星明润将军吉，动摇兵起，怒则马贵，旗端四星，南北列，曰天桴，鼓桴也，星不明，刻漏失时，动摇军鼓用，桴鼓相直亦然。织女三星，在河北，天纪东端，天女也。主果瓜丝绵宝玉也，王者至孝，神祇咸喜，则织女星俱明，天下和平，大星怒角，布帛贵，又曰三星俱明，女功善，暗而微，天下女功废，不见兵起。东足四星曰渐台，临水之台也，主刻漏律吕之事，西足五星曰辇道，天子游嬉之道，金火守之，御路兵起。罗堰三星，在牵牛东，土堤塘，壅蓄水潦，灌溉田苗，大而明，大水繁溢。

【3】女宿

女四星如箕，主嫁娶，十二诸国在下陈，先从越国向东论，东西两周次二秦，雍州南下双雁门，代国向西一晋伸，韩卫各一晋北轮，楚之一国魏西屯，楚城南畔独燕军，燕西一郡是齐邻，齐国两邑平原君，欲知郑在越下存，十六黄星细区分，五个离珠女上星，败瓜之上瓠瓜生，两个各五瓠瓜明，天津九个弹弓形，两星入牛河中横，四个奚仲天津上，七个仲侧扶筐星。

女十一度，下九尺为日月中道，天之少府也，谓之须女者，须，贱妾之称，妇织之卑者也，主妇女之位，其星如妇之式，主布帛、裁制、嫁娶，星明天下丰，女功昌，小暗则国藏虚。移动则妇女受殃，产死多，后妃废，日月食，国忧，木犯，立后，火犯，女丧，金犯，灾，土孛犯，损蚕，月晕，妇人灾。又曰，水守之万物不成，火守之，布帛贵，人多死，土守之，有女丧，金守之，兵起。十二国有十六星，齐一星在北坎之东，齐北二星掖赵，赵北一星曰郑，郑北一星曰越，越东二星曰周，周东南北列二星曰秦，秦南二星曰代，代西一星曰晋，晋北一星曰韩，韩北一星曰魏，魏西一星曰楚，楚南一星曰燕，其星有变，各以其国。离珠五星，在须女北，须女之藏府也，为女子之星，非其故后宫乱。客星犯之，后宫凶。瓠瓜五星在离珠北，主阴谋，主后宫，主果食，明则岁熟，微则后失势，瓜果不登，客星守之鱼盐贵。旁五星曰败瓜，主种，与瓠瓜略同。天津九星在虚危北，横汉中，津梁所度，明而动，则兵起如流，死人如乱麻，参差不齐，马贵，一星不备，关梁不通，三星不备，覆陷天下，星亡水灾河溢，水贼称王。奚仲四星，在天津北，古车正也，金火守之，兵车必起。扶筐七黑星，主蚕事，见吉不见凶。

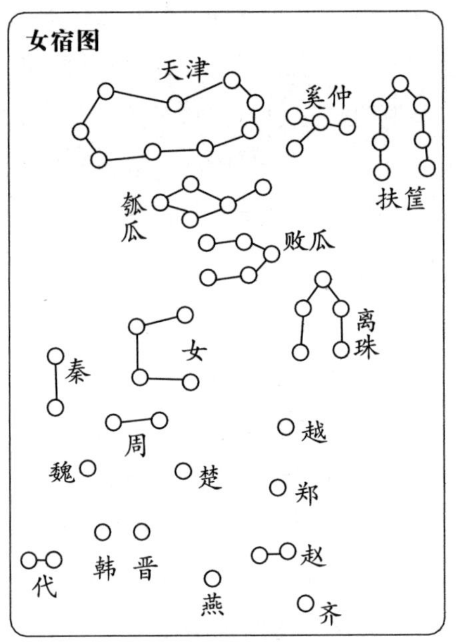

【4】虚宿

虚上下各一如连珠，命、禄、危、非，虚上呈，虚、危之下哭、泣星，哭、泣双双下垒城，天垒团圆十三星，败臼四星城下横，臼西三个离瑜明。

虚九度少强，冢宰之官也，主邑居、庙堂祭祀之事，又主风云死丧，下九尺，为天之中道，明静，则天下安，摇动，则有死丧哭泣，日月食，兵起，流行犯，贼乱宗庙，五星犯，有灾，虚北二星曰司命，主举过、行罚、灭不祥，又北二星曰司禄，主爵禄增延年德，故在六宗之祀，司危二星，在司禄之北，主骄佚。司非二星在危之北，主愆过，凡此四司皆黑星，明大为灾，居常则平。虚南二星曰哭，主号哭也，哭东二星曰泣，主死，明则国多哭泣，金火守之亦然。泣南十三星曰天垒城，如贯索形，主北夷丁零匈奴。败臼四星，在虚、危南，知凶灾，他星守之饥，兵起，秦代东三星，南北列，曰离瑜，离，圭衣也，瑜，玉饰，妇人之服星也，微则后宫俭约，明大则妇人奢。

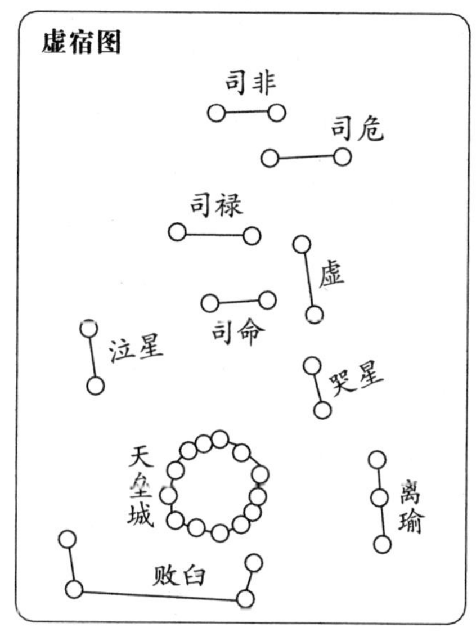

【5】危宿

危三星不直曲为之，危上五黑号人星，人畔三四杵臼形，人上七乌号车府，府上天钩九黄晶，钩上五鸦字造父，危下四星号坟墓，墓下四星斜虚梁，十个天钱梁下黄，墓旁两星能盖屋，身着黑衣危下宿。

危十六度，主天府、天市、架屋，甘氏云，为天市庙堂，下九尺，为天之中道，架屋、受藏、风雨、坟墓、祠祀，如动则天下大动土功，张衡云，虚、危等为死丧哭泣之事，亦为邑居庙堂祠祀之事，冢宰之官，动则死丧哭泣，火守，则天子将兵，金守，则饥饿兵起，虚危动，则有土功，火守，则兵起，水守，则下谋上，一云危动，则不明，土功，兵革起，月晕、日月五星犯，则有灾，车府东南五星，曰人星，有如人象，主静众庶，柔远能迩，一曰卧星，主防淫，不见则人有诈行诏书，明则人安，暗凶。内杵三星，在人星旁，主军粮，正直下臼，吉，不相当，粮绝，不直，民饥，内臼四星，在人星东南，主舂臼，覆则大饥，仰则大丰。《隋志》云，客星入杵、臼，兵起，天下聚米，天津东南七星曰车府，东近河边，抵司非，主官车之府，金火守之，兵车大动。天钩九星如钩状，在造父西河中，主乘辇、服饰法式，直则地将动，明则服饰正，传舍南河中五星曰造父，御官也，一曰司马或曰伯乐，星亡，马大贵，明则吉。坟墓四星，在危下如墓形，主丧葬之事，明则多死亡，虚梁四星，在盖屋南，主圆陵寝庙，非人所处，故曰虚梁，金火守入犯兵灾大起。天钱十星，在北落西北，主钱帛所聚，占：明则府藏盈，不尔虚耗，金火守之，兵盗起。盖屋二星，在危南，主天子所居室，亦为宫室之官，金火守之，国兵起，彗星尤甚也。

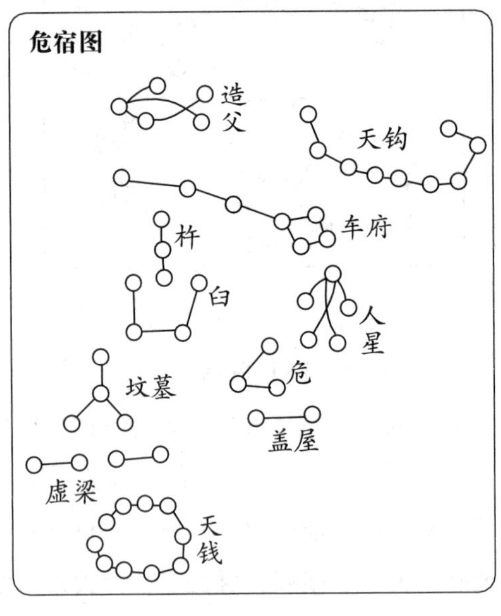

【6】室宿

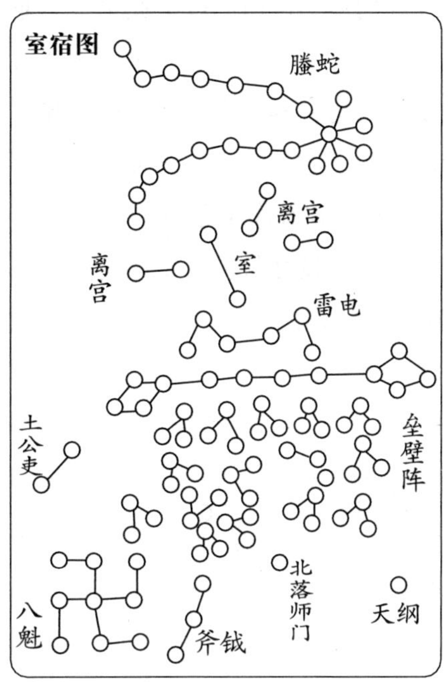

室两星上有离宫出绕室，三双有六星，下头六个雷电形，垒壁阵次十二星，下二两头大似井，阵下分布羽林军，四十五卒三为群，军西四星多难论，仔细历历看区分，三粒黄金名斧钺，一颗真珠北落门，门东八魁九个子，门西一宿天纲是，电旁两黑土公吏，螣蛇室上二十二。

室十七度，亦谓之营室，甘氏为太庙天子之官也，石氏谓之元宫，一曰清庙，又谓军粮之府，及土功事，星明国昌，小不明，祠祀鬼神不享，国多疾疫，动则有土功，兵出野。离宫六星，两两居之，分布室、壁之间，天子之别宫也，主隐藏休息之所，金火守之则兵起。室南六星曰雷电，主雷动蛰，明或动则震雷作。壁阵十二星，在羽林北，横列营室之南，羽林之垣垒也，星众而明则安宁，希而动则兵革起，不见天下乱，五星入，天军皆为兵起，金火水尤甚。羽林四十五星，三三而聚，散在营室之南，天军也，主军骑，又主翼王也，星众而明则安宁，希而动则兵革起，不见天下乱，金火水守入兵起。斧钺三星亦曰斧钻，在八魁西北，主诛夷，不明则斧钻不用，移动则兵起，有星入之皆为大臣诛，北落师门一星，在羽林西南，天之蕃落也，亦曰天军蕃之候门，长安北门曰北洛门，以象此也，主非常以候兵，明大则军安，微弱则兵起，金火守之有兵灾，一曰有星守之，虏入塞。北落东南九黑星，曰八魁，主张亲手之官也，客星入之多贼盗兵起，金火入亦然，北落西南一星曰天纲，主武帐，天子游猎之所，会金火守，兵起，室西南二星，曰土公吏，主土功之官也，动摇则有修筑之事，《隋志》，土公吏主司过度。螣蛇二十二星，在营室北，若盘蛇之状，居于河滨谓之天蛇星，主水虫，微则国安，明则不宁，移南大旱，移北大水，客星守之，雨水为灾，水物不收。

【7】壁宿

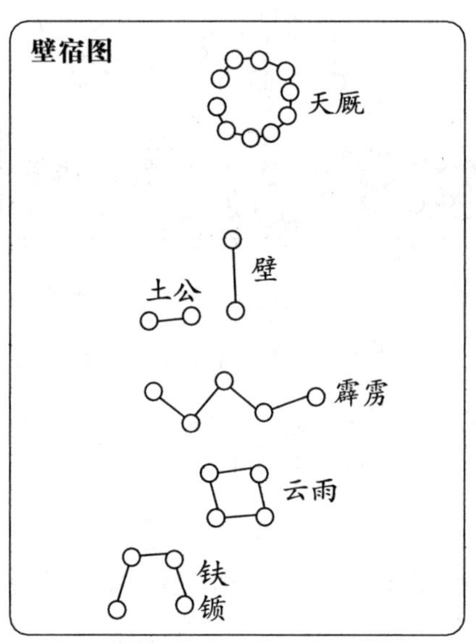

壁两星下头是霹雳，霹雳五星横着行，云雨次之曰四方，壁上天厩十圆黄，铁锁四星羽林旁，土公两黑壁下藏。

壁九度，下九尺为天之中道，主文章，天下图书之秘府也，亦主上功，明则图书集，道术行，小人退，君子进，星失色大小不同，太内子重武臣，贱文士，图书隐，亲党回邪用星动则有上功，离徙就聚为田宅事，日月食损贤臣，五星孛犯兵起土公西南五星曰霹雳，主兴雷奋击，明而动用事，不明凶，霹雳南四星曰云雨，明则多雨水，火守之大旱。天厩十星在东壁北，盖天马之厩，今之驿亭也，不见则天下道断，铁锧五星在天仓西门刈（yì 镰刀）具也，主斩刍饲牛马，明则牛马肥，微暗则牛马饥饿并死丧也。

3. 西方白虎七宿

《宋中兴天文志》：石氏云，西宫白帝，其精白虎为七宿。奎象白虎；娄、胄、昴，虎三子也；毕象虎；觜、参象麟，觜首参身也。司秋、司金、司西岳、司西海、司西方、司毛虫三百有六十。王奕曰，苍龙、朱雀、灵龟，不独虫之长也，实为王者嘉瑞，故列宿象焉。白虎奚顶也，曰白虎，亦瑞兽也。《尔雅》谓之虦，盖驺虞之异名也。《尔雅·释兽》："虦，白虎。"不食生物，食自死肉，其性至仁，五灵之一也，以五行媲之。苍龙，木也，木得其性则苍龙见。朱鸟，火也，火得其性则朱鸟见。

灵龟，水也，水得其性则灵龟见。白虎，金也，金得其性则白虎见。与麟凤龟，俱为王者之瑞，故西方七宿配焉。汉宣帝时，南郡获白虎。宋元嘉中，琅琊有白虎，史臣俱以为瑞而特书之也。

【1】奎宿

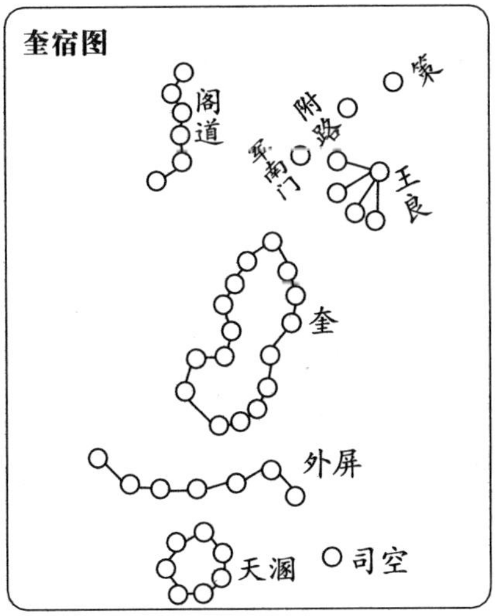

奎腰细头尖似破鞋，一十六星绕鞋生，外屏七乌奎下横，屏下七星天溷

(hún，同混）明，司空左畔土之精，奎上一宿军南门，河中六个阁道形，附路一宿道旁明，五个吐花王良星，良星近上一策名。

奎十六度，天之武库也，石氏谓之天豕，亦曰封豕，主兵，九尺下为天之中道，又主沟渎，西南大星所谓天豕目，亦曰大将，明则天下安，动则兵乱，客星守入兵起，金 火守有水灾，《隋志》云，若帝淫佚政不平，则奎有角。角动则有兵，不出年中，或有沟渎之事，又曰奎中星明水大出，日月食五星犯皆有凶。奎南七星曰外屏，以蔽天溷也，占与天囷（qùn，谷仓）同，天溷七星在外屏南，天之厕也，不见则人不安，移徙亦然。天溷南一星曰土司空，主水土之事，大而黄明天下安，若客入之多土功，天下大疫，军南门一星在将军西南，主谁伺，出入动摇则军行，不见则兵乱。阁道六星，在附路前飞道策后，紫微宫至河神所乘也，一曰主道里，张衡云天子游别宫之道，一曰王良旗，一曰紫宫旗，亦所以为旗表而不欲其摇动，一星不具则辇道不通，动摇则宫掖之内兵起，附路一星在阁道南旁，别道也，备阁道之败复而乘之也，一曰太仆，主御风雨，亦游从之义也，一曰占与阁道同，王良五星，在奎北，居河中，天子奉车御官也，其四星曰天驷，旁一星曰王良，亦曰天马，其星动为策马，故曰王良策马，车骑满野，亦曰马病，客星守之桥不通，金火守之皆为兵忧，前一星曰策，王良之御策也，主天子仆御，在王良旁，若移在马后，是谓车骑满野。

【2】娄宿

娄三星不匀近一头，左更右更乌夹娄，天仓六个娄下头，天庾三星仓东脚，娄上十二将军侯。

娄十二度，下九尺为日月中道，亦为大狱，主苑牧牺牲供给郊祀，亦为兴兵聚众，动摇则聚众，星直则有执主之命者，就聚国不安，金火守之，则宫苑之内兵起，日月食内乱，金木火土犯凶，水犯吉，孛起兵，月晕将军各退，左更五星在娄东，山虞也，主知山泽林薮之事，亦主仁智，右更五星在娄西，牧师也，主官养牧牛马，亦主礼义，金火守之，山泽有兵，其占两更同，两更者，秦爵名，天仓六星在娄南，仓谷所藏也，星黄而大，岁熟，西南四星曰天庾，积厨粟之所也，天将军十二星在娄北，主武兵，中央大星，天之大将也，外小星吏士也，大将星摇兵大起，大将出，小星不具，兵起。

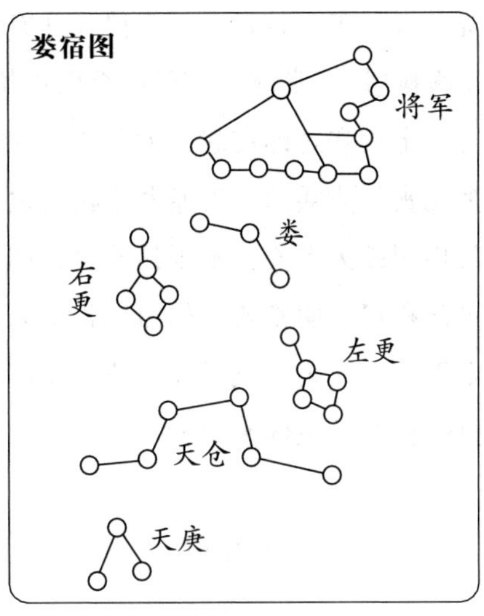

【3】胃宿

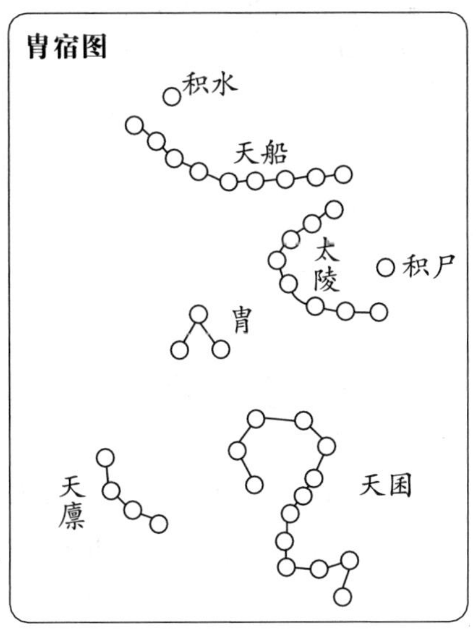

胃三星鼎足河之次，天廪胃下斜四星，天囷十三如乙形，河中八星名大陵，陵北九个天船名，陵中积尸一个星，积水船中一黑星。

胄十五度，天之厨，藏五谷之仓，又名大梁，明则四时和平，天下晏然，仓星不明，则上下失位，星少则少谷输运，又云动则有输运事，就聚则谷贵、人流，暗则凶荒，五星犯，日月食、孛侵，并有灾，天廪四星，在昴南，一曰天廥（kuài，草料房），张衡云主积蓄黍稷以给 御粮也，明而黄则岁丰，微变常色则不吉，金火守之即灾起，大陵八星在胄北，主陵墓，明而大或中星多，则天下多死丧，或兵起。天船九星在陵之北，居河中，津河不通水泛溢，中四星欲其均明即天下安，不则兵若丧，移徙亦然，客彗出入为大水有兵，太陵中一星曰积尸，明则死人如山，张衡云，一名积廪，积尸明而大，或有旁星多，则天下多死丧，或兵起，若不见而暗，皆吉，火守则天下多哭泣，天船中一星曰积水，主候水灾。

【4】昴宿

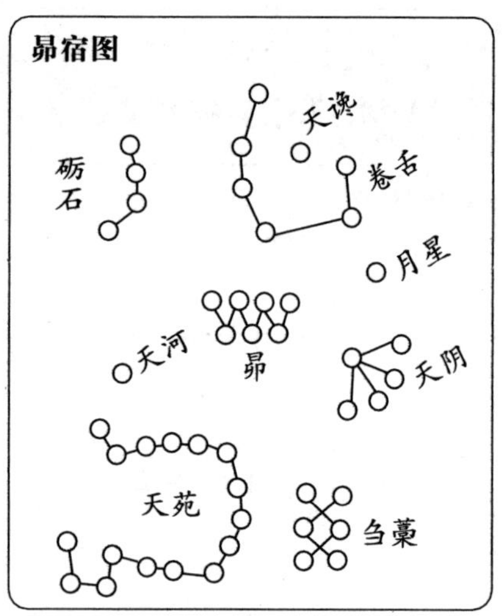

昴七星一聚实不少，河西月东各一星，月下五黄天阴名，阴下六乌刍藁营，营南十六天苑形，河里六星名卷舌，舌中黑点天谗星，砺石舌旁斜四丁。

昴十一度，下为日月中道，天之耳目也，主西方，主狱事，又为旄头胡星也，又主丧，甘氏云，主口舌奏对，若明大则君无佞臣天下安和，暗小则佞者被诛，摇动则信谗杀忠良，张衡云，昴明则狱讼平，暗则刑罚滥，六星与大星等，大水，有白衣会七星，黄兵大起，动摇则大臣下狱，大而尽动若跳跃者，胡兵大起，一星不见皆忧兵之象也。天河一星在胄东，月一星在昴东，皆黑星，并主女人灾福，又曰天河，主察山林妖变。天阴五星在毕柄西，主从天子弋猎之臣预阴谋也，不明则禁言漏泄。天苑十六星，在昴毕南，如环榨，天子之苑囿，养禽兽之所也，主马牛羊，明则马牛羊盈，希则死。刍藁六星，在苑西，以供牛马之食也，一曰天积，天子之藏府也，星盛则岁丰穰，希则货财散。张衡云，不见则牛暴死，火守之则火灾起。卷舌六星在昴北天谗之外，主口语以知谗佞，张衡云，主枢机，曲而静则贤人用，直而动则谗人得志。卷舌移出汉，则天下多妄言，旁星繁，则死人如邱山，天谗一星，在卷舌中，主医巫，占与从官同。砺石四星，在五车北，主磨砺锋刃，明则兵起，如常则吉，金火及客星守之，兵动。

【5】毕宿

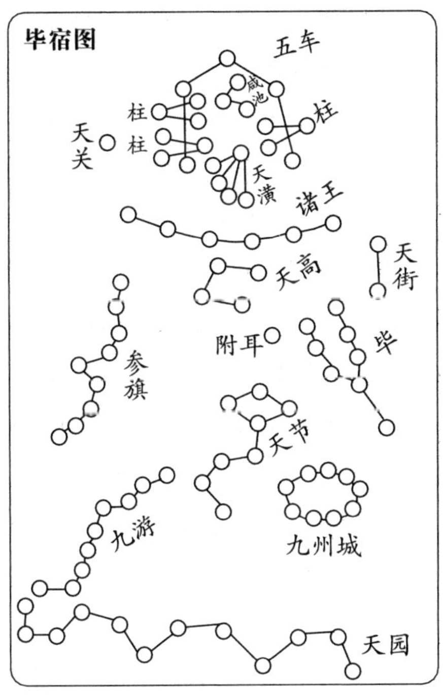

毕恰似爪叉八星出，附耳毕股一星光，天街两星毕背旁，天节耳下八乌

幢。毕上横列六诸王，王下四皂天高星，节下团圆九州城，毕口斜对五车口，车有三柱任纵横，车中五个天潢精，潢畔咸池三黑星，天关一星车脚边，参旗九个参、车间，旗下直建九旒连，旒下十三乌天圆，九旒天圆参脚边。

毕十七度，主边兵，主弋猎，其大星曰天高，一曰边将，主四夷之尉也，星明大则夷狄来贡，天下安，失色则边兵乱，一星亡，为兵丧，动摇，边城兵起，有谗臣，离徙，天下狱乱，就聚法令酷。甘氏云，毕主街巷阴雨，天之雨师也，故明而移动，则霖潦及街壅塞，明而定则天下安，张衡云，毕为天马，一曰日月食，边兵凶将衰，木犯有军功，昴、毕间二星，曰天街，三光之道也，主伺候关粮，张衡云，主国界也，街南为华夏，街北为夷狄，金火守之，胡夷兵起，明王道正，暗兵起。附耳一星，在毕下，天高东南隅，主听得失，伺愆邪，察不祥，星盛则中国微，有盗贼，边候警，外国反，斗兵连年。合移动，则佞谗行，兵大起，边尤甚，入毕，兵起。天节八星，在毕南，主使臣之所持也，宣威德于四方，明吉暗凶。诸王六星，在五车南，天汉之中，主宗社蕃屏王室也，明则诸侯奉上天下安，不见宗社倾危，四方兵起。天高四星，在参旗西北，近毕，此台榭之高，主远望气象。不见，则官失其守，阴阳不和。五车五星、三柱九星共十四星，在毕东北，五车主天子五兵，张衡云，天子兵车舍也，西北曰天库主太白秦也，次东北星曰天狱，主辰星，燕、赵也，次东南星曰天仓，主岁星，卫、鲁也，中央星曰司空，主镇星，楚也，次西南星曰卿，主荧惑，魏也，五星有变，各以其所主而占之。三柱，一曰三泉，一曰休，一曰旗，五星均明，柱皆具，即入仓廪实；不具，其国绝食兵且起，五车、三柱有变，各以其国占之，三柱出外，兵出，柱入兵入，柱出一月，米贵三倍，期一年。出两月，米贵六倍，期二年。出三月，米贵十倍，期三年。出柱，不与天仓相近，米谷运出千里，柱倒立尤甚，火守入天下旱，金守入兵起，水入、月晕不尔则有赦。天潢五星，在五车中，主河梁济渡之处也，不见，则河梁不通。咸池三星，在五车中，天潢南，鱼囿也，金火犯之，则有大灾。《隋志》云，月五星入天潢，兵起，道不通，天下乱，易政，咸池明，有龙坠死，虎狼害人，兵起。天关一星，在五车南，毕西北，亦曰天门，日月五星所行之道也，主边塞事，主关闭，芒角有兵，五星守之贡人多死，移徙若与五车合，大将军披甲。参旗九星在参四五车之间，天旗也，明而希则边寇不动，不然反是。《隋志》，参旗，一曰天旗，一曰天弓，主司弓弩之张，候变御难，玉井西南九星曰九旒，天子之旗也，主边军进退，金火守之兵乱起，天苑之南十三星，曰天圆，植果菜之所也，曲而钩，则果菜熟，不然则否。

【6】觜宿

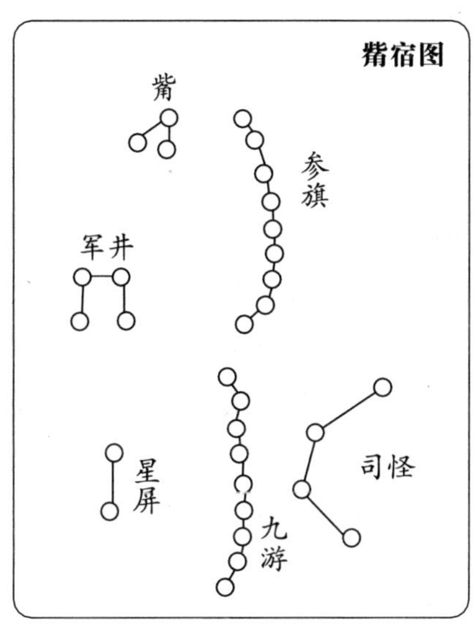

觜三星相近作参蕊，觜上座旗直指天，尊卑之位九相连，司怪曲立坐旗边，四鸦大近井钺前。

觜一度在参之右角，如鼎足形，主天之关，明大则天下安，五谷熟。移动则君臣失位，天下旱。《隋志》云，觜为三军之候，行军之藏府也，主葆旅，收敛万物，明则军储盈，将得势，动而明盗贼群行，葆旅起。动移，将有逐者，张衡云，葆旅野生之可食者，金火来守，国易政，兵起灾生。日食，臣不忠，月食，君害臣，五星犯，灾生，孛客星犯，兵起，坐旗九星，在司怪西北，主别君臣尊卑之位，明则国有礼，暗则反是。司怪四星，在井钺前，候天地、日月、星辰、禽兽、蛇虫、草木之变与天高占同。

【7】参宿

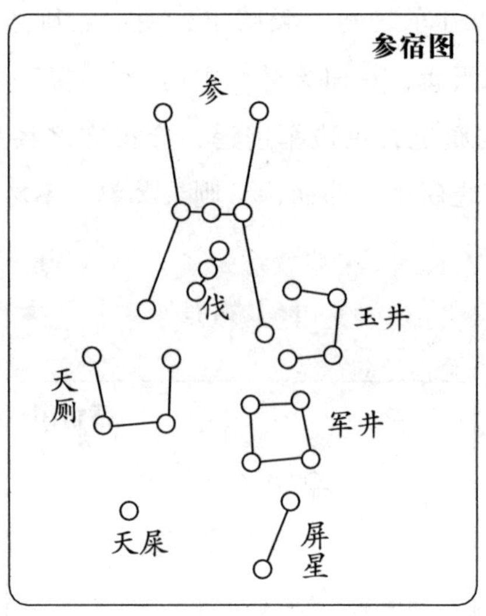

参总有三星觜相侵，两肩双足三为心，伐有三星足里深，玉井四星右足阴，屏星两扇井南襟，军井四星屏上吟，左足下四天厕临，厕下一物天屎沉。

参十度，上为五星日月中道，甘氏曰参为忠良孝谨之子，明大则臣忠子孝，安吉，移动杀忠臣，一曰参代，一曰大辰，一曰太内市，一曰铁钺，主斩刈，又为天狱，主杀伐，又主权衡，所以平理也，又主边城，为九译，故不欲其动也，参，白兽之体，其中三星横列，三将也，东北曰左肩，主左将，西北曰右肩，主右将，东南曰左足，主后将君，西南曰右足，主偏将军，故《黄帝占》，参应七将，中央三小星伐，天之都尉也，主胡鲜卑/戎狄之国，故不欲明，又曰七将皆明，天下兵精也，王道缺则芒角张。伐星名与参等，大臣谋乱兵起，参星失色，军散败，芒角动摇，边候有急，天下兵起，又曰有斩伐之事，参左足入玉井中，兵大起，秦地大水，若有丧三石为怪，参足若突出玉井，则虎狼暴害，星差戾王臣贰，金火来守，则国易政兵起灾生，日月食，田荒米贵，五星犯，灾甚。玉井四星，在参西右下，水象也。屏二星，在玉井南，屏为屏风，客星入之，四足虫大疾，人亦多死，不见则国内寝疾。玉井东西四星曰军井，行军之井也，军井未达将不言渴名取此也，又曰，主军营之事，天厕四星在屏东，溷也，主天下疾，黄吉，青赤白皆凶，不见，与屏同。天屎一星，在厕南，色黄则吉，他色皆凶。

4. 南方朱鸟七宿

《宋中兴天文志》：石氏云，南宫赤帝其精，鸟为七宿，井首、鬼目、柳喙、星颈、张嗉（sù 嗉子）、翼翮、轸尾，司夏、司火、司南岳、司南海、司南方、司羽虫三百六十。王奕曰，朱鸟其以羽虫之长称欤，而曰鹑首、鹑火、鹑尾，何也？师旷《禽经》，鹑，凤也，青凤谓之鹖，丹凤谓之鹑，白凤谓之翩，紫凤谓之鷟，（鷟 zhúo，鸟名，鸑鷟。宋朝梅尧臣《题三教圆通堂》诗：“固亦辨殊土，麟鷟唯時堪。”明朝何景明《七述》：“鳳鷟隱起，蛟龍驤兮。”）盖凤聚鹖鹑，又凤之赤者，故南方七宿取象焉。考之月领春其虫鳞，龙鳞之长，故东方之宿为苍龙，秋其虫毛，虎毛虫之长，故西方之宿为白虎，冬其虫介，龟介虫之长，故北方之宿为玄武，夏其虫羽，凤羽虫之长，故 南方之宿为朱鸟，吴兴沈氏以朱鸟为丹鹑，岂知四兽皆虫之长也，鹑之微何预。

【1】井宿

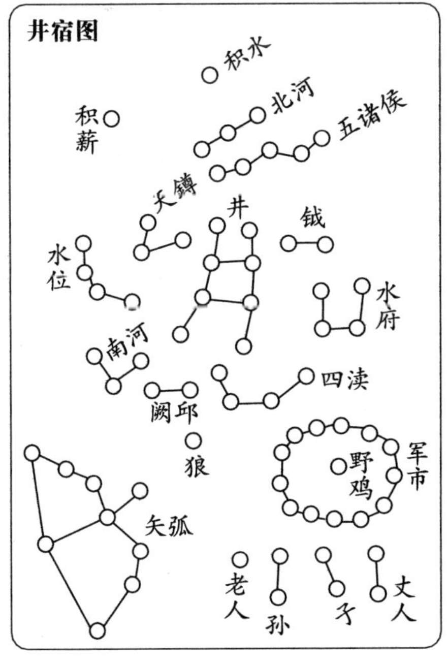

井八星横列河中静，一星名钺井边安，两河各三南北正，天罇三星井上头，罇上横列五诸侯，侯上北河西积水，欲觅积薪东畔是，钺下四星名水府，水位东畔四星序，四渎横列南河里，南河下头是军市，军市团圆十三星，中有一个野鸡精，孙子丈人市下列，各立两星从东说，阙邱两星南河东，邱下一狼光蓬茸，左畔九个弯弧弓，一矢拟射顽狼星，有个老人南极中，春秋出入寿无穷。

井三十四度，甘氏云，井八星，在河中，主泉水，日月五星贯之为中道。石氏为之东井，亦曰天井，主诸侯帝戚三公之位，故明大，则封侯建国，摇动、失色，则诛侯戚废戮三公，帝师受殃矣。张衡云，天之南门也，黄道所经，为天子之亭候，主水衡事，法令所取平也，王者用法平，则井明而端列。钺一星，附井之前，主伺奢滛而斩之，故不欲其明大与井齐，或摇动，则天子用钺于大臣，月宿井有风雨之应，又曰，井为天子府，暗、芒、并日月食、五星逆犯，大臣谋乱兵起，中有六星，不欲大明，明即水灾。南北两河各三星，分夹东井，一曰天高，天之阙门，主关梁，南河曰南戌，一曰南宫，一曰阳门，一曰越门，一曰权星，主火。北河曰北戌，一曰北宫，一曰阴门，一曰胡门，一曰衡星，主水。两戌之间，三光之常道也，河戌动摇，中国兵起。天罇三星在五诸侯南，主盛饍粥，以给酒食之正也，张衡云，以给贫馁，（馁，饥饿。）明则丰，暗则荒，或言暗吉，五诸侯五星，在东井东北，近北河，主刺举，戒不虞，又曰，治阴阳察得失，亦曰，主帝心，一曰帝师，二曰帝友，三曰三公，四曰博士，五曰太史，又六曰大夫，此五者皆为帝定议，星明大润泽则天下大治，芒角则祸在中，张衡又曰，五诸侯治阴阳察得失，明而润大小齐等，则国之福，又曰，赤则丰暗则荒。积水一星在河北，所以供酒用也，不见为灾，又曰主候水灾。积薪一星，在积水东，以备庖厨之用，明则人主康，火守之大旱。水府四星在东井西南，水官也，占与水位同，水位四星在东井东，主水衡，又主泻溢流也，故巫咸氏赞曰，水位四星，泻溢流，移动近北河，则国没为江河，若水火及客星守犯之，百川盈溢。四渎四星，在井南，轩辕东，以江、河、淮、济，之积精也，明大则水泛溢，军市十三星，如钱状，在参东南，天军货易之市，客星及金火守之，军大饥，野鸡一星，在军市中，主变怪也，以芒角，动摇为兵灾，移出则诸侯兵起。军市西南二星曰丈人，丈人东二星曰子，子东二星曰孙，丈人主寿考之臣，不见人臣不得通子与孙，皆侍丈人之侧，相扶而居，不见为灾，守常无咎，阙邱三星，在南河东，主象魏，天子之双阙，诸侯之两观也，金火守之兵战。阙下狼一星，在井东南为野将，主杀掠，色有常，不欲变动，角而变色动摇，盗贼作，胡兵起，人相食，躁则人主不静，不居其功，驰骋天下，张衡云，居非其处则人相食，色黄白而明吉，黑凶，赤、芒角兵起，金火守之亦然。弧矢九星，在狼东南，天弓也，以备盗贼尝向狼，弧矢动摇不如常者，多盗贼，明则兵大起，狼弧张，害及胡，天下乖乱，又曰天弓张，天下尽兵，主与臣相谋，张衡云，满则天下兵起。

【2】鬼宿

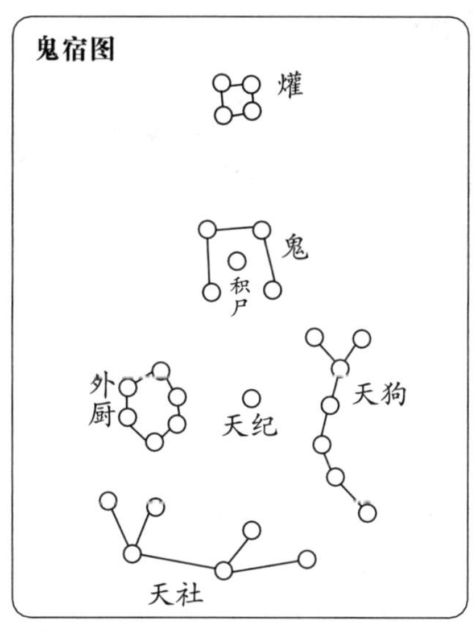

鬼四星册方似木柜，中央白者积尸气，鬼上四星是爟位，天狗七星鬼下是。外厨六间柳星次，天社六个弧东倚，社东一星是天纪。

舆鬼二度为日月五星之中道，主死亡疾病，张衡云，主祠事，天目也，又主视，明察奸谋，东北星主积马，东南星主积兵，西南星主积布帛，西北星主积金玉，随其变占之。中央一星名积尸，亦曰积尸气者，但见其气而已，主死丧祠祀，一曰斧锧，主诛斩，鬼星明，大谷成，不明人散，动而光，上赋敛重，徭役多，星徙人人愁政令急，鬼质欲其忽忽不明则安，明则兵起，大臣谋主，下流亡。甘氏曰，积尸动摇，失色则疾病，鬼哭人荒，轩辕西四星曰爟，亦曰烽爟，主烽火，备警急，占以不明安静，明太甚则边亭警急，摇动、芒角，亦然，又曰，明吉暗凶。天狗七星，在鬼西南，狼之北，横河中以守贼也，移徙则火起，金火守之人相食。外厨六星，在柳南，天子之外厨也，占与天厨同，弧南六星为天社，老人东南，似柳，直明则吉，《隋志》云，共工之子勾龙能平水土，故祀以配社，其精为星，外厨之南一星，曰天纪，主知禽兽齿岁，金火守之，禽兽多死。

【3】柳宿

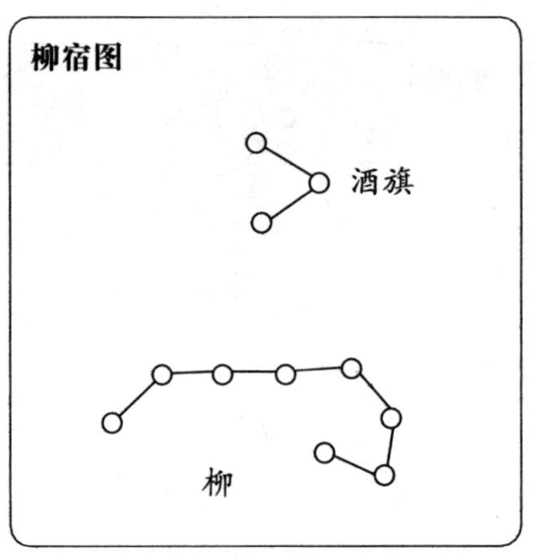

柳八星曲头垂似柳，近上三星号为酒，享宴大酺五星守。

柳十四度，上为天之中道，甘氏云，主饮食仓库酒醋之位，明大则人丰酒食，动摇则大人酒死，失色则天下不安，饥馑流于道路，不过三年必应。张衡云，柳为朱雀之嗉，天之厨宰也，主尚食，和滋味。《隋志》云，又主雷雨，一曰天相，一曰天库，一曰注，又主木功，星明，大臣重慎，国安厨食具。注举首，王命兴与辅佐出，星直，天下谋伐其主，就聚兵斗国门。酒旗三星在轩辕右角之南，酒官之旗也，主宴享饮食，五星守酒旗，天下大酺，有酒肉财物之赐，及爵宗室。

【4】星宿

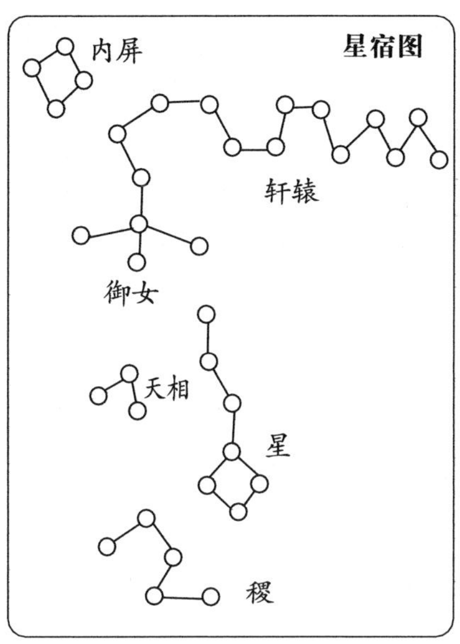

星七星如钩柳下生，星上十七轩辕形，轩辕东头四内屏，屏下三个名天相，相下稷星横五灵。

星七星七度，甘氏云，主后妃御女之位，亦为贤士，失色芒动则后妃死，贤臣诛，明大则道化成国盛，张衡云，七星为朱鸟之颈，一名天都，主衣裳文绣，《隋志》云，主急兵，守盗贼故欲明，则王道昌暗，则贤良不处，天下空，天子疾，动则兵起，离则易政，日食，兵饥妇人灾，木犯人安，火犯旱，金土水犯俱灾，月晕孛犯兵起，轩辕十七星，在七星北，黄帝之神，黄龙之体也，后妃之主，主女职也，一曰东陵，一曰权星，主雷雨之神，南大星女主也，次北一星夫人也，屏也，上将也，次北一星妃也，次将也，其次诸星皆次妃之属也。女主南小星御女也，左一星少民，少后宗也，右一星大民，太后宗也，欲其色黄小而明也，张衡云，轩辕如龙之体，主雷雨之神，后宫之象焉，阴阳交合盛为雷、激为电、和为雨、怒为风、乱为雾、凝为霜、散为露、聚为云、立为虹霓、离为背璚、分为抱珥，此十四变，皆轩辕主之，其星欲小而黄明则吉，移徙则国人流逆，东西角张而振，后败，水火金守之，女主恶也。《汉》注曰，轩辕为权，太微为衡，月、五星守犯者，如衡占。内屏四星，在中台南爟之北，平罪之官也，明则刑罚平，暗则否。酒旗南三星曰天相，丞相之象也，其占与相星略同，稷五星，在土星之南，主农正也，取乎百谷之长以为其号，明大则岁大丰，不明则俭，不见人相食。

【5】张宿图

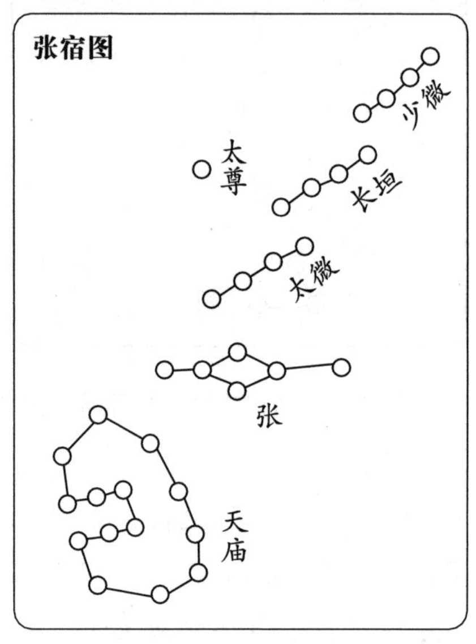

张六星四轸在星傍，张下只是有天庙，十四之星册四方，长垣、少微虽向上，星数倚在太微傍，太尊一星直上黄。

张十七度，甘氏云，主天庙明堂御史之位，上为天之中道，若明大，国则盛强，失色宗庙不安，明堂官废。《隋志》云，主珍宝，宗庙所用及衣服，又主天厨饮食赏赉之事，星明则王者行五礼，得天下之中，动贼赏赉，离徙，天下有逆，人聚，有兵，金火守之有兵起，或云，主贡物，色微无光，王者少子孙，日食，亏修礼也，月食大涝，鱼行人道，火孛犯兵起，土水犯国不宁。张南十四星曰天庙，天子祖庙也，客星守之，祠官有忧，其占与虚梁同，长垣四星，在少微南，主界域及胡夷，火守之胡人入中国，太白入之，九卿谋反，少微四星，在太微西，南北列，士大夫之位也，一名处士，亦天子副主，或曰博士官，一曰主卫掖门，南第一星为处士，第二星为议士，第三星为博士，第四星为大夫，明大而黄则贤士举，月五星犯守之，处士、女主忧，宰相易。

【6】翼宿图

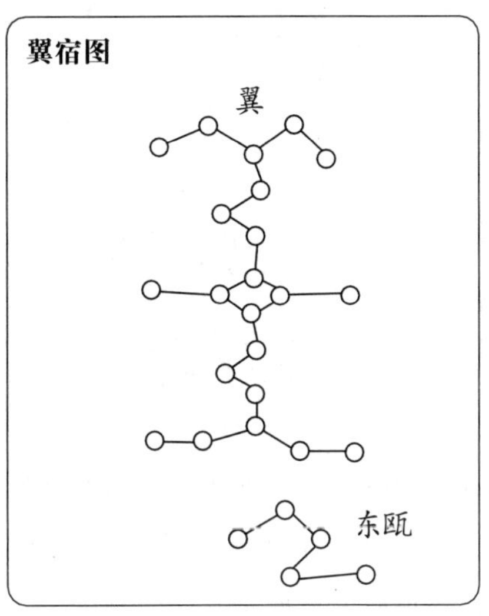

翼二十二星太难识，上五下五横着行，中心六个恰似张，更有六星在何处，三三相连张畔附，必若不能分处所，更请向前看野取，五个黑星翼下头，欲知名字是东瓯。

翼十九度，甘氏曰主太微路公化道文籍，失色则民流，日月交食五星并逆，芒动则化道不行，文籍坏灭，动移则三公废，明大则化成。隋志云：翼为天之乐府，主俳（演杂戏的艺人）倡戏乐，又主夷狄远客，负海之宾，明大则礼乐兴，四夷来宾，动则蛮夷使来，离徙则天子举兵，或云明则礼乐兴，暗则政教失，日食臣僭（僭，古代指地位在下的冒用在上的名义或礼仪、器物。），月食，妇人忧，五星孛流客犯大凶。东瓯五星，在翼之南，蛮夷星也，张衡云，主东越，穿越三夷，金火守之，其地有兵，芒角动摇兵内叛。

【7】轸宿图

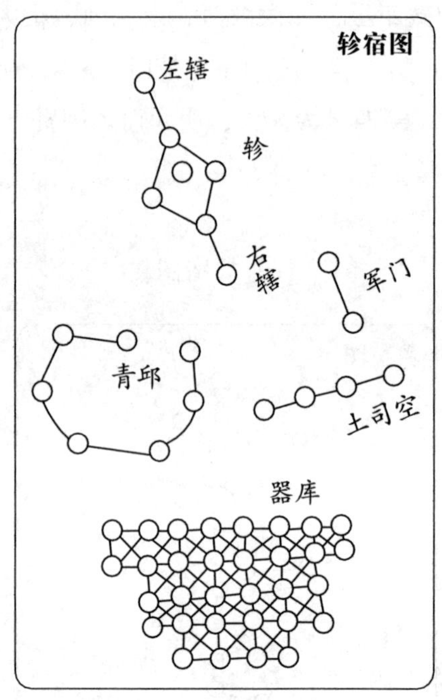

轸四星似张翼相近，中央一个长沙子，左辖右辖附两星，军门两黄近翼是，门下四个土司空，门东七乌青邱子，青邱之下名器府，器府之星三十二，以上便为太微宫，黄道向上看取是。

轸十七度，甘氏云，轸七星主将军，乐府歌欢之事，五星犯之，失位亡国，女子主政，人失业，贼党掠人，祸生于百日内，若明大则天下昌，万民康，四海归王。张衡云，轸为冢，宰辅臣也，主车骑，明大则车骑用，一云明大则车骑用，一云明大则车骑动。《隋志》云，主载任，有车出入皆占于轸，又主死丧，明则车驾备，动则车骑用，离徙，天子忧，就聚，兵大起，轸辖星，附轸两傍，主王侯，右辖为王者同姓，左辖为异姓，星明兵大起，远轸凶，轸辖举南蛮侵。张衡云，辖不见，国有大忧。长沙一星，在轸之中，主寿命也，长沙明则人寿长，子孙盛。军门三黄星，在青邱西，天子六军之门也，主营候豹尾威旗，占以移其处，为道不通，土司空四黄星，在军门南，主土功，巫咸氏云，金火犯之天下田不得耕，女不得织，《隋志》

云，一曰司徒，主界域。青邱七黑星，在轸东南，主东方三韩之国，占与东瓯同，轸南三十二星，曰器府，主乐器之属也，明则乐器调理，暗则有咎。

三垣四象二十八宿配图全篇终。

那么在继步天歌之后，接下来给大家选择的是天文名篇《灵宪》，这也是著名天文学家张衡的作品，很值得我们去细细品读，自然会有一种回味无穷的感觉。

二 《灵宪》 张衡

昔在先王，将步天路，用 (之) 定灵轨，寻绪本元。先准之于浑体，是为正仪立度，而皇极有逌建也，枢运有逌稽也。乃建乃稽，斯经天常。圣人无心，因兹以生心，故灵宪作兴。

曰：太素之前，幽清玄静，寂漠冥默，不可为象，厥中惟虚，厥外惟无。如是者永久焉，斯谓溟涬，盖乃道之根也。道根既建，自无生有。太素始萌，萌而未兆，并气同色，浑沌不分。故道志之言云："有物浑成，先天地生。"其气体固未可得而形，其骋速固未可得而纪也。如是者又永久焉，斯为庬鸿，盖乃道之干也。道干既育，有物成体。于是元气剖判，刚柔始分，清浊异位。天成于外，地定于内。天体于阳，故圆以动；地体于阴，故平以静。动以行施，静以合化，堙郁构精，时育庶类，斯谓太元，盖乃道之实也。

在天成象，在地成形。天有九位，地有九域；天有三辰，地有三形；有象可效，有形可度。情性万殊，旁通感薄，自然相生，莫之能纪。于是人之精者作圣。实始纪纲而经纬之。

八极之维，径二亿三万二千三百里，南北则短减千里，东西则广增千里。自地至天，半于八极，则地之深亦如之。通而度之，则是浑已。将覆其数，用重钩股，悬天之景，薄地之义，皆移千里而差一寸得之。过此而往者，未之或知也。未之或知者，宇宙之谓也。宇之表无极，宙之端无穷。

天有两仪，以檷道中。其可睹，枢星是也，谓之北极。在南者不着，故圣人弗之名焉。其世之遂，九分而减二。阳道左回，故天运左行。有验于物，则人气左赢，形左缭也。天以阳回，地以阴淳。是故天致其动，禀气舒光；地致其静，承施候明。天以顺动，不失其中，则四序顺至，寒暑不减，致生有节，故品物用生。地以灵静，作合承天，清化致养，四时而后育，故品物用成。

凡至大莫如天，至厚莫若地。(地)至质者曰地而已。至多莫若水，水精为汉，汉用于天而无列焉，思次质也。地有山狱，以宣其气，精种为星。星也者，体生于地，精成于天，列居错跱，各有逌属。紫宫为皇极之居，太微为五帝之廷。明堂之房，大角有席，天市有坐。苍龙连蜷于左，白虎猛据于右，朱雀奋翼于前，灵龟圈首于后，黄神轩辕于中。六扰既畜，而狼蚖鱼鳖罔有不具。在野像物，在朝像官，在人像事，于是备矣。

悬象着明，莫大乎日月。其径当天周七百三十六分之一，地广二百四十二分之一。日者，阳精之宗。积而成鸟，像乌而有三趾。阳之类，其数奇。月者，阴精之宗。积而成兽，像兔。阴之类，其数耦。其后有冯焉者。羿请无死之药于西王母，姮娥窃之以奔月。将往，枚筮之于有黄，有黄占之曰：“吉。翩翩归妹，独将西行，逢天晦芒，毋惊毋恐，后其大昌。”姮娥遂托身于月，是为蟾蜍。

夫日譬犹火，月譬犹水，火则外光，水则含景。故月光生于日之所照，魄生于日之所蔽，当日则光盈，就日则光尽也。䲗星被耀，因水转光。当日之冲，光常不合者，蔽于他也。是谓暗虚。在星星微，月过则食。日之薄地，其明也。繇暗视明，明无所屈，是以望之若火。方于中天，天地同明。繇明瞻暗，暗还自夺，故望之若水。火当夜而扬光，在昼则不明也。月之于夜，与日同而差微。星则不然，强弱之差也。

䲗星列布，其以神着，有五列焉，是为三十五名。一居中央，谓之北斗。动变挺占，寔司王命。四布于方，为二十八宿。日月运行，历示吉凶，五纬经次，用告祸福，则天心于是见矣。中外之官，常明者百有二十四，可名者三百二十，为星二千五百，而海人之占未存焉。微星之数，盖万一千五百二十。庶物蠢蠢，咸得系命。不然，何以总而理诸！夫三光同形，有似珠玉，神守精存，丽其职而宣其明；及其衰，神歇精斁，于是乎有陨星。然则奔星之所坠，至（地）则石（矣）。

文曜丽乎天，其动者七，日、月、五星是也。周旋右回。天道者，贵顺也。近天则彇，远天则速，行则屈，屈则留回，留回则逆，逆则彇，迫于天也。行彇者觌于东，觌于东属阳，行速者觌于西，觌于西属阴，日与月此配合也。摄提、荧惑、地候见晨，附于日也。太白、辰星见昏，附于月也。二阴三阳，参天两地，故男女取焉。

方星巡镇，必因常度，苟或盈缩，不逾于次。故有列司作使，曰老子四星，周伯、王逢、芮各一，错乎五纬之闲，其见无期，其行无度，寔妖经星之所，然后吉凶宣周，其祥可尽。

从天文经典理论对应到地理的运用之中，本书在一步一步迈进，下面介绍的是天星二十四龙法，这也是天星风水的经典名篇不可忽略，非读不可，所谓富贵出在龙身上，天星龙法是风水学的重点。

第七节　二十四天星龙法

一、乾宫天星

《易》曰：“乾道行健。元亨，利贞。”其性燥急，阳之亢也。位居西北。乾以君之，六子皆统摄而分职以听，又孰翕受时令于冬，曰：“战乎乾。”阴阳相薄，肃杀相攻，即纯阳克阴也。霜降，天帝到戌，太阳居卯，戌卯交会，阴阳相薄。《易》曰：“战乎乾。”小雪，天帝在亥，太阳到寅，亥寅交会，戌亥辅乾，西北之卦。天星曰阳机，又曰天玑，奎宿十六星赤居其所。今五星聚奎，则天下世盛文明。又曰封豕，主文章之府。又主天子武库，故主兵权，所以禁暴横行。又主沟渎。其星下九尺乃日、月、五星之中道。乾在天皇之左，是以圣人画卦，以乾为八卦之首，为天、为父、为龙、为马，故天地万物亦以乾为首。乾三爻俱阳，万物资始。坤三爻俱阴，万物资生。是以圣人以乾、坤为天地定位，地理家用之为权衡。

位于罗经人盘之乾宫的西方之白虎七宿，以奎宿为首，今属现今天文之仙女座，七属双鱼座。其星曲折相钩，似文学之画，故为文章之府。乾卦庚辛辅之，居阴阳相藩，肃杀相攻之所，阴阳交界之区。

乾龙法

凡乾龙起祖，卓立云霄如龙楼凤阁者，出脉过蛱，起伏盘旋，布气行度，到头结穴，与众不同。其龙不可与亥同行，亥乃龙之曜鬼，先贤所忌，切宜详细。若得单清过脉，地局端正，砂水全备，为龙之上格。若得主星高耸，功垂社稷，泽及生民，恩荣奕世。中格龙结穴者，翰院声价，日近天颜。下格龙结穴者，亦发科甲、巨富、人丁。若得殿上贵人者，聚气火星也。上格龙主出将入相，大有功勋，名闻四海。中格龙结穴者，主尚书、侍从，翰院荣封。下格龙结地者，主科第大富。或火星变土结穴者，产状元、宰辅。或木星结者，出尚书、侍郎。或金星结者，主科甲屏翰。水星结者，定出翰林学士。土星结者，主科贡秀士，百万之庄，富压一郡。总看龙之强弱，穴之有无砂之拱峙，水之澄清，案之朝拱，五种俱备，方为是地；而有缺陷，便是鬼气。庸师到此，欢天喜地，假者好看，真者天秘。明师到此，圆规方矩，自有道理。有德之家遇着此地，无德之家反是掏气。

二、亥宫天星

《易》曰：“亥乃属水，西北之隅。”纳卦于震。地支之十有二数，木之长生位。时令于冬，太阳惊蛰到亥，白露到巳向，天帝小雪到亥山。天星曰天皇，壁宿二星，一东一壁，其名东壁。二星赤居其所，下九星尺为天之中道，主文章图书之秘府也。又主土工。其星明则图书集，道术行，小人退，君子进，天下士子多贤良，世上诗翁赛谪仙。

位于罗经人盘之亥宫的玄武之未宿为壁宿，一即现今天文飞马座之Y，一即仙女之A，天星又曰紫微，或称天门，观象玩占谓：“壁二星曰东壁，图画之府”。

亥龙法

《易》曰：“亥在天门之左，紫微傍照之所，天极太乙常居也。”木之长生，又得天皇之星下照亥地。若亥龙起祖，单清过脉，为龙之上吉。凡亥龙过峡出脉，到头结穴，束咽处必须要一亥字，到头结穴者为吉。二十四龙惟有五龙难下：一亥龙，左乾右壬；一辛龙，左酉右戌；一午龙，左丙右丁；一巽龙，左辰右巳；一卯龙，左甲右乙。此五龙阴阳驳杂，兼带煞气。若得单清过脉，发福更大、更悠久。不但来龙如此，五向必作正向，方得房分不偏；而若兼左兼右则三房受害，无三则二房受害矣。凡亥龙起祖，由亥旋入艮结穴者，定主科甲及第，富贵显耀。若卯龙起祖，入丙转亥结穴者，主文武双全，宰辅三公。如兑龙起祖转丙入庚者，主巨富，又主翰苑才名。如正亥结穴者，主科甲连绵，官居台阁。

三、壬宫天星

《易》曰：“壬属北方。”阳水纳卦于离，为天干之九数。故《卜易》曰：“离火己卯己酉亲。”己、壬二干隶离。时令仲冬，太阳雨水到壬山，处暑到丙向，天帝大暑到壬山。天星曰阴权，室宿二星赤居其所，为太庙，天子之宫也。又为元宫，一曰清庙，又为军粮之府，又土工事。其下九天为日、月、五星之中道。土一星，为天子宫；下一庙为太庙，故羽林以卫之，将有土工之事。占于营室，其星明正则国昌，文明四海；不明则鬼神不享祭祀，天下多生疾疫。

位于罗经人盘之壬宫的玄武之第六星为室宿，即现今天文飞马座之AB，天星又曰天辅。

壬龙法

紫微帝座，一白星傍照壬地，又得四辅六相左右辅之，为龙之上吉。其龙不可与亥同行，谓之龙身带曜，先贤所忌，切宜详细。若乾龙起祖，由坤入午，正出面结穴者，定主科甲翰苑，官居极品。如坎龙起祖，由甲出乙，转壬结穴者，主富贵双全，科甲联登。若午龙起祖，入坤转乙，向甲结穴者，主巨富，田联阡陌，官居台省。

四、坎宫天星

《易》曰："坎，陷也。习坎，有孚维心，亨。行有尚。"位居正北，雨以润之而枯槁滋息。时令仲冬。曰："劳乎坎"，以终岁勤动，慰劳于斯，一阳藏蓄而休息也。冬至，天帝回归北极于子垣，太阳复命告功于丑所，壬癸辅子。坎，冬之令也，万物归藏，帝既慰劳而一元告成。《易》曰："劳乎坎。"天星曰阳光，虚宿二星赤居其所，冢宰之象，主北方城邑、庙堂祭祀之事。又主风云、死丧、哭泣。下九尺是日、月、五星之中道，其星明大则天下安泰。又危宿三星赤，亦居其所，为天府，一曰天市；又曰架屋，为天子庙堂。下九尺由日、月、五星之中道。主架屋受藏风雨、墓坟祠礼，亦为冢宰之官。主天下五谷丰稔，以象海涵珠滋万物之所。一白正临，九紫对照，八白居左，六白居右，两相辅佐，天帝成始之宫也。

位于罗经人盘癸子之间的玄武之第四宿为虚宿，有星二，其一为宝瓶座，其一为小马座之天星。

位于罗经人盘之子宫得玄武之第五宿为危宿，其第一星，即现今天文宝瓶座，其二与三，皆属飞马座。《晋书·天文志》谓："危三星，主天府、天市、架屋。"

坎龙法

凡坎龙起祖，骨脉分明，地局端正，到头结穴者，为龙之上吉。若转坤龙结穴者，定主双生之儿，富贵可许。如旋申起势，转正坎出面结者，亦主科甲富贵。又有翻身逆势，旋申由午结回龙顾祖，必得局法端正，砂水秀丽，定主翰苑才名，日近天颜，富而好礼。又主双生之儿，又生六指之人。如壬癸起祖，旋申入辰，转乙出面者，主产武略将帅之职，英俊雄伟之才。若巽山起祖，由坎出面结者，主生双女。兑龙亦同，主家财消散。

五、癸宫天星

《易》曰："癸属北方之阴水，纳卦于坎，为天干之十数。"故《卜易》曰："坎水戊寅外戊申。"癸、戊二干隶坎，时令仲冬之末。太阳大寒到山，大暑到向；天帝小寒到山。天星曰阴光，女宿四星赤居其所，为天之少府，掌管书机。又为须女、贱妾之称，妇职之小也。主布帛、裁制、嫁娶。下九尺为日、月、五星之中道。其星明则文士现，五谷丰，女工昌盛，府库充盈。

位于罗经人盘丑癸之间的玄武之第三宿为女，三属现今天文之宝瓶座，天星又名须女或婺女。

癸龙法

凡癸龙起祖，旋申入辰转乙出面结穴者，主生英雄豪杰，才堪将帅。如旋申起势，转正坎出面结者，主科甲富贵。若转坤龙结穴者，富贵双全。如翻身逆势，旋申由午结回龙顾祖，定主科甲翰苑，又主双生之儿、六指之人。与坎宫同推。

六、丑宫天星

《易》曰："丑属阳土，东北之界，纳甲于兑，金库于丑。"地支之二数，时令季冬。太阳小寒到丑山，小暑到未向。天帝大寒到丑山。天星曰金牛，又曰斗牛。牛宿六星赤居其所，为天之关梁，主牺牲之事。日、月、五星贯之为中道。上二星，主道路；次一星，主关梁；又次二星，主南夷。其上二星，一曰积路，一曰积火，主道路；中间一火星，主关梁、牛马；次下三星，主南越。星明大则王道，天下安，牛马广；不明，则牛马瘟疫。

位于罗经人盘之丑宫的玄武之第二宿为牛宿，均属现今天文之摩羯座，《史记·天官书》谓："牵牛为牺牲"。按古时多谓牛宿为牵牛，今则均以河鼓为牵牛也。河鼓之星系属现今天文之天鹰座，位于牛宿之西北，居银汉之南与汉北织女星相对，其一等星为大将，左右小星为小将。

丑龙法

《易》曰："丑居东北。"以八白同宫，贪狠一星，在紫微之北下照丑地。在天为四金，在时为四季。然天市垣中，天机一星傍照丑地。故丑龙起祖，骨脉分明，为龙之上吉，定产富贵之人。其龙不可与癸同行，切宜详细。如兑龙起祖，入艮由震出面结穴者，主产文武全才之士，威镇边夷。若艮龙起祖，由丙入庚结穴者，主科甲奕世、丁财大旺。若亥龙起祖，入艮转未结穴者，主大富，乃得牛羊发家。

七、艮宫天星

《易》曰："艮，止也。艮其背，不获其身。行其庭，不见其人，无咎。"位居东北，艮以止之，而生意收敛于不过。时令于春，曰："成言乎艮。"生克嗣续，成终开始，则一阳凝止于外，而为之有待也。此帝之无为而为，不为也。大寒，天帝司丑，太阳临子，交会于子丑之间，万物成终成始。太阳逆行，天帝顺行，故丑寅辅艮。艮得上爻一阳初生，故春之时令得艮之阳爻而发。

天星曰阳机，又曰阳枢。斗宿六星赤居其所，为天庙也。五星贯其中，为日、月之正道。五帝坐其宫，天市垣中其星最明赤者主之。天市，全货之府，为丞相、太宰之位，酌量政事之宜，褒进贤良，永受爵禄。南二星魁，天梁也。中央二星，天相也。北二星，天府庭也。亦为受命之期，将有天子之事占于南斗。其魁第一星主吴，第二星主会稽，第三星主丹阳，第四星主豫章，第五星主庐江，第六星主江州。六星欲其均明，则天下安泰，风雨顺时，君民安康，五谷丰熟。

位于罗经人盘之艮宫的北方之玄武七宿，以斗宿为首，均属现今天文之人马座。亦称北斗，又名南斗。疏云："二十八宿远四方为名者，唯箕斗井壁四星而已，箕斗并在南方之时，箕在南而斗在北，故言南箕北斗。"考古质疑谓："四方列宿随时迭送，姑以春言之，鬼柳星位于南方，则斗牛女虚为北方之宿耳。以其正当北斗之衡，故彼既曰北斗，则此曰财斗，所以别之”。《晋书·天文志》谓：“北方南斗六星，天朝也，亦曰天极”。

艮龙法

凡艮龙起祖，卓拔高拱如华盖、如文笔、如玉印、如武金、如贪狼、华盖者，盖下出木星如此，出脉过峡，一起一伏，一弯一曲，起伏盘旋到头结穴者，为龙之吉。其龙不可与寅同行，谓之八煞龙，切宜详细，先贤所忌。若得单清过脉，地局端正，砂水全备，主星拱峙者，为龙之最吉者也。如华盖下出脉，有木星结穴者，主出侍郎、尚书之官；中格龙科甲、翰林；下格龙主科贡秀士。如文星上木下水结穴者，上格龙主文章显达，职兼文武；中格龙主科甲道院，下格龙主科贡人才。如玉印方正之山，小土星出脉结穴者，上格龙主科名高显，爵禄万钟；中格龙主腰金五马；下格龙主富，出重义之人。如武金者，其星雄伟，体势尊严，故谓之武，即献天金。云中金出脉结穴者，上格龙主出大将，征伐边境，名传四海；中格龙主田联阡陌，出台镇阃府；下格龙主巨富，主出蠢俗燥烈之人。如华盖，盖下有木星而出结穴者，上格龙主翰林臬台，中格龙主尚书侍从，下格龙主科甲府道。如金星结者，主科甲屏翰，大发文章。如木星结者，主臬台开府。如水星结者，主出科贡秀士。如火星结者，主生燥烈之人。如土星结者，主巨富。

八、寅宫天星

《易》曰：“寅属东北之阳木。纳卦于离，地支之三数，火土之长生位。”时令于春。太阳大雪到寅，芒种到申向；天帝雨水到寅山。天星曰天培，又口功曹。箕宿四星赤居其所。箕为天津，乂为后宫，后妃之府。上六尺为日、月、五星之中道。若五星临箕、壁、参、轸四官，则风雨骤至；缠度不开，则久雨不晴。又主口舌之神，前二星为舌端，动则大风，不出三日即应。其星明则五谷熟，其星赤则大旱。

位于罗经人盘之寅宫的青龙第七宿为箕宿，名南箕，又曰口舌，有星四，属现今天文之人马座，天星之名曰天津，为后宫之府。前二星为口舌之神，主口舌。舌端之星光闪动，则大风不停，三日即应。此星若色赤，则主久晴不雨。其星明大，则五谷丰登。

寅龙法

寅乃天培所居之位，又得贪狼天枢一星下照寅地，北斗之天柱八白之傍照，为龙之上吉者也。其龙不可与艮同行，谓之八曜行龙，先贤所忌，切宜详细。若坤、乙二龙起祖，由坎入离结穴者，定产富贵显官之人。若乾龙起祖，转坎入乙结穴者，主发福贵，出显宦。如离龙起祖，由壬转寅正出结穴者，主离乡发贵。

九、甲宫天星

《易》曰："甲属东方阳木。纳卦于乾，为天干之首。"故《卜易》曰："乾金甲子外壬午。"时令仲春。惊蛰节，二月也。天帝司甲，太阳临亥。八月太阳到庚向。天星曰阴玑。尾宿九星赤居其所，后妃之府。北一丈为天之中道。室宿、尾宿二星，是九子星也。其星明大，则主壬、甲二方坟茔多子孙。

位于罗经人盘卯甲之间的青龙第五宿为心宿，又名商星，有星三，属天蝎座，其中一星名大辰，为天王，一等星色赤；前一星名大火，为天子；后一星名鹑火，为庶子。为文章之府，亦为宰相之宫，其星明，则文明构成。

位于罗经人盘之甲宫的青龙第六宿为尾宿，又曰析木，有星九，属现今天文之天蝎座，为龙尾伏辰。天星又曰天苑、曰天统，后妃之府，主大富女贵，配天地定位，则富贵而多子多孙。

甲龙法

《易》曰："甲阳木。纳卦于乾，天干之阳木。"帝宿初出北斗，若五权星下照其旁，主文章之府、宰相之官。凡甲龙起祖，单清过脉，地局端正，砂水全备，正出面者，为龙之上吉。若乾龙起祖，由坤转乙正甲出面结穴者，定主少年科甲、蜚声魁第。若坤龙起祖，入坎转寅结穴者，主产文武双全之才，科甲才名之贵。若午龙起祖，转乾入坎，由辰出脉结穴者，产状元宰相，出王侯太尉之官。若坎龙起祖，由坤入癸转申结穴者，主大富小贵，人丁不旺。

十、震宫天星

《易》曰：“震，动也。震，亨。震来虩虩，笑言哑哑。震惊百里，不丧匕鬯。”位居正东，雷以动之，发其生意。《易》曰：“帝出乎震而阳始，而气机于是萌动焉。”时令正春。春分天帝到卯，太阳在戌，卯戌交会，故卯与戌合，甲乙辅震，正春之令也。万物发生，故曰：“帝出乎震。”天星曰阳衡，天理、廉贞、阿香。为明堂，下五尺为日月五星之中道。其星明大，则天下太平，人民乐业。乃乾坤之长子，得天地之正气。天地火星主宰辅。帝乃震也，为廉贞，皆从日之方升。帝出，得一阳初升。

位于罗经人盘卯之宫的青龙第四宿为房，有星四，属现今天文之天蝎座，属震，甲乙辅之。天星曰阳衡，为天子直政之宫。因与氐宿相连，故亦属后妃之府。此宿为四辅，为天驷，又为天马，主车驾武借之事。又主大将军之位。掌管众兵，号令三军，其星明则天下威世。

震龙法

凡震龙起祖，出脉过峡，地局端正，震龙行度，骨脉分明，火星结穴者，主产文武全才，三公将相之人。若廉贞起祖，震山出面，庚水朝来，定产燥烈之人，必为上将，斩砍自伏，武镇边夺。如艮龙起祖，出面由亥入庚，骨脉分明，地局端正结穴者，主产文武，定出贤士。若亥龙起祖，一峰独出，由丙入艮结出脉穴者，定出科甲翰苑才名之贵。

震龙出脉，左不可兼甲，右不可兼乙，甲纳于乾为孤，乙纳于坤为虚。震为坤之八煞，恶人来了，是以甲孤乙虚，带乾坤龟甲之气，必主灭门绝门。古云：“阴阳相乘，祸咎踵门。”言龙不可阴阳双来，故祸咎踵门，切宜慎之。如卯龙不可兼甲乙之类。“阴阳相配，福禄永贞。”言水与向宜阴阳相配。如坤水来，立向乾；乾水来，立坤向。巽水来，立卯向；卯水来，立巽向。午水来，立子向；子水来，立午向。酉水来，立艮向；艮水来，立酉向。此阴阳相配之法。老父配老母，长男配长女，中男配中女，少男配少女，此水配向是八卦夫妇相配法。水是生成，向是人立，是以立向有转移之巧。乾坤，老父母，是八十之数；震巽，长男长女，是六十之数；坎离，中男中女，是四十之数；艮兑，少男少女，是二十之数。数者，寿也。所以云：“艮龙酉水立向丙，少年科甲须文章。”又云：“巽水滔滔走入庚，震龙未向状元生。”故阴阳相配，福禄永贞。“水是天地生成，向是先贤传度。”可知矣。

十一、乙宫天星

《易》曰：“乙属东方之阴木，乙纳于坤，为天干之二数。”故《卜易》曰：“坤土乙未癸丑凭。”乙、癸二干隶坤。时令仲季之间。太阳霜降到乙山，谷雨到辛向；天帝清明到乙山。天星曰天官。氐宿四星赤居其所，为天子休解之宿宫，后妃之府也。前二星大，主后妃；后二星小，主妾媵。又为天根，下二尺五寸为日、月、五星之中道。其星明，则后妃奉君命，天下棉花熟，贮布广贤。

位于罗经人盘之乙宫的为青龙第三宿，为氐宿，有星四，均属现今天文之天秤座之星，如坐辛向乙，不能得乾甲之山水，合成天地定位者，则女多男少，或男多夭折，女则长庚。

乙龙法

《易》曰：“太乙一星赤在右，阳衡一星赤在左。”二星夹辅，下照乙地，其星在紫微之北，下照先天之坤。凡乙龙起祖，骨脉分明，地局端正，单清过脉，为龙之上吉。其龙入脉必须单乙，切不可相兼，左是卯，右是辰，卯为八煞，辰亦然也。若得坤龙起祖，由坎入离结穴者，定主名利科甲双全。得乾龙起祖，入甲转壬结穴者，主官居极品，又主女贵。若子龙起祖，由午入申结穴者，主丁财大旺，富贵绵远。坤龙入穴，辛山乙向，乙水朝来，催官第一。壬龙入首，乙水坤向，当朝宰相。

十二、辰宫天星

《易》曰："辰属阳土，居东南之界。纳甲于坎，地支五数，时令季春。"太阳寒露到辰，清明到戌；天帝谷雨到辰山。天星曰天罡。亢宿四星赤居其所，是日、月之中道，为天府，天子之内朝，总理天下，卿大夫之治，犹尚书也。亦为疏庙，又主疾疫。其星明，则卿大夫清正，贤士加爵，士庶乐业，疾病无。

位于罗经人盘之辰宫的是青龙第二宿，为亢宿，有星四，为现今天文室女座中之三等星，天星又名亢金，为日、月、五星之中道，为天府之臣。

辰龙法

《易》曰："辰在地支五位之尊，天罡所治之宫，太乙旁照之所，又得亢金一星下照辰地。"辰属龙，亢金亦龙也。故辰龙过峡，必结大地。凡辰龙起祖，必踊跃而来，大开帐幔，起势跌峡，大顿小伏，一行数百里，方结一穴。小则数十里，极小者数里，两旁分枝开桠，不计其数。今以小者言之。辰龙出脉，起伏盘旋，入甲转乾结穴者，为龙之上吉，主产状元，出宰相。如乾龙起祖，由坤入甲结穴者，主科甲翰苑，官居开府。若坤龙起祖，由入乾甲转乙出面结穴者，主大富大贵，人兴位显。凡结大地，必是辰戌丑未四龙，所有辰戌丑未四龙出脉，必是乾龙，不信看京都、省郡、州城、府县所结之处，皆是辰戌丑未龙所结，方知辰戌丑未四龙为大龙，不知何人将此为墓龙而轻之？

十三、巽宫天星

《易》曰："巽，入也。小亨，利有攸往，利见大人。"位居东南，风以散之，解其郁结，生万物之功也。时令于夏。曰巽："齐乎巽。"一阴顺，二阳并行出，整齐而气俱均布。谷雨天帝在辰，太阳到酉，故辰与酉合，辰酉交会，万物洁齐。《易》曰："齐乎巽。"小满天帝到巳，太阳在申，故巳与申合，申巳交会，辰巳辅巽，东南之卦也。天星曰阳玑，又曰天乙。角宿二星赤居其所，主造化万物，布君威信，为天关，其门为天门。其内又为天庭，故黄道径其中，七曜之所行也。其星明大则贵人出，天下安泰。

位于罗经人盘之巽宫的是东方青龙七宿中的角宿，青龙以角宿为首，有二星，属现今天文之室女座。角宿为一等星，色白，左角为天田，右角称天门。

巽龙法

凡巽龙起祖，一峰并出或双峰拱峙，卓立云霄如荐者，或帐下贵人，或蛾眉凤辇，如玉圭、镜台一切等龙出脉布气，行度过峡，起伏屈曲，盘旋结穴者，为龙之上吉。其龙不可与辰同行，谓之龙身带煞，先贤所忌，大不祥也。此八煞之外之八煞也。若龙身兼巳亦不可用，皆宜详细。巽龙左是辰，右是巳，巳纳卦之八煞，辰卦外之八煞，故不吉。世人未索其解，故不知之。正五行辰属土，巽属木，木克土为煞。巳纳于兑，兑属鸡，巽忌鸡。凡遇此等双行之龙，纵好美施，不能获福。往古冢间考证，方知道艺未精。

“巽山无足不堪行，惟向蛇头斩脚筋。辰龙惟怕兼巽走，巳山不要巽同行。”孙膑家祖茔，巽巳双来龙脉，故刖足。

十四、巳宫天星

《易》曰：“巳乃属火，居东南之界，纳卦于兑。”地支之六数，金之长生位。时令于夏。太阳白露到巳，惊蛰到亥向；天帝小满到巳山。天星曰天屏，轸宿四星赤居其所。其四星为天之四辅，又为冢宰，又为辅臣，主察殃害之事。又主车骑、任载、贼盗、征伐、丧事、辌輴。亦主风雨，轸乃水星也。北上五尺为日、月、五星之中道。其星明则天下安康，万民和乐，风调雨顺，贤人叠出。

位于罗经人盘之巳宫的朱雀之未宿为轸，即现今天文之乌鸦座，为天星中最美丽者，若以望远镜分析之，则可见其色一黄一紫。《史记·天官书》载：“轸为丰，主风”。

巳龙法

《易》曰："巳得天屏一星，在紫微之东。"虽不合河洛之贵，天常照临，又是金之长生，地中之福德，可谓上吉。其龙行度骨脉分明，地局端正，为龙之上吉。其龙不可与巽同行，谓之曜鬼带煞，先贤所忌，切宜详细。若卯龙起祖，由亥入艮结穴者，主出科甲及第，产巨富之人。如艮龙起祖，入亥转卯结穴者，主出文武全才之士，腰悬金印。如亥龙起祖，由艮转卯结穴者，定主富贵双全，田联阡陌。

十五、丙宫天星

《易》曰："丙，属南方阳火。"丙纳于艮，为天干之三数。故《卜易》曰："艮土丙辰外丙戌。"时令仲夏。五月芒种，天帝到丙，太阳在申。七月处暑，太阳到丙山，正月雨水，太阳到壬向。天星曰阴枢，又曰赦文，翼宿二十二星赤居其所。为天子之乐府，主徘唱、嬉乐，文物声明之所；又主太庙、三公、化道、文籍，及蛮夷、远客，四海之滨。北上十有三尺，为月五星之中道。其星明大，则君明臣良，礼乐兴，四夷来宾。

位于罗经人盘之丙宫的朱雀之第六星为翼宿，为二十八宿中星数之最多者，一至十一属现今天文巨爵座，十二至十四属长蛇座，又八星均不明。凡墓穴得丙丁合局者，为赦文水，主家无凶祸，犯罪即赦。

丙龙法

丙居离明之府、九紫傍照之宫，太微垣一星下照丙地。凡丙龙起祖，骨脉分明，单清过脉，地局端正，为龙之上吉。其龙不可与午同行，乃廉贞火龙，定主火灾。兼巳亦可，定产大富贵之人。艮龙起祖，由兑入丁，转亥结穴者，定主翰苑才高，省台贵官。如辛龙起祖，由亥入兑，转入丁结穴者，主富贵双全，尚书侍从。若卯龙起祖，入艮由亥转巽结穴者，主文武全才之士，出将入相之贵。

十六、离宫天星

《易》曰："离，丽也。利贞，亨，畜牝牛。"位居正南，日以暄之，而阴湿燥长物之力也。时令正夏。《易》曰："相见乎离。"一阴在中，二阳外炽，化机宣著而万物光辉，相见之后，必有委而养之者。夏至天帝到午，太阳在未，故午与未合，而丙丁辅离，正夏之令，万物皆茂。《易》曰："相见乎离。"天星曰太阳，又曰阳权。星宿七星赤居其所，又曰天都、为朱雀，文明之粹，羽仪之所。主衣裳文绣，又主盗贼。其星明则天下大丰年。张宿六星赤亦居其所，主珠宝金玉，宇宙所之物，天子内宫衣服，收藏贡物之库，又主厨事、饮食，赏赐之频。

位于罗经人盘之午宫的朱雀之第五星为张宿，有星六，均属现今天文之长蛇座。观象玩占谓"张六星为天府，一曰御府，一曰天昌，实为朱雀之嗉(胄)、火星也"。

离龙法

凡离龙起祖，起伏,之元，屈曲而来，星体端正，骨脉分明，到头结穴者为龙之上吉。主科甲王侯之地。其龙不与丙同来，见廉贞双行，主火灾，先贤所忌，切宜详细。若壬龙起顶，出脉过峡结者，主出科甲、翰林、侍郎、学士。子癸二龙，或由甲入坤，转坎正出面结穴者，主公卿宰相。如坤龙入坎，向甲正出面结穴者，主出翰林才，富贵双全。艮龙一变，坤为贪狼，坎为巨门，兑为禄存，震为文曲，离为廉贞。离龙一变，震为贪狼，兑为巨门，坎为禄存，坤为文曲，艮为廉贞。丙纳于艮，故丙午二龙不可双行，是为廉贞火龙。此必要用制之之法，火绝于亥，乾属金，金能生水。一属水，壬亦属水。南方之丙火，北方之壬水，壬水克丙火，亥水克午火，二水制二火，故天地阴阳各各不同，生克制化，各有所喜所忌。如人亦有所喜所恶者，相喜者孝顺至诚，和睦亲邻；相恶者谋财害命，行凶叛逆，是以亦有制化。

圣人设礼义以化民心，设王法以制恶人，是故昆虫草木皆然也。如蛇喜虾蟆，虾喜蜒蝣，蜒蝣喜蜈蚣，蜈蚣喜蛇，蛇畏蜈蚣，蜈蚣畏蜒蝣，蜒蝣畏虾蟆，虾蟆畏蛇。此四虫若遇在一处，则俱不敢相持，而不分开则四虫俱死一处。如医家用药，药有君臣佐使，此相喜者也；亦有相畏相反者，此相恶者也。世上万物，各有制化，天地日月五行相生相克，皆一理也。如山川峦头，皆以分金坐度为主，遇难生恩，化煞生权，全理气上功夫，活泼泼而取用。

十七、丁宫天星

《易》曰："丁属南方之阴火。"纳卦于兑，为天干之四数，故《卜易》曰："兑金丁巳外丁亥，丁干隶兑。"时令仲夏之末。太阳大暑到丁山，大寒到癸向。天帝小暑到丁山。天星曰南极，又曰阴闾。柳宿八星赤居其所，主人福寿，又主文章，为朱雀嗉。一曰天相，一曰天库，天之厨也。主御膳、饮食、仓库，酒醋之位。又主雷雨、工匠。其北六尺为日月五星之中道。其星明则人寿年丰，酒食升平。

位于罗经人盘之丁宫的朱雀之第三宿为柳宿，均属现今天文之长蛇座。汉画天文志"柳为鸟啄，主草木"，《晋书·天文志》谓"柳八星天之厨宰也"。

于罗经人盘之丁宫的朱雀之第四宿为星宿，有星七，六属长蛇座，光度二等。《史记·天官书》谓"七星主急事"。朱雀为文明之粹，羽仪之所。主衣裳纹绪，又主盗贼。其星明，则天下大丰年。

丁龙法

《易》曰："丁寄离明之位，九紫帝星傍照之所，天子之次。"南极老人一星下照丁地。凡丁龙起祖，骨脉分明，地局端正，起伏而来，到头结穴者，为龙之上吉。产文武全才之士、富贵清高之人。若兑龙由亥入艮，出面结穴者，主王侯庙食，与国为姻。丙龙起祖，入艮转丁结穴者，定主才高北斗，翰苑官贵。丙龙转丁，丁龙转丙为赦文龙，丙二砂起，为赦文砂。丙水朝丁、丁水朝丙为赦文水，主家无凶祸，犯罪即赦。

十八、未宫天星

《易》曰："未乃属阴土，西南之界。"纳甲于震木，库于未，地支之八数。时令季秋。太阳小暑到未，小雪到丑向。天帝大暑到未山。天星曰金羊，又曰鬼气。鬼宿四星赤居其所，其四星占四角，其四角中央一星，暗而不现，主文魁，管天下士子之阴德。其星明则阴德星管阴德簿，凡人每日有德行，即记之。其星气白如粉絮，似云非云，似星非星，见其气而已。世有士子科场，有中而不中者，人言是命，非也，乃德行不能也。其四星主视明察奸谋，天之目也，为日月五星之中道。一曰天庙，主祠祀，又主疾病、死亡。东北一星主精马，东南一星主精兵，西南一星主精布，西北一星主精金。德满者以金赏之，半德者以布赏之，劳多者以马乘之，孽多者以兵诛之。

位于罗经人盘未宫的朱雀第二宿为鬼宿，属现今天文之巨蟹座。鬼宿为朱雀之头眼，鬼内星光皆暗，中有一星图，晦夜可见，中央白色以如粉絮者，曰积尸气。

未龙法

《易》曰；"未乃鬼金之所。"然得南极老人一星下照未地，又羽林、太常在傍以转之。若未龙出脉，起伏盘旋，正面结穴者，为龙之上吉。其龙不可与坤同行，谓龙身带曜，切宜详细。若巽龙起祖，入辛转艮结穴者，主出科甲，官居得禄。如卯龙入穴，作甲山庚向者，未水来，雷击而兴；未水去，雷击而败，非但卯龙未水，未龙卯水亦然。艮龙起祖，由亥入未结穴者，主巨富，不大贵。如兑龙起祖，入丁转丙结穴者，主翰苑人财大旺，少年发达，为官清正。

卯龙未水雷击，未水来，雷击而兴；未水去，雷击而败。卯龙未水而庚向则击，酉向则不击。非但击坟，如石山亦击。何故？石乃龙之骨，生成在山。数千年而不击，独今日击之，何也？其山来后有一节，亦卯方过来，其山面亦朝西，数千年不击，原无未水。今西南未水，或山崩倒，或水消破，成一小滨，故有凹缺，成其未水之势，故雷击之。如不信，请往雷击之处验之。人有信命而不信地者，圣人亦言有命，但命是后天，地是先天。先有地而后有命，生出富贵、贫贱、寿夭、穷通，皆不出此范围。

孔子曰："天之所覆，地之所载。"世之万物皆出于地，而不出于天，则知在地而不在天也。地有灵气山川有秀气而无主，尸骸有主而无气，若得山川地气尸，骸骨气两下合一，不愁不生有命之人。如卯龙庚向，未水，雷以击之，卯隶震，庚亥未俱纳于震，震为雷，故击之。又庚龙卯向未水，雷以击之。卯向巽水，为雷风鼓舞，主击后龙。地既如此，有地乎？无地乎？

十九、坤宫天星

《易》曰："坤道顺行。元亨，利牝马之贞。"其性柔顺。阴之收藏。位居西南。坤以藏之。六子皆包涵而秉时。乃方圆卦位之双峙。是以亥造化之全功也。时令于秋。曰"致役乎坤。"坤有臣道，竭力效用，养物无穷。纯阴代阳而有终始，致役之后，必有足而说之者。大暑天帝在未，太阳居午，午未交会，万物致养。《易》曰："致役乎坤。"处暑天帝到申，太阳在巳，申巳交会，申未辅坤，西南之卦也。天星曰位戈，又曰阳戈。井宿八星赤居其所，在河中，主泉水。又为天之南门，日月五星贯之为中道，名曰天井，又曰东井，主诸侯、帝戚、三公之位。天之停侯水衡发令之所，是以圣人以乾为父，坤为母。坤卦六画皆阴，是万物资生；乾卦三画皆阳，为万物资始。所生六子，地理家各有分辨。先贤云："不知天文，焉知地理？"天文昭于上，地理应于下。在天论缠舍，在地论方位。如此，得看地之真传。
位于罗经人盘之坤宫的南方之朱鸟七宿，朱鸟亦名朱雀，以井宿为首，属现今天文之双子座。故天纲地纪，生成不息也。

坤龙法

凡坤龙起祖，卓拔如旗，如圭、如贵人、如御屏、如玉堂、如笋者，出脉过峡，起伏盘旋，到头结穴者，为龙之上吉。其龙不可与未相兼，谓之带煞。先贤所忌，切宜详细。或行度布气力饱气旺，坐山真正无偏，地局端正，四山怀抱，砂水全备者，为龙之上格。如大小贵人结穴者，贵人之峰，一峰低，小一峰高大，上格龙主出父子、兄弟、侄叔同朝；中格龙主父子、兄弟皆有文名；下格龙主小贵中富，旺人丁。即如玉堂金马结穴者，后有御屏，前有马山，上格龙主文章盖世，高科及第；中格龙主典大藩、侍从；下格龙主寿考，多仆从。如圭文章之高耸，体顶要平正，身要清秀。若结穴者，上格龙主出正直之人，立朝燮理崇儒；中格龙主贵有忠贞，文名远播；下格龙主富秀，科第如笋似火。卓拔清秀，端采结穴者，上格龙主出状元、学士；中格龙主翰苑才名、尚书、侍读。水星结者，主清才秀士，诗书满箱。火星如旗结者，定主男将女帅。如火星尖而利者，出状元。土星结者，出巨富，千箱万箱。乾龙为父，坤龙为母。乙纳于坤，亦为老母喜见之者，犹庚龙遇震、辛龙遇巽、丙龙遇艮、壬龙遇离、丁龙遇兑、癸龙遇坎、甲龙遇乾、乙龙遇坤，此为纳甲龙，最喜纳甲砂、纳甲水，而遇之，自然发富发贵已。二十四龙、二十八砂各依坐度分金，金木水火土五行消息之，则无不准矣。书云："位戈行龙兼鬼气，少亡孤寡并尼僧。"又云："龙身带得四金行，寡夭尼僧出有因。"此言坤未二龙同来，到头入首结穴处，右边坤，左边未，从缝针正中，一边是未，一边是坤，切不可用。是以习此道者，未得传授，只知瞎绞而不知真窍。若论正五行，坤属土，未亦属土，乃兄弟也。以天星论，坤属井木，未属鬼金。金来克木，为煞曜。《八煞歌》云："坎龙坤兔忌见之。"殊不知未纳于震，震属兔，未亦属兔矣，故坤未龙不可并行。非但龙不可同行，即坤向不可见未水，未向不可见坤水，是谓八煞，必主绝丁倒户。行此道者，未索其解，如艮寅、卯乙、巽巳、丙午、未坤、酉辛、乾亥、壬亥，此八者，龙不可相兼，水不可同来，向亦不可相兼。是八煞相见，可谓仇人见面，分外气冲，不可不慎。

二十、申宫天星

《易》曰："申属西南之阳金。"纳卦于坎，地支之九数，水土之长生位。时令于秋。太阳芒种到申。大雪到寅向。天帝处暑到申山。天星曰传送，又曰瑶光。参宿七星赤居其所，一曰天市，一曰天钺，一曰白兽。其中横列四星，来北曰左背，主左将；西北曰右背，主右将；东南曰左足，主正将；西南曰右足，主副将。故占三以应七将。其中央三小星。掌管权衡、书几、文簿、大小官圆、将相。其星明则风雨调顺，五谷丰稔，文名昌盛，贤集诗书。

位于罗经人盘庚申之间的白虎未宿为参，属现今天文之猎户座，一等星光，色白。若南向南天，最惹目者为参宿四及参宿七。

申龙法

《易》曰："申乃水土，长生之位。"故传送一星居其所，又得弼星居傍，下照申地，为龙之上吉。其龙不可与庚同行，谓之龙身带曜鬼。切宜详细，先贤所忌。若得与庚龙同行，真正出脉，由乾结穴者，定产大富大贵之人。如乾龙起祖，入离转坎，龙真局正结穴者，主出科甲翰苑，官居极品。若坎龙起祖，由辰入申结穴者，主文武双全，少年发达。如卯龙结穴者，甲水来必须扦申向，是化煞为官。若作别向，则绝矣。大地来龙必带煞，凡龙遇八煞来，就扦入煞向，是化煞为官，须看左右二水合局不合局。若不合局，切不可扦，必须详细。如卯龙申水，扦申向；如巽龙酉水、离龙亥水、坤龙卯水、酉龙巳水、艮龙寅水，天下哪有此等结地之理？言丙龙寅水，龙与水亦有相反者，如申龙卯水，酉龙巽水，亥龙离水，卯龙坤水，巳龙酉水，寅龙丙水。八煞之水，乃八卦之官鬼爻相克者也。今只六卦，乾坎二卦怎的不言？盖乾忌马，午属马，乾龙午水，乾之先天在南，午之后天亦在南，是先后天相见。乾属阳，午水亦属阳，故不忌。坎龙忌辰，辰属龙，此后天纳卦之方位，眷属一家。申子辰会成水局，何忌之有？是以此二龙不为八煞。地理家辨水最是清楚。不得混谈。又不比卜易。而算龙与水只有六卦而易辨。可一隅反三。行龙又兼有纳，甲在内又多一曲折，如卯龙不可兼乙，乙龙不可兼卯，坤纳乙，乙即坤也。坤忌卯，乙岂不忌卯乎？卯亦忌也。古语云："狼怕虎，虎怕狼。"两相仇敌，如辰巽、巽巳、丙午、午丁、未坤、申庚、酉辛、辛戌、乾亥、亥壬、癸丑、艮寅、甲卯、卯乙，此俱不可相兼。非但龙不可相兼，并水亦不可双潮。凡龙有兼一二分者，则减地福力。若是平分，谓之双行，切不可用。如有误犯双行龙者，军流绞斩四字难免，二子必绝，是以行此道，必须明师口传心授，看书亦要一隅三反可矣。

二十一、庚宫天星

《易》曰："庚属西方阳金。"庚纳于震，为天干之第七数，故《卜易》曰："震木庚子庚午临。"时令仲秋。白露，八月也，天帝司庚，太阳临申。四月小满，太阳到申山，十月小雪，太阳到甲向。天星曰天汉，又曰长庚。觜宿三星赤居其所，形如鼎足，主天之关，又主三军之令，行军之藏府。又主葆旅，收敛万物。明则五谷熟，军储盈，将得势。动而明，主贼盗成群。明而赤，主兵多将勇。

位于罗经人盘酉庚之间的白虎第五宿为毕宿，有星八，七属金牛座，为一等星，色赤乃金牛之目。《晋书·天文志》谓："华八星主边兵，主戈獗。"其第五星最大，名天高，亦名边将。其星不喜明大。

位于罗经人盘之庚宫的白虎第六宿为觜宿，有三星形如鼎足，里间距离极近，故仅占罗经之半度，属金牛座。

庚龙法

《易》曰："庚在紫微龙德之西，一星最明，赤者主。傍有二星下照庚地。"凡庚龙起祖，出丁入巽，向震结穴者，为龙之上吉，定产威武权谋之士，忠勇果毅之人。若艮龙起祖，骨脉分明，境坐端正，四砂全备，定主文武全才，官居极品。若亥龙起祖，由艮入兑，出丙结穴者，定主科甲翰苑，才名台省之贵者。巽龙起祖，庚砂高拱结穴者，为官清正，或出理学。壬龙午向，庚砂高耸，出有名强盗。

二十二、兑宫天星

《易》曰："兑，说也。亨，利贞。"位居正西，兑以说之，而生意各足。乾坎通成物之功也。能执纲维。时令于秋。曰"说言乎兑"，生意各足而欢欣流通，即一阴外附，收敛以从阳也。秋分天帝到酉，太阳在辰，酉辰交会，庚辛辅兑，正秋之令，万物悦成。《易》曰："说言乎兑。"天星曰阳关，又曰阳阊。昴宿七星赤居其所。其下五尺为日月五星之中道，天之耳目也。主狱事，又主口舌、奏对。又为旄头胡星，昴天星明。明则狱讼平，囹圄虚，无佞臣，天下安泰。毕宿八星赤亦居其所。主边兵。又主戈猎。其星大曰天高，又曰边兵不宜。明大，天下安泰。

位于罗经人盘之酉宫的白虎第四宿为昴宿，属现今天文之金牛座，为七姐妹星图。乃权极之府，为少微垣贵人之地。

兑龙法

兑乃少微垣一星，最明，下照酉地，乃阳关所居之司，为枢机之府，河洛四龙之贵，为龙之上吉之地也。凡兑龙起祖，由亥入卯，骨脉分明，地局端正，砂水全备，为龙之上格，主产文武全才之士，将相分茅之位，英雄横霸之资。如丁龙起祖，转卯入丙出面者，局面端正，单清过脉，定主富中出贵，科甲及第，官居台省。如丙龙起祖，由丁入艮正面出者，龙虎抱卫，主官居极品，位列三公。若艮龙起祖，向丙结穴者，定出神仙。

二十三、辛宫天星

《易》曰："辛属西方之阴金，纳卦于巽。"为天干之八数，故《卜易》曰："巽木辛丑外辛未，辛干隶巽。"时令仲秋之末。太阳谷雨到辛山，霜降到乙向。天帝寒露到辛山。天星曰阳璇，又曰太乙。胄宿三星赤居其所，主文章之府，又主图书之府，又主天之厨，藏五谷之仓也。又主讨捕诛杀之事。南下五尺，为日月五星之中道。其星明大，则文名盛，贤人出，四时和，谷盈仓，百物多。

位于罗经人盘之辛宫的白虎第三宿为胄宿，今属白羊座。天星曰阴璇，又曰天乙。《史记·天宫书》谓为"天仓"。

辛龙法

《易》曰："辛主文章之府，在紫微之西，天乙贵人之治。内有文昌一星，下照辛地。”凡辛龙起祖，单清过脉，地局端正，为龙之吉。其龙左是酉，右是戌，不可相兼，乃八煞龙也。先贤所忌，切宜详细。若辛龙起祖，由丙入亥，向艮结穴者，主出状元魁首。坤龙出脉，转艮结穴者，主科甲文秀，大贵之人。由巽结穴者，主大富，主女贵，男得贵妇女得贵夫。坎龙起祖，与坤龙同。如卯龙起祖，转亥入庚结穴者，主出富贵双全，名播华夏，富贵奕世。

二十四、戌宫天星

易曰：“戌属阳，土西北之界。”纳甲于离，为地支之十有一数。时令季秋。太阳清明到戌，寒露到辰向。天帝霜降到戌山。天星曰河魁，又曰文魁。娄宿二星赤居其所，为天之岳，主苑牧、牺牲、供给、郊祀，又主兴兵会众，合聚文墨之事。占之于娄，其下九尺，为日月五星之中道。其星明则郊祀得礼，文人治世，天子加福天下安，人臣庆丰年。

位于罗经人盘之戌宫的白虎第二宿为娄宿，属现今天文之白羊座，因奎娄二星皆居其所，故天星又称天魁、鼓盆、妾金。

戌龙法

《易》曰：“戌乃文库，上应奎娄二宿，为文章之府，天下之士俱在其中。”戌为河魁，乃天河之首；又为文魁，乃文章之首。中者曰文魁，此之谓也。奎宿内有一星曰封豕，主文章之府，下照戌地。凡戌龙起祖，骨脉分明，地局端正，四砂俱备，为龙之上吉，定产理学名士，忠臣孝子。如乾龙起祖，入坤转乙结穴者，主贵秀富足。若离龙由坎入乙结穴者，主巨富。如辰龙结者亦然。

戌乃东鲁兖州分悬，上应奎娄文宿，故东周孔圣生焉。今我大宋五星聚奎，故天下人文才高八斗，学富五车，实为我朝之洪福也。俗士不知天星，焉知地理？俗士只喜亥龙，见一亥龙就言好龙曰“天皇龙”。亥龙丙向夹蛇，扦之，苟可以发福，亦不知寅水来破了阴局，犯破军水上堂，定主疯疾、官事，家财不了，官事不休，可知长生水法是真是假。戌龙得天星之吉气，故凡戌龙行度，过峡出脉，非大干龙不能也。俗士见戌龙，就说墓龙不吉，殊不知禹陵是戌，而出圣人。吴之孙墓是辰。虽不能为正主。三国中亦称一国。俗士何知？乱言者耳！

故知：天星论龙之法，实与赖布衣龙法同源一宗也。以上应星宿之所主所司，下与罗经方位之辨识，以及二十八宿所属现今之天文星座，均已详为说明。但因地球之运行不息，二十四方位乃各星宿必经之宫道，虽因星球运行，以及磁场经纬度等，稍有偏差，古人已有妥善之安排，另为论述。

第八节　二十四天星星神本义

绿色的地球在太空中有规律地运转不息，让我们来搭载着地球飞船遨游太空，绕日一周，从春分点起步经过二十四节气周天遨游又回到春分点，沿途访问天庭，一路上但见三恒列宿、天皇帝宫，二十四尊星天将之府邸，三十六天庭护卫星神，结交了七十二天庭使者，游览了整个天庭、龙楼、凤阁、宝盖、宝殿，在银河观赏了金枝、玉叶、天女舞姿，从365天中我们能看到星空斗转星移，同样的天空图景往复重现。

当你昂首仰望美妙的天图，内心就会不由震撼。

古天文学家，把周天分为24时区角，每个区角有一个守护星神。24天角有24尊星，星名各派不一，中西方国家星名也不一。我国古天文学家，把24尊星取名为（注：天角按世界时）：

0~1时为地杀，1~2时为值符，2~3时为华盖，3~4时为劫杀，4~5时为玉印，5~6时为宝盖，6~7时为天杀，7~8时为龙角，8~9时为帝车，9~10时为炎烈，10~11时为金枝，11~12时为宝殿，12~13时为天罡，13~14时为功曹，14~15时为将军，15~16时为鬼劫，16~17时为金箱，17~18时为凤阁，18~19时为天吊，19~20时为銮架，20~21时为帝座，21~22时为八武，22~23时为玉叶，23~0时为龙楼。

24 区角守护着 24 尊星，其中每区角 15 度间还有使者星神，能用上周天共 72 星，每个星神都有不同性情和管辖范围，如太微垣管上元天庭，紫微垣管中元天庭，天市垣管下元天庭，南北天门都有守护星神。

廿四天星八运定位

丑龙楼；艮玉叶；寅八武；甲帝座；卯銮架；乙天吊；辰凤阁；巽金箱；巳鬼劫；丙将军；午功曹；丁天罡；未宝殿；坤金枝；申炎烈；庚帝辇；酉龙墀；辛天杀；戌宝盖；乾玉印；亥劫杀；壬华盖；子值符；癸地杀。

我们如果要学好天星风水学，就要学到以下几点：

1. 基础知识。要认识天体宇宙，一星多名，以防误认；要进行步天演算，计算行星会合周期和经星天角位置，如水木二星绕日，周天会合 48 次，就是风水理论中真正的 48 局。

2. 天星性情。天体各天角经纬星神的性情研究，某个天角星神对人类能不能生存，或产生祸福，或管事时间和性质。七政行星使者加临某个天角，会产生风云变换，或灾害，或改变星神性情。例如，吉星无光，恒星闪动，木入宝瓶等等天象。

3. 天轮运转。在应用中，天星风水学把三维空间融合一体，即天时、地利、人和系统。在天时系统中，天有宇宙和谐规律，宇宙类似机器地轴对准北极不停运动，产生了天轮，天轮中产生年轮，月轮，日轮，时轮。天轮轮到某天角或某年某月某日某时到位，某星神最有权威，得天时者荣昌，就是天时。地利，地得天之象成形。得天时，得地利，得人和，人就荣昌。

学天者，从基础学起，以科学的方法，有理论性，有根据性地去认识天学。如江湖所用的一些通书，记载霜降节气，天帝到戌山，谷雨天帝到向，那就要用实际观测，测量这个时间，这个星斗是不是在这个方位，是否正确，才能得到真正的理论。

二十四天星歌诀：

八武帝座銮驾临，天吊凤阁金箱真。
鬼劫将军功曹位，天罡宝殿金枝神。
烈炎帝辇龙墀进，天杀宝盖玉印金。
劫杀华盖值符位，地杀龙楼玉叶伸。

子午卯酉四山龙，矗立南北东西中。
如得天市来降世，国泰民安五谷丰。
木星临斗星归舍，日行精度归午乡。
南坐凤阁北宝盖，东起龙楼西宝殿。

坎离水火中天过，龙墀移帝座。
宝盖凤阁四维朝，宝殿登龙楼。
罡劫吊煞休犯着，四墓多销铄。
金枝玉叶四孟装，金箱玉印藏。
帝释一神定县府，紫微同八武。
倒排父母养龙神，富贵万年春。

天星诀用法：以龙楼星为主星，按每运正神旺方坐山排列起算，每二十年一换，三星并列一大卦宫位，一运龙楼在子山，二运龙楼在坤山，三运龙楼在卯山，四运龙楼在巽山，六运龙楼在乾山，七运龙楼在兑山，八运龙楼在艮山，九运龙楼在午山。

第九节 天星经典赏读

为了扩大古天文的学习范围，雅浩现在列出几部很重要的古天文经典，大家可以仔细品味一番，有些都是风水中事关天文的精要篇目。研究学术其实是一个很枯燥的事情，大家一定要耐得住寂寞，其实养成习惯就好了。

一、《天星赋》

盖闻星列于天，光照于地，吉凶所照，祸福无移，十二列宿，一凶一吉。

天辅至尊，为福德众星之主。

开阳极贵，实延年武曲之全。

取科甲于进贤，名显一代。

探富贵于司禄，食享万钟。

纳粟发财，所赖天钱之旺。

否极泰来，全凭璇宿之良。

天枢本生气之星，出神童而登宰辅。

文昌乃催官之宿，化凶险而致祯祥。

天节临门，男贞女烈。

天田值户，长寿多财。

从官若见于当权，主经文而纬武。

天孙若逢乎旺地，定旺子以添孙。

此乃十二宫之吉，再陈十二宫之凶。

绝命摇光，主孤独而绝嗣。

祸害凶星，令艰难而无依。

天权坐于六煞，难秉清白之气。

玉衡坐于五鬼，更妨回禄之忧。

卷舌是非官讼徒刑。

天贼儿孙寇盗倍出。

败阳加临，虽同父而诉讼频兴。

咸池乱伦，恐男女而淫奔可羞。

逢尸气之凶神，倾家而灭族。

遇天烽之煞气，损子而刑妻。

贯索若逢凶神，难免徒流绞斩。

司怪加临恶宿，定主妖邪奸淫。

避其凶星，宜趋吉曜。

二十八宿各司所主，二十四气流行列宿。既有吉凶照，应岂无祸福？

二、《地曜赋》

窃以星在天则为天星，曜在地则为地曜。故天星而化地有位有方，乃地曜以法天，天主吉主凶。

至若贪狼者即天枢生气也，文昌催官，天节孝烈在五行之本为一木之形。上为天机于列宿，却为紫气之旺龙，下主生气于斯民，定出聪明之孝子。青龙而显禄曜，必亥卯未之年，故于卦为兑。

至于巨门者即璇宿，天乙，天田，福寿，天孙旺嗣，在五行为一土之形，上应天机于列宿，星却为天财之生龙，下主天乙于斯民，出神童而多寿，太阳明而福曜灿，定逢辰戌之方。故于卦为艮。

至于禄存者，即机宿祸害也，卷舌灾讼，天贼劫盗，在五行具为二土之形，上应天机于列宿，实为孤曜之病龙，下应祸害于斯民，定出心性之顽钝，太阳晦而灾曜，定逢丑未之时，故于卦为巽。

至于文曲者，即六煞之天权也，败伤破耗，咸池淫佚，在五行具为一水之形，上应天机于列宿，却为扫荡之游龙，下主游五鬼于斯民，定生癫狂之疾病，肆暗昧而之败曜，多在申子之年，故于卦为坎。

至于廉贞者，即五鬼之玉衡也，贯索缢狱，司怪娇邪，在五行具为烛火之形，上应天机于列宿，却为炼火之死龙，下主五鬼于斯民，主出风怪之恶症，纵螣蛇而扬血曜，应在寅午之宫，故于卦为震。

至于武曲者，即延年开阳也，天钱发财，从官文武，在五行具为一金之形，上应天机于列宿，却为金水之福龙，下主福德于斯民，定发科甲之富贵，居太常而显曜位，临申子之乡，故于卦为坤。

至于破军者，即绝命摇光也，天烽刑伤死尸，在五行具为二金之形，上应天机于列宿，却为天罡之强龙，下主绝命于斯民，定出投军之劫盗，呈白虎而恣杀曜，应临已酉之秋，故于卦为离。

至于辅星者，即伏位福德之宫也，进贤科甲，司禄富贵，在五行具为二木之形，上应天机于列宿，却为太阳洞明之星君，下主恩眷彰德于斯民，定出慈孝之人物，发财禄而旺子孙，身逢亥卯之交，故于卦为乾。

至于弼星者，即翼之辅也，在五行具为二火之形，上应天机于列宿，却为太阳隐元之后，下主刑罚威权于斯民。

上述诸星，逢吉则吉，遇凶则凶，伏太阳之本宫，制太阴之用事，居玄武之界，定位祸福之萌，于卦为众母。虽曰九星之变换，宜归八曜之权行，明天星分地曜岂是偶然，察方位断吉凶，星之取尔。

三、《大象赋》 唐·李播 著

李播，隋末为高唐尉。颇有文谋，自号黄冠子，注《老子》，撰方志图，传文集十卷，且善天文历法，撰有《天文大象赋》。《旧唐书》记载："播，以秩卑不得志，弃官而为道士"，与隐士王绩为莫逆之交。其子即唐初国师李淳风。

垂万象乎列星，仰四览乎中极。一人为主，四辅为翼。勾陈分司，内坐齐饬。华盖于是乎临映，大帝于是乎游息。尚书谘谋以纳言，柱史记私而奏职。女史掌彤管之训，御宫扬翠娥之色。阴德周给乎其隅，大理详谳乎其侧。天柱司晦朔之序，六甲候阴阳之域。其文焕矣，厥功茂哉！

环藩卫以曲列，俨阊阖之洞开。北斗标建车之象，移节度而齐七政；文昌制戴筐之位，罗将相而枕三台。天床于玉阙，乃宴休之攸御，肃天理于璇玑，执威权而是预。天枪天棓以相指，内厨内阶而分据。双三夹斗而燮谐，两乙宾门而佐助。

尔乃天牢崇圉，设禁暴之提防；太尊明位，拟圣公之宠章。太阳接相以班迹，元戈拨杓而耀芒。势微微而有象，辅熠熠而流光。荐秋成于八谷，务春采于扶筐。天厨敞兮供百宰，传舍开兮通四方。伟天官之繁缛，立疏庙之隆崇。何大角之皎皎，夹摄提之融融。七宿画野以分区，五宫立都而对雄。

既以历于中宫，乃回眸而自东。观角亢于黄道，包分野于营中，开天门之灿耀，揖进贤之雍容。是推纪于变节，是正纲于大同。其次则梗河备预，招摇候敌，泛舟亢池，飞觞帝席，周鼎毓神，天田丰籍。按三条于平道，宾万国于天门；置平星以决狱，列骑官而卫阍。阳门守于边险，折威犯而将奔；顿顽司于五听，车骑参于八屯。望南门之峻关，觌库楼之城府；偃蹇列于四衢，的历分于五柱。或藏兵而蓄锐，或重扃而御侮。焕苍龙之中宿，瞩氐心以及房。听朝路寝，布政明堂。

爰俾其地于宋之疆，粤若大火赫然天王。钩钤俨于凤阙，积卒穆于龙骧；天辐备于轝辇，键闭守于关梁。骑阵启将军之位，从官主巫医之职。罚作赎刑，日为阳德。二咸防非而体正，七公议贤而纠慝。阵车雷击乎其南，天乳露滋乎其北。彼贯索之为状，实幽囹之取则。

历龙尾以及箕，跨北燕而在兹；配四妃而立序，均九子以延慈；龟曳尾而波泳，鱼张鳞而水嬉。天江为太阴之主，传说奉中闱之祠。糠为簸扬之物，杵为舂臼之用。天钥司其启闭，丈人存其播种。狗以吠盗奸回靡纵，却睇女床，前瞻天纪。耀棘庭之金印，粲椒宫之玉齿。

中有崇垣，厥名天市。车肆中衢以连属，市楼临箕而郁起。帝座类候而独尊，候臣光熙而燮理。宗星派疏而远集，宦者刑余而近侍。列肆与屠肆分行，宗正与宗人同峙。帛度立象以量用，斗斛裁形而取拟。

若乃眺北宫于元武，洎南斗于牵牛。赋象通牺庙之类，司域应江淮之洲。建星含曜于黄道，天弁写映于清流。河鼓进军以嘈，两旗夹道以飞浮。天渊委输于南海，狗国分权于北幽。鸡扬音而顾侣，鼈曜影而来游。天田临于九坎，罗堰逼于天桴。是司沟洫，是制田畴。遂耸睇于汉阳，乃攸窥于织女。引宝毓囿，摇机弄杼。辇道清尘而俟驾，渐台飞灰而候吕。可以嬉游，可以临处。瞻须女之缯室，奄开邦于会稽。离珠耀珍于藏府，匏瓜荐果于宸闱。离瑜佩琼而彩服，败瓜委蔓以分畦。

其外郑越开国，燕赵邻境，韩魏接连，齐秦悠永，周楚列曜，晋代分囧。天津横汉以摛光，奚仲临津而泛影。既编梁以虹构，亦裁轮而电警。列虚危于齐济，职悲哀与宗庙。坟墓写状以孤出，哭泣含声而相召。败臼察灾而扬辉，天垒守夷而骈照。司命与司禄连彩，司危与司非叠耀。伺祸福之多端，总兴亡之要妙。人掌诏以优游，俨为人之质；钩主震而屈曲，宛如钩之象。车府息雷毂之声，造父曳风銮之响。杵军给以标正，臼年丰而示仰。土吏设以司存，斧钺用诛之所掌。虚梁阒寂以幽，盖屋喧轰而宴赏；天钱纳賮以山积，天纲憩舆而野飨；北落置候兵之门，八魁建张禽之网。

瞻庙府于室壁，谅有卫之封畿。布离宫之皎皎，散云雨之霏霏。霹雳交震，雷电横飞。垒壁写阵而齐影，羽林分营而析晖；土公司筑而开务，天厩飞御而起机；螣蛇宛而成质，水虫总而攸归。动则飞跃于云外，止则盘萦于汉沂。迤奎娄之分野，辨邹鲁之川陆，豢驯兽于囿苑，隶封豕于沟渎。左更处东而掌虞，右更居西以司牧，立囷仓之储聚，树溷屏之重复。司空立土以搜祥，斧锧萦蒭而荐畜。军南门列辕而远出，天将军扬旗而示逐。伊王良之策马，则车骑之满野。蒙居河而路塞，策裁鞭而电写。阁道优游而据中，附路备阙而居下。

自胃仓而昴毕，实赵地之交衢。建旆头而肃引，毕罕车而迅驱。卷舌列天谗之表，附耳属天高之隅。天高望气，天谗备巫。卷舌安其寂默，附耳矜其谄谀。天船泛影乎清濑，贮积水而窥害。太陵分光乎耀虚，包积尸而如带。砺石资乎锯刃，月宿归乎太阴。天街画于戎野，天阿察于山林。天节宣威于邦域，天阴进谋于腹心。天庾积粟以示稔，天廪备稷以祈歆。天园曲列兮储芳树，天苑圆开兮畜异禽。刍蒿遵纳秸之轨，殊国晓重译之音。九游排锋以进退，军井依营而浅深。天关严扃于毕野，诸王列藩于汉浔。何五车之均明，而三柱之昭焕。纳五兵于藏府，图七国之邦贯。

天潢利涉以沦涟，咸池浮中而渺漫。关岷峨之沃壤，睎觜参之曜形。示斩刈以明罚，收葆旅而获甯。参旗慑于边寇，玉井通于水经。坐旗肃穆以昭礼，司怪幽求而发冥。屏嫌于客，厕咎于清，亦有天屎，质黄效灵。

于是仰东井之舆鬼，览西秦之伯邑；质明祀而变生，钺淬水而刑及。四渎断江淮之候，两河占胡越之戢。水位泻流而迅奔，天樽奠馔而翕集。军市通货以圆缀，五侯议疑而衡立。积水酝燕酬之劳，积薪备牲庖之给。野鸡俟兵而据市，天狗吠盗而映涟。阙丘拟乎两观，水府司乎百川。狼援戈而野战，弧属矢而承天。老人作主而秋焕，丈人通臣而夜悬。子扶尊而眇邈，孙孕绪而连。惟天社之赫若，实句龙之神焉。

观柳星以及张，知周疆之爰启。俨颈以分嗉，奉滋尝而赐醴。观夫轩辕之宫宛，若螣蛇之体。交雷雨之霭霭，列后妃之济济。酒旗缉醼以承欢，内平绳愆而执礼。爟含烽而喋寇，实防边之有俟。长垣崇司域之备，少微彰处士之懿。外厨调别膳之滋，天相居大臣之位。天纪录禽而献齿，天庙严祠而毓粹。天稷报五稼之勤，东瓯表三夷之类。爰周翼轸，厥土惟荆。驱风驿之千乘，奏云门之六英。长沙明而献寿，车辖朗而陈兵。青丘荫于韩貊，器府总于琴笙。军门坐甲于军阃，司空掌土于司平。

瞩太微之峥嵘，启端门之赫奕。何宫庭之敞，类乾坤之阖辟。五坐参一帝之谋，九卿踵三公之迹。储以太子，参之幸臣。从官肃侍，谒者通宾。郎将司戟于丹陛，郎位含香于紫宸。乃寄屏以持法，控端门之内。明堂演化，灵台候神。虎贲之征猛士，进贤之访幽人，谋于诸侯。俨营卫于常陈，胡天汉之昭回。

自东震而绵络，北贯箕而联斗，南经说而纬钥。合乘津而浮瓜，分漂杵而泛阁。历玉潢以汪洋，沦七星而依泊。惟木德之含精，为岁星而明丽，虽盈缩所察，祸福攸系。然得之者隆，失之者替，祚明君而耀朗，罚昏主而光翳。下为社灵，上为天贵。如夭胎而毁卵，具职仁而施惠。回骛愆期，前驰舛契。奋枪棓以示慝，峙楼垣而表戾，粤若荧惑，火帝之精，每执法以明罚，必司灾而告诫，守其邦而岁战，去其野而时清。

若亏信而废礼，则下乘而上征。居惟衅发，合与忧并。浮天谗而耸剑，列蚩尤而耀旌。司危见而失国，昭明出而起兵。伊土宿之播灵，为镇星而耀质。寻所履为休庆，视所居为贞吉。广邦徼而斯留，复轩宫而载出。

若崇奢而贱义，则行亏而度失。或含丹而举兵，或噏黑而遘疾。旬始发而侯起，狱汉明而主黜。彼金方之耀色，有太白之垂文，乃降神于屏翳，实建象于将军。

若用兵而不察，匪先达之攸闻。高出利于深战，顺指着乎勋。苟恩义之不溥，则祸福之攸分。或飞芒而蚀月，或引彗而横氛。六贼陈灾而构祸，天狗杀将而破军。咨太阴之禀粹，粤辰星之攸揆。乘四仲而显晦，历一周而匝履。为用罚之渊谟，为出师之令轨。

若淫刑而纵欲，则委孛而流矢。白其角而表丧，黑其规而应水。察函剑之相去，候正旗之所指。非其出而夏寒，错其宜而将死。

于是究经纬之终始，征幽微之机符。昭晰兮，为人主之明鉴；杳蔼兮，实冥只之秘枢。固声闻而响集，方形移而影趋。若山石之旌处士，谷风之应驺虞者也。

若夫退寒暑而无舛，中昏旦而不越。毕露云油，箕飀吹发，亦有枢降轩而绕电，景瑞尧尧而丽月。虽响之难穷，信灵爽之未歇。嘉大舜之登禅，耀黄星而靡锋。壮高祖之遇时，聚五纬而相从。殷堪纵眺，识曹公之潜迹；李合流目，知汉使之幽踪。荆轲入秦，白虹贯日，卫生设策，长庚食昴。星陨如雨而周衰，彗长竟天而秦灭；蛇随楚而九域含嗟，狗过梁而千里流血。晋君终而婺妖见，汉帝围而参晕结；周楚灭而南冲，晋齐殃而北裂。

自大辰以及汉彰，宋焚而卫，或除旧而布新，显陈盛而姜绝。谅吉凶之有兆，匪灾谴之虚设。固罔念而作狂，在恭巳而成哲。是以帝王之有天下也，莫不分设其官，式司其告。唐则羲和降察，夏则昆吾演奥；嘉殷巫之美服，登周史之雅号。宋述子韦，郑称碑竈；唐昧与尹宣范，甘德暨石申垂诰。故能下守职而恪恭，上知变而无傲。此希夷之妙象，岂蒙昧之私好。有少微之养寂，无进贤之见誉。参器府之乐肆，掌贯索之刑书。耻附耳之求达，方卷舌以幽居。且扃扉而绝驷，奈临河而羡鱼。望天门而屏迹，安知公卿之所如。

第三章　天星运用古例

有人说过：学习的目的就在于运用，这是雅浩非常认同的一句话。试想，没有用的东西，我们学习它来干什么？很多人是为了学习而学习，能不能用根本没想过，这样的态度要不得。天星风水也是如此，所以古人都是讲求实用。赖公催官所言，以二十四天星入用，兼顾满天星斗之性情象义，天地运用之妙全存乎此一心也，就让我们来看看赖公把天星运用在堪舆中的成果，古人常言的是三大垣局，而风水应用中多了少微垣，合为四大垣局。大家可以看到赖公所著之《催官篇》，就言及天星四大垣局：

中天北极紫微垣，正临亥地，为天帝之最尊，所以正南面而立者也。且以四贵人临丙而贵，阴德临庚而武，五尚书临巽而文，天乙临辛而寿，八谷临艮而富，司命临震而铙财，大理临丁而旺，人此亥龙之最贵也；

东府天市垣帝座正临艮地，且以司禄临丁而寿，贵人临庚而贵，贯索临巽而富，宗人临丙而旺。人舟车斗秤临辛而饶财，此艮龙之最贵也；

兑为西掖少微垣，天帝文章之司府，且以王诸侯临丁而贵，三少临艮而富，虎贯临震而武，太史临丙而文，长平临巽而饶财，此兑龙之贵也；

巽上值太微垣，太乙五尚书居之，且以常陈临艮而贵，郎官临庚而富，九卿临辛而饶财，三公临丁而寿，此巽龙之贵也；

是以亥艮入首，博入兑巽者，皆上吉之龙，不易得也。喜祖廉贞者何也，廉贞震也，是帝之所由出，万物之所由生也，有生生不息之意焉。自彼作祖，而四龙之气愈焕而愈盛矣。太子既立必居之，东宫而后出可以守宗庙，为社稷主者，象此义也。

由上可知，天星之用广而博，其意深而远，不可不知也。猛然谈起，会让人无所适从，那么在这里，就需要我们从一个基础入手，踏实打好基本功。首先我们从观天时常用的北斗七星开始，它们在风水运用中，使用的极其频繁，效果显著，让雅浩带领大家作一个基本探索，从这里为基点去步步深入，举一反三从而能全面了解天星风水，其用奇妙无穷。

第一节　北斗七星

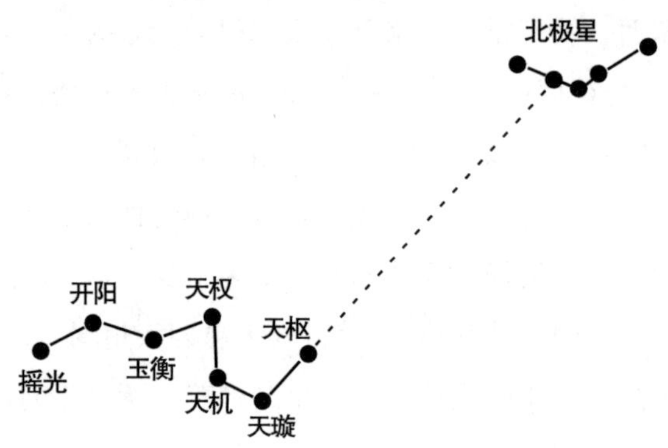

北斗七星又称“北斗”。离北天极不远，排列成斗形的七颗亮星，是由天枢、天璇、天玑、天权、玉衡、开阳、摇光七星组成的。古人把这七星联系起来想像成为古代舀酒的斗形。天枢、天璇、天玑、天权组成为斗身，古曰魁；玉衡、开阳、摇光组成为斗柄，古曰杓。

北斗星在不同的季节和夜晚不同的时间，出现于天空不同的方位，所以古人就根据初昏时斗柄所指的方向来决定季节，还可以用它来给人指明了方向，宛如浩瀚的海洋中的灯塔，为人生指明了方向：斗柄指东，天下皆春；斗柄指南，天下皆夏；斗柄指西，天下皆秋；斗柄指北，天下皆冬。由北斗星找到北极星，从北斗星中的指极星向斗口方向延长，在五倍于指极星之间距离的地方那颗星，就是北极星。由于北极星它位于天北极（地球北极的天顶）附近，因此，它与人类的某些活动关系至为密切。例如：1. 迷失了方向的旅行者，可以根据北极星找到近似的正北方向。2. 根据北极星的地平高度，可以了解到观测者所在的地理纬度。又例如：在北京观测北极星的高度为 40 度，则北京的地理纬度就是北纬 40 度。

北斗七星从图形上看，北斗七星位于大熊的尾巴。这七颗星中有 5 颗是 2 等星，2 颗是 3 等星。通过斗口的两颗星连线，朝斗口方向延长约 5 倍远，就找到了北极星。认星歌有：“认星先从北斗来，由北往西再展开。”初学认星者可以从北斗七星依次排成勺形的 7 颗星。古人很重视北斗，因为可以利用它来辨方向、定季节。

天枢、天璇、天玑、天权四星为魁，组成北斗七星的“斗”，柄状三星分别是——玉衡、开阳、摇光那个明暗双星。杓柄中央的星名叫“开阳”，相距 11 分处有一颗 4 等伴星，名“辅”，开阳星和辅星组成视双星，肉眼即能识辨。开阳本身也是一颗双星。

季节不同，北斗七星在天空中的位置也不尽相同。因此，我国古代人民就根据它的位置变化来确定季节。《甘石星经》：“北斗星谓之七政，天之诸侯，亦为帝车。”皇帝坐着北斗七星视察四方，定四时，分寒暑。

古代视北极星为上帝的象征，而北斗则是上帝出巡天下所驾的御辇，一年由春开始，而此时北斗在东，所以上帝从东方开始巡视，故《易·传》：“帝出乎震”，震卦在东。

北斗七星始终在天空中作缓慢的相对运动。其中五颗星以大致相同的速度朝着一个方向运动，而“天枢”和“摇光”则朝着相反的方向运动。因此，在漫长的宇宙变迁中，北斗星的形状会发生较大的变化，10 万年后，我们就看不到这种柄杓形状了。

北斗七星在阴阳学中各有什么含义？

中国古代天象中认为北斗七星是七政的枢机，控制四方，以建四时而均五行。《史记天宫书》中称，北斗乃帝车之象。天枢、天旋、天玑、天权、玉衡、开阳、摇光各有其属性，天枢乃七星之枢纽；天旋掌旋转；天玑主变动；玉衡是衡平轻重（大概就是传说中的保持平衡）；开阳是开阳气；摇光是摇光芒。

古代民间对北斗便有信仰，古书中提到“南斗注生、北斗注死。”从这里可以看出北斗掌控阴司之权，似乎与阎罗、城隍等共掌阴间（又或凌驾于二者之上）。

我们看看北斗在风水中的用法，赖布衣祖师云游到广东时，看到当地缺水，于是在施术解救之时就信手拈来，巧妙地运用北斗七星原理，打通水脉开挖七星井，造福一方之民，涉及到七个自然村，至今依然存在。

第二节 赖布衣点七星井

听说有一老人赖伯，历时四年，走遍龙江里海片区，才探明赖仙当年所点的，有700多年的北斗七星古井。赖布衣在广东顺德游历并指点开挖七星井，造福龙江乡民的传奇故事，现在终于得到当地人们的印证了。这7口古井水就曾解决了这片及到近8平方公里内全部的老百姓饮用水的问题。至今已近千年的北斗七星古井，井水仍然可以饮用，而且，赖伯和村里其它老人都先后饮用了里面的井水。

赖伯说："自小就有村民对我说，全靠我们赖氏的祖先才有如此甘甜的井水喝，这让我对七星井产生了浓厚的兴趣。"退休后的他，于是下定决心，一定要找到这七个古井的具体位置所在。从此，赖伯一有空闲时间就来到里海片的南坑、东头等村居，逐一寻访七口古井。但由于本地记载的史料严重缺乏，只能是经过一步一步找老人们去核实，以及寻找有限的相关史料和人们传说里透露出的信息，这还是让他必须要花费大量时间去寻访。

传闻这赖氏老人叫赖景畴，他整整历时四年，苍天不负有心人，终于寻访到了这七口古井的具体位置，是从南往北数去，巧妙排布着这七口赖仙亲自选址开挖的古井。它们分别分布在位于里海片区的一埠、上阶、莺村、高埠、新村、五福、南关，这7个自然村里面。它们的形状就如同反转之北斗七星一般，由天枢、天璇、天玑、天权、玉衡、开阳、摇光这七星组成的星光，生生不息、照耀着大地，重现于人间，福荫着一方。

如今，七口古井除上阶、新村的两口井还在使用，其它的井已经不再使用。如果你有幸来到顺德市的上阶村，也许你会看到，这口位于乡村小道旁的方形古井，那个用松岗石制成的井口一部分已磨损得非常厉害，据说这是当地人常年打水摩擦井口造成的。你还可以分别前往七口古井所在地寻访。来到这些古井所在地，你可以观察到，目前还存在的五口七星井的结构都是矮井栏，井壁呈方形或六角形，石质为松岗石。而且这些井基本上都分布在小山岗及村道旁。而高埠、南关的两口井更是随着社会变迁，湮没在了历史之中，如今只剩下井石证明这两口井曾经存在过。“直至 1995 年前，这七口井一直是里海片区重要的水源之一。”

然而，尽管历经了几百年的风雨洗礼，古井至今还是当地人很重要的水源之一。赖伯说，有 700 多年历史的七星井现在已经被填埋了两个，感觉实在很可惜，这可是历史给我们留下的宝物，北斗七星井现在已经到了急需我们大家去保护的境地了，希望当地博物馆能把这剩下的古井当着难得的文物保护起来。

据说就在南宋末年时期，当时来至江西赣南的风水大师，一直为帝王服务，精通天文地理的南宋国师赖布衣，后因避秦桧迫害之祸而南行到此，看到当地干旱严重缺水，人们生活用水非常困难，赖公为人一向仁者心肠，生起慈悲心，决定为当地居民做一件好事。于是，他按照星斗排布选取吉利方位，命村民按所选的地点挖了 7 个水井，只见水如泉涌，而且井水甘甜，一下就解决了里海片区近八平方公里内老百姓用水困难的问题。正因为这七个古井的位置在地图上排列的形状，恰好如同天上反扣过来的北斗七星，是赖布衣运用大星埋论精心设计出来的，而“七星井”也因此而得名。

喝水不忘挖井人，饮水思源的这种感恩心态，所以至今为止，在顺德市龙江镇的人们依然还在怀念着一代奇人赖布衣。也一直在流传着这个有关于南宋风水大师赖布衣的传奇故事。老人们还给孩子们讲述着赖公当年为了帮助当地人们渡过用水难关，施展天星之神术，专门选址指点人们开挖北斗七星古井，造福一方乡民的传说。

第三节　江湾北斗七星井

2010年2月，雅浩与陈兄来到江西婺源的江湾镇，在这里看到有一处天文景观——北斗七星井。

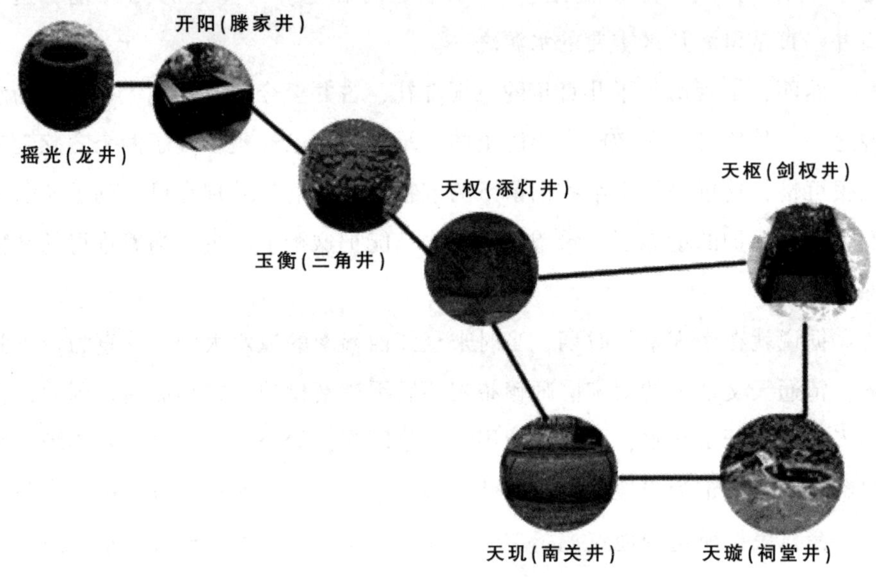

听那位80多岁的老人说起来，故事发生在北宋初年，南唐国师何溥（字令通）遭贬来到江湾灵山隐居，与萧江六世祖江文采交往甚笃，便指引萧江氏族人由旃坑迁居风水宝地云湾（现为江湾）。

萧江先祖在他的指引下，利用风水学的最高原理，对江湾的水系环境、建筑布局、街衢走向，山脉走势等方面进行了改造。族人自迁云湾后人丁日益兴旺、科第举发，其中村内的北斗七星井便是国师运用风水学的典范。

中国古代的四个方位分别是“前朱雀后玄武、左青龙右白虎”，而江湾的地势是玄武（后龙山）偏低，朱雀（对面攸山）偏高，朱雀属火，也就是说南方火势较旺，是一个较为不利的地形。当时何令通便想出在村中挖七口井，并按北斗七星状分布，以七井之水镇住攸山火势。而北斗七星分布又是呈勺子状的，从此，村内即有了充足水源又有了舀水的勺子，攸山之火自然就被镇住了。

后，我们一行在当地一80多岁的老人带领之下，还去寻访到了南唐国师何溥当年所扦“宝剑出鞘”穴地，该地扦于如一把“宝剑”之前端（约三分之一处），葬后，江家后世出一上将军。明师所作，叹为观止！

陈良荃按：宝剑出鞘形，为倒地木星，若前部尖削，实为“杀师”之地，不知国师当年何能避煞，实让笔者佩服无比。

第四章　天星对应章

赖文俊祖师的伟大之处，就在于他能站在巨人的肩膀上，踏踏实实的创新，把天文地理完美结合，这份前无古人后无来者的功绩，实实在在的在赖布衣的手上实现了。时到今日，又有什么人能够追赶得上呢？雅浩认为，赖布衣天星风水作为珍贵的传统文化遗产，先不谈怎么去改进和创新，只需要我们现在好好继承就已经是很好了！

第一节　赖公收山出煞与二十八宿

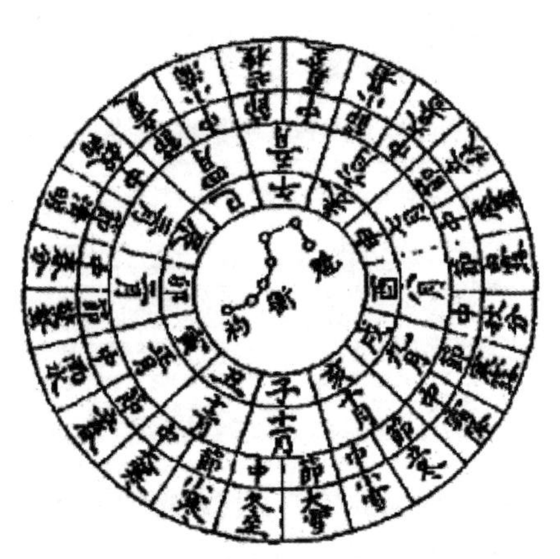

五日謂之一候積三候十五日有零謂之一氣積六氣九十日有零為一時積四時三百六十五日二十五刻為一歲

赖公之收山出煞也叫消砂。通过合理确定坐向，尽量使大多数的砂成为吉砂，尽可能地将凶砂减少到最少的方法就叫做收山出煞。即将旺砂、印砂、财砂收为我用，将杀砂、泄砂拨开。

砂所在的位置是固定的，同一个方位上的砂，是吉还是凶，随着坐山而变化。所以，收砂出煞的要领就在于根据砂的分布情况来确定合理的坐向，因穴制宜，合理裁剪。

杨公消砂与纳水一样用的是天盘：长生、临官、帝旺三宫有秀丽之砂有情朝穴称为“三吉砂”，长生、冠带、临官、帝旺、胎、养六个宫位有秀丽之砂朝穴称为“六秀砂”，均主吉。吉方宜秀丽山峰高耸，凶方宜低伏。

宋代江西定南凤岗的赖布衣，引进二十八宿天星五行创制人盘，专用于收山出煞。此后，赣南杨公风水术的门内弟子均用地盘挨星七十二龙格龙、定向，用人盘消砂，用天盘纳水。人盘的增设，使罗盘天地人三才兼备，风水术从理论到实际操作形成了完整的体系。

人盘二十四山比地盘二十四山右旋了 7.5 度。赖公的消砂诀是根据当时的二十八宿天星位置确定的，甲丙庚壬、子午卯酉属火，辰戌丑未属金，乾坤艮巽属木，乙辛丁癸属土，寅申巳亥属水。以人盘坐山为中心，与四周之砂的中针五行论生克。比和者为旺砂，生坐山者为印砂，为坐山所克者为财砂，坐山所生者为泄砂，克坐山者为杀砂。旺砂、印砂、财砂为吉砂，泄砂、杀砂为凶砂。

吉砂并非全吉，凶砂并非全凶。吉方之砂如果不合形法的要求，破碎、倾崩、歪斜、无情，有不如无；凶方之砂如果秀丽端庄，又正好是坐山的禄马贵人，则可化杀为权，反成吉砂。

用人盘消砂与杨公古法消砂有没有矛盾呢？

堪舆实践证明，两者之间并没有大的抵触。凡真龙真穴，其自然砂水乃天造地设而成，不管是用杨公古法消砂，还是用赖公之法消砂，多数情况下是一致的。但是用杨公古法消砂必须用天盘，用赖公之法消砂必须用人盘。

第二节　天星定穴法

大家都知道《催官篇》中，赖公的穴法依据都是四垣天星。古云：“地穴应天星，天星照地穴。在天成象，在地成形。”

风水学中认为寻龙点穴非易事，俗语云：“三年寻龙，十年点穴。”此言表达的是点穴之难，因而寻龙点穴为风水学中最高层功夫。察来山形势，水神曲直，龙虎有情，宾主相应，然后，察脉点穴，之后定向，以天星证法度，先定穴星，次定晕心，其间操作，往往会差之毫厘，谬诸千里。

目前大家较常用的是流星寻龙定穴法，因为星峰是山岳配天、上应天星，以星辰分类，谓之穴星或星体。其实细论起来，是因为天体之间的万有引力关系，如太阳吸引住地球，地球绕太阳运行，而地球同样可以吸引住月球，月球也影响着地球，如月圆月缺就会影响地球上的潮汐涨落。那么，宇宙间其他星体也一样能影响着我们的地球。所以古贤刘江东说：“穴按玄机，图分妙诀，定二十四倒影之落头，法三十六穴情之指节。明格局之正斜，定名区之体要。”

雅浩现在把天星三十六法绘图之珍藏奉献出来，望有缘得到本书者细细研究，定有所获。

天星三十六穴法

1. 华盖星：紫微垣中的吉星。

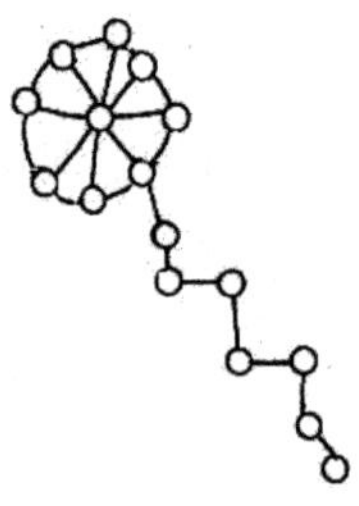

龙额藏珠，贤辅所生，上应华盖，葬随曲衡。

2. 河汉交度星：形似屏藩，可作宫中侍卫。

河汉交度，东西两藩，真穴奠下，近侍官班。

3. 天苑星：立穴皇家御花园，有文章之象。

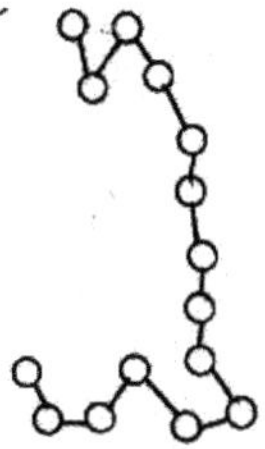

天府壎篪，曜通天苑，穴点龙睛，名扬翰苑。

4. 将军星：气吞万里，定当以武为贵。

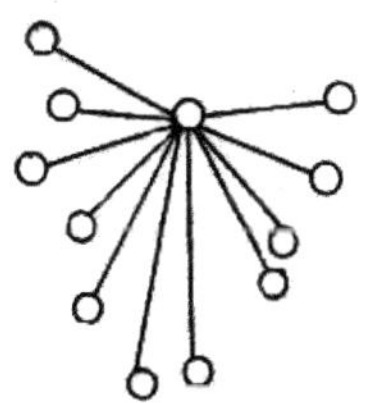

虹飞饮海，将军气扬，帷幄内穴，威镇边疆。

5. 轸宿：战车轰轰，骠骑飒爽。

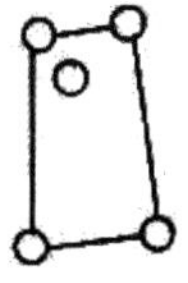

蟠龙饮乳，轸宿气氛，穴点京堂，旁为骠骑。

6. 天钱星：锦屏之形，男女皆贵。

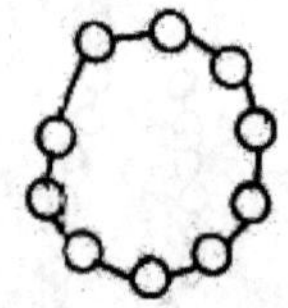

锦屏挂镜，上辉天钱，穴藏中宿，主宾贵贤。

7. 天钩星：形如金钩，得高官厚禄。

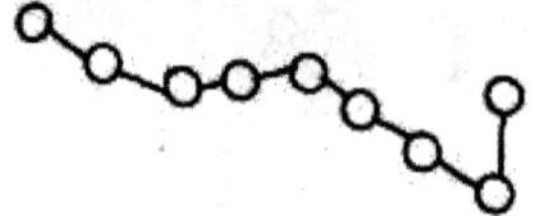

金钩挂月，天钓入垣，饵穴居内，可钓显官。

8. 织女星·渐台星·辇道星：三星相应，富贵吉庆。

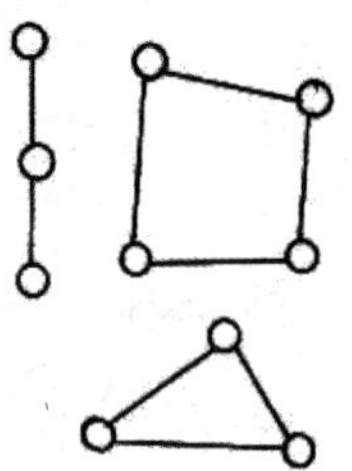

天衢献印，渐台垂应，穴居中毂，贵拥万乘。

9. 天厨星：馔馐美食，富贵长存

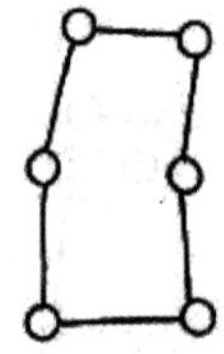

天厨玉缮，天皇内厨，鼎釜取穴，珍馐馐肥。

10. 天龟星：暗示有福有寿。

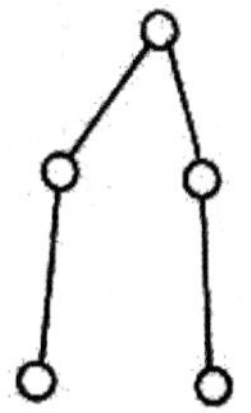

龟浮莲形，天鼋暗照，穴应莲心，耆福之兆。

11. 五车星：形似屏风，以文为显贵。

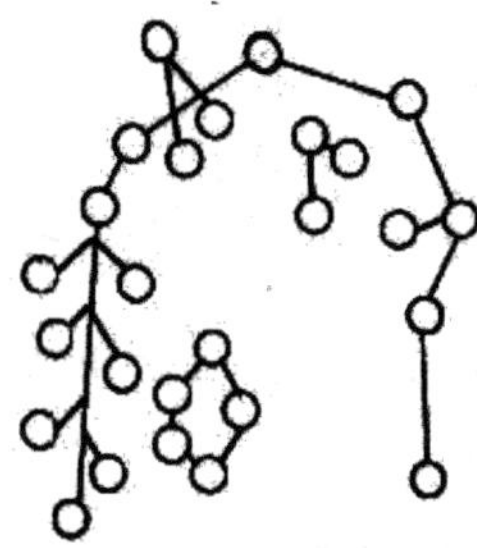

琼屏玉架，上应五车，牙签夹穴，翰史荣华。

12. 翼星：蝉翼之秀，必出文雅之士。

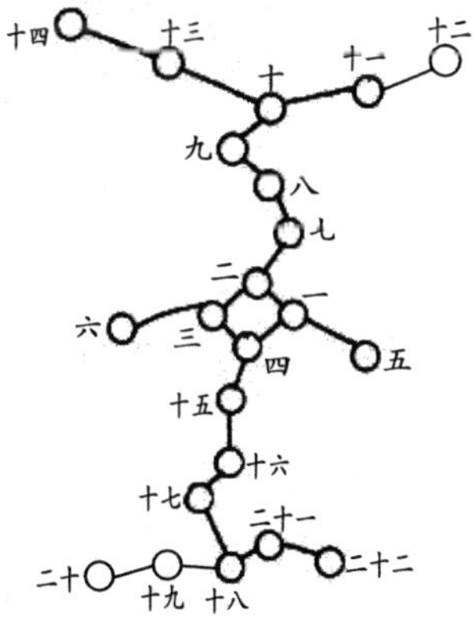

玉阶五级，翼宿所居，穴乘羽翰，飞步天衢。

13. 八奎星：室宿之宫，文武全才。

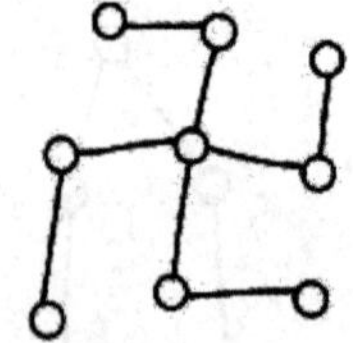

琼筵结彩，八奎聚灵，茵褥取穴，锦绣联英。

14. 斗宿：北斗七星，财富不决。

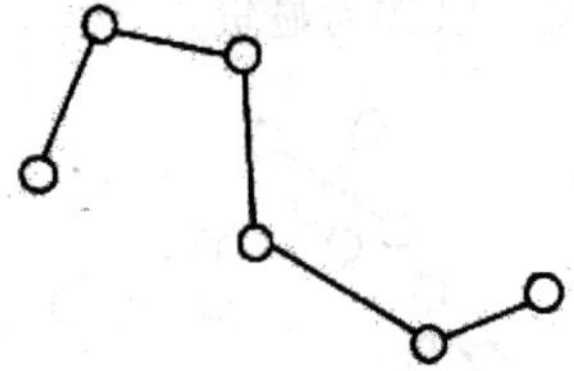

金阙琼帏，斗宿所居，穴转曲窝，金资万箱。

15. 器府星：美轮美奂，歌舞升平。

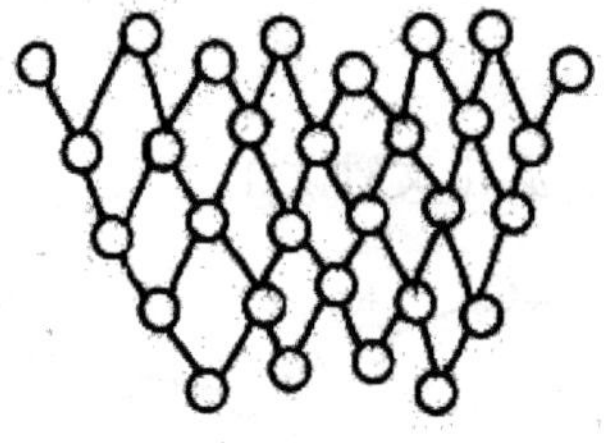

玉堂文幕，器府璘璘，福穴居内，笙歌满庭。

16. 天纪星：女床星：蛰伏之龙，定出明哲。

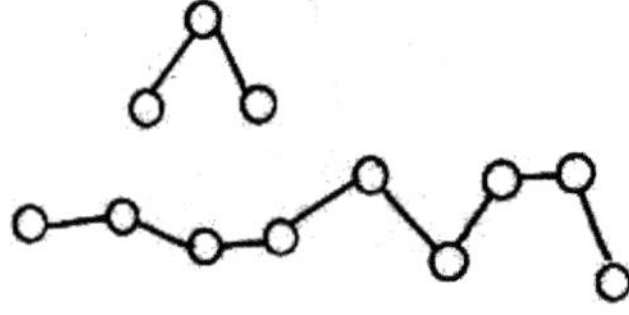

神龙蛰首，天纪星列，穴卧唇毡，肥盾贤哲。

17. 天田星：九坎星：良田千亩，富甲一方。

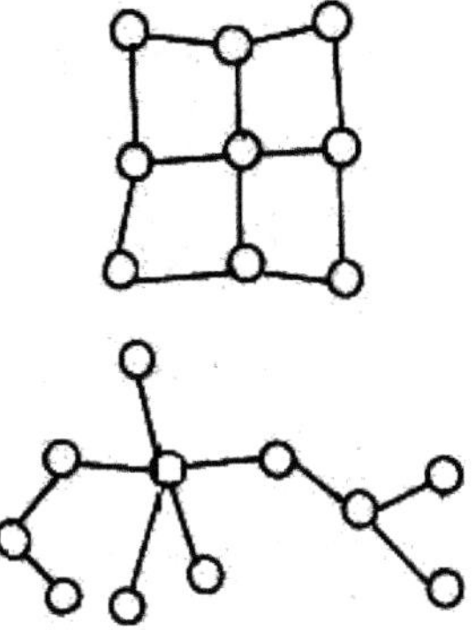

方城秀衍，上配天田，穴居其中，阡陌连绵。

18. 文昌星：出王公之贵，兴旺昌隆。

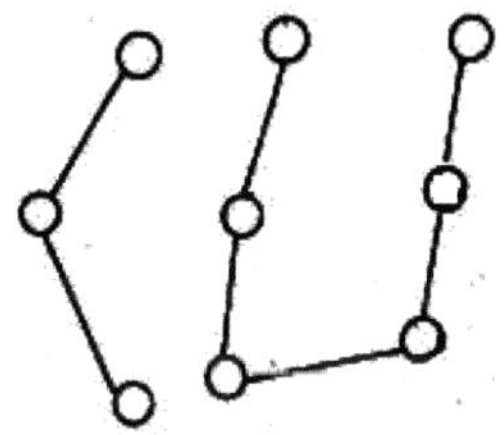

玉练缠天，上应文曲，穴居剪裁，补衮之职。

19. 库楼星：存放军械，位高显贵。

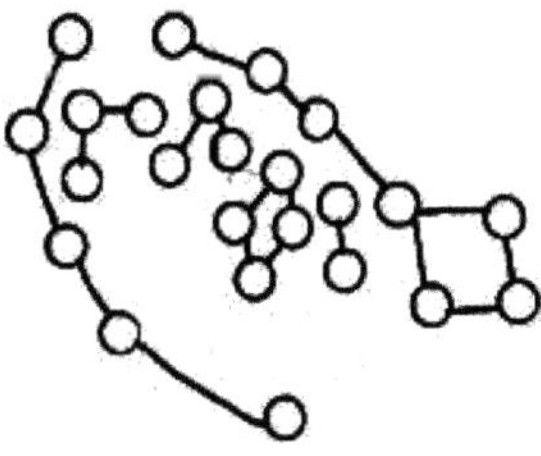

金阙牙班，库楼森张，玉案作穴，列爵宛鸟行。

20. 天厩星：重重围绕，名利双收。

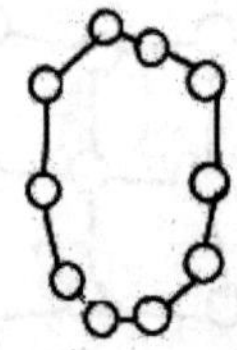

豸横九畹，天厩耀明，穴点豸眉，负房场名。

21. 斗斛星：汇集龙气，为帝王守陵。

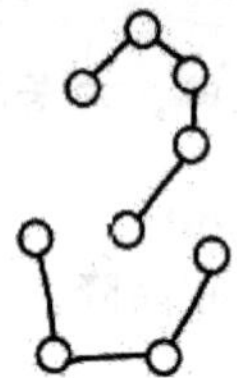

阳河猗绿，上应斗斛，穴钟日精，冢宰之福。

22. 郎位星：拱卫墓穴，勤勉富贵。

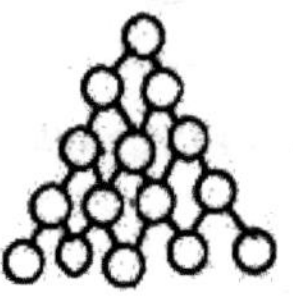

阳隰缠耀，即位擅擅，参差点穴，簪缨几里。

23. 六甲星：赫赫神龟，调和中正。

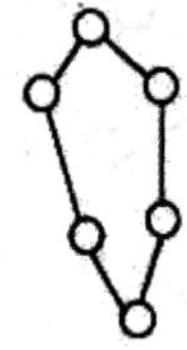

神龟食蛤，六甲奋光，穴居丰颈，燮理阴阳。

24. 左旗星：桓武军阵，威震战场。

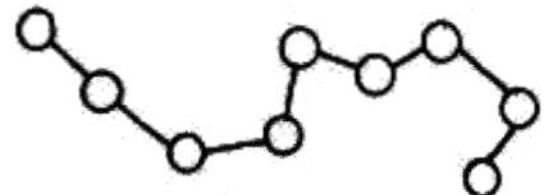

骥嘶掉尾，右映旗星，穴系其项，阵上扬名。

25. 天庙星：局分日月，男贵女贤。

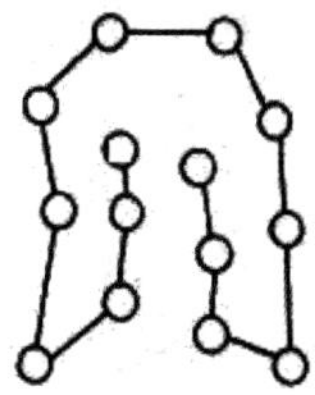

日月分精，天庙显星，葬阳御阴，男女双英。

26. 左右执法星：局显太微垣，显贵发达。

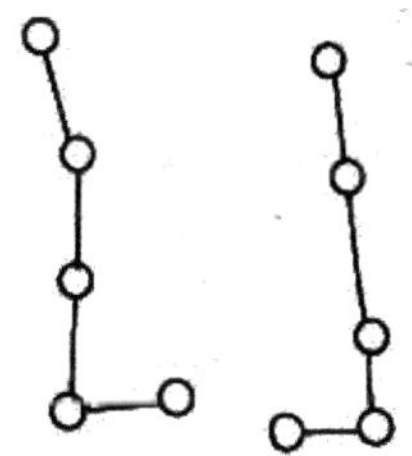

双乳聚英，左右执法，穴齐端门，功名显达。

27. 尾宿：穴居神宫，富贵显达。

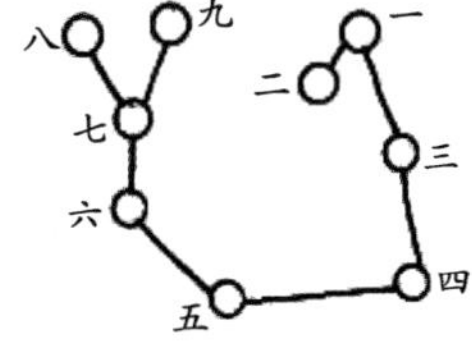

春蛟赛月，蜿蜒临河，神宫取穴，名显皇都。

28. 牛宿：聚气完固，既富且贵。

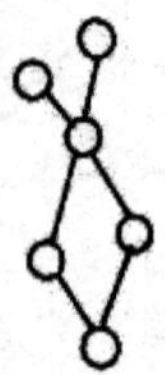

金盘出匣，牛宿所居，葬看点馔，绮席华茵。

29. 天囷星：粮仓充实，俸禄万石。

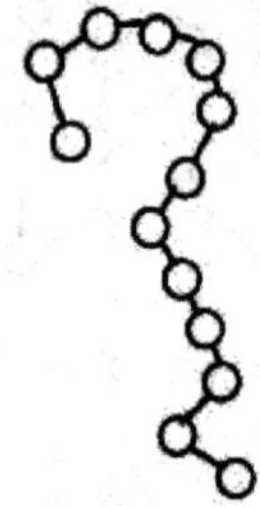

金仓玉粒，天囷显赫，穴其中廪，禄锡万石。

30. 天床星：铺床之形，迎娶在皇家。

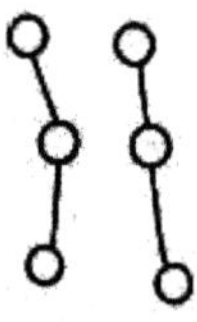

玉女铺床，天床星照，驸马仪宾，穴居阃奥。

31. 天溷星：形似茅厕，进入皇家园林。

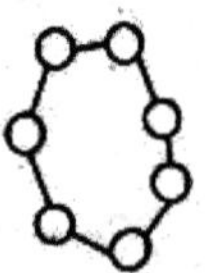

绣帏银钩，天溷外屏，茵褥取床，天床星照。

32. 羽林星·壁垒阵星：营垒森严，文武双全。

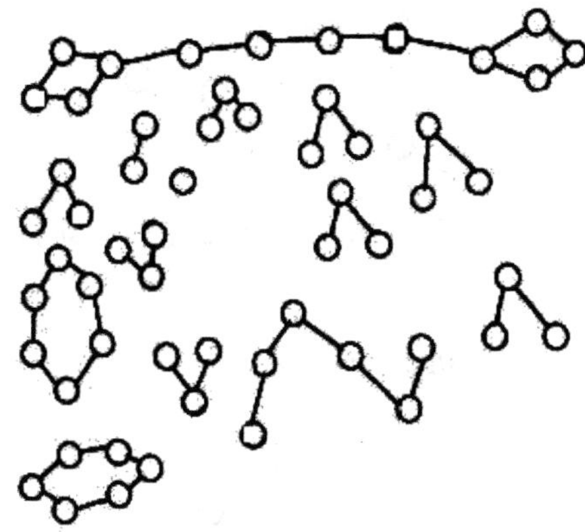

雁落平沙，穴粘羽林，壁垒桓桓，武柄文衡。

33. 天渊星：珍珠潜隐，彰显大贵。

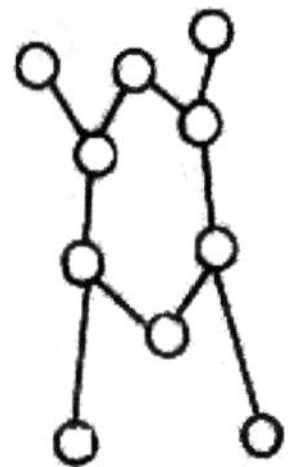

珠胎泻月，天渊映辉，法葬内池，食禄琼闱。

34. 积卒星：心宿立穴，统军大帅。

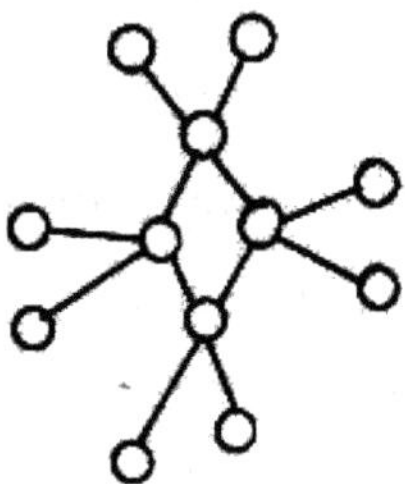

金莲侧露，穴在花心，上临积翠，统驭万军。

35. 玉衡星：玉衡挂斗，御史公卿。

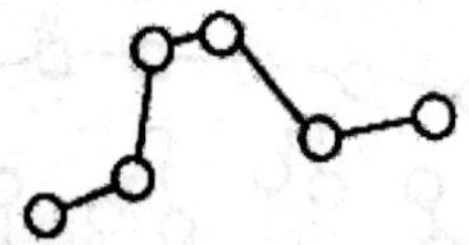

玉衡挂斗，天仓显文，柱史卿相，葬倚云屏。

36. 奎星：形似草履，以武为贵。

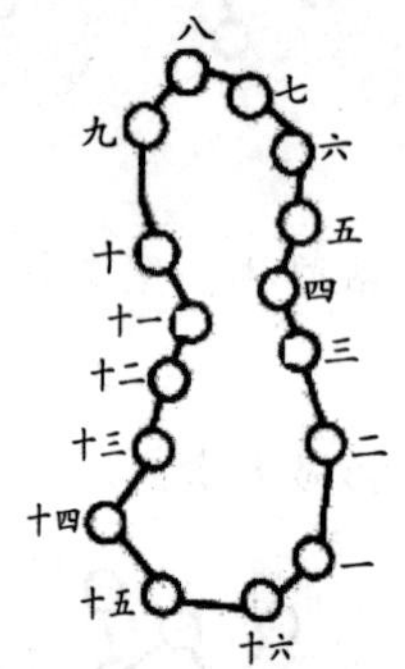

天枢地轴，威名千里，穴居中宫，奎宿所履。

以上就是天星三十六穴法歌诀全文篇章。

那么，天星风水形局是如何形成的呢?

我专门提到过这个问题，师父的回答是宇宙星体的引力造就了地球上的风水龙局。大多数明师和经常跑山的地师都会发现，基本上所有风水龙局总是有一套奇特的地形，从古风水学说来看，地形和微观地貌的形成，主要还是受天体引力而生成的，一起一伏之间，我们可以看到星体引力的表现。风水高手就会按照固定的模式，去找风水宝地，即所谓“上等先生观星斗”，这也证明宇宙感应地形理论：大自然的山山水水都是按照一定的宇宙场分布的，而龙穴就是宇宙场的枢纽、形应交汇点。

地理龙脉是感应天上星宿的引力场，形成一定的山峰组合，造就一定格式的引力场，同时也产生了场能，风水之说也就理顺成章了。

阴宅通过祖宗尸骨吸收特定的宇宙场能，做为中继站再发射到子孙身上从而起到作用。阳宅就更简单了，人体直接接受自然之场，通过激活和调节人体自身的小宇宙场，从而影响人的状态。

寻龙不难，点穴也不难，因为这是有形可见的，在山上走上十来天，只要有些悟性这是可以做得到的。越是龙真穴的越需要要理气正确！各砂头、水口所处点位，往往不是随人所愿，精准载度，移形换局，此时方见地师手段。

第五章　天星运用章

赖布衣的著作里面有阐述关于赖公独有，依据天文观测而创立的中星、火星的内容，其发古人之未发，惊世骇俗，造诣不可谓不深。二十八宿并四垣悬象于天，其说本之《天文志》者如此，故特意收集供自己学习参考。天星照耀地法因之，以察其气之所主何如耳。摘录赖布衣的《催官篇》的一段诗诀：

太阳正火当星马，丁柳丙张更无价。
火星宜起应天宿，仍观造化阴阳配。
离星高起干壬明，泄制火气英贤生。
火星不起官还显，不握重权或闲散。
火星水起日月明，亦主其家生子贵。
日月不峙太阳高，太阳得水贵还豪。
火星不起官不显，不握重权或闲散。

也有的人说是中星不起名不达。

中火星暗合乎赖公天星派的奇妙天机，风水出人的富贵大小，也和中火星有着较为密切的关联的，龙穴要是有中星，火星耸起，所以这二星起者，出人必贵达，或富，或贵，或有声名远播这些的。合太阴、太阳二星者，一样非富即贵。中火二星可在后天补不足，或在做州县时，可在那里建笔塔或起楼阁也可催贵速发也，建楼阁亭观要相合五行也可催贵速发。

第一节　赖布衣中火二星拨砂秘诀

二十八宿迭见南方午位，即中星也。

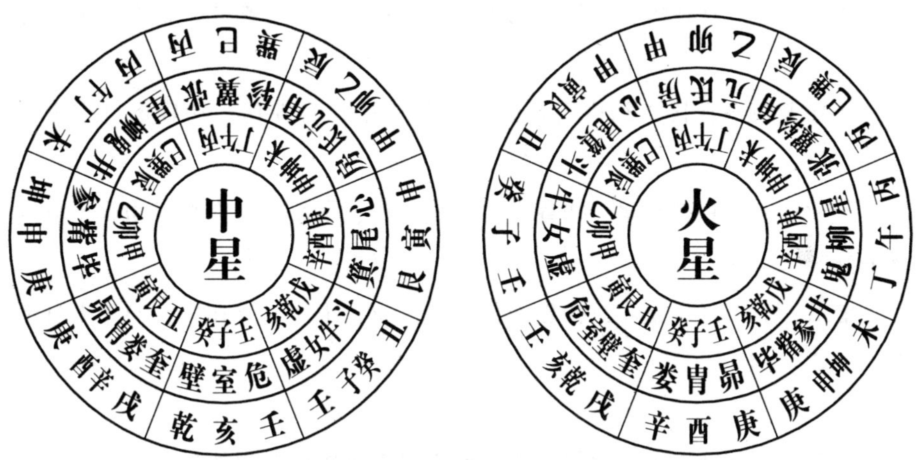

中星、火星图

正月上旬日在女，初昏胃见南方午位；中旬日在虚，初昏昴见南方午位；下旬日在危，初昏毕见南方午位。

二月上半月日在室，初昏觜见南方午位；下半月日在壁，初昏参见南方午位。

三月上半月日在奎，初昏井见南方午位；下半月日在娄，初昏鬼见南方午位。

四月上旬日在胃，初昏柳见南方午位；中旬日在昴，初昏星见南方午位；下旬日在毕，初昏张见南方午位。

五月上半月日在觜，初昏翼见南方午位；下半月日在参，初昏轸见南方午位。

六月上半月日在井，初昏角见南方午位；下半月日在鬼，初昏亢见南方午位。

七月上旬日在柳，初昏氐见南方午位；中旬日在星，初昏房见南方午位；下旬日在张，初昏心见南方午位。

八月上半月日在翼 ，初昏尾见南方午位；下半月日在轸，初昏箕见南方午位。

九月上半月日在角，初昏斗见南方午位；下半月日在亢，初昏牛见南方午位。

十月上旬日在氐，初昏女见南方午位；中旬日在房，初昏虚见南方午位；下旬日在心，初昏危见南方午位。

十一月上半月日在尾，初昏室见南方午位；下半月日在箕，初昏壁见南方午位。

十二月上半月日在斗，初昏奎见南方午位；下半月日在牛，初昏娄见南方午位。

关于天象在地理上的运用之法，请看赖布衣中火二星拨砂秘诀：

正月艮龙司令，上旬昏之中星在胃宿，火星在室宿；中旬寅龙司令，昏之中星在昂宿，火星在危宿。

二月朔后，卯龙司令，昏之中星在觜宿，火星在女宿；望后乙龙司令，昏之中星在参宿，火星在牛宿。

三月朔后辰龙司令，昏之中星在井宿，火星在女宿；望后巽龙司令，昏之中星在鬼宿，火星在箕宿。

四月上旬巽龙司令，昏之中星在柳宿，火星在尾宿；中旬巳龙司令，昏之中星在星宿，火星在心宿；下旬丙龙司令，昏之中星在张宿，火星在房宿。

五月朔后午龙司令，昏之中星在翼宿，火星在氐宿，望后丁龙司令，昏之中星在轸宿，火星在亢宿。

六月朔后未龙司令，昏之中星在角宿，火星亦在角宿，望后坤龙司令，昏之中星在亢宿，火星在轸宿。

七月上旬坤龙司令，昏之中星在氐宿，火星在翼宿，中旬申龙司令，昏之中星在房宿，火星在张宿，下旬庚龙司令，昏之中星在心宿，火星在星宿。

八月朔后酉龙司令，昏之中星在尾宿，火星在柳宿，望后辛龙司令，昏之中星在箕宿，火星在鬼宿。

九月朔后戌龙司令，昏之中星在斗宿，火星在井宿，望后乾龙司令，昏之中星在牛宿，火星在参宿。

十月上旬乾龙司令，昏之中星在女宿，中旬亥龙司令，昏之中星在虚宿，火星在毕宿，下旬壬龙司令，昏之中星在危宿，火星在昂宿。

十一月朔后子龙司令，昏之中星在室宿，火星在胃宿，望后癸龙司令，昏之中星在壁宿，火星在娄宿。

十二月朔后丑龙司令，昏之中星在奎宿，火星亦在奎宿，望后艮龙司令，昏之中星在娄宿，火星在壁宿。

火星，中星同例，是一样的断法，以上几句诀法的解法如下：中火二星俱要起秀，不耸秀或不圆丽者，其家一样生贵子富豪。太阳照茅屋，太阴得水，日月合塑等，这都是赖布衣之作法。

第二节　赖布衣太阳太阴砂水局

赖仙依天象中最耀目之日月，突发奇想而发明的太阳太阴砂水局也称赖太素太阳太阴砂水法，峰能催贵，水可催财。真是神乎其技啊！后人们无法望其项背，除了敬佩，就是惊叹。因为日为火之精，最喜砂起；月为水之精，最喜水朝。故日月二星也一样同断，四样俱得者，就可以为官近帝得重权啊。

子龙：太阳寅、太阴申对望。

丑龙：太阳丑、太阴未对望。

寅龙：太阳子、太阴午对望。

卯龙：太阳亥、太阴巳对望。

辰龙：太阳戌、太阴辰对望。

巳龙：太阳酉、太阴卯对望。

午龙：太阳申、太阴寅对望。

未龙：太阳未、太阴丑对望。

申龙：太阳午、太阴子对望。

酉龙：太阳巳、太阴亥对望。

戌龙：太阳辰、太阴戌对望。

亥龙：太阳卯、太阴酉对望。

很多的名人祖坟风水可以考证。若中火二星不起，但得到太阳星起或太阴星水，就只能出富豪啦，如太阳是寅峰起，太阴是丑水和申水来朝，谓之太阳峰起，又得丑水太阴水，或申水来朝也是太阴水，因寅和申是对望的，也是得太阴水，可速发富贵也，若得峰水同有俱妙，但无太阳峰而有太阴水朝，一样是速发的。

只要日月二星或收得这二星水，日月这里指的是太阴、太阳星和水，若连这太阴太阳二星都不得的话，那出人就不能为官近帝君了，手里没权的官，只是闲散之人也。例如辰龙戌水朝，戌龙辰水朝，水之发越较砂更速。

乙

天星择日篇

天星择日法历来被视为最上乘、最高深的择日法，很多人学了一辈子择日，也只是闻天星择日之名，而未睹天星择日之术。其中的原因就是，封建皇朝历代严禁老百姓学习天文历法，明朝初年颁布“习历者遣戍，造历者诛死”之令，因为天星历法准验非常，造福神速，禁止老百姓学习，实施愚民政策，就是为了让皇位皇权巩固，永远接受皇家的奴役。

天星择日法宝贵非常，故在《造命歌》前加上“千金”二字，意思是如非有德有福缘之人，纵给千金也不能传授，可见天道无亲，常与善人之理。

既然天星择日法是中国择日界视为位阶最高的一种，仅在宫廷使用，所以一般民间不易窥知。清光绪年间的《御览天象渊源》，1~4 卷为钦天监实务，但内容艰深即使是饱学之士，也难以入门。而民间虽传有《天步真原》，其中卷二，即在计算弧角天星的天宫图及行星的位置，但处处需要查对数表及行星位置的星历表，在当时中国尚未有球面天文学的观念，可以想象，有心之士欲学无门。而民间择日学馆，又严禁私传，但大多也只处于不知真正原理，仅懂得计算步骤而已，其中错漏颇多。

雅浩研究天星已经很久了，深知求学之艰难，也深知初学入门需要时间的积累，任何学问都不可能一蹴而就、一步登天，需要踏踏实实打好基础，积沙成塔，也希望能有更多的人一起参与进来，共同学习共同进步！

第一章　天星择日

师云：择日是数学；是天文；为天时。天轮永不停息的循环运转，主宰和孕育着宇宙的所有生命，现在简述三种天星择日之法如下。

第一节　七政天星择日

七政四余天星择日法，又称七政四余造命法，是唐朝地理宗师杨筠松公所用之法，杨公的《千金造命歌》中盛赞道："不知年月有玄微，年月要妙少人知；年月无如造命法，装成好命资人为。"意即说具体的时空中存在着居于天体各位置上的日月金水木火土七政，谁把握了年月的玄机，令七政四余拱照有情，日月恩用夹拱命宫，谁就能重新改造命运，衣食丰盛、富贵双全，可见七政天星择日法威力之巨大。

古人言：顺天者昌，逆天者亡。道出了古人对浩冥宇宙的敬畏和对天道的"独立不改，周行而不殆"规律掌握下，希冀在行动上与之适应和谐，达到顺利生存和发展的目的。我国天文学可源于上古，夏商之朝，即设星官专司观潮天象，以纪吉凶、察时变；佐国政、利趋避。顺天应人求多福，七政天星择日就是顺天应人趋吉避凶的一门学术。

就择日而言，若说有"择日之最"的话，只有天星选择才当得起。与其它择日法相比，它有几个显着的特点：

1. 择日时刻精确至分秒，它法只择到时辰。

2. 其立课基点是坐山分金线位。精确到 1 度，取天星与山度所成有情吉照不超过6度；而奇门论九宫，一宫45度，六壬论十二宫，一宫30度，至少是论坐山15度，这又疏阔了些。

3. 它还需立命宫、安身宫，依太阳而定宫主，依太阴而定身主，依二十八宿而定度主，根据三主而定恩用仇难，依太阳时令而论通关调候。还带看日月金木水土七政及计都、罗候、紫气、月孛此四余与山向命身度之间的关系，要考虑和驾驭这么多的因素它法望尘莫及。也正因为此，它比其他择日学更能催福。

4. 凶神恶煞本自天星演化而来，已值得日月星辰之力，则不甚顾忌神煞，不像别家那样畏之如虎。

中国天星选择古法置于静盘，杨公的天星选择就是静盘法，但与明清时从西方传人的弧角天星动盘有分别，它对经纬坐标的要求并不如死角算法那般苛刻，西法便讥笑它不能将星光直接引到坐标点上，于是先贤的智慧结晶便受到了轻视和遗弃。但是，弧角天星亦有死穴，用事地方坐标必须非常标准，所定用争时分亦须准确无误，盈宿只在四分钟之内，若坐标偏误四分钟星气已过，则满天星斗皆不得用，正如蒋氏所云："毫厘千里不相通。"

第二节　二十八星宿择日

二十八宿是古人推论日时吉凶的一个重要理论依据。二十八宿的起源很早，最初它们是古人用作观测日、月、五星运行坐标的二十八组恒星（或称星座）。古人觉得恒星相互间的位置恒久不变，可以利用它们做标志来说明日、月、五星运行所到的位置。经过长期观测，古人先后选择了黄道赤道附近的二十八个星宿作为坐标。因为它们环列在日、月、五星的四方，很像日、月、五星栖宿的场所，所以称作二十八宿。

古人还把二十八宿分为东、南、西、北四宫，每宫七宿，各宫分别将所属七宿连缀想像为一种动物的形象，以为是"天之四灵，以正四方"。东宫苍龙所属七宿是：角、亢、氐、房、心、尾、箕；南宫朱雀所属七宿是：井、鬼、柳、星、张、翼、轸；西宫白虎所属七宿是：奎、娄、胃、昂、毕、觜、参；北宫玄武（龟蛇）所属七宿是：斗、牛、女、虚、危、室、壁。

二十八宿不仅是观察日、月、五星位置的坐标，其中有些星宿还是古人测定岁时、季节的观测对象。如初昏时参宿在正南就是春季正月，心宿在正南就是夏季五月，等等。二十八宿环绕在天体大气象里面，周而复始的运行不停，分别主掌东、西、南、北四方天象，以分昼夜、寒暑的交替和阴阳气数的变化。

久而久之，二十八星宿被赋予了不同内容的吉凶寓意，以附会民间大千世界的风起云涌，于是便成为古人择日选时又一重要理论依据。

二十八宿的说法不仅在中国，而且在古印度、古罗马等文化古国都有，只是名称和意义不尽相同。二十八宿轮流值日以断吉凶的渊源，现已难详考，南宋的历书就已采用这种值日法。后来，民间术士又配以二十八种禽兽，进一步发展了二十八星宿的吉凶内涵。对二十八宿分别与二十八种禽兽相配附会事物之吉凶，民间流行的择吉通书有很详细的记载，现将以通俗歌谣形式表述的有关内容附录于后，以备参考。

一、东方苍龙七宿

1. 角宿：

属木，为蛟。为东方七宿之首，有两颗星如苍龙的两角。龙角，乃斗杀之首冲，故多凶。

角宿值日不非轻，祭祀婚姻事不成，埋葬若还逢此日，三年之内有灾惊。

2. 亢宿：

属金，为龙。是东方第二宿，为苍龙的颈。龙颈，有龙角之护卫，变者带动全身，故多吉。

亢宿之星事可求，婚姻祭祀有来头，葬埋必出有官贵，开门放水出公侯。

3. 氐宿：

属土，为貉（即狗獾）。氐，为根为本，如木之有根始能往上支天柱、往下扎深根，但当其根露现时即是冬寒草木枯黄之时。《史记》记载：

“氐，东方之宿，氐者言万物皆至也。”氐宿是东方第三宿，为苍龙之胸，万事万物皆了然于心。龙胸，乃龙之中心要害，重中之重，故多吉。

氐宿之星吉庆多，招得横财贺有功，葬埋若还逢此日，一年之内进钱财。

4. 房宿：

为日，为兔。为东方第四宿，为苍龙腹房，古人也称之为“天驷”，取龙为天马和房宿有四颗星之意。龙腹，五脏之所在，万物在这里被消化，故多凶。

房宿值日事难成，办事多半不吉庆，葬埋多有不吉利，起造三年有灾殃。

5. 心宿：

为月，为狐。为东方第五宿，为苍龙腰部。心为火，是夏季第一个月应候的星宿，常和房宿连用，用来论述“中央支配四方”。龙腰，肾脏之所在，新陈代谢的源泉，不可等闲视之，故多凶。

心宿恶星元非横，起造男女事有伤，坟葬不可用此日，三年之内见瘟亡。

6. 尾宿：

属火，为虎。为东方第六宿，尾宿九颗星形成苍龙之尾。龙尾，是斗杀中最易受到攻击部位，故多凶。

尾宿之日不可求，一切兴工有犯仇，若是婚姻用此日，三年之内有悲哀。

7. 箕宿：

属木，为豹。为东方最后一宿，为龙尾摆动所引发之旋风。故箕宿好风，一旦特别明亮就是起风的预兆，因此又代表好调弄是非的人物、主口舌之象，故多凶。

箕宿值日害男女，官非口舌入门来，一切修造不用利，婚姻孤独守空房。

二、北方玄武七宿

8. 斗宿：

属水，为獬。为北方之首宿，因其星群组合状如斗而得名，古人又称“天庙”，是属于天子的星。天子之星常人是不可轻易冒犯的，故多凶。

斗宿值日不吉良，婚姻祭祀不吉昌，葬埋不可用此日，百般万事有灾殃。

9. 牛宿：

属金，为牛。为北方第二宿，因其星群组合如牛角而得名，其中最著名的是织女与牵牛星，虽然牛郎与织女的忠贞爱情能让数代人倾心感动，然最终还是无法逃脱悲剧性的结局，故牛宿多凶。

牛宿值日利不多，一切修造事灾多，葬埋修造用此日，卖尽田庄不记丘。

10. 女宿：

属土，为蝠（蝠）。为北方第三宿，其星群组合状如箕，亦似“女”字，古时妇女常用簸箕颠簸五谷，去弃糟粕留取精华，故女宿多吉。

女宿值日吉庆多，起造兴工事事昌，葬埋婚姻用此日，三年之内进田庄。

11. 虚宿：

为日，为鼠。为北方第四宿，古人称为“天节”。当半夜时虚宿居于南中正是冬至的节令。冬至一阳初生，为新的一年即将开始，如同子时一阳初生意味着新的一天开始一样，给人以美好的期待和希望，故虚宿多吉。

虚宿值日吉庆多，祭祀婚姻大吉昌，埋葬若还逢此日，一年之内进钱财。

12. 危宿：

为月，为燕。为北方第五宿，居龟蛇尾部之处，故此而得名“危”（战斗中，断后者常常有危险）。危者，高也，高而有险，故危宿多凶。

危宿值日不多吉，灾祸必定注瘟亡，一切修营尽不利，灾多吉少事成灾。

13. 室宿：

属火，为猪。为北方第六宿，因其星群组合象房屋状而得名“室”（象一所覆盖龟蛇之上的房子），房屋乃居住之所，人之所需，故室宿多吉。

室宿值日大吉利，婚姻祭祀主恩荣，葬埋若还逢此日，三年必定进田庄。

14. 壁宿：

属水，为貐。为北方第七宿，居室宿之外，形如室宿的围墙，故此而得名“壁”。墙壁，乃家园之屏障，故壁宿多吉。

壁宿之星好利宜，祭祀兴工吉庆多，修造安门逢此日，三朝七日进钱财。

三、西方白虎七宿

15. 奎宿：

属木，为狼。为西方第一宿，有天之府库的意思，故奎宿多吉。

奎宿值日好安营，一切修造大吉昌，葬埋婚姻用此日，朝朝日日进田庄。

16. 娄宿：

属金，为狗。为西方第二宿，娄，同“屡”，有聚众的含意，也有牧养众畜以供祭祀的意思，故娄宿多吉。

娄宿之星吉庆多，婚姻祭祀主荣华，开门放水用此日，三年之内主官班。

17. 胄宿：

属土，为雉。为西方第三宿，如同人体胄之作用一样，胄宿就象天的仓库屯积粮食，故胄宿多吉。

胄宿修造事亨通，祭祀婚姻贺有功，葬埋若还逢此日，田园五谷大登丰。

18. 昴宿：

为日，为鸡。为西方第四宿，居白虎七宿的中央，在古文中西从卯，西为秋门，一切已收获入内，该是关门闭户的时候了，故昴宿多凶。

昴宿值日有灾殃，凶多吉少不寻常，一切兴工多不利，朝朝日日有瘟伤。

19. 毕宿：

为月，为鸟。为西方第五宿，又名“罕车”，相当于边境的军队，又“毕”有“完全”之意，故毕宿多吉。

毕宿造作主兴隆，祭祀开门吉庆多，一切修造主大旺，钱财牛马满山川。

20. 觜宿：

属火，为猴。为西方第六宿，居白虎之口，口福之象征，故觜宿多吉。

觜宿值日主吉良，埋葬修造主荣昌，若是婚姻用此日，三年之内降麒麟。

21. 参宿：

属水，为猿。为西方第七宿，居白虎之前胸，虽居七宿之末但为最要害部位，故参宿多吉。

参宿造作事兴隆，富贵荣华胜石崇，葬埋婚姻多吉庆，衣粮牛马满家中。

四、南方朱雀七宿

22. 井宿：

属水，为犴（即驼鹿）。为南方第一宿，其组合星群状如网，由此而得名“井”（井字如网状）。井宿就象一张迎头之网，又如一片无底汪洋（请参阅神话传说中的“精卫填海”故事），故井宿多凶。

井宿值日事无通，凶多吉少有瘟灾，一切所求皆不利，钱财耗散百灾非。

23. 鬼宿：

属金，为羊。为南方第二宿，犹如一顶戴在朱雀头上的帽子，鸟类在受到惊吓时头顶羽毛成冠状，人们把最害怕而又并不存在的东西称作“鬼”，鬼宿因此而得名，主惊吓，故多凶。

鬼宿值日不非轻，一切所求事有惊，买卖求财都不利，家门灾祸散零丁。

24. 柳宿：

属土，为獐。为南方第三宿，居朱雀之嘴，其状如柳叶（鸟类嘴之形状大多如此），嘴为进食之用，故柳宿多吉。

柳宿修造主钱财，富贵双全入家来，葬埋婚姻用此日，多招福禄主荣昌。

25. 星宿：

为日，为马。为南方第四宿，居朱雀之目，鸟类的眼睛多如星星般明亮，故由此而得名“星”。俗话说“眼里不揉沙子”，故星宿多凶。

星宿值日有悲哀，凶多吉少有横灾，一切兴工都不利，家门灾祸起重重。

26. 张宿：

为月，为鹿。为南方第五宿，居朱雀身体与翅膀连接处，翅膀张开才意味着飞翔，民间常有“开张大吉”等说法，故张宿多吉。

张宿之星大吉昌，祭祀婚姻日久长，葬埋兴工用此日，三年官禄进朝堂。

27. 翼宿：

属火，为蛇。为南方第六宿，居朱雀之翅膀之位，故而得名“翼”，鸟有了翅膀才能腾飞，翼宿多吉。

翼宿值日主吉祥，年年进禄入门堂，一切兴工有利益，子孙富贵置田庄。

28. 轸宿：

属水，为蚓。为南方第七宿，居朱雀之尾，鸟儿的尾巴是用来掌握方向的。古代称车箱底部后面的横木为“轸”，其部位与轸宿居朱雀之位相当，故此而得名。轸宿古称“天车”，“轸”有悲痛之意，故轸宿多凶。

轸宿凶星不敢当，人离财散有消亡，葬埋婚姻皆不利，朝朝日日有惊慌。

二十八宿所属吉凶各派说法不一，且世上没有绝对的吉与凶，故以上所编创内容仅作择吉时参考之用。

以二十八宿轮流值日记日法，是以一宿代表一日，二十八宿代表二十八日，周而复始。二十八日为一个周期，正好四个星期轮流一个周期。故可根据以下歌诀核对历书上二十八宿印的对不对，只要看那位星宿上是星期几(其对应关系是永远不变的)，就可以了。

星期：	四	五	六	日	一	二	三	
宿星：	角	亢	氐	房	心	尾	箕	(东方七宿)
	斗	牛	女	虚	危	室	壁	(北方七宿)
	奎	娄	胃	昂	毕	觜	参	(西方七宿)
	井	鬼	柳	星	张	翼	轸	(南方七宿)

金神七煞歌

角亢奎娄牛鬼星，出兵便是不回兵，
行船定被大风打，居官未满即遭刑，
起造婚姻逢此日，不出三年见哭声，
世人若知避三煞，官商士庶永丰荣。

角水蛟、亢金龙、奎木狼、娄金羊、牛金牛、星日马，遇此七星诸事忌之。

第三节　七政四余择日与乌兔太阳择日之争论

争论主题是这样，有人认为多数民间俗师不懂天文，无法推算天星，便伪造出“乌兔经”，即乌兔太阳择日法，并摘录《天元歌》“一卷天元乌兔经，留与人间作宝筏”之语，以示源于经典。

那么乌兔太阳择日法到底是怎么回事呢？那么，我们下面就来作一简要的介绍。

天元乌兔择日法，主要是依据九星运行与二十四山向、方位关系，特别是把太阳、太阴对地球的影响作为重要依据，并运用河洛理论作为主要方法，因而具有科学性。目前社会上的择日师很少真正能认识到其重要性。天元乌兔择日法，不怕犯太岁、三煞、阴府、空亡、退气、金神、年克、五黄、会力士、五黄会劫煞。太阳到山、到向、到方，大可修造安葬。到向为上，到方次之，到山又次之。

在二十山向中，只有两个山向在同一个季节中到坐向，那就是乙山辛向和辛山乙向，乙山辛向，清明节太阴到山太阳到向，辛山乙向，寒露节太阳到山太阴到向，太阳为万宿之主，诸吉之宗，号星中天子，有人君之象，至尊至贵。太阳所照之方，善宿遇之而生辉，恶曜逢之而敛伏。太阳到向则照我，使我有光辉，向荣之意，到方则拱我，到山惟帝王可用，士庶家反不吉，恐难当其尊。故《疑龙经》曰：“请君专用太阳照，三合对宫福禄坚”。《千金歌》曰：“三要明星入向来”。

太阴为星中后妃，有母仪之象，德柔体顺，佐太阳以宣化，继日而夜明，到山到向均可，大能压服一切凶煞，普化吉祥。《千金歌》曰：“更得玉兔照坐处，致使生民添福泽”。而壬辰年的三月十八己亥日为太阴值日，己亥日丙寅时为木星值时，春分后立夏前乌兔太阳到方为金星到震方，太阳到兑方。

一、乌兔太阳之起日、时诀

起日诀：

甲己丁壬戊癸阳干，排山顺布大吉祥。

乙庚丙辛阴干位，逆布九星用太阳。

起时诀：

甲己起坎丁壬离，戊癸中宫起子时。

丙辛起震乙庚兑，阴阳顺逆要须知。

甲己丁壬戊癸阳，顺行九宫大吉祥。

乙庚丙辛阴干位，逆布九宫用太阳。

遁太阳时捷诀：

甲己在未丙辛辰，丁壬乙庚申上轮。

戊癸却从卯时到，便是乌兔太阳神。

遁太阴时捷诀：

甲己丙辛丑戌临，乙庚巳位丁壬寅。

戊癸逢午为吉曜，便是太阳乌兔停。

乌兔太阳到方诀：

先天大卦孰是寻，造化中分阳与阴。

天地坎离归一路，雷风山泽自同伦。

立春甲子从艮上，春分甲子震上行。

立夏巽宫当起发，夏至离宫自此明。

立秋坤上从头数，秋分兑上莫迟停。

立冬乾上分明会，冬至坎宫布九程。

天元乌兔九星择日和选时，以太阳、太阴、金星、木星、水星五星的日子与时辰为吉利。

起例歌诀：

冬至坎宫起甲子，立春艮上震春分。

立夏巽四顺甲子，离宫夏至定逆轮。

立秋坤上秋分兑，立冬日在干上遁。

挨到用日止何位，更从本位起星名。

土金炁罗孛日月，计木九星依次行。

如遇日月金木吉，土炁罗孛计凶星。

起例歌诀如下：冬至起坎立春艮 (即冬至坎宫起甲子，立春艮宫起甲子)；春分震上甲逆行；夏至离宫定逆流 (夏至离起甲子逆行)；立秋坤上秋分兑，立冬乾上走无休。

乌兔择日文字叙述难懂，关于 24 节气配九宫之法，雅浩绘九宫图以说明之。

巽四 立夏	离九 夏至	坤二 立秋
震三 春分	中五	兑七 秋分
艮八 立春	坎一 冬至	乾六 立冬

九宫：乾六←立冬 兑七←秋分 艮八→立春 离九←夏至。

中五：巽四←立夏 震三←春分 坤二→立秋 坎一←冬至。

冬至、立春、春分、立夏、顺甲了， 夏至、立秋、秋分、立冬、逆甲子。

土、金、炁、罗、孛、日、月、计、水九星，由所到宫位推排 (顺随节气)。其法以冬夏二至分顺逆。如以“丁丑”日用事，时在冬至节后，则在坎起甲子，顺推。即甲子在坎一，乙丑在坤二，丙寅在震三，丁卯到巽四，戊辰到中五，己巳到乾六，庚午到兑七，辛未到艮八，壬申到离九，癸酉到坎一，甲戌到坤二，乙亥到震三，丙子到巽四，“丁丑”到中五。就从“丁丑”所临之中五，起九星顺排。

雅浩把九星运转图示如下：

巽四 木星	离九 孛星	坤二 太阴
震三 计都	中五 土星	兑七 炁星
艮八 罗睺	坎一 太阳	乾六 金星

即在中五起土星，金星到乾六，炁星到兑七，罗睺艮八，孛星到临九，日（即太阳）到坎一，月（即太阴）到坤二，计都到震，木星到巽四。则是日乌兔太阳到壬子坎方，太阴到未坤申方，金星到戌乾亥方，木星到辰巽巳方。故坎坤乾巽四卦十二山向方道，皆可造葬修整。又如于甲子年八月初八日“丁丑”日作修造，查是日系在秋分后，乃在兑宫起甲子逆行（因夏至后至立冬属阴逆行），即甲子起兑七，甲戌到乾六（六甲推真）乙亥到中五，丙子到巽四，“丁丑”到震三。就在震三起土星逆行，视日月金木四吉星到何方，择其合者取用。

此乌兔太阳吉日吉时，三煞五黄及一切诸般凶神恶煞均于此时回避。凡二十四山，无论修造、作灶、安葬、开张等事，用太阳值日值时大吉大利。

正神日贵神时：所谓的正神日贵神时即，八运正神在艮方，丑、艮、寅。正神日即丑日或寅日，在丑寅月的丑寅日找贵人时。

附乌兔遁太阳时捷诀：甲己未时停（甲己日未时是太阳时），丁壬乙庚（四日）申，丙辛辰时的，戊癸卯时真。所以，日贵神时可自己查。

太阳时：此法依天乙贵人而起。如甲戊庚牛羊，逢甲日，则分别从丑、未数至当月之太阳。所在支为当日太阳时，所以一日太阳时有二个。以上之法仅供参考。

二、乌兔太阳择日法与七政四馀天星择日之法的争论

对于乌兔择日，首先是见毁谤于荆卿青江子，其云乌兔太阳，将十一曜截取九曜，颠倒错乱，大悖天上七政四余之理。彼实不知，此九曜与七政四余之经纬度之七政不同。以下分成四点进行比较。

1. 七政四余天星择日以天星之实际运行而定，有形体可凭，乌兔太阳之九星日，是无形无体凭空想象的东西；

2. 七政四余天星择日以各地之经纬度及用时时刻用弧角以定命宫，以山向、命宫及各星形成之角度以定吉凶，乌兔太阳则否；七政四余天星择日乃天文推步之学，繁且难以入门，又甚难精通，须要得师授方可，乌兔太阳则否。

3. 乌兔太阳择日吉星永远是吉星，凶星永远是凶星，呆板教条；而天星择日吉凶随时而定，吉凶星在一定的条件下可以相互转化，符合唯物辩证法。乌兔太阳择日法所排列之星象，并不是实际的天文星象，因为实际星体之运行有疾迟伏留等现象，而乌兔太阳择日法是呆板胶滞的。实际天象还应考虑岁差，况且实际星象之计算，非精专历法者，不能推算准确。

4. 上升点与近地点又不是常数，要先求平近点角，再求月在白道上的位置，再求其在黄道的经纬度，计算相当繁复。如果要计算精确的太阴到方，则有大量的计算，必须借助三角函数，最好是借助软件。因此七政天星择日与乌兔太阳择日法计算出来的方位，有很大的差别。

综上所述论点，于是他们就有了这样一个结论，天星择日讲的就是七政四余天星择日，非乌兔太阳择日也，其理明矣。

三、关于七政四余天星择日的系统

正宗的七政四余天星择日造命课，为古今明师所公认和推崇，验之于经典名课，可谓毫厘不爽。如吴景鸾云："选择之法，莫如造命，体用之妙，可夺神功。" 杨公云："年月无如造命法，装成好命资人为，周天本是十一曜，只嫌逆伏灾炎炎。不得真龙得年月，也应富贵旺人家。"而七政四余天

星择日讲究的是富贵稳中得，避凶而趋吉，即郭璞言“天光下临，地德上载；藏神合朔，神迎鬼避。”

在七政四余天星择日系统，包括阴与阳、虚与实、动与静、天与地，体用兼备，包罗万象、博大精深、是完善科学辨证的择日系统。《疑龙经》云：“不是青囊起鬼卦，便是三元遁甲诠，腾云曜气并禄马，通天窍与六壬局，装成图局好飞天。飞天名出何人造？云是祖师亲口传，金盘图是左辅禄，雷霆九劫好升玄，坤鉴黄罗并武曲，催官鬼使大单于，鼓角宣传为第一。统例一百二十家，九十六家年月要，问之一一皆通晓，飞度星辰说玄妙，试令选择作宅坟，福未到时祸先到。”很多日课则有用无体，是排它性的，甚至与别门日课水火不容，很容易生搬硬套、死执板理，因此不具备成长完善的可能性。

尤应注意的是，今人用手工推算，包括一些港台名师，也大多沿用清.顺治年间薛凤祚所译的西洋穆尼阁法《天步真原》及光绪年间陈丽中出版《御览天象渊源》之数据表格，用比例法进行演算，本身就不精确；更兼天体星位现代与古代也有较大出入，斗转星移，时空不同，差之毫厘，谬以千里矣。

需要说明的是，择日软件也不是普通的天文推算，而是以天文推算为基础，结合特有的择日规则，用于对人的造福，这是我们祖先的独特发明，充分展示了中华民族的聪明才智。但现今一些港台天星书籍和软件因为未得天星择日之真传，竟然将地平方位盘及弧角星盘，误称为天星动盘，就样就显得有些不伦不类了。

总之，七政四余天星择日，应该是有据可证的正宗择日法。至于奇门、六壬之类，用于预测则可，人事择日均可。因其未精确到二十四山的具体分金，所以假如我们用于山家择日，就终究显得还不够专业了。凡是符合七政四余天星择日法者，皆为稳妥持久，此为不二法门。乐于择日之道者，应当分清主次，慎用、活用、善用之。这就是古人所谓的：“运用之妙，存乎一心”。

丙

消砂纳水篇

第一章　赖公之传世水法

第一节　辅星水法总论

先贤曰：水之祸福应速，山之祸福稍迟。水亲朱雀，缠玄武，绕青龙，包白虎，为养阴之水。要回旋，要到堂，要上阶，要拱背，要弯抱，要囊聚，皆水之吉也。书云：逆水一滴，胜于万派。山嫌粗恶，水爱澄清，纵横似织，方知眷恋之情；汇泽如湖，乃辨朝宗之势；洋洋悠悠，顾我欲流。

龙得水，水得龙，是夫妇交感；龙逆水，水逆龙，是夫妇配合。百川同归者，亲而又亲；来而不去者，恋而又恋。水若屈曲有情，必合星卦为上。九曲是秀水，却为外应而地结于内，愈为贵重；三台是朝岸，却在当前，而穴结于前，易近易发。故：水深处民多福，水浅者民多贫，水聚者民多稠，水散处民多离。此指大异而言。

又云：两水合流谓之交，关栏紧密谓之锁，之玄屈曲谓之织，众水会聚谓之结。破龙虎明堂者，穿也；割脚者，无龙虎也；直去为箭，直冲为射。

未看山，先观水。有山无水休寻穴，有水无山亦可裁。真龙不配凶水，吉水不向凶龙。水绕过穴而反挑，半文不值；水若入怀而反抱，一发便衰。

古云：富贵贫贱在水神，水是山家血脉精，山静水动昼夜定，水主财禄山主人。

又云：识得立向水去来，吉凶祸福手中存，依“图”葬下无差误，仙家留下好救贫。

故：砂水法遵于《河图》，出自《洛书》，先天之体，后天之用。（易）经曰：天尊地卑，阳奇阴偶，一六共宗，二七同道，三八为朋，四九为友，五十同途；曰：天地定位，山泽通气，雷风相薄，水火不相射；此先天之卦，夫妇相配也。又：戴九履一，左三右七，二四为肩，六八为足，纵横纲纪；阳以阴象，阴以阳含，发育万物，坤柔乾刚，此所以为后天之体用也。

第二节　辅星水法便读歌

顺水立向之法。固当以青囊、天玉、玉尺之元窍入局，顺水双山为主。而众不朝聚，则必合净阴净阳之气为吉。古人以净阴净阳之理合九星翻变之法，演为向上五鬼卦水局。即洛书翻星之天父幇卦也。邱公颂云：三般大卦如何起，先圣当年亲口传，三吉只求来势好，向家须变鬼爻看。三吉来势，乃坐山九星之法，另见穴法内。向变鬼爻者，即五鬼卦之向起廉贞，廉贞亦名五鬼。斗罡之第五曜也。翻卦以河图数之，从贪狼顺变者，为正洛书数之，从廉贞逆变者，为变。其例并见地理末学罗经说第三层。辅星卦即五鬼卦，例相传廖公以五鬼卦廉辅二星，互易其名以廉武破辅贪巨禄文之序易为辅武破廉巨禄文。盖因河图以龙上本卦为辅易其名，以廉武破辅贪巨禄文之序，易为辅武破廉贪巨禄文。盖因河图卦以龙上本卦为辅。故洛书卦亦以向上本卦为辅，易其名曰：辅星卦与五鬼卦名异而实同，皆净阴净阳水法也。张九仪谓，赖公催官净阴阳水法。传于焦仁山，以纯净为合局，驳杂为破局。因即仁山传本，编辅星水法歌，以便记诵。又益以八杀邀局，及兼流带煞等水，颇为详悉，今录于下。

催官之法赖公传，净阴净阳分其间。
奇要配奇偶配偶，洛书位上排先天。
更喜廖公善翻卦，专取辅星详水法。
贪巨辅武四吉纯，破禄文廉四星杂。
初移左辅得官贵，慈详孝友荣禄位。
宫妃附马命妇生，右弼明经孝第友。
次移武曲富贵全，及第登科寿绵延。

破军凶暴且好讼，劫掠投军败卒弁。
少亡绝嗣灾难避，哑聋亏体无人怜。
第四廉贞最狂泪，执拗欺诈逆且悖。
虎咬劫掠或雷伤，失火退财瘟皇累。
五鬼发财人吐血，带巨带武本房瑞。
七分武兼三分廉，巨必富兮武发贵。
若是廉贞水单朝，所值公位绝不饶。
别房能得巨武者，五鬼送财血冷痨。
文廉二水如相混，狐魅侵人命难逃。
五移逢看贪狼星，生人孝友且聪明。
因公进田财帛旺，房房子姓发千丁。
巨门第六之吉神，衣食丰足仓库盈。
忠厚长寿神童出，新坟遇此两样分。
君子进宫增福禄，小人进利素封成。
禄存行事多狂妄，心性顽钝为道僧。
离祖过房兼绝嗣，男鳏女寡退败生。
淫乱缢亡或产死，最多形体亏残人。
第八文曲好淫乱，虚诈多技久习惯。
赌博痨瘵贪酒色，颠狂跌足生眼患。
瘰疾疮疥至中风，水厄失火受灾难。
离乡退财无人医，欠债游荡如萍泛。
以上八卦合九星，阴阳合局最分明。
但思一卦有数水，两条四条各宜清。
假如离宫贪狼值，中有寅戌与北壬。
贪断狼贪固是吉，四条岂无分别情。
赖公催官详注脚，焦仁山得淳邑行。
予遵传本挨编起，纂得粗歌便后人。

赖公催官水法传于焦仁山，以纯净为合局，驳杂为破局。因即仁山传本，编辅星水法歌，以便记诵。又益以八杀邀局，及兼流带煞等水，颇为详悉，《辅星水法便读歌》的基本要诀用于龙、穴、水、砂、向，再配合八卦、九星、二十四山等断吉凶。以辅星水法而言，就是以净阴净阳为基本原理的水法。

第三节　辅星水法歌（八条歌）

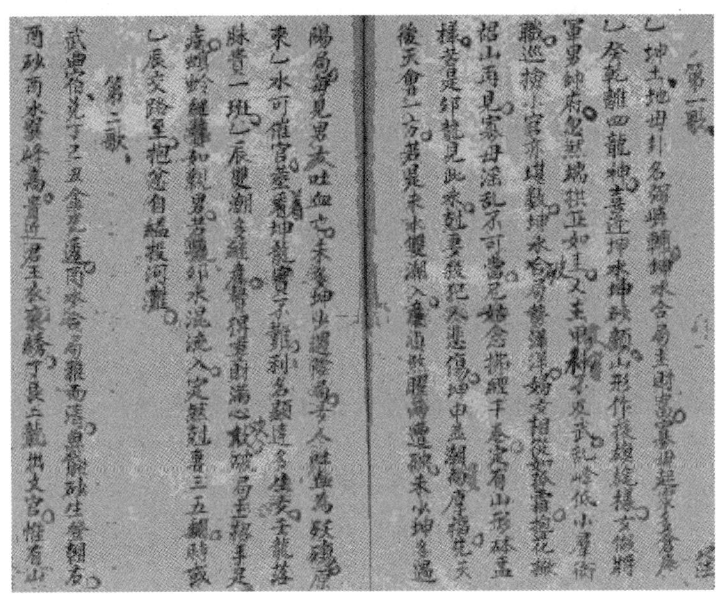
第一歌
乙坤土地母卦名弼與輔坤水合局主財富寡母起家多倉庫
乙癸乾離四龍神喜逢坤水坤砂顧山形作拔旗旋樣女做將
軍男帥府忽然端拱正如圭又主科甲不及武乱峰低小羣衙
職巡撿小官亦堪數

据说，这是在整理一位风水老人的抄本时偶然发现了此歌，乃赖公所传之法此水法。分为八段八条，俗名八条歌，今辑录全文于下：

第一歌　乙坤土　地母卦名弼与辅

坤水合局主财富，寡母起家多仓库。
乙癸乾离四龙神，喜逢坤水坤砂顾。
山形作拔旌旄样，女做将军男帅府。
忽然端拱正如圭，又主科甲不及武。
乱峰低小群衙职，巡捡小官亦堪数。

坤水破局势汪洋，妇女相从如孤孀。
抱花掀群山再见，寡母淫乱不可当。
尼姑念佛经千卷，定有山形钵盂样。
若是卯龙见此水，克妻杀犯人悲伤。
坤申并潮享厚禄，先天后天会一方。
若是未水双潮入，廉贞煞曜两遭殃。
未少坤多遇阳局，每见男儿吐血亡。
未多坤少遇阴局，女人吐血为夭殇。
原来乙水可催官，壅著坤龙实不难。
利名显达多生女，壬龙落脉贵一班。
乙辰双潮多继产，赘得妻财满心欢。
破局主著手足疾，螟蛉继赘如亲男。
若与卯水混流入，定然克妻三五翻。
时或乙辰交路至，抱忿自缢投河滩。

第二歌　武曲宿　兑丁巳丑金光透

酉水合局雅而清，鱼袋砂生登朝右。
酉砂酉水巽峰高，贵近君王衣衮绣。
丁艮二龙出文官，惟有山朝兼水秀。
破局淫乱不堪言，巽龙酉水煞相斗。
无水有路亦非宜，犯罪遭刑罹灾咎。
酉水子午辰戌龙，室女偷情随人走。
此方山陷巽卯龙，为官阵亡全军覆。
辛酉层层水入怀，虽富克妻害难救。
丁水合局南极星，男女康宁最多寿。
丙丁二宫名赦文，家无凶祸福频佑。
策射金门第一流，酉龙丁方砂水秀。
艮龙丁峰水特朝，王侯庙食言非谬。

若然破局多腹痛，退败之时无可救。
巳水合局旺人财，卯龙巨富巳水来。
赤蛇绕印佩金印，艮亥二龙实堪裁。
破局吐红与痨瘵，少年多损见蛇灾。
酉龙巳水或风射，煞身丧家刑狱埋。
丑龙巳水多煞戮，理叶金鸡怕蛇害。
巳向巽水多冷退，巽向巳水人口灾。
山向克水祸轻缓，水克向重祸速来。
巽巳双流水克水，何能一勺救贫哉。
庚申乙卯同辛酉，艮寅壬亥一例排。
亥巳皆属长生地，巳为地户最宜开。
阴龙水口巳砂塞，妇人不孕绝婴孩。
阳龙巳口员墩起，虽然怀孕也随胎。
丑水合局旺田庄，牛羊孳息满牧场。
出人信崇求佛道，产业肥饶金帛光。
破局生人多夭折，鳏寡僧道定不良。
辰戌二龙丑水入，翻棺覆椁人遭殃。
横逆恶死多癞疾，煞戮公事祸非常。
巽向丑水入冢宅，孽同巳酉凶难当。
四墓鱼袋非为吉，路死扛尸哭一场。
乾坤二龙见此处，尖刀砂出屠僧郎。

第三歌　破军金　北方坎纳癸申辰

子癸二水生六指，潴聚澄凝发富真。
水迎再得砂高拱，离龙入穴近君门。
阳龙坤离阴巽兑，定主双生非虚称。
坤离生男家即富，兑巽生女便伶仃。
破局桃花多聋耳，女患堕胎因员墩。

水盛落水或黄肿，忽然缢死令人惊。
三条阴龙卯亥艮，最怕癸丑并朝坟。
若是混流或凝聚，兄弟屠戮女祸侵。
少亡毒药病肚胀，随母改嫁忘宗亲。
申水合局旺丁财，少年发达呈豪迈。
卯龙申水迁申向，化杀为官登将台。
破局虚痨少年亡，卯龙庚向可畏哉。
人命犯来遭刑宪，逃窜绝亡实堪哀。
辰木旺财亦可喜，乾龙得之为最美。
此水去来俱不拘，总是冲开墓库垒。
税粮盛多此之因。破局疯癫并落水。
坎龙辰木为八杀，水亡之后家灭毁。
酉龙见之主喑哑，或生露齿缺唇嘴。
丑未龙见痼疾生，伶仃横逆遭凶死。

第四歌　廉贞鬼　震为长子庚亥未

震水文官兼武官，操持胆略人钦畏。
庚龙卯水能骤富，更喜高峰镇此位。
斩砍自由显威梅，将相崛起恐龙队。
破局偷盗兼乱淫，荡产多因贼牵累，
坤龙卯水煞去来，定主煞戮陡刑罪。
庚水卯龙可催官，武人取贵更非难。
胸襟胆略成无敌，去来皆富合家欢。
庚砂高起旗旆状，再得兜鍪掌兵权。
四神八将来拱畤，名播遐迩镇大藩。
卯龙庚砂如此验，艮亥二龙又一班。
尖峰秀起如判笔，片言折岳称不繁。
若是巽龙庚砂耸，为官清正不污贪。

如其破局单庚水，偷窃时生不肖男。
壬龙午向庚照穴，强盗头目赛楼兰。
庚申并流射入冢，被人煞戮最凶顽。
若得丙丁砂来照，害众成家岂足言。
亥水去来龙合局，大旺人丁并财禄。
且荫人家入积善，卯巽龙见尤富足。
破局虚痨损少年，吐血症犯登鬼箓。
午龙见之害丁财，横过灾轻终少福。
未水合局旺血财，库守田庄最乐怀。
出入拘谨信邪道。卯龙未水分去来。
水来雷击家渐富，去时雷击家渐衰。
破局看经时念佛，尼姑僧道拜莲台。
辰戌二龙未水入，尤招鳏寡夭折媒。
悖逆不忠难制伏，尸山路死不闻回。

第五歌　艮丙垣　贪狼生气星不凡

艮水合局天市宿，世人财货聚期间。
若见砂形柜库样，悠扬水再向坟前。
出仕宦资定饶厚，富堪敌国似等间。
砂如低小水情短，亦主温饱烂禾钱。
丙龙遇此砂水秀，黄甲声名当世传。
三台耸秀水凝聚，兴国为姻禄绵绵。
艮水破局多冷退，亦主绝嗣神不延。
虽有文章不显达，此方缺陷峰不全。
丙水合局多富寿，犯罪之家用此救。
丙丁赦文山水朝，皇恩浩荡叨原宥。
艮龙丙水可催官，纳甲之理宜参透。
凡地非砂贵难求，八个归元水最秀。

砂刑印笏为公乡，库柜之形富豪右。
辛酉亥龙实验之，亦须水朝如辐辏。
破局败家或火烧，废而不起多灾咎。
水路丙午并流来，寅午戌年火难救。

第六歌　巽宫辛　三吉排入巨门中

巽水巽砂龙辛亥，少年科甲考运通。
兄弟联芳入翰苑，喜看阳旋有双峰。
庚卯二龙巽砂起，经略之士振威风。
巽为长女水朝入，贞洁女儿美貌浓。
或因女家时财富，或因妻贵得恩荣。
若也峨眉山在巽，宫妃附马两相逢。
巽丙丁号三阳水，朝来喜归鬼乡中。
东卯西庚皆鬼位，义门寿考福无穷。
巽水龙遇少男脉，寿算减兮福丰隆。
破局冷退为乞丐，抱花山现多淫风。
次或山碎水斜侧，室女怀胎好私通。
辛水最秀司文章，状元魁首姓名扬。
巽龙年少登科第，翰林学士近龙光。
更有如花女人貌，家多金帛珠翠香。
艮卯亥龙见此处，砂水秀迎入明堂。
亚榜明经人人美，阴龙阴水适相当。
亥山一丈可致富，辛山十丈富堪商。
虽然金帛夸富足，过房异姓终难养。
破局不觉家冷退，为乞无救至绝亡。

第七歌　禄存队　乾甲纯阳北极内

乾水多贵而且富，龙神喜坐坤申类。

若是乾峰侵入云，世登要路居相台。
午龙得此砂水秀，马上金阶出太尉。
辰龙乾水势汪洋，龙透天门格最美。
粟红贯朽多税粮，更发显官人惊畏。
乾水破局跛与聋，头痛跎矮例相通。
鳏寡绝败多不吉，继赘克妻迭迭逢。
艮丙巽龙见乾水，灾祸缓速分其中。
乾水来时祸则速，去时祸缓迟迟凶。
来主跛而不能履，去虽能履跛则同。
丙丁卯巽四龙脉，乾亥双朝人吐血。
咳嗽瘵夭频相见，戌乾双至鼓盆凶。
地力将衰向乾者，头多渐生腊梨翁。
甲水甲砂出富贵，乾龙得此实为美。
蜚声魁第少年郎，文章价高人敬畏。
破局跛足多疯癫，其方有峰非吉位。
文笔由来应画工，木笏多生道士类。
阳衡行龙杂阴玑，子孙世受疯癫累。

第八歌　南壬离　壬与寅戌文曲齐

离水富豪又贵显，壬子癸龙最合宜。
龙虎抱卫砂水拱，公侯乡相贵无疑。
此水去来俱骤发，时至离乡是发期。
高峰独出遭回禄，乾壬泄制产英奇。
破局火灾兼淫乱，盗贼时生来相犯。
若有员墩免火灾，又主目盲堕胎患。
巳丙向中午流动，妇人吐血夫弦继。
卯艮二龙见此水，眼外虽明中多暗。
若从酉上流出口，妇人室女淫滥烂。

乾龙午水人命伤，刑岳破家遭迍难。
壬水骤富堪救贫，血财与旺多利名。
午龙得此砂水秀，文武全财为公乡。
单水无砂惟富旺，亦多纳粟贡行人。
大抵水来居家发，去则离家富贵成。
破局骤败出游荡，水盛多生黄肿恙。
亦有遭厄落水者，去水逃亡惧灾瘴。
寅水长生旺丁财，乙龙喜见此水来。
来则离乡生近福，去则离州发远财。
破局为艮之八杀，多主疯盲及虎灾。
坤山艮向寅水入，煞带廉贞血满怀。
寅甲小墩长而细，荡子虚夸博弈才。
员则更名为木印，道士弄法敲符牌。
戌水辰龙广田庄，富堪敌国多税粮。
戌砂水光照穴位，翰林学士显文章。
破局回禄瞎且聋，鼓盆之煞克妻重。
卯龙戌水人喑哑，艮龙戌水聋盲逢。
丑未龙来戌流注，少亡悖逆人不忠。
庚酉二龙见此位，尖刀砂出屠僧侬。
午戌破局害眼者，或砂或水病不同。
砂凸眼珠亦凸出，水则珠凹陷眼中。
以上歌编二十四，至诀悟来如面师。
若用知巧虚涉历，理会未深那得知。

以上内容就是赖布衣的水法便读歌，经过当地能背《八条歌》的风水师核实，对比过古籍图谱，这就是传说中很多地师奉为圭臬的《八条歌》，但此歌以前在世面上一直没有见到，所以显得珍贵，值得大家收藏。

第二章　赖公之传世砂法

第一节　赖布衣拨砂说

论拨砂之法，惟赖公砂诀最实用，其法不论一定之吉凶，而从坐上拨吉凶，以人相天之事，听人去拨，拨吉则吉，拨凶则凶，其权操在于人，而非天成之吉凶也。《洗心镜》云："世人晓得拨砂法，天地都来在掌中。"此言收山出煞、消砂纳水八个字，地理家大作用。静道和尚曰："控制山川，打动乾坤，全在拨砂作用，所以分金有转移之力。"山岂能收乎？煞岂能出乎？非山有煞，乃宿度所属有煞，全在分金坐度时消纳工夫，亦非本身之山，乃前后左右四围之山细细较量，方为合法。

第二节　赖布衣拨砂歌

消砂别来有五种，奴旺煞分洩与生。
他来克我为七煞，我生他也是洩名。
旺神即是我生我，他来生我号食神。
食发科甲人丁诞，旺司财禄多子孙。
生不正兮只及旺，两旺高明过一生。
克我煞高则祸绝，我生洩气渐凋零。
我克奴砂为财帛，居官财禄得和平。
大地由来多带煞，两边公位从不匀。

龙气盛旺煞无力，闪脉脱脉煞最灵。
龙弱砂弱泄旺秀，女嫁豪门诞腹英。
为生为旺贵在内，旺秀嫌泄在门外。
此为赖公亲口诀，惟有挨星法最灵。

赖公认为，砂峰乃天上星斗，依卦布局，龙神必须按局入用，生旺奴煞泄，吉凶分明。砂法有五种：生砂、旺砂、奴砂、杀砂、泄砂，其中生砂、旺砂、奴砂则吉，杀砂、泄砂则凶。砂以尖、圆、方为吉，歪、斜、破、碎为凶，此为形象之吉凶，若不明方位之生克，则吉未必吉，凶未必凶。此拨砂之法，固以方位生克为主，然亦须参看形象，生、旺、奴，得吉形则吉，泄、煞得凶形则愈凶，故必形象方位互参。

第三节　二十八宿五行

角奎斗井属木，亢娄牛鬼属金，氐胃女柳属土，尾觜室翼属火，箕参壁轸属水，房星虚昴日，心毕危张四月俱属火 。

以上生克各砂，有论扶抑之法。有看星体之法，有分内外之法，有论先后之法，有辨兼界之法，有论冲吊之法。

按照二十八宿所属：

子午卯酉，子，虚日鼠；午，星日马；卯，房日兔；酉，昴日鸡。原来日属太阳火，此四宿作火算。

甲庚丙壬，甲，心月狐；庚，毕月乌；丙，张月鹿；壬，危月燕。原来月属太阴火，此四宿亦作火算。

乾坤艮巽，乾，奎木狼；坤，井木犴；艮，斗木獬；巽，角木蛟，此四宿属木。

乙辛丁癸，乙，氐土貉；辛，胃土雉；丁，柳土獐；癸，女土蝠，此四宿属土。

辰戌丑未，辰，亢金龙；戌，娄金狗；丑，牛金牛；未，鬼金羊，此四宿属金。

寅申巳亥属水，火罗离经，寅宫，右尾火虎，左箕水豹；申，右觜火猴，左参水猿；巳，右翼火蛇，左轸水蚓；亥，右室火猪，左壁水貐，此四宿右火左水也。

四君火，日也；四相火，月也。四正火，拨砂法中十二火，正此之谓也。宿中所属四金、四木、四水、四土，惟火有十二。

第四节 挨星拨砂之法

按二十八宿分经五行，论其砂与穴之生旺奴煞泄，生我为生，我生为泄、克我为煞、我克为奴、比和为旺。其法从穴上格砂，看何宿度上砂起，即从穴向分经何度以消之。要收其生旺，避其煞泄。如亥山分经，有室火壁水二度，若外砂四水度峰起，则分经壁水为逢旺，分经室火则克我为煞矣。若外砂四木度峰起，则分经室火为逢生，分经壁水则我生为泄矣。馀仿此推。消砂者，所以消其煞泄之凶，拨砂者，拨之于生旺之位也。生砂秀贵，旺砂富盛，奴砂为财帛亦主禄贵，泄气飘零，煞气祸绝。

第五节 五行砂形煞气

凡生旺吉秀等方宜砂起。死绝煞曜等方宜砂伏。又看其砂体之美恶，与方位五行之气相应如何。如玉尺所云：库柜落于艮丙，富堪敌国。蛾眉见于巽宫，女色倾城。发文笔于巽辛，在坤申乃为词讼之辈。显旌旗于震庚，在子午则为劫贼之资。剑戟牙刀，六秀因之而取贵。四金八曜之方，反作杀身之害。龟鹤琴剑，三吉得之而文雅。丑示坤申之地，多为仙圣之风。掀裙舞袖，不堪于沐浴之乡。偃月卧尸，最忌于黄泉之地。八曜重遇刀砂，难逃宪法之诛。乙辰交加水路，未免悬河之厄。木瓢盂钵落坤申，而僧尼乞丐。鬼牛寅甲遇葫芦，而疯残痼疾。高峰独出南离，恐惊回禄之忧。星即如当驿马，必遭瞽目之殃。如此之类，不可殚穷。大要以砂体吉凶，与方位五行之气相为类应，则征验更显。学者能知形与气相应之理，则随机变化，皆可类推矣。

第六节　煞曜之星砂现

煞曜即八煞之类，不宜峰起，然亦看龙局贵贱。玉尺云：本主兴隆煞曜变为文曜，龙身微贱。牙刀化作屠刀，可见龙身最要紧。若祖宗特拔，幛幙宏大，仓库深厚，送从有力，主星贵重，堂局气聚，四应整齐，水神合法。虽见曜砂峰起，亦可伏煞为权，助我福力，斩斫自由。若龙贱砂散，则煞曜为祸，重则戮，轻则夭亡矣。本主之要紧，不但煞曜要看他制伏与否即三吉六秀诸种吉。砂若本主微贱之体又安能受，其吉应乎。

煞砂损绝人丁，虽贪狼之体，三吉之位亦不足取。更见凶恶峦头，主受屠戮，纵有十二宫生旺相助，亦出军徒强盗。以上星体大略，其馀一切形体皆可例推，以辨其贵贱。然亦虽看龙局之高下，龙力厚重局势整肃，则吉者愈吉。龙力单薄，局势委靡，则吉者无力，凶者愈凶。

第七节　砂体兼界之法

谓砂在两宿度之间也。如生煞相兼，砂低弱者，虽贵，亦主螟蛉为嗣。砂雄强者，贵显，而不善终。如生兼泄者，虽有文名亦终窘替。生旺相兼，则富贵遐龄矣。

又此拨砂诀能与水局向法不背为妙。若不能强合，则当以水法中向局为喜，向水反背，则血脉不亲，外砂亦无用也。

第八节　星体合何方法

大凡看砂虽论方位，尤以形体为重。高耸者，不可棱层古怪。方圆者，不宜壅肿粗硬。刘诚意云：破在吉方多不吉，秀居凶位还享昌。玉尺云：抱头侧面，既非君子之风；闪迹抛踪，必是险邪之辈。随形步影，非穿甯则鬼祟为妖；摸背推肩，非私淫则奸奴谋主。可见砂法变态万状，古人最重形体，不可但拘方位，非如水性只是流行，故以来去方位为关系也。

第九节　星体扶抑之法

谓若两砂三砂并来，须在分经扶抑。如水火双来，则公经水土。若水火木俱来，则须看其大小。如水小则分经火度，用木扶火，则煞轻生重，馀可例推，所谓大地山来多带煞也。

星体之法，谓峦头也。生砂见贪狼，为翰苑。见巨门，为台阁。见廉贞，为宰辅。见三台玉釜，为公卿。见太阳金水，为侍郎御。见廉贞兼破禄，为文武方镇。见文曲，为小贵。旺砂：见贪狼，为科贡。见巨门，为富厚端方。见廉贞破禄，为威武。馀星皆旺丁财。奴砂：见贪狼，才能聪俊，官禄丰厚。见巨门，方正福厚，用人得力。馀星皆吉利。泄砂：见贪狼，人物虽秀，贫弱不堪。见巨门，人浊，旁砂无救主绝。见廉贞，为画笔，多贫贱。见破禄，强从乞丐。即见太阳金水，若无援砂，亦不能吉。

第十节　飞腾冲吊之法

如煞砂在辰，逢戌年，则冲动。逢申子年，则吊动。又兼月建论。如申年戌月之类。主有灾咎也，又值岁之年亦凶。如辰年是也，馀可例推。又有论飞腾之法。如子山向辰上峰起，虚拱申宫煞度。申年填起，忽生灾咎。又如别宫火度分经，子辰砂起，暗拱申宫水煞，至申年填实为灾。又如土度分经，甲丁砂起，暗拱乾山木煞，至戌亥年填实为灾。若此等砂起在生旺度，龙力旺，主英杰。龙力弱，主生豪恶（按此冲吊之理吉凶诸法皆可例推）。

第十一节　四日四月火说

究四日四月火与五行之火不同。若此度分经惟土砂高起，或应忌其掩蔽。至金水乃日月所喜岂得以水为克煞。又如此二度砂起，凡五行分经，得日月照耀当无不利，虽分经在金，亦岂得以为克煞，旧说与五行之火同论生克，其理殆不足信也。

以上挨星拨砂之法。诸书多不究宿度，但以中针二十四山分配二十八宿。以乾坤艮巽木，甲丙庚壬属火，乙辛丁癸属土，辰戌丑未属金，寅申巳亥属水，子午卯酉属四日四月火。与十二宫周天分度相应之理不合，当由后人伪传也。

诸书但以中针二十四山分配，故坐向五行一律。此以二十八宿度数长短分经，则坐向五行不能皆系一律。如势难兼利，则以向为重，外局砂水朝拱，皆从向上收之也。

丁

催官葬法篇

第一章 《催官篇》

宋·赖布衣　著

作者赖布衣，原名赖凤岗，字文俊，自号布衣子，故也称赖布衣，又号称“先知山人”，江西省定南县凤山冈人。生于宋徽宗年间（公元1101~1126年间），九岁即高中秀才，年轻中进士，尝官建安，曾任国师之职，后受秦桧陷害，长期处于流落生涯中。赖布衣的足迹几乎踏遍祖国大地，凭着精湛的堪舆理论与技术，一路怜贫救苦，助弱抗强，留下了许多神话般的传说，著有《催官篇》等传世。

赖公《催官篇》已经有很多很多人去注解，估计不下几十种，然而都言不尽意；各个派系都有自己学派理论的注解，各自将自己的观念带进来进行注解，这样做就已经很不利于理解作者的本意。

我建议后学初学时最好不要看注解，不如看赖布衣的诗文原著，自己用心领悟来的更实在，最起码不会脱离赖公本意。愿大家能和雅浩一起将赖法的精髓弘扬出去，让更多的人了解天星派，也不枉赖公先贤创立此法！

第一节　催官篇卷之一：评龙章

催官第一天皇龙，剥龙换入天市东。
阳旋少微左关局，廉贞起祖峰重重。
右关廉贞降枢兑，变换太乙东南雄。
四神八将应位起，三火并秀三阳冲。

三阳洋潮入庚震，食邑开府应三公。
更出仙翁与佛子，蓬莱真境超凡风。
天枢起祖降兑巽，变艮作穴官位同。
少微起祖降枢巽，亦主富贵永兴隆。
六秀变出紫薇局，砂水应位官无穷。
六秀行度间震庚，三吉受穴文武崇。
阳衡起祖降三吉，震庚受穴武应同。
亥山一丈能致富，巽水一勺能救贫。
辛山十丈富相亲，难养过房异姓人。
震艮砂水秀朝位，持节边疆统卒人。
少微转巽还少微，人财昌炽官职卑。
太乙少微复太乙，亦主文官持彩笔。
迢迢西兑入天皇，清贵翰苑夸文章。
天皇迢迢入西兑，亦主清贵寒水霜。
迢迢天皇剥入艮，富贵鱼美芝兰房。
天皇天市龙第一，巽辛兑丁官可必。
最喜廉贞作祖宗，廉贞作主为官疾。
阴枢南极及天汉，行龙受穴最荣吉。
天屏巽丙同逶迤，只主优游富衣食。
鬼牛二气灾害萌，拜礼神佛崇香灯。
二煞独行岂为吉，宜与丁艮相兼行。
丁艮行龙局度吉，男女多治家丰盈。
阳权软伏峰腰起，阴权砂水来相迎。
切忌亥戌来照穴，鼓盆反覆灾相仍。
阴权坎癸贵精俊，冈势磊落如流星。
阳权砂水秀朝穴，龙虎抱卫公侯生。
阳权阴光砂水秀，阴阳砂拱官班荣。
阳光瑶光阴权位，行龙懒缓生泉弘。

阳光单行更高耸，孕生六指无猜疑。
阴立行龙兼鬼气，少亡孤寡兼尼僧。
阳玑单来最凶恶，绝嗣无主坟荆榛。
魁罡行龙不堪穴，少亡恶逆常争竞。
山奇水秀穴周密，暂可致富随伶仃。
阴玑天权若受穴，痼疾风跛人生盲。
寅甲行龙穴奇巧，仅可一发人温饱。
阳龙懒缓不须裁，形孤穴露生凶灾。
龙行起伏如万马，阳局周完要奇推。
世人只爱龙逶迤，不明曲折兼醇醨。
天皇行龙莫曲折，玑权气杂非瑰琦。
天市逶迤失正气，天苑天梧为深疵。
阳旋切忌间穴气，兑庚委曲咸利宜。
阴旋亦忌间娄气，乘气慎勿差毫厘。
龙辨中抽左右落，吉凶官职定荣削。
左落乾亥如双行，乾多亥少那堪作。
右落乾亥如同行，亥多乾少堪裁度。
中抽乾亥如平分，可作行龙穴休鉴。
壬亥双行祥左落，亥多壬少官荣爵。
双行右落龙不眠，壬多亥少家消索。
中抽壬亥如平分，转换真奇莫差错。
单行中抽爵禄縻，左落乾顶真龙亏。
右抽壬顶为四辅，龙行官旺何须疑。
艮顶中抽为第一，最喜直龙嫌逶迤。
左落丑顶为半吉，右抽寅顶生疯痍。
丑艮对顶平分出，显异亦主生光辉。
丑艮双行从左落，丑多艮少生灾危。
丑艮双行从右落，艮多丑少荣孙枝。

寅艮中抽不宜穴，左落艮顶堪扶持。
寅艮右落岂为吉，指星作主生灾非。
震山中落最为吉，若无甲乙宜深推。
震甲双行犯疯疾，震乙丝赘螟蛉儿。
离丙双行切须忌，天降回禄灾翚飞。
辰巽双行非精美，左落辰顶堪嗟吁。
辛戌双行本非吉，左落辛顶多镃基。
丁山正落始为吉，午未气杂家陵夷。
起顶降脉定偏正，他宫仿此须无违。
衰病绝乡为福薄，死墓混杂家流离。
冠官生旺胎养位，不须更论阴阳比。
四龙剥换为上吉，卦变二三者为布。
一卦独行为专一，正龙落脉无楼迟。
楼迟闪侧为伪落，亦须造化无参差。
真龙伪落为变局，龙种穴的难推移。
砂秀水朝为吉助，剥龙合向登云衢。
伪行真落虽速发，但恐换骨有兴衰。
详观砂水定品秩，收放乘气为真机。
土圭测位勿草草，心意消息毋昏欺。
龙穴砂水至心要，为君备赋催官诗。

第二节　催官篇卷之二：评穴章

天皇评穴（亥龙）

催官第一天辅穴，天皇气从右耳接。
穴宜挨左微加乾，天皇气贯穴天池。
四神八将俱朝迎，紫绶金章在前列。（壬山丙向）

天皇气射天厩星，微挨西兽加壬行。
天厩穴空始为吉，耳受左气官班荣。（乾山巽向）
天皇气冲穴北道，挨左立穴为枢要。
稍加乾位细推祥，右耳乘气勿冲脑。（癸山丁向）

天市评穴（艮龙）

催官第二穴宜癸，天市正气左冲耳。
穴接西兽微加寅，画锦荣华耀阁里。（癸山丁向）
天市行龙太微向，气冲左谕官资旺。
阴阳相见福祥来，玑福配合歌随唱。（壬山丙向）
壬癸背一面九离，河洛理数无相连。
四垣四兽各正位，五气顺逆相凭依。（子山午向）
天市迢迢穴阴玑，气冲右耳无逶迤。
天厨微加穴粘土，富贵文武官崇巍。（甲山庚向）
阳枢穴主天官星，右腰乘气多荣名。
若得阴璇山秀起，含书饫史称明经。（乙山辛向）
阳枢为龙西伺兑，右耳乘气最为贵。
穴宜挨左加厨星，阀阅荣华定无艾。（卯山酉向）
天市行龙向阳璇，气冲在谕通微玄。
屋润家肥积金帛，只恐夭折亏天年。（乾山巽向）

阴璇评穴（辛龙）

催官第三穴天厩，天乙行龙右耳受。
挨左立穴加少微，中男及第纡紫绶。（乾山巽向）
阴璇穴亚向东震，阴璇气从左耳进。
微侵娄位勿加多，巡警小官亦英俊。（酉山卯向）
阴璇穴向天市垣，气从左谕推其源。
玉堂金马无分到，懦官俊雅多田园。（坤山艮向）

阳璇评穴（巽龙）

催官第四穴宜乙，阳璇左耳气冲入。
天官借坐如青蛇，禁阙环宫须夜直。（乙山辛向）
太乙行龙天屏穴，右耳乘气真奇绝。
亢金煞位勿加多，巨富小贵人英杰。（巳山亥向）
太乙行龙向阳枢，右腰乘气无差殊。
砂奇水揖龙惊异，诗礼富贵多金珠。（坤山艮向）

阳衡评穴（卯龙）

催官第五穴宜甲，阳衡气从左耳发。
穴挨西兽加天堂，持节边疆掌生杀。（甲山庚向）
阿香东来穴天官，气贯右耳尸灵安。
微加甲位穴粘左，先文后武荣官权。（乙山辛向）

天汉评穴（庚龙）

催官第六向东震，天汉气从右耳进。
微加申位多荣名，富压乡邦众钦信。（酉山卯向）
天汉正向天市星，气奔左耳真奇清。
微加西兑穴粘右，水朝局拥家资盛。（坤山艮向）

南极评穴（丁龙）

催官第七穴宜坤，南极气从右耳奔。
南极行龙天皇向，气冲左耳乃为上。
穴接西兽微如羊，阳权慎勿毫厘间。（巳山亥向）

太微评穴（丙龙）

催官第八丙龙乙，气冲右谕英才山。
太微之龙穴粘巳，气贯左耳富而巳。（巳山亥向）

太微行龙向阳枢，右腰乘气无差殊。
穴宜挨左加青砂，亦主人旺家资富。（坤山艮向）

少微评穴（酉龙）

催官第九兑山艮，左耳气冲无多紊。
略加天乙贵龙来，亦主文章典州郡。（坤山艮向）
金鸡来向天门啼，气冲右耳天厩虚。
微加天汉水砂朝，少年一举登科第。（乾山巽向）
金鸡啼向扶桑东，气冲脑散亏神功。
庚辛受穴始为吉，官职荣霸资财富。（酉山卯向）
少微正向宜配丁，右腰乘气官职轻。
若转天皇脉受穴，右耳受气公侯生。（癸山丁向）

阳权评穴（午龙）

催官第十穴天贵，阳权左气从耳注。
微加南极局周回，砂水合矩公侯至。（丙山壬向）
离山迢迢应日星，丁穴右耳乘灾精。
微加天贵毫厘位，立见骤富官职荣。（丁山癸向）

天辅评穴（壬龙）

背一面九乘天辅，气从右耳为合矩。
穴宜挨左加天皇，富贵荣华振乡土。（子山午向）
壬山迢迢穴天市，天辅气奔冲右谕。
穴左微侵半亥分，富贵声名响闾里。（艮山坤向）
天辅穴向天官星，气从左谕通玄灵。
穴宜挨右加阳光，亦主财赋人英杰。（辛山乙向）

阳光评穴（子龙）

穴坎阳光右耳通，龙脉真俊生英雄。
切忌阳光气冲脑，家资退落应如扫。（子山午向）
阳光穴坐天市垣，气冲右耳乃为玄。
穴宜挨左加天辅，孕产六指多田园。（艮山坤向）

阴光评穴（癸龙）

催官十三向玄戈，阴光俊美右耳过。
挨加微加半分月，富贵便见凤流多。（艮山坤向）
阴光穴坎向阳精，左耳乘气不为轻。
穴宜挨右微侵午，出入英俊资财盛。（子山午向）

玄戈评穴（坤龙）

丁穴回环局周锁，玄戈耳入气冲左。
穴挨西兽微加申，龙脉精奇发如火。（丁山癸向）
坎离交极少生气，老阴不交龙不拥。
水朝砂秀亦堪夸，坤癸离壬纳于是。（子山午向）

阳玑评穴（乾龙）

亢阳无生甲从乾，气从谕入非天然。
阳局不奇必凶恶，鳏寡绝嗣灾害绵。（庚山甲向）
阳玑来龙宜向乙，迢迢左气从耳入。
穴宜挨左微侵娄，水朝局拥家毫实。（辛山乙向）

鼓盆评穴（戌龙）

戌山迢迢宜向乙，鼓盆左气奔耳入。
龙行起伏向阳潮，巨富但恐人残疾。（辛山乙向）
鼓盆龙向天苑星，行龙懒缓灾非轻。

穴挨西兽细消详，水朝局拥家资盛。（庚山甲向）

功曹评穴（寅龙）

功曹坐艮向玄戈，左耳乘气无偏颇。
微加甲位局周全，龙脉精奇发如火。（艮山坤向）
功曹正向天关星，龙脉颖异穴堪亲。
砂水不拥总凶恶，寡母怪疾多生填。（寅山申向）

阴玑评穴（甲龙）

阴玑穴巽向乾峰，气从右谕家兴隆。
左右不交龙失度，鳏寡疯疾幼瘟风。（巽山乾向）
阴玑起伏龙向坤，左耳乘气福无穷。
穴宜粘坐微加官，龙奇局锁方堪用。（艮山坤向）

亢金评穴（辰龙）

亢金穴巽向阳玑，气从右耳为合矩。
天官微用穴粘左，巨富但恐无期颐。（巽山乾向）
亢金行度向玄戈，左谕乘气力比和。
天官微加穴挨左，龙要精奇局要锁。（艮山坤向）

天常评穴（未龙）

未山起伏龙向艮，天常气冲右耳边。
穴挨左位带丁来，左道荣华人贵显。（坤山艮向）

天关评穴（申龙）

天关龙坐天汉星，气从右耳须细寻。
微加天绒辅龙行，水朝局锁人财盛。（庚山甲向）
甲山局向瑶光宫，左耳乘气力为重。

玄戈微加穴居左，龙蹲虎踞家资荣。（丁山癸向）

赤蛇评穴（巳龙）

赤蛇头向天门北，直来直向神功烈。
巽丙受穴最为良，富贵荣华人英杰。（巳山亥向）

天厨评穴（丑龙）

金牛走向太微垣，气奔左耳龙脉旋。
阳枢微加穴粘左，水朝局锁多田园。（壬山丙向）
天厨龙向南极星，左气冲耳资财兴。
穴挨西兽加阳枢，富贵人钦左道灵。（癸山丁向）

天官评穴（乙龙）

天官坤向穴天市，气奔右谕乃为利。
亢金微加穴粘右，亦主富贵人招赘。（艮山坤向）

评穴总诀

气从耳入官易期，气从腰谕官应迟。
耳腰乘气有多寡，乘气慎勿差毫厘。
催官穴向几等第，耳腰受气为真机。

第三节　催官篇卷之三：评砂章

催官之砂惟四方，云霄屹立官爵强。
四维峰低叠叠起，千仓万箱耀州里。
奇峰列秀有三角，黄金白玉尚奢侈。
若还有路破峦峰，官事相连败田地。

四神乌石生点驳，家业终须见萧索。
一玑统天秀入云，龙显独步黄金门。
若见低圆正而立，定主科甲在前列。
乱峰低小富贵翁，阳旋双峙美无度。
独有旋峰陡然起，经略之士端可拟。
参军司务小峰峦，低员方平富而已。
一峰秀出一登科，双峰兄弟同科举。
远峰列笋天涯外，文与韩柳争齐名。
外朝砂水外孙贵，坐子廊庙为官清。
更生如花女人貌，夫动子孙承恩荣。
阳旋低伏阴旋耸，亦主亚榜稍明经。
元戈草拔旗旄样，定出将军女为将。
一峰端拱正如圭，三甲之中应及第。
如旗斜歌不端严，巡警小官亦英锐。
乱山低小都衙职，山名地母水失流。
或缺陷水来去定，定以龙穴为去取。
龙神带得四金行，必主寡妇并僧尼。
阳枢如笔列三台，三台齐秀催官巍。
与国为姻食天禄，一峰独秀黄甲魁。
若然小峰积金帛，被石点破催官显。
阳枢低伏阴枢积，亦主食禄无猜疑。
四神八将应位起，龙真穴的齐卢崔。
太阳正火当星马，丁丙柳张更无价。
赤蛇统卯如圆平，腰腧斗大才纵横。
卯笏居西最为贵，枢旋丙丁生公卿。
印居寅甲出师巫，里巷厌听樗蒲声。
阳光癸丑主堕胎，离卯中子全家盲。
鱼袋居西官易欺，坎鬼四墓为横尸。

兜鍪剑掣庚兑出，将军威武收边夷。
东南更照齐云霄，阴阳合翕如友僚。
更兼阳关山拱照，官职崇高近君帝。
阳关山陷因阵亡，阳衡压冢初生滞。
火星宜起应天宿，仍观造化阴阳宜。
离星高秀乾主明，泄制火星英贤生。
枢玑阳旋山若陷，官不食禄名虚称。
龙穴局势无亏失，吉星到位官可必。
吉星或见有高低，更以高下为消息。
山形虽美位凶方，亦恐岁久非忠赤。
画笔尖欹列寅申，贼旗斜侧位魁罡。
魁罡高耸压冢宅，出贼乞丐沿街坊。
四金砂陷风一入，翻棺覆椁人遭殃。
牙刀四金屠剑儿，判笔庚兑辛为奇。
天乙太乙文笔起，曜气交验状元位。
得位失位分去取，总把龙神变规矩。
火星不起日月明，亦主其家生贵子。
日月不起太阳高，太阴得水富还豪。
火星不起官不显，不握重权或闲散。
详龙审局辨砂水，此是杨曾彻骨语。
世将风移民不淳，大地相逢莫轻许。

第四节　催官篇卷之四：评水章

催官之水惟三阳，水朝砂秀官爵强。
阳旋水朝文笔起，少年科甲夸文章。
若见双峰列云汉，兄弟联名亲御翰。

有砂无水亦尊荣，砂水并朝更为魁。
男为驸马女为妃，中男季子夸门楣。
三阳无砂水不贵，只主姻亲发财利。
穴乘兑亥阳旋朝，玉堂金马多名誉。
艮龙旋水为福轻，最喜庚辛丙丁注。
阴枢南极水洋洋，四神八将砂苍苍。
射策金门期第一，定主微垣作弼良。
二宫有水名赦文，永无凶祸到家门。
蚕姑缫丝白如雪，班衣戏采娱晨昏。
三阳水朝归鬼乡，义门寿考同休光。
阴旋水朝进金宝，亦主如花女人好。
穴乘太乙东南龙，水朝砂秀登科早。
若还水自太微朝，亦主出人长寿考。
位嫌砂碎似鹅头，风流女人多颠倒。
兑水切忌阳旋龙，必主徒流汲荒草。
天汉天命水朝坟，敌国富豪真无伦。
震庚有峰入云表，英雄将相麾三军。
天汉天关水流入，难免刑戮遭纷纷。
阳衡水朝主骤富，龙轻砂碎遭淫奔。
切忌剥龙入坤度，定遭刑戮罹灾迍。
阳枢有水入明堂，粟陈贯朽珠夜光。
天屏天皇水来去，财禄人丁家优裕。
天屏水忌少微龙，离龙亥水刑相同。
鬼牛来去非为吉，念经寡夫常逢凶。
鬼流来去龙入震，霹雳白昼惊西东。
来主家豪去败绝，人家定少耆颐翁。
元戈洋洋人冢宅，高堂红粉悲无穷。
掀裙献花山拱位，妇女不洁招淫风。

若有圆山盂钵样，或出尼姑并和尚。
阳权阴权互相向，有水特朝乃为上。
阴阳砂秀入青云，及第为官至卿相。
有砂无水亦登科，有水无砂惟富旺。
阳权阴权互相向，砂水并朝总宜葬。
离龙坎水近君门，阳局易发亦易倾。
亢娄流注非吉地，少亡悖逆无忠贞。
阳开懒缓亢水入，缺唇露齿含糊声。
坎龙亢水忌来去，全家受戮无余丁。
四金龙朝并坐向，痼疾横逆家伶仃。
四金对射风入局，翻棺覆椁灾非轻。
功曹传送水来去，阳局砂水吉无虑。
行龙转换到正东，切忌水流传送宫。
离壬来去离乡邑，阴机天棓生盲风。
天宫来去招继赘，坎癸病肿忧冲冲。
双生子女家渐退，缢亡落水灾危重。
水流北极肃杀位，襟怀鄙琐无宽洪。
若还来去跛龙履，鳏寡继赘人无踪。
乾亥双朝因瘵天，戌乾喑哑并言聋。
坎龙离水入西兑，淫奔必主期桑中。
巽巳兼朝破阳局，那堪太乙起雌峰。
香闺有如颜如玉，堕胎点污春风容。
阳玑来去跛能履，鳏寡继赘人无踪。
坎离阳朝破阴局，咸池水映桃花红。
游魂阴枢水并入，寅午戌岁烧天红。
阴光牵牛入冢宅，随母改嫁忘姻宗。
少以毒药因女祸，兄弟屠戮多相攻。
黄泉曜气最凶恶，阴阳混杂家零落。

行龙关节带微淆，受穴朝流亦差错。
龙真局备砂水环，攀龙附凤良非难。
真龙迢迢穴奇巧，到头伪气非纯完。
三阳六秀砂水助，博龙合矩方为官。
正面特朝固为美，傍朝叶吉梯云端。
抱城远穴须为吉，直流合矩朝天关。
来似之玄抱如带，流非吉位家贫寒。
反似弯弓直如泄，庚震六秀多官班。
穴高朝流要长远，富贵易致人安康。
朝流高低与穴等，骤发官贵非为难。
催官秘诀止于斯，慎勿浪与时人传。

催官之版本众多，有四库版，民间各种版本，还有各种师传之本等，大同而小异。为了让大众易于接受，此篇取用坊间流传较广的普通版本。

催官篇一书，以龙、穴、砂、水四章分章论述綦详。经文中龙、穴、砂、水四大要项，相互连贯不可缺，任何一项都是非常重要，而其间龙、穴、砂、水成为一个系统，穿插其中可谓牵连交融。后学迫切之要就是熟悉催官之全文，故云赖仙之学已至堪舆之极致。

二百多年后，由明朝太师文成公、诚意伯、世称“刘伯温先生”的刘基、刘青田先生所注解。迨至清朝，乾隆帝钦定大学世纪昀等大臣为总纂官恭校，且指定收纳在《四库全书》里面。

《催官篇》古人也称其为《催官经》，乃宋时赖布衣先生呕心沥血之精著也，实为天地大道的智慧经典。其中预示了吉凶祸福之天机，技艺胜出之关键，应有尽有最称详尽。

至于经文言辞之间，诲人以培德养心为主，从而顺天地之道而致福避殃。细细品读赖公之谆谆教导，感应到赖公实乃神仙气象，圣者胸怀，可以发现赖仙祖师何以能够流传于万代千秋之因由。

第二章　赖布衣《七十二葬法》

葬者，乘生气也，天之灵气所钟，不啻万殊，而人事亦如之，岂得有常法乎？是法者，糟粕也，臭腐也；理者，神明也，奇也，顾神明固不在糟粕，而舍糟粕。更无以觅其神明，然则神明也，糟粕也，存乎其人。有其人则能贯通乎，法之中更能变化乎，法之外无其人，则人为地害者固多，而地为法害者尤多，乃知人存，则臭腐可化为神奇，亦化为臭腐。

第一节　审诸穴场之体段，而用法者凡四

穴场生气有大小浅深之不同，而葬法因之，其大小有相去什佰浅深，有相去咫尺，当相其体段，消息始生气得乘，而生人受荫，不则乘死气矣，谓之与弃尸同奚疑。

(一) 大葬法

生气阔大，则灵气之乘亦大，良由星晨高大，龙虎宽舒而融结，此阔大生气，拘小葬之，则星辰龙虎内堂之灵气所凝结者大，而穴小不足以收，则满而溢于穴外矣，向能返气纳骨耶，大者大其罗圈冢堆也。虽无定式，而大略权衡于十寻五寻间。

(二) 小葬法

生气小，葬法亦宜小，而冢墓不出二寻一丈之间；盖小穴，其星辰龙虎内堂大都俱小，亦居于大局之中者，必大局中已有微茫小局在，故融结此穴，但有影无形，而心粗气滓者，不能察耳。葬得其法发扬极快，苟失其

法，则满棺蚁水，而冷退绝丁。

(三) 浅葬法

仰掌之脉气轻清，而灵光寒于皮土，锄一二尺土色佳，三四尺以下便砂石矣。若置棺于砂石之中，则泥水浸，而骨黑烂。

(四) 深葬法

厚重之质，其气深酿，平冈上皆松散土，山陇上皆砂石，土失之于浅，则白骨烂而不及，放深则未纳尽其气，仅小发而已。江北平冈有深至数十丈，江南山陇未有深至十丈者，而江南平冈与江北又大异也。

第二节　取诸四势，而用法者凡二

垣局有大小，则化工之寓不薄厚。得其大钟大福，小钟小福。若气不与棺相应，造化何能相属。

(五) 厚葬法

厚葬者，冢墩土厚也，但局宽广，则气宽，须土厚以纳之；薄则灵气游而不宿，不宿则棺内乌有得气。江北平冈龙虎动经数十里，故深葬而不去其土，良有以也。

(六) 薄葬法

垣局紧小，灵气亦薄，须薄土以发越极快，不耐久耳。土培坟，则气仅凝于冢土，而不入棺。中气不入棺，何异鼠穴存金。

第三节　审诸生气之质性，而用法者凡十五

天地交而万物生，交者阳嘘阴吸之候，中和之境也，阳一嘘而阴得承，阴一吸而阳得施，造化惟一中和者。中之者其赋于形质者，有其清、其浊、其厚、其薄，而刚柔强弱之病形焉者，两仪之有象也。若夫默默运于穆穆之

中，目所不能视，手所不能指，而实先天地而常存，后天地而固有者，太极之无形也。然太极之无形，则在两仪之有象处求之，而交即见端于不交，自可由不交以求其交中，即隐于不中之中，自可由不中以适其中得其交，而阳嘘阴吸之情当矣。夫人之葬也，岂真藏也。云夫乃葬夫天地之交也，葬大天地之交之中也。

(七) 吞葬法

入首开窝，大深乎太阳在内，外太阴，阴阳相接有微突，少阴之胎，太阳凝少阳之气，从阳入聚，气犹如人之吞物，穴体微小，不宜打破，如损坏立见天之四势平夷，右加冢，因于其上则气来乘风散，而阳嘘阴吸之情泯矣，故用吞法葬之。其法于微凸下穿一小孔洞将棺相值，则内之山灵气，由外之堂气而凝如法则法福大，而绵远，如明堂倾散不用。

(八) 吐葬法

太阴之脉，峻且强少舒，太阳便成穴，要知胎自太阴成，虽经变化，气还急，葬法用吐气始和浅井放棺毋浅入，人吐元气，还到辰聚，气俱喉里出，后冈剑嵴，化出阳气，少许虽已成穴，而气尚未和，凑之则骨黑烂，而速祸，离之则气脱，而冷退绝丁，气不离棺，棺要得气，棺气相值，富贵始得故以吐法葬之，其法有横吐，直吐，斜吐之不同，真以太阳旺处分葬而截其上截之近太阴者，至一空圹而下截，稍锄尺许，结圹置棺与上空圹相连，则杀气和，而生气接矣，大抵太阴之脉必大舒阳气，杀气方尽，如其不尔，则置棺于皮土之上，今见阳气尚少，而四势又无容，用载故用也，必形体阔大穴场宽广，土质深腻者，始可以吐法葬之，不然一块猪羊右吐之祸生旦夕。

(九) 斜葬法

穴场窄了，直葬则上下难容，生气稍斜，故放棺亦斜，若直两圹，或横放其棺，不用斜法，非首受杀，则足就冷矣。横必稍阔为喜。

(十) 啣葬法

花将放时曰啣蕊，灵气虽发，尚未散嘘，吸之情自昭然，神明若隐又若现，不解，但有人啣物重则入口，轻则脱，入首星辰大开阳面，却横身俱静而死，只有微微一点昭然，此真天精天粹之极妙也，非至贵之地，极秀者不能有此，若逗号一点之中，则灵气放，而满棺泥水虽云一点之外，则灵气脱，而冷退绝丁，却以啣法葬之，却与含不同，含者含在口内，啣者啣在口，致半在外，其法将棺半入脉内，半安脉外，不可用砖砌圹，即灰葬亦不可过厚，盖此一点真灵之气，寸土即寸金也，倘用大砖结砌与打破何异，附乌樟树叶捣汁和灰周棺三寸许万年不朽。

(十一) 息葬法

星辰雄大，元武粗重，杀气直奔入于穴中，合口虽有一分之余，生气的，居极旺之中，若不阻却其来，乌能冲和其止，息者憩也，止也休也，经曰地气行乎中其行也，因地之势其聚也，因势之止，又曰，宛而中蓄然则葬也者，葬夫止也，今见主欠端严，龙处把卫，明堂朝对，俱休一定垂头粗重峻急，而无止处，故以息法葬之，盖粗重峻急之气，稍憩，则杀气休，而生气止矣，其法于穴后大开平基，将粗之体，伐成天轮形样，以作近身盖气，复凿一深大之并于盖气之下，而立穴气，空圹之前培削，相其形势，大抵息法与借法相同，落坪之借不须息高山之息须用借，而亦有不借者，而深葬必无。

(十二) 闪葬法

纯阴木化浑身死，出身俱是贵格龙，端巧明堂不在中，巧掩闪法有神功，横施之势可追踪，直就之情细研穷，闪者，躲避而复窥窃之意，垂头孤曜浑身之杀，犯其当头主屠戮之祸，若龙其局备，则近身左右必有明堂，十分端巧，当就有堂一边立穴，然犹杀未尽更以闪法葬之，其法挨实处作一空圹，不锄寸土或更培土，而与无脉处结井，放棺两圹并立，稍开一尺而合冢为一，更于穴右杀出其水星天轮形，则逼身之煞百出，而龙局之贵气纳矣，此等穴格的主威势，倘穴则闪，而不以闪法葬之，虽贵而难光于形，大抵闪之脉与吐之脉相似，吐真受而闪旁窃，故异各也，闪之机与吐之机不同，吐以迎其吉闪以避其凶，故异法也，三者俱剑嵴龙，主损地师，富预定穴基定分全而去，不可见破土，与土升棺尤忌。

(十三) 浮葬法

天气下降，要得地气上升接天，得地交不与地交，偏阳亢孤，向以不交，体厚之故，少阳之脉，气本浅凝，乃天气下降而成者也，然必借地气之上升，而后阳得阴吸而交通，今兹少阳之体而得厚重之形，则天气降，而地气之升尚未和，不和则天气不与地交，犯阳孤绝，往往有龙真局备，而结少阳厚重之穴，本当奕世富贵，而仅小发则绝者，盖因此也，欲得阴吸之情，必引其上升之气，故以浮法葬之，其法深凿全井，结空圹于底，而置棺于空圹之上，则地升气而与天降之气者接矣，出人秀颖，早登科甲、动垂竹帛。

(十四) 沉葬法

地气上升，要得天气下降，升与降，接地得天交，不与地交，偏阴毗孤，何以不交，势胜之故，少阴之脉，气本深藏，乃地气上升而成者也，然必借天之下降，而后阴得阳嘘而交通，故少阴之脉，多用阖开局面，作深大冢堂，倘审诸四势而又高厚完固，则又不可辟，辟则陷而囚矣，若置棺于土皮之中，则气从下过小发而止，竟深葬，则下之生气，不受天阳阴结木得舒，生气便为杀气，至生人颠沛而绝。语云善葬者宁失之浅，毋失之深，正谓此种穴法也，欲尽地之力量，当以沉法葬之，其法深凿金井，结圹置棺，再加空圹于上，实以纳其地气之升，虚以接其天气之降，则生气冲和而富贵得矣，往往见接天之地，询之俱系绝冢者，葬之不得其法也。

(十五) 虚葬法

峻极星辰落大坪，灵神弥漫无栖止，龙真局备造化全，细看明堂交含水，遇虚真井以住妇，夫便留兮交媾成，此等星辰铺出大坪，而界水分明，元辰交合，此是太阴竟变太阳，乃擎天动业之地，其穴固在水交之上，而葬之却成蚁水穴者何哉，良以无妇则然耳，盖太阳之结地，气绝无全是天气之聚，故名气穴影穴，一阴一阳之谓道，天下岂有无妇而夫福者乎，故必凿一大井，浅深相其形势，而结一大圹高丈许，广数丈，再结小圹，于中以置棺，而上下前后左右俱虚，使地气上升者，得有所纳，则天气自凝，而交媾成矣。

(十六) 悬葬法

龙秀砂拔砂软媚外，山外特来会人穴，那堪是纯阴，打去石尖悬葬法，女淑自然遇良人，阴煞潜消阳自降，悬法之葬理元微，明堂须要十分奇，阴来阳受此定论也，乃有来龙出身甚贵，入首星辰耸技清秀，龙处曲抱有情，且外局更水交山会，其为真气之聚，无疑阴吸观其穴所，上则嵯峨陡峻，下则巅尾枪头，吐葬立伤人口，大凶，闪葬则明堂不纳，灵气不聚，冷退绝丁，当以悬法葬之，其法将鼠尾枪头石块尽行打去，以吉土培作平基，厚薄相乎形势，而造圹石屋于平基之上棺用铜链悬挂于中，六合俱悬空而不着实，外封土而成坟，则阴杀仅侵石屋下脚，而不结于棺，天赐之气得纳，而富贵得矣，盖纯阴之穴，纯是砂石，每逢天雨则水，从砂里石缝中熘出，所谓杀矣，悬则水侵棺，而杀出矣，故有龙真穴的，而穴场是细砂者，亦用悬法以避水也，悬与虚相似，而所施不同，虚于入穴之纯阳，而悬施于入穴之纯阴。故用虚者，无碍于用悬，而悬者断不可用虚，悬以避水，虚以注气，苟不细究其立法之义，安能动收其用法之功效。

(十七) 通葬法

入穴生气浊大，则猒滞而不灵动，虽能处元武与外之砂水甚秀，甚贵，终出人粗，久而不发富贵，当以通法葬之，大开罗圈，半圈放棺，半圈深凿一洞，用砖砌如圹样，以通其气，棺在左通其右，棺在右通其左，无则左右俱通，更甚者则通其后，通者猒滞之气使之流行通明也。法与闪相似，而闪以避其煞，以行其气，理与吐相似，而吐，用于气之直，通用于气之斜。

(十八) 从葬法

从者从也主居正位而门下从之，则曰从者生气福大，宜大葬以收其气，若徒其大圈冢而棺不灵，则天灵之气，乃凝于冢，而不入于棺，终不发福，且多阻滞，故以从之，其法大造罗圈，将正棺葬于的穴之处，而左右前后多葬无嗣之棺以从之，盖从棺得气，则正棺之气愈旺矣，此等地昭穆葬，而有数十世富贵者俱以地气阔大，葬者俱得生气故也。

(十九) 锄葬法

有大龙来，四山拱卫，入首跌断特起成柳篙星辰，势上聚而不开口，然后龙跌特起，地气成由下而升上，天气下降而凝于土皮，深不过五六尺，浅葬地气不得接，深葬天气不得纳，若辟其顶而葬之，则造化以来，所凝之灵气尽辟而去之，甚为可惜，且四山虽拱卫，而稍远辟，则天气收而岂能顿聚，初年必陷，阴结之杀，故当锄法葬之。其法于山顶受穴处，大开其井，而结圹直棺于平铺，树木之上壅土成坟，山顶如旧，其井深数丈，至嫩石为止，将难朽之木，横直层铺，填平大井。葬后日久，木渐朽烂则冢与圈渐陷四围渐锄去之。初年纳天气，而地气未尝不升，且得地气，而天气亦凝结而不散。葬后满床儿女簪缨奕世，万不失一，形似照天蜡烛。

(二十) 堕葬法

龙气深厚阔大，浅则犯阳流之煞，深葬而井小犯阴结之杀，皆主凶，当以堕法葬之，其法大关金井，深数十丈许，造石屋于下，中具两石凳，盖石平而棺搁于上，理与通相似，而通则浅而小，堕则深而大，法与悬略同，而悬则幽于地上，堕则入于地中，江北平冈土厚水深，气沉脉大，多用堕法，江南万中之一。

(二十一) 倒葬法

倒骑龙涌泉受气则穴居，当春形体固是平夷，而质性尚属坚硬，无法以葬之，一发便瘟火而绝，法当脚后与两旁棺底，俱砌一空圹于贴脉处挂钩之结，不当以倒骑论。

(二十二) 洩葬法

龙脉饱旺雄实，葬后多生瘟火，形戮。须以洩法葬之，其法葬后择一吉日抽出棺木以洩其气，甚者再抽一次至第三次，然后葬真骨，始无凶祸而永福。便法将牛骨入圹中，初次牛骨黑如赤漆，初次为灰白色，二次渐有红润色，方可辨真骨。

第四节　审诸穴场之生死，而用法者凡十一

生气之乘法多端，而承棺之八尺最切，盖此八尺，乃造化之所凝，而以骨乘之者也，其凝也固无方体之可拟，而要木出星辰五行之性，与体段之质，以宗刚柔厚薄之情，使八尺之棺，居于生气之处，自然生人受福。

(二十三) 沿葬法

倒地木星，形体固已嫩小，而生气仍如转，反则穴在夹坚夹软之处，阔

气多许正葬，止一棺冲和，两棺便多偏枯，故以沿法葬之。沿者仍循其气而依之也，其法将棺斜放，更参差以接生气，外则合冢立碑，以受堂局，出人清秀、聪明，少年发达，苟失其法，难免疯疲痼疾，孤寡僧道之患。

(二十四) 顶葬法

倒地木星锹皮穴也，木体横身是硬，便浑身是死，若是真龙，背面分明，其开面一边，有木皮拖出，形如鱼腹样，正百死中之一生也。若单葬一棺，上下犹自有馀，正葬两棺，左右便见不足，故以顶法葬之。其法就生气凿一长井，两棺一直而葬，顶者下棺之头顶，上棺之脚也，须阳在下而阴上，阳作冢，而阴藏形，盖天气重于地气而男胜于女骨，故更有横受于皮，或棺脚相顶，俱看生气。

(二十五) 坡葬法

有等平冈体阔大弥漫如铺毡，展席之式大则数百亩，次则百余亩，小亦数十亩，四周俱是界水蟠绕，此是平坡穴也，当认掌心窝中，但形体散漫其的处非日力所能测，法以夏秋之候用垄糠偏洒两周，看糠聚处以得局，特异者为真穴。稍去浮土五六十、砖砌封坟过二三年后，地气升足，然后择日进棺，形如锦被藏珠，盖珠圆而走，遇凹则住，亦轻浮若坡也故名。

(二十六) 佩葬法

入穴处必边厚薄，然后有生死动静之分，而弃死接生之法始得行焉当嵴受煞此定论也，乃有真龙局备，而入穴却是中嵴分略，无偏胜之势，而体又窄小，非旁穴结两穴之格，故以佩法葬之。其法在中嵴作准立圈，而置棺于圈之两翮，将中嵴空中而结空圹于土皮之上，合冢成坟，以纳堂局，主产社稷名臣，神灵血食苟失，其法清锋不免矣，佩卸佩玉佩带之佩，垂于四旁亦浅露而不深藏之意。

(二十七) 比葬法

有等窝穴，堂气正中，而生气止得一边，正葬则犯冷，而偏葬又堂局不合，棺内又无生气，故以比法葬之。比者堂也，法将满窝作圈，而置棺于有生气处，其死气处砌一空圹较实圹更深尺许，外则合冢，以接堂气，发福极快，但当贵人俱土偏生。

（二十八）析葬法

书曰：厥民析，久者形分散，而实相合之谓也，穴虽不甚大，又非藏车隐马者比，则气在两旁，而中槽冷死，葬之必死绝，故以析法葬之，将棺葬于两旁，而中槽掘一大沟，阔三尺许，深五尺许，直通出与横池而以粗砂和灰填实，复用石板盖而结空圹于上，使阴杀从沟中渗出则生旺矣。中空者借天阳之光消阴杀也。

（二十九）横葬法

横者腰受气之穴也，立体极高势峻，直葬则首刚而足冷，故横放其棺，横龙贴嵴亦然。眠体渐旺，气阔横骑当嵴者亦然。

（三十）立葬法

此葬石壁之法，大贵之龙遥奔江湖之中而开石壁，壁立难容立足者，然中有缝，吞唧借倚各葬俱不得，以立法葬之，立者棺直立也，形如横壁飞蛾，闽越徒山高崖，用瓶盛骨而葬，亦即此义.

（三十一）併葬法

抛地直珠固众大葬特小，众小葬特大，或三台葬口，或两突葬颈，然有等怪穴，大小不可，口颈无足凭，当用併法葬之，其法将中登交处，立标上山认定灵气以立穴，将穴前乱堆挖去，更开出一小明堂，与前之中堂相应，穴后将客土堆一大顶，两脚抱穴如矢轮影样，则参形杂势之杀出，而金水之清不淆矣。但遇此等怪欠，须细心揣摸，万物无穴情方用此法，不然佳地，损于雕琢之手，岂非造化之罪人。

（三十二）寄葬法

寄者以托也，即寄物寄居之寄，不是营造之谓。大干融结件件贵徵，而穴场却是一石洞，寒天入洞煖如火燠，法当置棺洞内，而以吉土封洞门，内不作圹，外不作冢，如寄迹然，故曰寄。

（三十三）奇葬法

来龙入格，元武正直，左右龙虎，明堂、界水、分合，件件合法，乃落穴之处，是一水潭，名为天池穴，法当葬于潭中，不用砖砌，不用土培，得气，则水自乾。后水潭涨起，而尸变化而去。此等大地，故所稀有，亦所稀藏，而发富贵极速。

第五节　纳星辰之秀，而用法者凡四

气之有无，审诸势山与水交不交也，气之美恶贵贱，审诸形貌之灵秀与粗浊也，然灵秀与粗浊固有本之失天，而后天无可挽者，亦有先天藏其体，必假后天以伸其用者，荆山之璞，非良工便不得为瑚琏之气。

（三十四）破葬法

头面星辰微有肩翅，而不大开口，或是峦石皮则难下手，然之四势穴确在中，故以破法葬之，其法于受穴处，用人丁打开，裁成大窝，而葬其弦，收山者，必有佳土方真，收局者，不计其土色，盖此星辰含蓄灵秀于中，为重浊之质所蔽，如王藏石中，必破石而玉始见，此非至贵之龙不能融聚，倘蛮凿无用之处，则受祸最惨。

（三十五）速葬法

顽星穴抛在角，大葬之法不可用，何也，穴在中气盛，在旁则气微，大葬则生气浅矣，故用速法葬之，速即邀速之速，宾原有会主之意，而主更速之使会也，其法小开金井，灰筑成坟，不用砖砌，初年不宜放水，及至得气之后始可放水，亦须浅沟小圈为是，法与攒相似，而攒用于穴之阳，速用于穴之阴，攒以避风，速以纳气，故法同而各异也。初年不放水，以体不可伤也，增土作圈，便非速法。

（三十六）载葬法

载者负者也，寓也，如舟之载物，舟与物本非一物，而赏相终始，有葩艳文质，灵光散灵散露于外，不可锄掘寸土，如倒地木星微起即泡，而穴于节泡之下者，如天财微窝，而窝心藏穴者，俱不动寸土，不用砖砌，封土成坟得法则发，福大而且久。

（三十七）肥葬法

元武龙虎，内堂俱阔大宽厚，而穴基窄小，落头细瘦，无法以葬之，则不发而绝，当以肥法作之，肥者厚重其落头，广增其穴基也。

第六节　葬局之法，而用法者凡五

宇宙一太极，天者大圈也，合之统体一太极也，地之一物具一太极，与天之统体一太极，交则有气入之葬也，葬于天地交之中，则便成生气，今之深葬者，凿煖如火燠，岂真地气有来路乎，亦尽皆日月之照临，五星之缠次而聚之耳，往往见以顶脉为得气而葬之，尽为绝冢可笑。

（三十八）培葬法

平洋田垄俱培葬，亦阳来阴受，使之隆然而起，愈高愈妙，然田垄掘寸土则寸水，掘尺土则尺水，势不得不培，乃有山垄之穴，来龙入格，砂水会合，元武龙虎俱特异可爱，只入穴之处，浑是大石，审中气起在何处，将竹竿立定，看水长水落有多少高低，便于气起之处，立压与落水相平，压上盖石板，板上培土，较长水更高数尺，砌圹安棺，垒土成坟，其水仍在压下流去，其气在，压土透入，葬后发富贵绵远，俗呼明珠出海，又曰平与合同一理而异法也，盖水有必归于北，而别无他泄者，则合用法有势归于此，而尚有他道得泄者，则用于法，何也，咀于此则水于彼也，故当用合者无碍于用乎，而不必用平，当用平者，用合为易而断不可用合。

（三十九）实葬法

有等宽大空窝，绝无弦稜涌凸，此是纯阳无阴，葬之则为蚁窟。若果龙真局备，当以实法葬之。其法略去浮土一二尺，将佳土堆成一泡上具化生脑，下具唇毡则界合分明矣。然不可随堆随葬，以初堆土未坚，仍有水无气也。实者本虚窝，而使之实非，理与借相似，借用于阴之峻，实用于阳之夷，借以补阳，实以补阴，故施功之有异者也。

（四十）架葬法

上聚之穴，高山深窝，却是石窟，当以架法葬之。法于石窟之旁立石柱筑诸四势，非破露之格，亦用培法葬之，更有穴基本是佳土，筑贵平基，只堆龙虎太高或太紧，培葬使出囚压之杀，其法取佳土筑寔平基，后则三五尺，薄则五六寸，而置棺于上，垒土成坟，发福极大极小。

（四十一）借葬法

龙虎砂小俱贵，而元武峻泻无受穴处，立穴于山上则陟，立穴于山下则湿，故以借法葬之。法于受穴处筑成阔大平基，而葬于平基之上，借者借穴星以收堂局也，三局具有，为收襟之局发稍迟以顺局也，三停有借，而泥将之穴力更大于低处也。

（四十二）攒葬法

局甚佳，而聚处是一深窝，不可埋葬，以囚杀故也，须以攒法作之，于深窝处培一深高之基，造一石屋，门可启闭，而棺阁于中，名为乡堂。攒后至人财大旺，百余年，加土封成坟，顿生灾祸而绝。

第七节　避水之法，而用法者凡三

葬必求穴中之有生气，而气与水不同途，有水无气，有气则无水，故有龙局真备，而穴场是水窟者苟不避其水，气何能纳，若能避其水，何唤不纳气。

（四十三）合葬法

有穴场，住水中，四时有气起透天，是每月水中之气，冲透合月宫，然水面一望无际，况有水深难葬，故以合法葬之。其法将土筑起半月形，选择每月初三后至十四前十二日内择吉日葬之，将天上半月，合照水中，培起半月，共成一局，发富贵而悠久。

（四十四）平葬法

有山水会合，而穴场住水中，四时气透。将土培起，则气便旁浮四散，故以平法。葬之，看水作墙，而以大石板盖于石墙之上，前开一隙，令水仍流出，置棺石板之上，垒土成坟，立催富贵。

（四十五）漏葬法

地有两脉相合，而穴居中者，形喝“玉箸箝馒头”，故以形状名，亦以力之所到在此处也，然竟造坟于中，后面水无出处，当以漏法葬之。于受穴处，造一沟在下。上以石板盖之，然后填基砌圹而成坟，使从沟中隐于潢池，则二龙之气自凝，如规模宏大者，用石板砌成桥，高大可容人出入，非欲其水之去速而然也，亦以消其阴湿之煞耳，二龙五龙皆依此法。

第八节　出煞之法，而用法者凡三

宇宙无他，生与杀而已，地道生机，人道杀机，天道兼之，出身加民而用杀者，皆天也，地也者承天以生人，以为天者也，故有生气随有杀气，而得其生者自生，得其杀者自杀。出乎杀之上自能役杀，入乎杀之中自能受杀，今观六合之内何莫而不相搏击兼者乎，乃知生之杀之，亦宇宙自然之气也，若曰神珍鬼秘以待有福造化亦何心哉。

（四十六）露葬法

有等大地穴场是块峦石，纵工深凿，并无寸土，当以受穴处将顽石尽凿去，以抖其煞。天雨，则水从石缝中流出，所谓杀也。待太阳照临数年，阴杀消，而水自止，然后将吉土培之。再数年土坚实，择日葬之。此等地多是收水之结，而收山之结，间或有之。今人动日凿石逢土而葬，不知地真，何必问土，若无地之处而凿石得十，亦可葬耶。

（四十七）屏葬法

屏者，逐之使去也，传曰屏诸四夷，不与同中国。凡见大地龙局，甚是可爱，而穴场甚多砂石，则以屏法葬之。其法将砂石尽行撤去，而以吉土培足，少待数年，然后葬棺，使杀气不侵，生气自旺。

（四十八）衣葬法

有龙穴甚佳，龙虎元武近桉，或浑身是黑石，纵极贵之地，凶徒之产在所不免，若穴禀天地之正气，而有此，则有刑戮之祸矣。欲去其杀，须掩其形，故以衣法葬之。其法将草盖于石上，以极细黄泥薄舖，累经雨过，以松子偏撒之。数年后，荫然青翠。木莲、蒲子亦可。青紫石不必衣。

第九节　取诸龙虎而立法，而用法者凡九

夫龙虎者上所以卫生气，下所以聚明堂，即太极圈也，欠缺不齐天工，人其代之。

（四十九）钻葬法

小巧阳窝，当以钻法葬之。深开金井，筑土坚固，小起坟堆，何以故？龙虎低也。语云：藏车马不畏寒，藏隐二字最有味。如实平其阳窝，气便游散。钻者，钻入于下也，亦弥坚之意，必土质佳者，若是一块松砂，钻之必绝。

（五十）翼葬法

亦如羽翼之翼，水木行龙，到头结穴，借外山作龙虎，以关堂气，本为佳地，只是两肩无盖，穴于风吹，生气便散，虽龙真局备，亦不发福。扬各土增起两蝉翼砂，便得此等穴。虽葬后亦可知工，但久远之坟，修之无益，以骨被风吹，久则日烂故也。

（五十一）壅葬法

龙格贵，局势秀，砂水交。只是入穴处是一片石，圆者如顿鼓，长者如冬瓜竹筒，无近身龙虎，又不容于裁窝。用客（土）壅成小龙虎以护穴。形喝“飞龙啸天”。盖龙啸则气喷状，其不深藏也，云从龙状，其壅成龙虎以卫穴也，又仰高穴，故曰啸天。

（五十二）围葬法

有等大地在平洋处，罗城甚是固密，只嫌其无近身龙虎，而大宽，又无近身界合，则周围打墙，以围其气，凡围三匝，出入门路俱三奇定法。

（五十三）凹葬法

结穴处，或左或右有凹缺，则贼风射入，须于凹法葬之。于当凹处，砌

一空圹，与正穴相连，浅深同之，更或入他骨于中，又于圈外堆一小山，以蔽其凹，则房分均而福力大。

（五十四）伏葬法

龙虎贵相让，斗便不佳，然可以人力伏之。其法有二，一则削平之，便无斗射之形，一则联为一内堂蓄水，从左右九曲放之，稍擎拳者，更于坝上造屋联之。若南离之向，而高擎拳，亦无可如何也。

（五十五）曲葬法

龙虎要曲，曲则有明堂，有交媾，财禄方裕。倘两臂直出，极大之地，亦饮食难娘，离乡得福。山垄无可施工，平冈平洋掘之使曲可也。

（五十六）阁葬法

下砂不足，而用人工补出，谓之阁之义，即阴吸之情也，非下手宽而仅筑堤闭塞之也。

（五十七）辟葬法

上砂有余，而用人工掘去，谓之辟，辟之义即阳嘘之情也，非嫌其砂之顺水而去也。

第十节 取诸穴前小明堂，而用法者凡九

穴前小明堂与穴内生气相表里，所谓外接堂气者，正接此小明堂之气也。地固有龙真穴的，而近身元辰不交者，终少年阻滞，衣食艰难。语云：山管人丁水管财禄，然有明堂而无毬檐，葬得其法亦主财丁；有毬檐而无明堂，法无可施者，虽是大富贵之地，亦主衣食艰难，离乡发福。则知堂气胜于生气。

（五十八）注葬法

龙势阔大平，元辰交远，立穴于尽气则气薄。立穴于气旺之处，则龙气不住，故以注法葬之。其法于气旺立穴，而于穴前开一小明堂，用时筑砌，或方或员，大倍于穴，较井深一二尺，将穴两旁裁出微微虾须水以会之，择

吉方放出，或只引一边近身而界水湾环穴前流下平而去，复以薄石板盖其深堂，使外视与金井底砖平，而石下虚空，注水流通，无非脉遇水止之意。

（五十九）隐葬法

龙脉到头，气旺已止，而余气尚去。注水之处堂局极佳，立穴于气旺之处无其堂则可惜，立穴于受堂之处，脱其旺气更不是，故以隐法葬之。其法于气旺处立穴放棺，不起坟茔。于受堂处作一假坟，放水立碑。亦生气贯棺不贯冢，山水朝冢不朝尸之意。

（六十）兜葬法

穴有倾泻，则势便不止，不止则气便不聚，主伤小口，而艰于衣食。法当于数丈前堆一小桉，或眠弓或蛾眉或玉尺随其五行及形势作之，可救其失。

（六十一）裁葬法

元武嘴长高裁，宜剪去其火嘴，所谓剪火挨金也。曰裁者，不独以掘去为义，有增之成之裁成辅相之意。

（六十二）明葬法

明堂固贵团聚，尤贵舒畅，若团聚而不舒畅，则顽蠢瞽目，衣食艰难。法当于穴前水聚处开一深池，则光明轩豁，使富贵文秀，无不如意。

（六十三）制葬法

贵龙结穴，铺出裀褥，成乎地火星，或二三或四五，此是贵秀所钟，裁之固非，然终为尖利之杀，听之亦初年欠利，法当以穴前开一方堂，引随龙水会之，注水五六寸，（以）又择吉方出水，盖内堂明淨则外之尖利为权柄。制者制伏尖杀也。

（六十四）蓄葬法

元辰直出固无害真龙之结，若明堂宽旷而内堂又直出，终为美玉之瑕。故筑坝蓄水，以聚其气，发越极快。

（六十五）清葬法

有等大地，入穴是一片牛皮，细审之，则两旁有微分龙虎，中有微起脉气，只因口中腮中福而大多故难入目也。清其界水、明堂，则穴内生气自旺。形如“蝶扑梨花”，有生死动静之义。

（六十六）潴葬法

一泓箭射，定是孤寒。倘龙真穴的，宜凿一大池潴之，盖水得潴则直射之水煞脱矣。大江洋潮不谓之冲正，以形阔则煞散矣。

第十一节 控制山川之法，而用法者凡五

经曰：气之盛虽流行，而其余者犹有止，则地固不在穷尽处也，虽零散而其深者犹有聚，则生气全以积蓄而聚也。又有在天成众在地成形，而人遇之则成事，则知吉凶美恶自有预定，而大醇小疵者亦可以人力修之，而不使叹世界之缺陷也。

（六十七）阻葬法

龙已结穴，而余气复去，似乎脚重身轻。法于去山不止处，深凿沟井，使山去之形有止蓄之意，则气亦止。盖形止则气亦止，形行则气行，岂真有路以穿去乎。有以大块砂石枯炭填实满井者俗见也。

（六十八）留葬法

龙有穴真，而去山不相回顾，则破其反面，堆其钩脚，使去山有卫我之情，而妻孥无执拗之病。留与阻多用于鬼劫之龙，而去势重者用留，轻者用阻，留则高堆冈埂，阻则深凿沟井。

（六十九）掩葬法

掩不善而着善也，亦遮寒也。有凶煞恶水，或种树造屋亭台掩之。

（七十）招葬法

招者导之使来也。有吉水而不入口，则凿去拦阻而使之到堂。有秀砂而不显出，则削去障蔽而使之昭明。常有近桉丑而远朝，削平其近桉，固是改近处之头面，亦以招远方之秀气。

（七十一）席葬法

经曰：山岳钟灵，产豪毓秀。山川聚气，发富发贵，乃知富贵豪杰之

家，俱由山川秀气所凝聚而得之也。有等大地山围水会，而穴处扩大弥漫，则灵气亦游散，而无的聚之处，如用虚、围、悬、壅等法葬之，俱不发越，以无真明堂故也，当以席法作之。于大穴前开一小明堂，而旁开微茫虾须水会之。其外原基，即作近身龙虎本桉，富贵便得。席即筵席之席，所以会聚佳宾好友之处也。法与注相似，但注以正气，席以邀局。理与招相似，而招则去浊迎清，席则作主正客。此多在山冈骑龙成十面星辰，而近身无龙虎，内堂只是龙真局备，彼以知为真结也，造化元机出于作者之乎，非圣人而能若是乎。

第十二节　打动龙神之法，而用法者凡二

陵谷变迁，山川改色，固天运之开通乎，亦人力为之也。虽天气动于上，而人为应之，有莫知所以然而然者，若神明之师则能迎天运而佐之，盖天运到，人力至；人力尽，天运开。天乎人乎，共相需并列者乎。

（七十二）开葬法

万仞山巅，穷源僻坞，高邱大冢，突袍稀少，则灵气为草木蒙泽所蔽，虽有佳地，葬之不发。开者，开其境界，而使之通明也。法当于深秋久旱之时，纵火烈焚，后以人力开之，使阳光照临，阴暗潜消，富贵自得。

（七十三）凿葬法

水为山之神，每见其方，泉源多出则繁茂，旧泉乾涸则消索，故水灵山亦灵，水滞山亦滞，卜地首尝泉，信不诬也。而打动龙神，以水泉为首务，金陵疏秦淮而王霸兆基，吴山开六井而人文济盛，闽越人才文明亦如是。故知龙真穴的，而近地无泉者，当于少祖过峡受胎之处，左右各开一池，如龙神灵动，葬之发福。不然横祸立生，是以免灾祸当疏泉流。

戊

控制作法篇

第一章　赖派作法

在赖布衣催官天星派的作法中，我们通常会分为两种，即所谓的形胜之术和形理之术。然而，在这两种作法之中，还可以一直细分下去。包括的方面很广很博，看起来显得很多很多。无非就是从龙、穴、砂、水之中去细分罢了。然而赖公传承之妙法，常常是令人大开眼界的。

如龙法之中就有补龙之法，泄龙之法等等。而穴法之中又有脉法，气法；甚至还可以再细分下去，如脉法又可以分为引脉法，续脉法，截脉法，承脉法等等；承脉法还可以细分，其中都是一些接脉葬地之密法。还有气法里面，有要分为放棺承气法，坟式承气法等等，这些都是我们常用的乘气安坟的内部之法。我们再谈谈砂法，砂法又可分为筑砂法、培砂法和斩砂法等等。最后还有水法，如水法之中就可分为避水法，引水法与分水法等等。在我们的作法中，还有专门的阳宅作法，当然，又可以细分为檐，窗，门，路，池，墙，树等等众多篇幅。

在本派之作法中，除了形胜法之外，对于形理之术的要求，是必须与我们的理气法相结合。这样一来，才能发挥其最完美之风水妙用。举一例：如果遇到一个龙真穴的的龙穴，然而因其来龙形势过于凶猛，导致穴场降脉紧急局促。如果葬不得法，必定会骤发骤败。如果我们用粘法，又怕有脱脉之嫌。这个时候，就可以用到赖派作法中的闪棺之法。其法是在穴之作不偏移，然而大小可以容两棺，然后棺材之一放闪入一边，用穴以化聚其气，后用一棺以承之。这样，始不会以承气脉不得法，而骤发骤败。当然，我们也可以用泄龙之法，其法是在葬后，选择一个吉日，把棺木抽出来，以泄其气，甚至有的地方，还要抽出来一次到第三次，这样的话，一般要耗费时间两至三年，然后再安葬亲人骨骸，这样的话，就没有凶祸而可以得福了。所以，在用泄法这个期间，我们还需要等上几年的时间。赖公天星的此般作法，则可以说是无往而不利也。这个方法是内地的传承，很适合用棺木安葬，因此也可以修成长方形的坟式。现在看沿海地区的坟式的作法，哪怕就是同门同宗，随着当地的习俗，墓地样式就已经大不一样啦。可见风水学的传承，和地域的分布也是有很大关系的。以其传承的地域不同，自然在运用的手法上也会不同。

所以我们不可用单一固定的公式，来谈论天星风水的作法。天星风水里还有一个截脉之法，是因为穴前的脉气拖长，形如拖枪。我们就必定要用截法以截之，只有这样才能由凶险转为吉利。关于天星派的此等妙法，可谓林林种种。其基本手法就已经是多的不胜枚举了。天星派风水作法，只是浅说如此，实际则更加深不可测，所谓欲神其术，贵在变通。只不过，在于风水师个人巧妙运用而已。也惟有如此，才算是懂得了改天地不全之妙用。

古时候的风水师们往往能把风水作法，运用到风水斗法之中去。所以说，看一个风水师到底是有真本事还是假本事。只有在斗法中比试一下，自然一下子显现了高下。术数就是双刃剑，有吉利有凶险，一般都不轻易去推荐大家去使用它去斗法。然而，在古时候的风水师们，被人家养在家中，所以通常都是各自为自己主家服务，负责宴请自己的那一个家族的安危。而这样各自为主的情况，往往会导致风水斗法之事的发生，而且很多很频繁。那种激烈的程度，完全不是我们这些现代人能想象的到。因此，那个时候的风水师不仅仅技术和能力好，而且道行法术也很高深。如果风水师自身没有某些高超的秘术来作为支撑的话，是很难另主家长久富贵的。试想，如果别人家里请的风水师偷偷在暗中整你，而你的道行和技术不行，自然就无法在社会上立足了。

然而，赖派上等作法的精妙远大于此，相信大家对于风水中之斗法都有耳闻，其实，风水斗法完全是出之风水中之作法，它们起源于作法而来。在这里，我们先介绍一个风水斗法的实例，让大家可以更好地了解到关于风水中的斗法，实在是为风水中最精妙绝伦的作法，有时候，它就像一门艺术。

看过之后，大家心中一定会对赖派的风水作法，喜爱非常甚至终身难忘。

话说古时候，有两家人营造住宅，因为是两对门居住。也不知有意无意，也可能不小心，竟然修成了大门正对着大门。这种门对门的格局，在风水中来说，自然就属于不吉利的格局了，因为往往这种对门而修的房屋，必定会导致一家兴旺一家衰的局面。这也让我记得师传的一个对门诀："大门吃小门，新门吃旧门。"看起来这两家虽然相隔距离大约有五六百米，但是只要一开门，必定就会相对而视。这令他们很不自在，可怕的事发生了。其中有一家很快就择日请人过来重新把自己家的大门做了修改，见他只是改阔了大门，并且一天到晚都一直常开不闭，其他地方倒也没什么动。这个被改大并且敞开的大门，很快就发生作用啦。另一家的人发现，在对门动工后时间不长，就发现全家的人都显得没有精神，无精打采的，于是怀疑被对方大门吸纳了自己家里的堂气。于是想对策，最后请来一个当地有名风水师来勘察，很快找出原因，提出对应之法。但见风水师来到家里后，立即就要求东家把原来的门槛改高为一尺二分，用来阻挡内气外泄，同时又要求改左右天窗为圆形，且令其常年通气，一直开而不闭。风水师放言：只要坚持这样做，保证不出五月，原来的这种恶劣情况，就要来一个相互转换。

然而，前一家很快发现不对头，于是侧面打听到这个情况。也从外地请来一地理高师。只见那个风水先生一到家里，勘察一番之后。就直接建议，把门前之空地上，改为一个三角之形砂，并且作塘于其左侧，奇怪的事发生了，很快对面那一家就伤了一女口。于是，那一家请回自己家用之地师，商量斗法之对策。风水师建议，在门外筑一堵半圆形的墙垣，用以化掉其煞；开大门于正前方，并且抬高大门位置，使之形成有六个阶梯之数，然后，于其内做短窄之阶梯，于其外作宽阶。就这样，没想到三年时间不到，竟然导致另一家因此丧失去了二个儿子。

在这场风水斗法中，竟然导致他们相邻两家两败俱伤，其实大家内心里都是后悔莫及，谁也没想到的最终会是这样的结局。终于清醒了过来后，于是，找中间人搭桥引线，大家坐在一起谈和，进行一番改善，破除了原来所布设的风水斗法之格局，还做了适当规避之法，把两个大门相错位置移开不正对，从此以后相安无事，两家再也没有不利之事发生了。

这个风水斗法的例子中不难看到，就是关于风水作法所的形胜之法，其中谈到的宅法。而且手法简单实用，基本用的都是宅法中的门路墙之法。从以上案例可以看到很多高深的作法。当然，这里面就没有用到符咒，更没有其他种种奇异怪诞、不伦不类的神鬼杂说了。究其作法之原理，完全出于风水作法之正理。

作为我们天星派来说，在大多数的作法中，一般都不会轻易去使用符咒，或者说尽量少用。毕竟这样做就同时要涉及到风水和道法，一般人们都会认为，这完全是两个不同的体系。当然，其实要是细论起来，也本来也是无可厚非的。因为在道观修行的道士们，他们改变不良环境的办法，其所使用的道法之中，除了斋醮祈福超度之外，自然会很习惯地用符咒的。很多风水师也使用符咒来镇宅斗法，这都是属于法术范畴。因为地理的作法大多数时候和符咒毫无关系。所以风水同好们在配合使用时要千万注意，对于没有符咒信仰的人，尽量不要使用到它，以免的让人家觉得做风水显得很迷信。我们面对没有宗教信仰的人，记得一定不要随意去谈到符咒之说。因为这里面讲到所发生奇异之事的种种传说。人家没有眼见为实，你根本就无法解释清楚的。对于有此信仰的人来说，还不如就干脆引申到道法符箓领域去，这样可能来得更实在一些。问题是很多人自己控制不了自己，也许是手痒难耐，动不动对所有人都要用符咒。这就是导致为什么很多地师，非把好好的风水之学，搞的如此的“江湖”，让人们误认风水学也成为名符其实的“封建迷信”了。

所以说，在这个世界上，风水肯定有真风水，符咒也有真符咒，他们各有功效。雅浩在此也不好做其他劝说，只是好心建议大家。真有人需要的话，也可以分而用之，完全没有必要去混用一气。然而，雅浩也不希望有人看到一些东西后，可能仅仅一知半解，就到处以此法去牟利，如此就害人不浅了。切记，害人终害己，只要时间久了，一定会天理不容的。当然了，真正好的东西，就是要让更多人看到，做到抛弃虚假、去伪存真。能够如此，也不枉雅浩所作这番推广交流的心愿啦。

第二章　赖仙控制之秘法

赖公控制之法真正的厉害之处，全在于他有能力来把握全局，此法惟有了悟天地之大道者，方才可做到的。可见一定需要扎实的功底，能掌握天地运行的规律，试想天下山川大地多，难免有的天生会有缺陷，是故天地无全功，而待人力来补足，天星派除了用到裁剪增补之手法外，大地可改造地形和用赖布衣的“塘底行注法”来控制龙气，也是完全可以出贵的，当然最好还是要在处女地上施用。试规划如下：

1. 改地形：在不损伤龙体的条件下，削低裁小凶砂上的尖峰，雕琢成穴场需要之形，种上草皮或种树木。也有用土叠厚增高穴星，栽种能长成枝干参天的树系，务使穴星有贵人坐堂威武之势，能招纳远秀，能役使近力，因此穴场成护而不能欺也。

2. 控制龙气：一般用赖公之“行注法”，是放消龙气使之纯粹流通，或有凶砂恶水而用以控制使之无害的方法，是选葬之微权，历代明师必谙的妙道，只用在大规模的坟墓造作上，贫穷之家自然无力使用，故研究此道的地师甚少。

举例：在广西合浦县境内，公馆、山口、常乐、曲樟四镇交界处土名“丈二潭”的地方，有一座远近闻名的古墓叫“七金坟。”名字的来由有一个故事，据说在乾隆年间，本地叶姓人寻得此地葬亲，葬后第二天即发现金瓮被喷出坟外，叶氏又加葬一位亲人骨骸以压龙气，第二天依然被龙气喷出，叶氏不肯放弃，又加葬一个金瓮，还是被喷出，如此加葬、喷出、加葬，反复连葬六金，结果还是一样。叶氏已经无亲人骨骸可葬，然而又贪地美，情急之下竟然生生打死一位丫环加葬进去，奇怪的是这次葬下倒安稳了，此地也因此得了个“七金坟”的名字。可是，地虽然美；而数百年来叶氏从未出过值得一提的贵气人物，乡人都说：杀生下葬，违背天道；因果报应，理当如此！假若当时地师能通此法，又何必会出杀丫头来顶龙气这样惨无人道的事情？

赖公其法为：在茔内作内潢池以蓄气，然后放出本龙之气，节节盘曲，放出塘前，又作一外潢池以止气，行注沟深阔四寸，填上粗砂碎石碎炭。本山寅龙人首，纳于离为净阳局行注，结艮山为左耳受气，注纳甲净阳、正五行相生之方，穴星微小，故只取简单的四气流通式，寅为木，先注甲以比和，后行壬而生之，在此造一小圆池以留气，为内注。转行癸，再行乾，自坤出入外潢池，在此择利方外开一窍以放水，以泄暴气在两端造沟连接内潢池，呈长方形，则行注之气周流不息，四面流通，有聚有泄，则可夺此茔内之神功，而改其天命矣！

在民间有一句顺口：“一等先生观星斗、二等先生观水口、三等先生拿着罗经满山走。”说的就是掌握天星风水者。天星风水由于一直以来都是口传心授一脉单传，外人很少窥其全貌。天星风水用宅宫，通过行星与恒星的运行轨迹，对地球的磁场效应来应事，另外，这些星、宿对照在地成形，形成形态各异的龙、穴、砂、水、向，以此来寻龙点穴、造葬。堪舆者通过天星的五行性质、生、克、制、化结合宅宫，根据恒星、行星的周天运行度数，来断流年应事吉凶，一目了然。

第三章　赖公古传之生基秘法

赖布衣古传之生基秘法，乃藉地理神妙之术，改人先天之命、是中国人独有的创举，老祖宗的智慧结晶，千百年来流传至今。古有秘法云："生者血肉也，生基之坟，以为生者纳福。"此术珍贵隐秘，能得真传者极少，赖公此术称为赖太素隐山不树法，属于改命之术。

"生基"起源于道教，在修道的过程中起到"藏魂寄魄"、"天地人合一"等作用。也称为寿藏、寿坟、寿穴、寿域、寿基、衣冠冢、活墓基等名称，种生基乃"葬生基"之讳称，源自江西之道派。此术源自古俗，客家人也有"葬生基"之俗语，活埋之意，如说："好彩走得快，山泥塌下，就要'葬生基'。"为白鹤仙人传唐贞观三年进士王可崇"开生基法"。也有人认为是道家张天师所传之法。

据说种生基原本是将人假意活埋，假死一次，以瞒骗执法之仙官，避开劫难。后来演变为"阴宅阳用"之术，预先殓葬自己的替身，以吸收龙穴地气，延寿增福，道理类似庶民为清官或恩人兴建"生祀"或立"生辰禄位"拜祭，将功德回向予恩公。杨公曾说："不得三尺龙穴土，终身劳碌又辛苦。"不论是祖坟风水，阳宅住居，或是生基，其龙穴土所蕴藏的地灵、地气及温度，都能给予祖坟，或是生基及阳宅相当程度的神秘加持与灵动力，因为有宇宙用不完的磁场及地灵气孕育，而形成奥妙能量磁场。

生基起源很早，理论可以追溯到晋朝，仙师郭璞所著《葬经》气感篇里"人受体于父母，本骇得气，遗体受荫，气感而应，鬼福及人。"其意思为：父母为子孙之本，子孙为父母之枝，乃气体相同，由本而达枝也。择地葬亲，若种本之类，培其根而叶自茂。所以若择吉地而葬，得其山之生气，反气纳体，自可荫其子孙。既然葬自己先人于吉地能荫后代子孙，若以自己之骨血纳在吉地里，理应让自己获得同样的助力，于是先贤就有了造生基来造福活人之法。郭璞他每一次寻到了一块好地方，就剪了自己的指甲和头发埋在那地方，上面结了一穴坟墓，当作自己之山坟，所以郭璞占有所有好风水之坟地，如果风水有灵，郭璞理应当贵至魁甲天下，事事一帆风顺，何以四十九岁就被王敦所斩？此和他每日纵情于酒色，以及口才木讷耿直之个性有关，此乃命运也，风水也是有德之人居之。不然，每一位精通风水者，其后代皆昌隆也。

源于唐代即有记载：姚崇自筑寿坟藏于万安山，预作寿终之寿坟。《鬼谷子无字天书》所记载：张良寻觅洞天福地修练仙术，于徐州子房山得一“云中仙座形”之贵格地理，遂自建一寿坟在真穴处，并于寿坟堂前，修练打坐。最后，修得正道成仙啦。而他的后代，从张道陵封为张天师至今已有六十几代天师，也一直都是富贵发达，受到世人敬仰。历经宋朝、元朝、明朝等诸多朝代，乃至现代乃至许多人为达到目的筑造生基。

生基重点还要看三点：

一、要有来龙和地气；

二、有没有真正结穴；

三、消砂纳水得宜否。

其实，堪舆风水学术早在晋朝即已兴起，由郭璞所著葬书即可考证，直至唐朝堪舆风水学术发展至炉火纯青。人们发现，先人骨骸葬后对后代子孙影响甚大。是贫是富，是贵是贱，丝毫骗不了人，做不得假。进而深入研究，将活人身上不易腐化之物如：“头发、指甲、衣服、裤、鞋、帽”等物，葬入龙穴内，并配合天运时辰，等待反应。没想到其效果竟不亚于安葬祖先风水。因此更潜心研究生基之造作，葬法深浅，吞吐拿捏，依治病、诞麟、长寿、发财、造福、发贵、求子、求夫妻姻缘、助和合、造官运……等各种不同造作方式，来达到最成功的效果，并将其发扬光大。

直至宋、元、明、清以及民国更有堪舆明师研究发现，生基之造作可以不用立碑依然有其效果，可是必须要寻得真龙正穴，依天运良辰将生基之必需品，葬入龙穴内，让生基物直接吸收地灵、地气，使生基发生作用，让生人接收得到讯息，感受得到神奇的效果。

名人与生基

近年来也有很多港、台艺人及名人种生基，以此来助他们催运。其实现在他们避谈种生基，是因为种生基不能公开说，公开会危及当事人，属于秘密，而生基本身也是以天地间的气为自己催运，不能让人知道，以免惹来坏心肠的人破坏。

台湾的政商名流做生基并不是新闻，只是做生基的人怕被仇家破了风水，几乎都是偷偷地来，不敢随便张扬。日前，台湾首富也传出准备找龙穴做生基，只是他并不是为了自己的富贵官运，而是要帮他的弟弟，目的是求身体健康。

这些都是希望通过风水来改变逆境。很多亿万富豪，都想把全部家产来换回自己的一条性命，然而，却没有人能救得了他。这又是为什么呢？还是福德和机缘的问题。有一句古话说得好，“山山都有王侯地，只是缺少福德人”。雅浩以为，不管什么人，在一味地改变风水的同时，也不要忘记多行善积德。

谈到培植福德的问题，雅浩在此想说，今时今日也确实还有很多这样的人，也还有这样的真实感人故事，这次春节期间回赣南，陪父母一起过年时，就听到二哥谈自己的亲身经历，说到一个叫做创兴品牌的服装老板，就是一个专门为员工谋福利的人，平时对员工的生活待遇也是时刻改善，把工厂里生产得来的所有利润全部加在制衣的单价里返回给工人们，除了专门为工人们都买好养老保险，还自己出资大量建职工的福利房安家，让自己的员工有其家。

他时常关注工人生活上的需要，首先就从伙食抓起，坚持改善饮食，增强大家的营养，做到在员工生活的便利上，尽量去补贴工人，再多钱都舍得花，目标是要把工厂建立成一个可供参观的花园式厂区。厂区一年到头，光是各种生活设施、基础建设就没有停止过，从来没有心痛过钱。听二哥说，老板今年年底听他们的厂长汇报工作时说设立了20万的奖品给工人们，他立即就说太少了，要求厂长明年要搞到一百万的奖品，如果工人们要带奖品回家的，由工厂负责打包邮寄。这样的人才是大善人，因为他已经在经营理念上，上升到了为社会解决就业，为员工谋福利了，这已经不仅仅是挣钱自己过生活这么简单了。其实挣钱到了一定数字，自己根本用不完，那就已经不是钱了，只是一个数字而已。这个时候能及时发大爱之心，对自己、家人、社会都意义深远。

但是现在社会里很多人已经富裕，还在拼命挣钱，而且还是违背良心挣钱，起的是占有的贪欲，哪怕再多钱也不够，完全迷失了自己，成了守财奴，根本没有慈善心，没有回报社会之心。所以相比之下，我觉得象创兴服装这样的老板，长时间来一定是能得到大家心底的拥护，这样就一定能把厂区建成如自己的家一般的工厂，这样的工厂这样的人，就应该有更好更大的发展。雅浩就是敬佩这样的人，这种能为大众谋福利的人行为符合天道，其实就是在行天道，就是积累福德。

第四章
天星理气——赖布衣分房论

房分之说，根据家中之排行，无非孟仲季也。易曰，震为长男、坎为中男、艮为少男；巽为长女、离为中女、兑为少女。孟仲季之分房由此而起也。然其中有通变之机，非属此卦即应此子，应此女之谓也。

1. 壬龙天辅星，壬山天辅一星临，阴极阳生地脉深，午乙甲坤宜低向，丙丁未水总防侵，峰高离位魁三甲，潮北阳权富万金，亥星若见龙耸跪，其家退败漫言贪，兼子离乡恨不分，长房人旺福无论。

2. 子龙天垒星，天垒之星照子山，孕生六指好男儿，苑甲坐辛乙宜向，天申月关亦可安，辰水到堂官受戳，离潮入地女操权，定因军兵兴家计，终日由来起祸端，子山兼癸长先贫。

3. 癸龙天汉星，癸山天汉看见辉，踊跃行龙定见奇，天越峰高生虎将，离宫砂秀转丹犀，坤申午乙扦向吉，辰戌巽庚朝不宜，六指缺唇儿怪异，却生贵女作宫妃。

4. 丑龙天厨星，丑山未向吉堪扦，若是单行祸半全，向对紫薇天市吉，水宜丑戌丑金生，坤乙离壬阳水火，庚辛巽丙未丁全，后人斋戒看经等，左道荣花长位权，禄不善终遭贬责，十分美局只为钱。丑山带艮初发如雷，主残疾、少亡、寡妇。

5. 艮龙天市星，天市之星照艮山，贪狼列坐镇真间，寅申照穴为凶曜，亥水绕归旋是吉，端对庚辛主发祸，向丁未巽亿千官，阳潮太乙流皆煞，水秀砂明不等闲。巳长、丙中、丁向小，艮富总小出官郎。

6. 寅龙天培星，阳枢镇照人易富，天棓须教亦易贫。

7. 甲龙天苑星，甲山天苑近连寅，向宅乾坤壬癸申，定主跏跛并眼疾，又主风疾病缠身，坤申坎癸朝皆喜，兑丙猪羊午水杂，终久子孙难养活，纵然温饱不如贪，中子寡母坐高堂。

8. 卯龙天命星，天命原来对出宫，丙丁亥向产英豪，庚辛酉对公候位，午水潮来少微峰，壬乾寅申砂水恶，兔未流来去震轰，最喜庚兑辛峰秀，虎将边城拔武功。辛向长荣花，庚向中贱小子佳。

9. 乙龙天官星，天官正临乙山明，砂秀丹青尽不成，离水朝来多富贵，坎离高秀亦显荣。向扦癸方蛉长子，继子中安和。

10. 辰龙天罡星，辰山天星是天罡，形势奇雅枉异常，贵禄不临无吉庆，鬼神侵占是迷宫，僧房道院聊堪住，阳宅阴坟总独穷，局美乾坤虽发福，也因军贼退败亡。

11. 巽龙太乙星，巽山太乙吉星是，主出文章子孙贤，喜艮庚辛亥丑向，忌壬子癸兑乾元，少微凌汉刃兵峰，太乙凌云翰林院。

12. 巳龙天屏星，巳山星位是天屏，龙脉由来单久长，巽丙子蛇堪作穴，乙辰骤亲却为飞，坤申坎癸潮皆忌，亥艮庚辛向兑祥，砂见旋冲为玉印，坎离峰耸见灾殃。巳山长发；辛向长绝；亥向小贫；庚申向长发。

13. 丙龙太微星，天贵文章照丙山，火明禄地应其间，庚辛亥艮卯当向，壬癸乾寅午火关，天市贵星高耸拔，紫微吉水喜湾环，英雄富贵由斯出，定有儿孙在朝旺，丙龙兼午中子发，子向长房败贼，主寅午戌年火灾。

14. 午龙天广星，阳权天广位南离，气象冲霄福异奇，癸向登荣身显达，亥潮刑戳日昏迷，阳方砂水潮皆忌，北道乾壬向对宜，久后恐防瘟瘴败， 只愁女多少儿男，离龙小富过房兴。

15. 丁龙老人星，南极老人位高方，镇照丁山大有光，脉远定主绵寿考，气真必定产英豪，坤申坎癸潮皆忌。丁龙发长兼败长，酉向宜荣。

16. 未龙天常星，未山单镇不堪扦，行度兼丁福半全，向对紫微天市吉，水宜辰戌丑金生，高僧妙道多名誉，寡母鳏夫独秉权，才得吉星相应照，也因神光锁家筵，长房出劳疾和尚。

17. 坤龙天钺星，坤山天钺照明神，长养修成只此星，龙健强势生虎将，女精男烈播威名，向扦甲贵官美爵，水由乾天受显荣，但主后人少子息，高堂守寡叹伶仃。

18. 申龙天关星，卦列申山近辅坤，天官星受吉堪轮，砂明水秀兴家业，镇远行龙荫子孙，寅甲向扦终福禄，贵人向主旺财源，年深月久终衰败，明月孤独欲断魂。

19. 庚龙天汉星，天汉原来庚方吉，产英豪拔武公功，天命阳旋皆吉向，紫薇吉水并潮宗，坤申坎癸潮皆忌，辰戌命人总是凶，行度落兼辛兑到，子孙富贵永无穷。巽巳向长房发贵，换妻克子兼未坤。

20. 酉龙少微星，兑山酉位是少微，左右天星气象全，四神八将山宜拱，六秀三奇水绕缠，巽亥老人皆立向，丙丁太乙水呈祥，离壬寅甲兼中局，子午龙蛇忌到堂，长出官中小人稀，卯巽二水来富贵，不宜辰水出寡人。

21. 辛龙天乙星，天乙星辰辅兑金，龙真气聚产英贤，门捐光彩丞恩宠，宅舍荣华用意扦，太乙峰高堂显第，巽宫水到出神仙，乾壬坤到山一座，富贵荣华水绵绵，长富兼戌生残疾，寅申水来出眼疾，中子小房出少亡。

22. 戌龙天魁星，戌山照临是天魁，墓地无禄无贵奇，独龙单岗休下空，奇秀砂水发横财，乙辰甲向须宜立，寅午逢龙见火灾。终久乃因军贼败，子孙还恐绝根苗。

23. 乾龙天厩星，天厩司乾兼亢阳，偏宜道院与僧房，若向阳定阴坟地，定出育聋忤逆郎，乍富发财家易败，小儿继赘助难昌，年深月久终须败，不免烧焚病可伤。乾龙初发，三代后贼火烧。巽向小房先兴后败，乙辰水到绝人烟。

24. 亥龙天皇星，亥山原山是紫薇 ，四六中间第一尊，坎癸腾腾飞入亥，乾壬坐向总宜扦，辰戌寅午灾殃水，丙巽丁辛富贵源，上及王侯中受牧，先贤秘诀莫乱传。巽巳乙向长子贵，丙向中房贵，立丁向小房荣。

以上为二十四天星分房论，基本都为一定之式。可见一地之房份枯荣，天地注定，故葬亲者，但论其地之凶吉，断不可执房分之私见。岂知葬地如树木，根茎得气则众枝皆荣，根茎先拔则众枝皆萎；亦有一枝荣一枝枯者，外物伤残之耳。

吾观历来名臣宗室，往往共一祖地，各房均发者甚多。亦有独发一房或独绝一房者，此有天焉，不可以人之智巧争也。

有时得一吉地，惑于旁人之言，以为不利于己而阻之者，阻之不已，竟葬凶地，同归于尽，亦可衰哉。今之世家巨族，往往累年不葬，甚之迟之久久终无葬期，一则误于以择地为难，再则误于以分房之说。一子之家犹可，子孙愈多，争执愈甚，遂有挟私见以堤防，用权谋以自使者矣。原其故，皆地理书公位之说为之祸根。使人减伦理、丧良心，无所不极其至也。夫葬者所以安亲魄也，亲魄安则众子皆安，亲魄不安则众子皆不安。

第五章
论九星二十四山造葬深浅法

《葬经》云："深浅得乘，风水自成"。开金井时深浅一定要适宜。《指南》云："高低深浅如葬误，福变成灾起祸愆"。因此，深浅得成生气聚。如果气脉浅露，却开掘过深而葬，生气从上而过，如果气脉深藏却开掘过浅而葬，生气从下而过不能乘生气了，因此虽有吉地效果却不应验者众多。

定穴之深浅有很多学问，都是砂水的问题，如同一地同一时间同一坐向，前面砂水都同，都会发福只是快慢大小的问题，有的仅是深浅三尺则砂水变异吉凶完全不同。我曾经问师父："真龙真穴的造葬深浅和发不发富贵，有什么关联?"师父的回答是："肯定有的，而且是息息相关的"，因为龙，穴，砂，水，向都有尺度，而且是相互关联，相互制约，相互论证。牵一发而动全身。每深一寸有一寸的妙处，每深一尺有一尺的害处。所以上面的问题与天意，与人为因素，与测算尺度都有关系……

下面就让我来为大家介绍一下九星二十四山造葬深浅之法：

乾壬亥山属巨门；深五尺武曲中男发，深一丈贪狼长子进田，深七尺左辅右弼宜众房发，深九尺贪狼加四尺廉贞杀少子，加二尺文曲杀凶，加五尺六白星吉。

坎癸丑山属武曲；深三尺左辅加一尺武曲长子富贵，深五尺贪狼长三二房发进田地，深七尺八寸左辅右弼吉，深六尺巨门吉，加二尺杀中男，加九寸紫微吉。

艮寅甲山属方曲；深五尺得辅弼二星，中房吉加八寸巨门吉，加一尺一寸武曲吉，加二寸杀长子，加四寸杀小男，加九寸杀中男。

乙辰震山属左辅；深三尺贪狼吉，加四尺巨门中男吉，加八寸武曲长男吉，一丈二尺得贪狼小吉，加五寸得禄存杀中男，加一尺文曲杀小男，加九尺廉贞杀长男。

巽巳丙山属右弼；深七尺合武曲，加三寸三房吉，四尺合左辅三房平旺，五尺合右弼大吉。

午丁未山属廉贞；深四尺贪狼宜长房大发，九尺武曲小男进田，一丈左辅中子吉加六尺杀中男。

申庚坤山属破军；深四尺为左辅，一丈一尺武曲长男吉，加四寸长男败，加一寸小房败。

酉辛戌山禄存；深四尺武曲吉深八尺贪狼吉，加七尺六寸辅弼星三男中子平发，一丈三尺武曲吉，九尺度男吉，加三寸是廉贞败中男。

此篇中规中矩，但无论真假，仅仅博得方家一笑。总结一下多年来的经验认为，凡是结地要察其气脉之深浅，要以穴前小明堂之深浅而定。如兜唇急收，余毡低下，小明堂较深，其精华内酿，生气必深藏，宜深葬。若龙落低处平夷之穴，穴前小明堂较浅，唇毡宽大，其灵光已露，生气浮于上，宜浅葬。但必要视其土色，土宜细嫩而坚。润而不泽，裁纺切玉，备具五色为佳。这也符合《葬书》所说的“土者，气之母，有土斯有气。气者，水之母，有气斯有水。故藏于枯燥者，宜深。故于坦夷者，宜浅。”

记得看过《博山篇》中所云：“穴有高的、低的、大的、小的、瘦的、肥的，制要得宜，高宜避风，低宜避水，大宜阔作，小宜窄作，瘦宜下沉，肥宜上浮。阴阳相度，妙在一心。”记得师傅跟我说过葬地，还要分地区，北方高厚，一般较深，南方潮湿，一般较浅。如果单论一穴的深浅，只需结合穴的环境来定。藏于崮燥者宜浅，藏于坦夷者宜深。要根据具体的穴情而定所藏深浅，但必须要见到穴土为好。

第六章　赖公作法中作堆之法

古者墓而不坟，土之高起者曰坟，至周始立制度，冢人墓人大夫掌之。天子坟高一丈，诸侯八尺，大夫六尺，士人四尺、庶民不堆。汉增其制，列侯坟高四尺，关内侯到庶人各有差，自是庶人亦有坟矣。其形有四，有若堂者，有若坊者，有若屋者，有若釜者，后世诸侯家推五行之象，求相生之义，增损其形为五象，家用至今，的然有准，固不要忽也。

作法之妙，分穴内穴外两法：穴内用盖粘诸法，不外取气接脉；穴外以球檐夹拱，不外注脉引气。大凡作堆、树阡、立石、修坟、作向，休要破向，法当修顶而不可打破金泡。作唇勿伤唇，指的是当修造时勿伤唇。但凡明堂左右之山为财，内堂交会水为禄，亦有打开唇口以亲堂气，而就禄迎财者，宜裁成而切莫混塞，左右之界水，宜修开不宜堆塞，牛角蝉翼也宜裁成不宜伤残；或过焉则裁其过，土有馀当辟则辟；不及焉则益其不及，便适于中，砂不足当培则培。截长补短损高益下，莫不相其阴阳、动静、高低、强弱而已，是以墙垣土堆，可以知吉凶，以其护身则吉，碍堂则凶。竹、篱、松、柏，也可以察灾祥，在生方障隔则衰，在煞方遮断则盛。故其始也，不过目力之巧、工力之具；其终也，改天命、夺神功。而人与天无间矣。

第一节　论穴场五星作法原则

凡有形体则有吉凶，顺其理则吉，逆其理则凶。筑土为垄可不谨乎。坟顶式与山形配合，如太阴、太阳、孤曜穴、属金，宜作水堆。金水、扫荡穴属水，宜木堆。以主山龙之星体为主，总宜以比和为吉利，受克制为凶。

1. 主山龙若是木星其令在春，穴宜葬木体比和吉，若做土体受木克反凶。

2. 主山龙若是火星其令在夏，穴宜安土体受火生吉，但火体有杀不宜。亦不宜葬，若做金体受火克反凶。

3. 主山龙若是土星其令在四季，穴宜葬土体比和吉，或安金体相生吉，若做水体受土克反凶。

4. 主山龙若是金星其令在秋，穴宜葬金体比和吉，或安水体受生吉，若做木体受金克反凶。

5. 主山龙若是水星其令在冬，穴宜葬水体比和吉，或安木体相生吉，若做火体受水克反凶。

还有，坟顶式与坐山也要配金、木、水、火、土，用正五行论生克，以配相生或比和为吉利。

1. 亥、壬、子、癸水山，宜作水金形坟顶谓之相生或比和，如作火土顶，与水山克入，主凶。

2. 东方寅、甲、卯、乙、巽木山，宜作水木形坟顶，如作金土顶者，金克木，木来克土，亦凶。

3. 南方巳、丙、午、丁火山，宜作木火形坟顶，如作金水顶者，山来克金，水去克火，主凶。

4. 西方申、庚、酉、辛、乾山属金山，宜作金土形坟顶。如作火木形顶者。火去克山，山来克我，主凶。

5. 坤、艮、辰、戌、丑、未土山，宜作土金顶，如作木水顶者，木克山，山来克我，主凶。

总之，须用我去生山，山来生我，或合比和为佳。不可去克山，或山来克我，主大凶。

第二节　五星作堆之法

作堆之法有三种：

大茔堆、小茔堆、薄茔堆。穴场宽平，阳多阴少窟深低，俱用重茔厚垒太极堆。穴情紧少，阴少阳多如衔珠坐、蟹眼坐、燕巢坐、旋螺坐，之类用小莹堆，或阴气凝重，阳气不舒，则薄封以开阳，或穴后落低护高则落封堆以深藏。

三法之用有五行：

其圆者为金堆，直者为木堆，曲者为水堆，尖者为火堆，方者为土堆。五行之堆具体如下：

金堆：圆如馒首或头圆脚整，身上小下大。五行属金，高山宜之。

火堆：三脚若斧形，即马鬓封也，脑尖、面平、前高、后低而长，上薄、下广。五行属火，紫气穴体，葬后便发。

木堆：头圆身直形似眼蚕，本是金木合体，凡高山、平地吞穴必用此，以其能合穴也。

土堆：脑平身方势似平台，五行属土，高者为玉台。平地宜之。

水堆：脑圆身曲，叠为数级，高似塔堆，若席帽其变动，高山宜之，在乎人也。

堆有高低，皆顺山势，高山宜低，平地宜高，藏风也，大概如此。法取圹中尺数为之，如内深五尺，则高五尺之类，其阔狭居茔之半，如茔阔一丈则堆阔五尺之类，亦须要合宜，此堆脑圆，身上小，下面大，于五行属金，高者为磬堆，次高者为谷堆，平地宜之，低者为蒸饼堆，高山之坟，或土拥、或砖砌皆可。上聚穴不宜砌，凡天财穴诸体皆用此，葬后便发越进田产，紫气穴忌用，立退血财，亦难得发越也。

第三节　赖公隐山不树秘诀

其中又有一秘法，乃赖布衣之隐山不树法诀，俱能关乎祸福。属于赖公秘传之法，故为历代先贤不愿透露的作法，特在此提点泄密。隐山者，不立茔兆或因山成坟。赖公不树者不立墓碣，不作向方，此等作用之绝妙，或有少差，却能令真穴不发，具体作法望易友深悟，珍惜。

第七章　风水的改造与补救

我国的所有方术的本质，都是一种趋吉避凶术。与其说对吉凶的选择与避免，不如说是人对于命运的一种改造和抗争。那么风水的改造与补救等，则较多地表现了人们对于命运采取的一种主观能动的态度。

风水师眼里的理想风水宝地，是背靠主山，山环水绕。主山来龙深远，气贯隆盛，左右要有山脉环护，或者左右前后另有砂山护卫，这样才能藏风养气。前面要有水相绕，水不宜急，天门要开，地户要闭。这样才能得水存气，这就是理想的风水模式。理想的风水宝地并非处处皆是，缺陷则常常有，人的趋吉避凶有时难以圆满，于是就想着去改造地形，弥补缺陷，使之趋于完善。

第一节　藏风得水弥补法

风水的弥补，主要在藏风与得水等方面下功夫。藏风的具体方法是培龙补砂。如果来龙低平，砂山残缺，不利藏风，则人工移土，填高补满，使龙砂藏风养气。对水的改造是多方面的，目的都是要达到得水，如果基址的风水缺水，则可以在适当的位置开渠引水进来，有的采取开湖挖塘，筑堤蓄水的方法，使基址得水。如果是有水而水却不理想，或太急、或不相抱、或成冲射，则用相应的办法加以改造，如筑堤坝加以改造，使之平缓，或开挖河道使之改向等。

关于培龙补砂，赖公有专门之地理阴阳裁剪作用之补救法，雅浩详细介绍如下：

补左砂格：穴情既真，左若欠砂兼界水，未免太近，虽有外护辽隔，不能听我运用，必于贴身培一砂，以补其不足之体。内护既成，外护也听我呼唤，福荫亦自绵绵。

补右砂格：砂水之不齐，造化之情然也。非欠左而必欠右，若不加之人力，以补其右缺，则生气亦有偏枯之病，必筑一右臂与左右均齐，气象方自舒畅。

上补穴顶格：大凡平岗之龙，其脉纯阳少阴者也，故其顶多欠耸。而母之体弱矣！必须补顶以培其母，则母健而子始旺，是少阳而变出少阴之道也。

下补因褥格：每吉龙真穴之下，有因褥稍欠者，乃生气之未充足处也，略加客土，与穴相宜，使余气丰满，久之与生成者同体连气，自然不息。

左生右死格：攀鞍之体，生气聚于金水相生之处，但来处全体肥满而陷，其体浊而不清，必剐其右腋之死肌，使形体显然，有清而不浊之妙，方能孕灵矣！右生左死格：一生一死，砂水之常情，全赖目力之巧，作法之妙，方能起死回生，同归于吉庆。凡龙格真者，有左腋死肉侵肤，必剐而去之，腐肉已除，生气自固，必然多福。

顽金取水格：脉真星满之体，真机深潜，必大开深窝，除其暴体，以新其灵气，形和气平，自然多吉。此等作法，不可以打破太极晕凝之也，亦必龙真穴确，方为施之。若求之于龙穴两假之中触之，未免多祸，此也打破天罡之论也。

除下淫气格：穴下长吐毡唇平伏，而不尖削侧欹者，乃气流行，有者不可去也。结穴之后，露出尖锐火木之嘴，或一二丈凝于穴下，乃淫气所注也。必削之去之，除恶以慰善类之道也。若有势不可除者，以压煞法裁之可也。

斩龙截气格：穴结高巅，中平如掌心，面前一股作内堂，不见外洋倾跌，固美局也。奈案外山分数条，山脚飞走，未免犯住少去长之病，必于每条中穿凿深井，截其去气，而始聚于内也。

高体作用格：先弓诸体，其势高耸，风霜凌铄皮肉，必犯顽硬星，面必多崩泻，须于立穴之处，去其旧土，以发其新机，造成一完美穴星，此即起死回生之法，故人力与造化之妙同功也。高体之作用如是，苟龙贵格奇，发福绵久矣！

除左有余格：形势之有股明股暗者，乃造化掩奇献拙处也。若不尽制作之妙，穴星被左暗而蔽矣！必剐其暗而显明之，尽其所当然，成其所自然，则生气始无偏枯之嫌矣。

除右有余格：左砂掬水上堂，则余肉直而目胀于腋内，故生气不能发扬，必去其余肉，使砂弯抱护穴，以其直者作曜星，使煞气反为贵气，与造化之妙连理。

培补弱体格：低微体势，气弱不能上升，必依其本星之形，相培以客土，以彰大其规模，则低微之弱气，而成壮健之体，吉气自然旺矣！

筑砂抵煞格：凡朝水之局，倘有龙虎欠交，穴低朝高，难当其煞者，必面前高筑砂案，以抵其直冲之害，庶能化煞为吉。

筑堂完气格：外砂虽然紧密，内堂不闭元辰，天心倾泻，必于穴下圆作一圈，以成内堂，使元辰不致直流，初年始无退败之病，若元辰不流，生气自全。经云：开堂不如筑堂。

筑台完气格：龙行腰中，现出金土，凹脑横体，后堂紧密，四维拱正，虽龙去而气已钟于腰，但面前虽有余气铺毡，元辰未免太长，必须于余气之中，穴星之下，高筑一内堂，使元辰无太长之病。

综上之种种，可见赖公所传补救之妙法，可谓备矣。

第二节　用塔、亭、桥、大树的风水作用

1. 水口锁镇法

这是常用的一种改造风水的方法是用镇，如果来龙势猛，有不羁之象，就在山上修建宝塔、楼台以镇之。风水中的水口，在古代被视为是财富的象征，人们对水口的形局讲究“源宜朝抱有情，不宜直射关闭，去口宜关闭紧密，最怕直去无处。”如果河水险急，泛滥成灾。也可修宝塔来镇压，所谓宝塔镇河妖就是这个道理。修桥也可以改良风水，风水桥可以锁住水口，留住财气。这样做不仅达到聚财的目的，也将“生气”牢牢地聚集，从而利于

人们的生产生活。但要方位正确，否则也会破坏风水。如广东省汕头市之海湾大桥及汕头市之另一大桥，遥相呼应，即好像以市政府为中心（穴位），两桥分别为青龙、白虎，大海为明堂，对面之山为朝案。其中一桥锁水有功，因此桥梁让水口地形呈“锁闭”状，以利聚水聚气，而且多是选择山脉转折、犬牙交错或者两山夹峙，溪流左环右绕之处建立。人们一般喜欢以桥为主作“关锁”，辅以树、亭、堤等，徽人为了留住水财，在水口的建构过程中往往需要用桥、塔、亭、大树等标志物对水口进行“增崇”。海湾大桥形似符合风水格局，实则一吉一凶，因为另一桥挡住了来水，则财退矣！由此可见，如果巧妙运用见福，然而弄巧成拙则风水自破矣！

2. 风水建筑

在人文层次较高的地区，则以楼、阁、庙、亭、塔为主，辅以堤、树、桥等。徽州婺源考川《仁里明经胡氏支谱》中提到有文昌阁，便是风水建筑的一种形式。风水的建筑有两个意思：一是镇锁以利聚财聚气；二是寓寄祈福和文运昌盛，且弥补了自然山水环境的不足，美化了环境，满足了大众的心理愿望。

3. 风水树林

水口林是为彻底扼住水口，增加水口的关锁之势而种的风水树。不仅聚财聚气，防风挡沙，更是营造了绿树成荫。使得空气清新，形成良好的景观。其树木多以樟树、枫杨、银杏、柏树、槠树等为主，单株植于水岸，或片植、群植，以围蔽屏障形式将村落给予庇护。水口作为村落出入口，空间上要欲扬先抑，开合有度，富有节奏韵律，景观上做到溪水潺潺、塔楼娑影、风光宜人。在古代还有防卫、定界、导向及聚会作用。不论修建水口建筑还是广植水口林，都是为了增加锁闭把守的气势，留住吉气。

第三节　阳宅布局补救法

阳宅要根据外部环境，主要是来龙、砂、水的情况来确定房屋的合理立向，然而，不同的流派作法可能略有不同，总体原则是用风水消纳的工夫，使周围的山水为我所用，收取吉砂、吉水，避开凶砂、凶水。亦即对外部环境进行了一番消砂和纳水。然后才去进行内部的设计和布局。

天星风水学认为，阴宅是阳宅之母，通过了房屋的外部选择，配合内部布局和设置，也一样可以矫正风水，达到趋吉避凶。阳宅是半封闭的居住、工作空间，门窗是阳宅与外界交流的主要通道，犹如人的口鼻耳目。所以门窗要朝吉方、纳吉气。乡村以大门之朝向为重，城市高楼单元住宅一般总是大门常锁，而阳台门常开，故总门、阳台门并重，其次是常开的窗户。当然，门窗尺寸之宜忌也是有讲究的，古人通过长期观察发现：内外环境完全相同的阳宅，如果门之尺寸不同，也会有或吉或凶之区别，因而在阳宅建筑时非常讲究门的尺寸。关于尺度的吉凶运用，在本书后面章节有专门介绍。

很多实际例子证明，门的尺寸确实对阳宅有致吉致凶的作用，有人这样解释的：阳宅以门作为气口，通过门来接纳外界之气，进来的可能是有益于人身心健康的“生气”，也有可能是有害于人身心健康的“病气”或不吉之气，其关键是气口的尺寸大小。大小合适的气口，才能将吉利的“生气”纳入户内，把其它不吉之气拦之于门外。

古代很强调厅明室暗，窗户一般做的较小，故以门为气口，所以窗户进气以前很少去考虑。现代分层式城市住宅，有的窗户常常比门还大，而进出之门不常开，因此，在现代社会风水中，我们不但要注意门的尺寸，还要考虑窗户的进气作用。所以对于经常打开的门窗，应在尺寸上予以控制，使门窗的高和宽控制在在吉度尺寸内。

针对阳宅外部和内部的形势，还有很多东西需要讲究，如大门、小门、厨房、厕所、楼梯、床位、颜色之宜忌等等，改造方法也各不相同，如大门正对电梯或楼梯，正是犯冲，本来住宅聚气、养气之所，如今与电梯、楼梯直对，宅内之气则被其尽数吸去，可谓大忌。欲补救则进门处要用屏风或玄关隔开。也可以在正对门内处设照壁，这样是改变气场之法，通过调整之后，就可以符合风水要求了。

己

手抄秘籍篇

第一章　赖布衣手抄秘本

笔者在写《天星地理学》这本书时一直在想，作为弘扬赖公整体理论，尽量要把本书打造成一本传世精品书，雅浩决定把收藏多年，认为很有价值的一本学习赖布衣天星风水的秘诀书，献给风水同好及本门弟子，内容都是赖公传世手法，世面少有，为后人手抄本。此抄本是按古文格式原来样本，古籍抄本往往都是没有标点，也许对无缘的人来说深奥难懂，此乃是提供给知音者研读之用，也给有缘看到本书认为有价值的读者们所收藏。现将赖布衣手抄秘本电脑录入，欢迎大家去转载标注以及传播，为弘扬赖公堪舆传统文化做点贡献，望更多的风水爱好者一起得到福音，全文如下。

第一节　五气生旺休囚

金气生巳丙，沐午丁，冠未坤，官申庚，旺酉辛，衰戌乾，病亥壬，死子癸，墓丑艮，绝寅甲，胎卯乙，养辰巽。

木气生亥壬，沐子癸，冠丑艮，官寅甲，旺卯乙，衰辰巽，病巳丙，死午丁，墓未坤，绝申庚，胎酉辛，养戌乾。

水、土气生申庚，沐辛酉，冠戌乾，官亥壬，旺子癸，衰丑艮，病寅甲，死卯乙，墓辰巽，绝巳丙，胎午丁，养未坤。

火气生寅甲，沐卯乙，冠辰巽，官巳丙，旺午丁，衰未坤，病申庚，死辛酉，墓戌乾，绝亥壬，胎子癸，养丑艮甲。

第二节 量山步水法

1. 放水法居葬通用

宅墓前干流水谓之元辰水，最关祸福，或陡泻、或直出、或流入凶位，灾祸立见，术家有法折之。穴放沟水于人为祸福所系，番择是非，令按宅水，宜只开暗沟。

地理家名玉尺，用之量山步水，金井之浅深，阴阳二宅注气，悉用此以量，步数曲折，所书九星第一寸起贪，周而复始。

甲八白、乙九紫、丙一白、丁二黑、戊三碧、己四绿、庚五黄、辛六白、壬七赤、癸八白。

麒麟，天狱，凤凰，龙杀，虎杀，天祸，章光，地殃，玉堂，死绝。

贪狼，巨门，禄存，文曲，廉贞，武曲，破军，左辅，右弼，此名黄钟，即周尺也。

此以艮丙起例，每六尺为一步，地卦分金例，及金非浅深。

艮丙山初一寸起贪，八白白星八白。

巽辛山初一寸起巨，九紫白星四绿。

兑丁巳丑山初一寸起武，四绿白星七赤。

震庚亥未山初一寸起廉，三碧。

离午寅戌山初一寸起文，二黑白星九紫。

坎癸申辰山初一寸起破，五黄白星一白。

坤乙山初一寸起辅，六白白星二黑。

乾甲山初一寸起录，一白白星六白。

地卦以九星分金配九寸金布气，周而复始连续不断，遇贪，巨，武，辅，弼，则吉，为注处，宜折水，一步一尺。

收禽捕默，不问诸山，并以一寸属麒麟，甲数木，顺数去，三寸属凤凰，丙数火吉，七寸属章光，庚数金吉，九寸属玉堂，壬数水俱吉，以上位次皆值奇数而吉，凡遇四默所占之寸，宜折行地气。

第三节　玉尺用法

尺式：此乃元女老尺一寸，当依一寸为法，较正九寸，做成一尺，以下图中九星，书于尺面上，量湖柜太极之阔狭，尺背上分为十寸量沟之长短论生克数。

也以麒麟，天狱，凤凰，龙杀，虎杀，天祸，章光，地殃，玉堂论；其中另有凤凰池，洗马池，锦鳞池；还有神庙，天庙，宗庙，廊庙，大庙，岳庙。

除癸之十数不用，十者数之满也，数满则损， 况十乃生旺之绝位，今用九数。亦如大绗之数五十，其用四十九也。所以注湖阔狭之用，如湖用一尺，即元女尺九寸，则麒麟，章光，玉堂，俱收入湖。为成一步矣。

若做水柜，则用二尺，或三尺做太极图，则用三尺或四尺，一皆麒麟，章光，玉堂，俱收为全吉矣。

倘如用六寸，已收麒麟，遗去章光玉堂则为不美。如用七寸八寸，则遗去玉堂亦无全美矣，故湖阔狭以成尺为美也。贪巨九星用四寸半，即元女五寸也。

量沟之阔狭，盖尺头属贪狼，尺尾属右弼，至中属廉贞，只用廉半吉则是收廉分断，谓之收吉断凶。

其三池六庙之吉凶，虽为人湖之用，俱包一尺之内。凡沟湖之水，不必分论得某一池一庙为贵局。总以河图数理一六属水，二七属火，三八属木，四九属金，五十属土，用此尺数之零，生入克出为紧要，余外之活套，不必专泥也。

问师：旧本有以各向，每一寸起年白星何如？

师曰：彼不知转折直硬，故有沟头撞命之杀，如注湖转圆融活，杀没神存，年命之反吉。不必以年命究之，又如注湖，则紫白诸星，打成一片，善恶同归一化，有吉无凶，又不必以白星究之，正是妙法，不须三两句，得师真授则不劳心。

阳宅天井放水，以坐为主，其水原受天空清净之水，自上消下，从内流外，如人饮水入腹，肠胃中上纳下消相同。人有上中下三焦，屋有上中下三注，人失其养则病生，屋失消纳则祸生，故当一步一步罗经格定，依法放出，非若造葬，依水立向，收外水上堂，以罗经在中宫，格其水之来去。凭借心目之间，量其大概。实际操作时，需要精细的话，还得要本门秘传之操作罗经法为准。

第四节　行布列

气者，气也，各以本山起九星，所属为一寸，连续轮去，凡遇贪，巨，武，辅，弼，所临之寸，及系四默所值之寸，或系各山白星九紫所临之寸，为上吉。

方行折地气，吉气吉数吉星之处方折，三者难以尽合其吉，凡九星所临吉位，须系奇数，不犯撞命，使可折行，金河流水，井行气河流，如水不断也。

右行气主龙，论来龙，决水主向，论向首。

丙午子，壬丙子，庚申申，申庚申，丁癸未，癸丁丑，辛乙酉，乙辛酉。

右以上八干、相对互起命干。

辰戊辰，兑己酉，离戊午，坎戊子，巳己巳，亥己亥，巽戊辰，乾戊戌，艮己丑，坤己未。

右凡阳支起阳干，阴支起己阴干。

龙向属丙，起壬为命干，阳支龙配阳干，以午配壬。

龙向属壬，起丙为命干，阳支龙配阳干，以子配丙。

龙向属丁，起癸为命干，阴支龙配阴干，以未配癸。

龙向属癸，起丁为命干，阴支龙配阴干，以丑配子。

龙向属庚，起甲为命干，阳支龙配阳干，以申配甲。

龙向属甲，起庚为命干，阳支龙配阳干，以寅配庚。

龙向属辛，起乙为命干，阴支龙配阴干，以酉配乙。

龙向属乙，起辛为命干，阴支龙配阴干，以卯配辛。

龙向属巽，起戊为命干，阳支龙配阳干，以辰配戊。

龙向属乾，起戊为命干，阳支龙配阳干，以戌配戊。

巽隶辰，乾隶戌，所以隶为命支，命干皆从戊。

艮隶丑，坤隶未，所以隶为命支，命干皆从己。

震隶卯，兑隶酉，所以隶为命支，命干皆从己。

坎隶子，离隶午，所以隶为命支，命干皆从戊。

巳亥龙向属阴，以本位为命支，命干皆从己。

寅申龙向属阳，以本位为命支，命干皆从戊。

以上皆是以正阴阳论。

凡十二支龙向，皆以本位起，为本支阳支，俱从戊阴支，皆从巳以为命干，乾坤艮巽命皆从所隶支辰，故阳支皆从戊阴支，皆从巳行气，则主龙一寸管一年也。至于折水，则主向一步属一年也，其法每于沟头折处避巳，紧关生命及坟宅得生吉命，不可便在沟头折处为撞命煞也。

凡布气放水忌本命关煞，如已巳生纳音属木，行丙气或丙水，用巳巳分金，分金撞命不忌，若命值转白沟头前归庚用，壬申分金乘之为关煞也，盖既犯已巳为沟头，撞命苦人乘分金纳音有克非宜，兑分金乃制锋之金，又克之其命，必主夭折，余各类推。慎宜回避。

凡折处值关煞，生命，及得生吉命，难于行法出路，不可藏避，由沟头冲出反吉，于折角处冲出一寸行水则遇命半而后折。

凡丑命生人宜布在艮，及巳生命宜在丙午，生命宜布在庚，此皆命与龙向分金气合为吉，更须本命纳音生旺临官沐胎养之宫，及禄马贵人之位，主为上吉，不宜死绝囚墓之乡，反克制纳音之气，如水命人忌丙丁午命人，忌壬子木命人，忌庚辛土命人，忌震巽，详见后，生命气所宜吉凶类。

第五节　十天干纳音生命宜乘吉气并所宜分金

庚辛金	丙丁火	甲乙木	戊己土	癸水
甲子乙丑金	丙寅丁卯火	戊辰已巳木	庚午辛未土	丙子丁丑水
壬申癸酉金	甲戌乙亥火	壬午癸未木	戊寅已卯土	甲申乙酉水
庚辰辛巳金	戊子已丑火	庚寅辛卯木	丙戌丁亥土	壬辰癸巳水
甲午乙未金	丙申丁酉火	戊戌巳亥木	庚子辛丑土	丙午丁未水
庚戌辛亥金	甲辰乙巳火	壬子癸丑水	戊申已酉土	甲寅乙卯水
壬寅癸卯金	戊午已未火	庚申辛酉水	丙辰丁巳土	壬戌癸亥水

庚 (临官比宫、庚生禄、庚申分金)。
丁 (母气丁禄、庚午分金)。
亥 (生气母气禄、丁亥分金)。
丁 (胎气母乡、庚午分金)。
庚 (生气母胎、丙申分金)。

辛兑 (旺宫辛生禄、辛酉分金)。
丙 (旺宫丙禄巳、丙午分金)。
艮 (冠带财乡、丁丑分金)。
庚 (生气庚人禄、丙申分金)。
辛兑 (生气丁酉、辛酉分金)。

巽 (养气财乡、丙辰分金)。
巽 (冠带母宫、庚辰分金)。
震 (旺人乙人禄、辛卯分金)。
亥 (临官丁亥、辛亥分金)。
亥 (临宫人生禄、辛亥分金)。

震（胎气财乡、辛卯分金）。

震（火局天禄、辛卯分金）。

巽（洁齐、丙辰分金）。

艮（比和、辛丑分金）。

丁（胎气、丙午分金）。

艮（母乡、辛丑分金），

艮（养气、辛丑分金），

壬癸（沐浴丁亥、丁丑分金），

壬癸（旺气财乡、丁亥分金），

离壬（胎宫丙午、辛亥分金）。

十天干纳音，生人忌乘凶气，并所忌分金克命，图于后。

金命分金克命，丙申丁酉甲辰，丁卯乙巳。丙巳杀气；丁离杀气；丑正墓气；亥壬病气。

火命分金克命，丙午癸巳壬，辰乙卯丁丑。壬亥绝气；庚病气；辛兑死气；乾墓气；坤衰气。

木命分金克命，辛亥乙丑庚，震癸卯辛己。丙病泄气；丁离死气；庚杀气绝；辛兑杀气；坤墓气。

土命分金克命，壬午庚申辛，酉巳亥癸丑。震死气杀；巽杀墓气；丙绝气大生；艮半吉；甲病气；坤墓气。

水命分金克命。戊申己酉丙，震庚午丁己，丁亥辛丑。艮衰气杀；震死气杀；巽墓气泄；丙绝气；甲乙坤乾凶。

第六节　控制法例

1. 阴局恶煞，砂水所迭，制水法同取。

戌辰坤壬坎癸出见，行注震气以制之。

乾离巳行注用亥气以制之。

震庚甲乙行注用丙丁气制之。

震山压冢凶。

申兑行注用亥艮制之。

兑本吉巽龙曜星，故制之。

丑未行注，用巽气制之。

2. 阳局恶煞砂水所宜控制。

坤艮行气折水用甲乙制之，辰戌丑未，行气折水用甲乙制之。乾甲兑辛巳丙丁行气折水用壬癸坎制之，亥用甲乙制之，寅甲震巽行气折水用离制之。

凡控制之法，以凶砂凶水之位，所属之五行死病墓绝之气行注制之。

如辰戌砂水凶恶，其方属土，土死在卯，则卯气制之，余各以例而推。更得克其方之气尤佳，如卯又能克辰戌土也，用死病墓绝气制之者，恶人虽欲害已，彼既死病而无扶助势力，焉能克我哉，避行正墓而辰是恶杀墓方，不行辰而行巽，余仿于此。

第七节　阴阳二局吉山行气起星命例

以授穴之山为准

1. 阴局吉山行注起星命例

艮山受穴一寸起贪，命起巳丑，星起八白。

亥山受穴一寸起廉，命起已亥，星起三碧。

兑山受穴一寸起武，命起已酉，星起七赤。

巽山受穴一寸起巨，命起戊辰，星起三碧。

庚山受穴一寸起廉，命起甲申，星起三碧。

震山受穴一寸起廉，命起已卯，星起三碧。

辛山受穴一寸起巨，命起乙本，星起四绿。

丁山受穴一寸起武，命起癸未，星起七赤。

丙山受穴一寸起贪，命起壬午，星起八白。

未山受穴一寸起廉，命起已未，星起三碧。

巳山受穴一寸起武，命起已酉，星起七赤。

丑山受穴一寸起武，命起已丑，星起七赤。

2. 阳局山行注起星命定例（以授穴之山为准）

离山受穴一寸起文，命起戊午，星起九紫。

壬山受穴一寸起文，命起丙子，星起九紫。

寅山受穴一寸起文，命起戊寅，星起九紫。

戌山受穴一寸起文，命起戊辰，星些九紫。

坎山受穴一寸起破，命起戊丁，星起一白。

癸山受穴一寸起破，命起丁丑，星起一白。

申山受穴一寸起破，命起戊申，星起一白。

辰山受穴一寸起破，命起戊辰，星起一白。

乾山受穴一寸起禄，命起戊戌，星起六白。

甲山受穴一寸起禄，命起庚寅，星起六白。

坤山受穴一寸起辅，命起已未，星起二黑。

乙山受穴一寸起辅，命起辛卯，星起二黑。

凡千里来龙，只看到头一节为准，或真行伪变局，却不可以入首为准。如艮行甲入穴，或癸入穴，或亥变壬入穴，俱为变局，只以后节吉山为主立向，布气，行水，则初年不以行到吉龙，吉向，吉水，应合则发福矣。

凡变局之地，后龙贵秀，合格砂局，应位而到，头非真，则舍前伪从后，斩其吉气而穴之。如不可斩，则以伪落处挨其吉气立穴，宜扦吉向，以应合后龙，又虽三阳纳干正龙配水，扶助特朝，则初年少福，葬法中亦宜控制伪落之气，三阳艮巽兑纳干丙丁辛也，又言不可斩者，是势局当向前过后，则砂水局情俱贵也。

第八节　金井布气说

夫布气者，所以运五行吉气，而控制山川，凶恶者，气虚则行，且口鼻虚则通，元气出入而生，口鼻息则元气，壅滞而死。

如一阳初动，葭灰潜与天管虚，则受气而灰飞，候管而置管于地，则气至而飞，未有见灰之不飞而验其气之行也。

书云：土圭测其方位，玉尺度其远近，又曰：内秘五行，皆为布气吉也，或曰：先贤作坟宅，固或如是，其道久没，世人罕能，而百年之间、所营坟宅，富贵何限，岂肯行气应之也。

予应之曰：气之在旦夕熏蒸，鲜不通者，但分荫福之迟速耳，如恶气行地，覆棺覆尸，亦未尝遵之，而使其行，则吉气之行地可矣，但不能控制砂水凶恶，有微疵则祸福相应。古人所以夺神功，改天命，岂虚语哉。

第九节　诸山阴偏生气宜忌

艮山宜注兑艮辛丙丁艮气，忌震为克凶；

亥山宜注庚兑丁丙亥气，忌艮震克凶；

兑山宜注艮巽兑气，忌丙丁离卦气克凶；

巽震山宜注亥艮震巽气，忌庚兑辛克制凶；

丙丁山宜注艮兑震巽丙丁气，忌亥克制凶；

庚辛山宜注震巽艮气，亥泄气，忌丙丁克制凶。

第十节　行注之说

亥注之说，亥为主穴之气其气属水，水宜兑金以生之，艮土生兑金，丙火生艮土，震木生丙火，亥水生震木，庚金生亥水，水注庚者乃亥水长生之位，注其气盛而复行也。兑出所以佐庚金，艮土生辛金，辛金生亥水，亥水生震木，巽木木旺生炎而注丁气，乃主龙胎气才宫注其气使盛而后行用震出以生丙火火盛而生艮土，土生兑金，金生亥水，而庚金又生之金，非火不成器，故注丙，丙虽主龙绝气，为马之垣，又是财乡，气行至外，而将止，故可注丙，出庚者绝气，既盛逢生，而后行庚金生亥水而后止，然年命有沟头之避忌，纳音取生旺之方。虽相乘不同而大概如此，在智者裁之潢池，所以聚气，后启外潢池，所以止气而勿泄，注聚其气而后行耳，法宜主龙，长生沐浴、临官帝旺、胎养之宫，相生比和之位，或主龙所克之气，为财吉也。忌主龙死墓绝位，及克制主龙之乡，为生龙无气，及逢克制而凶。

1. 亥阴局行气分金例

亥山主龙水气，亥山先行亥启辛亥金，兑山癸酉金比，艮山丁丑水顺，丙山辛巳金逆生，震山已卯土逆，亥山乙亥火逆，庚山注庚申木逆，兑山乙酉水逆，艮山丁丑水比，辛山辛酉木顺，亥山乙亥火顺，震山丁卯火比复继之巽所以佐震，巽山丙辰土顺，丁山庚午土比，震山用震继丁而生丙火癸卯金顺，丙山癸巳水顺，艮山丁丑水比，兑山辛酉木顺，亥山癸亥水逆，庚山庚申木顺，丙山癸巳水逆，庚山甲木顺，亥山乙亥火顺出外池比。

以上亥山丙向分金说。

分金本只取丙丁庚辛为旺相，而用今行气，取五行连续，只得间用，甲壬癸乙戊已相承，然终犯孤虚龟甲，宜少行尺寸，况亥宫乙亥乾气凶，巽宫甲辰侵辰气凶，艮之乙丑侵丑气凶，癸丑侵寅气凶，震之乙卯侵甲气凶，癸卯侵乙气凶，丙之癸巳侵午气凶，丁之甲午侵午气凶，癸丑侵寅气凶，辛之癸酉侵戌气凶，庚之甲申侵申气凶，巳土分金所侵皆凶，砌沟头稍差毫厘，则系阴阳混杂，元墓恶杀，凶气为祸，岂堪宜，谨勿用。

丙丁庚辛旺相分金取其纳音，顺逆相生比和为吉，逆顺相克为凶也，后皆仿此。

2. 中基行注气之式

艮亥龙扦丙向，宅基四气流通，并从庚辛亥艮卯巽丙丁中注。

3. 宅基行气分金例

辛辛亥湾临丙注，艮辛丑湾临丁注，辛辛酉湾临巽注，巽丙辰湾临辛注，丙辛巳湾临亥注，丁庚午湾归艮注，庚庚申湾归艮注，或震而注辛酉兑匀。

若依阴地行注上砌地面亦可，但恐所属生命多难以书，今六取四气流通，且无转近，不必避撞命，如丙之尽处属壬，沟头湾归，亥注艮尽处属坤，沟头湾丁，注震亥兑巳俱吉，则不必湾归他位，余仿此。

4. 阴局艮山丁向行义属式

艮土生兑金，金生亥水，水生震木，木生丙火，火生艮土，注之龙，之气盛。而后行丙纳艮，故丙出阴阳相见，行丁火以佐丙，行震木以生火，行亥水以生木，德为羔以生水，行艮土以生金辛，金行亥水，亥水生震巽木，震巽木生丁，又汶一火以相生，王龙乃土之胎气，在丁注其气盛，而后行也，用震出以生火，绝亥水以生水，得酉金以生水，承艮土以生金，出潢池以止气。

5. 艮阴局行注分金例

艮先启辛丑土。兑丁酉逆，亥丁亥顺，震丁卯逆，丙丁巳顺，艮注辛丑比，丙出辛巳顺，巽庚辰逆，丁丙午顺，震乙卯比亥辛亥逆，震乙卯顺，亥癸亥比，辛癸酉逆，亥丁亥逆，庚壬申顺，兑癸酉比，亥辛亥逆，巽丙辰逆，丁庚午比注丁。

震丁卯逆，巽戊辰逆，亥乙亥顺，震辛卯逆，丙癸巳逆，艮癸丑题，出潢池而止。

6. 阴气行注宅气式

栋柱架楹，忌沟头冲射，艮亥兑丁丙巽者宜丁向，四气流通并于中注。

7. 丁宅分金行气例

艮辛丑弯归丁注，亥辛亥，兑辛酉，震丙辰弯归辛，丙辛巳弯归亥，丁丙午弯归亥，震丁卯辛卯弯归辛庚。

震与兑相对吉，不湾亦无害。前有吉砂吉水，其气注入中宫池，忌冲射柱栋架楹，如山主龙勿作震气，盖向行巽则木气多，而主龙受克，兑山分金入首，即行纳于丁气则不宜行，丙多火多，则主龙受克也。

第十一节　论水克

大凡建宅安坟，须是察水之来，要与本山合，如兑山属金，要丙巽水来朝，自甲方出，便吉，若是甲去，而不迢迢自巽方，数十里来朝，则吉凶自无应验也。水入甲方数十里长，流方为正甲水去，如但遇宫水，皆无力也。经云：来主来方，去主去主，至于西北之地，大江茫然水之不去，动有丰余里。故易晓也，东西之地，山多缭绕水多曲折，不可变，穴上望是某水，将罗经就溪涧中格，看从何方来，又随水曲折看流何去，必知其长短，方为正发之来去，皆以长远为贵。古云：水若长时福亦长，水短官差资一代昌。此说天然水，若放元辰水，当观后龙，若曲折来水，即后龙穴事扫归前路。如兑山行龙，峻峰结穴，当放本山头水，兑山属水，兑山属金，当放山头水，如此，则吉凶无差矣。

第十二节　阴阳二局二十四山吉凶秘诀

1. 阴局。

并要垣局。水朝峰秀则骤富，大贵低员端近，支龙傍峙，富而已矣，若前巽辛意秀，水朝科甲成名，若震庚兑山向雄伟，把握骤富，亥艮巳丙则横发财旺人长寿，其局内见恶水凶砂阴水，并以公位论祸福断之也。

震先发长子，有权谋。

庚先发长及均匀。

亥长位聚富，山高水秀者犬子俱富。

未绝小位，横死速疾，冷退少亡，不义，父子忤逆。

兑先发长房，后来全发。

丁长位先发，三二子发，从高寿清才。

巳长子先发，诸才均发。

丑小位，诸子凶死，屠宰退败，出诵经佛巫之人。

巽小位及第，女贵，若有过房亦发。

辛小子先发，峰秀女贵，庶出过房，主科甲才名。

艮先发小位，长中后发。

丙三子均发，兼午主大灾。

坎败长中，主淫奔带疾病。

癸败长房不旺人。

申先败中子。

辰少位先绝，凶败横死。

离损中子，白日淫奔，兼丙主火灾。

壬败长位不旺人。

寅损中房，目疾手足疯跛。

戌长位败绝，今房不和，火灾横死兵刃。

乾先绝中，长，小后绝。

甲损长位孤寡，手足生疾，头目之灾。

坤败损长子，寡母主淫。

乙杀长绝，自刑手足，主双生女子。

2. 阳局。

此得局势方隅，并要水朝峰秀，出骤富骤贵，低员近富旺而已，离壬子癸砂局完美水合法度，秀峰文笔从特主科甲成名富贵绵远，其余阳山向富而不而其中有阴水一去，并以公位论祸福断之也。

坎先发中子，长子后发。

癸主长房聚富。

申先发中子。

辰小长位败绝。

离中位横发，长少后发。

壬峰秀及第，诸子均发。

寅主发中子。

戌主家不和，少亡凶死，少位先绝。

乾先发长子。

甲先发长子。

坤先富中子，后主寡母持家。

乙发长子。

艮绝小房，淫欲。

丙败诸子。

兑败长子。

丁败长位。

巳长女失损。

丑冷退诵经礼佛，少亡屠宰。

震主败长房。

庚败长房。

亥绝长位。

未屠辛少亡，小位先绝。

巽损中子，不旺人丁，淫乱风声。

辛中位败绝。

二十四山穴水向分阴阳二局，须要要控制乘气耳腧，消息砂水得位，浅深合法，乃在口传心授，非目力所能依也，若结龙真穴正，不能审认阴阳，分别造化，则为穴吉葬凶，与弃尸同，可不慎哉。

第十三节 赖布衣金斗秘诀

1. 壬为天辅，主斜目勇贵，武将好杀，为地禄主大富，主足财帛牛羊血财，得离兑砂水应之，鬼运财帛，离砂水应者良，葬法行注离气合之，折水同，阴权是也，主长子小男。

2. 坎为一白，主名誉官职，为地爵，好主血财产业，为一阳，主独子，得癸乙砂水应之者良，葬法行注坤壬癸乙气合之，折水同，主长子中男。

3. 癸为偏官，主发财帛，为地建主武职，为三阳主奴，双生男子发，为阳官，主女贵，得坎离水应之者良，葬法行注离坤气合之，折水同，主中男。

4. 丑为天常，主富鲁道，为地建，主牛羊财帛，为偏官主瘟疫痨瘵，为大墓，奸非凶刑名，兼艮为吉，独行非良，葬墓者凶，砂水员伏，卫穴则吉，独耸则凶，兼艮秀丽无忌，主小子。

5. 艮为天禄,主财市食禄,为孝义之门,又名为天财,主发藏古器,为贿主商贾利市,为天旌主旌节,为天爵主神仙,得丙丁砂水，应合吉葬，法行丙丁气以合之,折水同.阳枢即艮也,下仿此,主中小男,发福贵显。

6. 寅为八白，为财帛多智，为地建，主长足善走，为法场，主劳瘵徒配贼将，葬乘其气则凶，砂圆则吉，折水同，主中子。

7. 甲为黑道，主奸谋渔猎，为地财主，鬼运财帛，为煞主劳瘵，葬乘其气则凶，与寅皆长生之位，砂水圆肥圆卫穴主富，主中子。

8. 震为天建，主武官，为地神，主商贾发财大富，为人爵为智谋，得庚巽亥砂水应者良，葬法行主庚巽辛气合之，折水同，阳衡即震也，主中男长子。

9. 乙为天罡，主女人天建，主儒职，为财星主横财，天地灵气，凶不宜乘葬，砂员十道卫穴则吉，主中子。

10. 辰为天罡，主瘟疫痨瘵，为八杀主夭亡孤淫，为黄泉主逃亡阵亡，溺水等祸，兼巽多偏轻，亦非甚良，独行或兼太乙凶，砂平低，则吉。独耸则凶，兼巽多秀丽无忌。主长男小子。

11. 巽为人爵，主德行文艺，为太阳主妃嫔及男贵姻，为和合主孝友义门，为利市主积货贿，为科目主文章贯世，得辛艮砂水应者良，葬法行注辛亥气合之，折水同，阳旋即巽也，主中子小男。

12. 巳为天财主财帛，为天官主僧道假官，为无禄无位，为武官，主乐伶人，得兑艮砂水应之者良，葬法行注兑丁气合之，折水同，主长子。

13. 丙为天官，主为官清贵，或官卑而得重恩，为天禄主食禄封侯，为寿星主人长寿，得艮方砂水应之者良，葬法行注艮气合之，折水同，阴枢即丙也，主小子中男。

14. 离为天马，主勇将权臣，便习骑从，为地财主急富骤贵，为太阳主贵婚，为亢阳主单孙独子而发，得子癸少水应之吉，葬法行注壬癸气合，折水同，阳权即离也，主长男小子。

15. 丁为人禄，主旺人发福，为地官主清贵，隐逸仙佛子，为横财发财帛，为帝星主朝贵，为寿星主长年，得兑巳艮砂水朝应者良，葬法行注兑艮气合之，折水同，阴关即丁也，主长子。

16. 未为偏官，紫气主财帛，色衣茶监，为天建主酒逸音律筹记，为地建主血财，兼丁稍稳，独行非良，砂员伏则吉，独耸则凶，兼丁秀丽无忌，主小子长。

17. 坤为太阴，主多女，乙山应之，主寡女，为地禄主僧道，得砂水应者良，葬法行注坤壬乙癸气合之，折水同，主长子。

18. 申为偏官，主奸非，为八煞，主疾病权谋，为地禄主财帛，为舟国车商贾，葬乘其气则凶，砂肥而员。十道卫穴则吉，主中长男。

19. 庚为地禄，主威风大才武略，为天马主骑射渔猎，为天乙主刚毅果断，得震巽砂水朝应者吉，葬法行巽震气合之，折水同，阳衡即庚也，主长子。

20. 兑为武爵，主武职，为文秀主士大夫权聪明文学，得巽庚砂水应者，为金鸾主发科步金街，主贵侍从，为正官主神仙飞升，得艮丁砂水应合者良，巳山巳水乃曜星凶，葬法行注丁艮之气以合之，折水同，阳关即兑也，主子中男。

21. 辛为天贵，主清贵，为天节主患贞孝友，为天建主文才，得震艮砂水应者良，葬法行注震艮气合之，折水同，阴旋即辛也，主小子中男。

22. 戌为天罡，主疾苦八煞，主夭亡孤淫，为黄泉主绝嗣，葬乘其气大凶，兼辛双生度稍吉，兼乾或独行祸重，砂低平同吉，独耸则凶，兼辛秀丽无忌，主小子长男。

23. 乾为天魁，主权谋，为地禄主贼将，为大杀主好异成名，故不宜葬，宜四神拱穴之砂则吉，乘气则凶，主中子长男。

24. 亥为帝座，帝牲，天后。为天财主财制，为食禄主商贾之财。为地心，主荼临度支，得有震庚丙丁砂水应之者良，葬法行震庚丙丁气合折水同，阳衡即亥也，主长男中子。

第十四节　催官穴法格局篇

丁向豹隐南山大格穴。

丁向虎入亭岗中格穴。

丙向月挂柳梢大格穴。

丙向月照寒潭大格穴。

酉向日月合璧大格穴。

酉向骆驼进宝中格穴。

巽向金蛇月电中格穴。

辛向六律调阳大格穴。

庚向金水相生大格穴。

庚向东山月出中格穴。

庚向身坐雷门大格穴。

卯向万木登垣中格穴。

卯向乌兔交遁大格穴。

卯向月展天关大格穴。

亥向寿星拱北大格穴。

艮向月沉沧海中格穴。

寅向火临生地中格穴。

乾向龙跃天门大格穴。

乾向天马嘶风大格穴。

坤向女井泗窦风流格。

壬向五马并槽中格穴。

子向戴九履一中格穴。

坎向水辅阳光中格穴。

癸向水火既济中格穴。

午向月到天心中格穴。

午向水火既济中格穴。

午向虎奔南离大格穴。

午向龙马负图大格穴。

末向多结神坛下格。

卯向万木森森。

辛向文章天府。

巽向天太齐拱。

亥向二垣拱照。

艮向金鸡报晓。

丙向玄武所居。

坤向三合凶猛。

坤向风火临地。

坤向坎水成六。

午向坎离交媾。

癸向开锁精奇。

壬向阴阳内舍。

辰向六龙御天。

乙向三合连珠。

乙向金杀所伏。

甲向万物战乾。

甲向天诰带火。

甲向禄马辅龙。

第十五节 赖太素催官之星解

壬字上应之天星为天辅、阴权。

子字上应之天星为阳光、天垒。

癸字上应之天星为阴光、北道、瑶光。

丑字上应之天星为天厨。

艮字上应之天星为天市、阳枢、天枢。

寅字上应之天星为功曹、天棓。

甲字上应之天星为阴权、天苑。

卯字上应之天星为阳冲、廉贞、阿香、天命。

乙字上应之天星为天官。

辰字上应之天星为亢金、天罡。

巽字上应之天星为太乙、阳施。

巳字上应之天星为天屏、赤蛇。

丙字上应之天星为太微、天贵、阴枢。

午字上应之天星为天广、天庙、阳权、炎精。

丁字上应之天星为南极。

未字上应之天星为天帝、太常。

坤字上应之天星为玄戈、天钺、阴玄。

申字上应之天星为天关。

庚字上应之天星为天潢、天汉。

酉字上应之天星为少微、阳阊。

辛字上应之天星为天乙、阴璇。

戌字上应之天星为天魁、鼓盆。

乾字上应之天星为天厩、阳机、天门、亢阳。

亥字上应之天星为天皇、紫微、天门。

赖公天星手抄秘本录入至此，在此笔者还特意增加了标点，望读者能按自己的经历和学识，更好地去理解，因为经典的理解，一般都是各人都有各人的见解，所谓仁者见仁智者见智。雅浩希望爱好赖布衣风水学派者，能拿到此天星抄本把它学好，也算是了却自己弘扬赖派的心愿，和大家共同学习，一起进步！在这里只是起个抛砖引玉的作用，希望将来可以为大家带来更好的堪舆作品。

庚

五鬼运财篇

五鬼运财这个名字太吸引人了，有风水的正法，也有道法的阴术，但并不是布了这个局，就可令财从天降。五鬼运财是一套纳生旺气的学问，布了这个局，能使人积极向上，迅速积累财富。“五鬼运财布局法”就是一套纳生气、纳旺气的学问。五鬼是什么？五鬼就是廉贞。布了“五鬼运财局”，就能纳入生气、旺气，使人健康，开启智慧，能立即添丁、进贵、聚财。

五鬼运财之法世传有很多种，其中就有道家的五鬼运财法神验道法和赖太素五鬼运财风水秘诀两种。前者是道家法术功夫的范畴，后者才是天星风水的真功夫。赖公五鬼运财法是山龙用天定卦法，从坐山起天父卦，要求在廉贞方开门立向或有门路、窗口等流通纳气。水龙用天定卦法，从向首起地母卦，要求在巨门方要有水或来路，如果外局有水，在内局的相应方位再布水局，叫吊水上堂，效果更佳。符合以上条件，就为“五鬼运财之局”。这里只介绍赖太素五鬼运财。

第一章
赖布衣五鬼运财地理秘诀

赖公太素断胡太傅地云：五鬼临门不带财，官为太傅也须贫，巽龙入首五鬼到乾，乾峰侵云即插乾向者，乾水朝堂则为五鬼带财，则贵而能富，惜平坡无水也，后与胡念五相公造阳宅，法亦用此卦。

此法在风水考察之中是极秘之法，古有千金不授的戒规。通晓此法，为人造葬，立即改观，乃是堪舆密法。实为“山水龙翻卦诀”。五鬼运财法五鬼运财又叫山水龙翻卦，因山龙用廉贞，廉贞别名五鬼，水龙要见水，水为财，所以叫五鬼运财。

第一节　五鬼运财作法秘诀

口诀：山龙廉贞有向，水龙巨门见水。

五鬼：即指九星中的廉贞星。

财：指水而言，因水是发财之源。此水即巨门水。

五鬼运财：坐为山龙，向为水龙，山龙水龙各立一卦，并依法进行卦，依净阴净阳及三爻卦纳甲原理纳入二十四山，把山龙上廉贞所在之向位，将来水排于巨门位上。阳宅中，使山龙廉贞位开门、窗等气口，使水龙巨门位有水。此即为五鬼运财。

第二节　具体作法及应用

一、作法

(一) 山龙廉贞有向

1. 阳宅以坐立卦（坐山即为山龙）。

2. 以排龙变爻翻卦法为之，排列九星。

3. 依净阴净阳以及三爻纳甲原理，纳入二十四山。

4. 寻出廉贞位，以此处作为气口，可开门或窗户纳气之位，称为“收山出煞”，（阴宅则山龙取廉贞有向）。

(二) 水龙巨门见水

1. 开门、开路以向立卦（向视为水龙）。

2. 用水龙变爻翻卦法为之，排列九星。

3. 依法纳入二十四山中。

4. 寻出巨门位，以巨门位有水。

以上即为五鬼运财风水局的作法。

二、应用例解

辛山乙向（坐辛向乙）

(一) 山龙廉贞有向

1. 坐山视为山龙，以立卦坐辛，因巽纳辛，故以辛立卦。则为巽卦；

2. 山龙变爻翻卦，巽卦之变爻翻卦如下：

坎	坤	震	兑	乾	离	艮	巽
贪狼	巨门	禄存	文曲	廉贞	武曲	破军	辅弼

3. 依法纳入二十四山。

4. 寻出廉贞方，廉贞在乾，乾又纳甲，故廉贞在乾，甲出方位。

5. 阴宅山龙取廉贞有向。

阳宅则以乾方及乾所纳之甲方开门或窗。

（二）水龙巨门见水

1. 向视为水龙。以向立卦。向乙。因坤纳乙，故以乙立卦，则为坤卦；

2. 用水龙变爻翻卦法为之，排列九星：

坤	坎	兑	震	离	乾	巽	艮
辅弼	武曲	破军	廉贞	贪狼	巨门	禄存	文曲

3. 依法纳入二十四山。

4. 寻出巨门位。巨门位在乾方，则使乾及乾所纳之甲方有水。

以上即五鬼运财风水局的应用法，余则仿此类推即可。

（三）五鬼运财龙向水法

1. 坤龙，立震庚亥未向，为五鬼临门，得巽辛水与门路，为带巨门财来。

2. 巽龙，立乾甲向，为五鬼临门，开坤乙门路，是带巨门财来。

3. 离龙，立艮丙向，为五鬼临门，开兑丁巳丑门路，是带巨门财来。

4. 兑龙，立坎癸申辰向，为五鬼临门，开离壬寅戌门路，是带巨门财来。

5. 艮龙，立离壬寅戌向，为五鬼临门，开坎癸申辰门路，是带巨门财来。

6. 坎龙，立兑丁巳丑向，为五鬼临门，开艮丙门路，是带巨门财来。

7. 震龙，立坤乙向，为五鬼临门，得乾甲水与门路，是带巨门财来。

8. 乾龙，立巽向，为五鬼临门，得震庚亥未水与门路，是巨门带财来。

赖公就是用的这个方法替不少穷人造福，所以这个方法又称五鬼运财救贫水法，最后要补充一下的是，此局布成后往往只能用十一年，如果到时候不封此局，家里必遭横祸。

要各位易友注意的是，“五鬼运财”这个名词是很诱人的，但在地形上实是不容易形成这一种格局的，当然门路可以由人为造之，可是没有巨门水来，还是不易发的，因为水才是发财之源。最少要下雨时，巨门方有水流来才好。第二点：不要用六十四卦的三元罗盘，一不小心就要出大毛病，一定要懂得二十四山向净阴净阳的分金易理，否则福未来而祸先至。

关于五鬼运财收到很多读来信询问，笔者不答。都知道能够催富，但往往只知其然，不知其所以然，简单说说只会害人。要知道，这些都是赖派的精华理论，其实五鬼运财有两个。而赖派为何叫纳甲三合，是内含深刻道理的，天星派里面往往越高级的用法，涉及到其对于六十四卦之配卦与纳甲的要求越多。概括起来我们大致就会分为两种：一个是合局水法，一个是救局水法。

其实救局之法乃收五鬼廉贞水到堂，而高手能让其破局之地起到救局之法。因为五鬼到堂而能巨富，所以言其五鬼运财来。此就是收廉贞五鬼之凶星之水，一般人只知道一个辅星翻卦，就自认为自己完全试验过本派了，其实说知道一个翻卦，根本连门都还没入。

救局之法是乃赖派高级手法，坊间没有流传的，所以将这一浅易的救局之术告与大家。所谓的救局之术有三，要弄懂这个法门，必须先透露一个催官天星派之堪舆秘传口诀："节前、节后、节中辨，初关、末关、中关情！"笔者讲一个龙向合参，二八加减救局水法。可能有人会妄自菲薄，认为二八加减是向之加减，其实不然，乃水之加减二法，向之加减一法，共为三法。所以此种水法必定有两验，方为真五鬼运财，第一，爆发富贵，无故发横财，而非正式之财，如赌博之财彩票之财，无故检得巨金，且是爆发，一夜爆富。第二家里极易损丁，且多有人犯肺病咳血不止。

而救局之法基本就是发续弦之子，或残疾之人，或发福而祸紧随之，其之法不是单纯的破局合局，其为合局而福不全，其中种种手法良多。这就是为什么有些残疾之人还能作大老板，或发福之人多有凶险，或功成名就却有某种不吉。此合于天理地理与人理，风水可并不是一个仅仅只论好坏的游戏，理法之真者，要能一一应验，发何房、何人、何时，方为真法。

特别要注意的是，如果不是五鬼运财之真局，而是人为的挖渠引水来合局，只是当时之人力与地师之能，时间一长，自然会败绝的。可见此法稍有不慎，必然先发而后绝，良可叹也。所以救局之法乃万不得以而用之，然用之不慎则与破局无异也。

辛

留题钤记篇

第一章　赖公留题钤记

赖公足迹踏遍两广，留下许多传说，其中看到不少好地，于是在当地详尽描绘，赋诗留题，给后人留下不少风水玄机，以待与此地福德的后人有缘使用到，现在很多地师和风水爱好者家里，都抄有他的留题。现在两广地区，多少东家花大价钱，请来知名先生前来寻找，又有多少代的地师们起早摸黑，不畏严寒酷暑，魂牵梦绕，每天爬山寻找，就是为了这些留题，一个可以有经济效益，一个可以证实自己的水平高，还有的是为了可以自用。所以坚持不懈，努力寻求，有的是家传，有的已经跑了好几代人。历史的车轮滚滚而来，有无数的风水大家，在追寻着赖布衣的“留题诗”，寻访着他当年留下的足迹。

第一节　赖布衣留题

当我们行走在广东、广西、湖北、福建、浙江、安徽等地做风水业务或考察风水时，人们一听到是来自江西赣州的风水师，往往受到事主和当地人的盛情接待，在与他们闲聊时，听到最多的一句话就是：“我们这里有过赖布衣的足迹，当年他为我们祖上看过风水，并且还有留题。”言语之中神情无不自豪！在广东做风水时，东家说当年赖布衣去潮汕一带做风水，就途经这个与江西交界的山乡。实际上宋代著名的“地仙”赖文俊，百姓都亲切称呼其为赖布衣，他活动范围超过历代江西赣州明师。其所经过之地留下许多风水传奇故事，还在江南从福建至两广等地流传，每地还留下不少“风水留题”。在广西容县南山就留有“都峤山金斗赋”，至今都令当地人念念不忘。

留题之意是寻龙点穴时写下地形地貌、景观特征、发越情况等，历代风水大师所作的风水留题（有时也称钤记），留下的风水玄机，供后学后人去研读寻找，也让祈求丁财贵的众生，不惜财力雇请风水师根据留题所提供的线索，寻找风水宝地。现在不少肚子里有点“墨水”的民间地师，也纷纷喜欢效仿风水宗师做法，舞文弄墨赋诗留题，其实都是随意编的顺口溜。

风水留题能表达风水师“替天行道”的心迹，正直有良知的风水师自感身上肩负“替天行道”的重任，他们有济世利民的抱负，踏访遍勘，追龙寻穴，在实践中悉心而有目标地选择一些山川地貌好、生气充郁的州县，然后以秘记（钤记）、留题等形式流传下来。目的是一方面可为当朝以“风水”的独特方式多培育出一些人才，护国安邦，同时也可为世间多开发些钟灵之气，旺我大中华人才的风水宝地。风水师也自然在此过程中获得一种“修功积德”的果报。他们生前踏勘后留下的秘记、留题等传于民间，一直为风水后学者奉为至宝。

第二节　容县都峤山金斗赋

金斗赋就在都峤山，又称南山、萧韶山，位于广西容县石寨乡境内，距容城南约10公里，以锐而高甲于一都得名。方圆三十七平方公里，是三教合一圣地（道教、佛教、儒家），自古为容州著名宗教圣地、风景区及讲学场所，道书将其列为中国三十六洞天之第二十洞天。都峤山因宋朝赖布衣《金斗赋》留题赋更加扬名。民间有歌谣云：“南山金戽斗，九曲十八扭，谁人葬得着，芝麻绿豆官三斗。”

一、都峤山金斗赋（宋·赖布衣）

赖布衣当年游都峤山后便作赋一首以赞其美，赖公用词优雅华丽，用意精准，可见赖文俊祖师之文笔风采。赋云：

“龙之为灵特超，星之为光不朽；天光下降方隅，地德上承培厚；纵横照耀，二十八宿列九天；起伏恢弘，七十二山分奔走；脉络循环数百里，透岑容独论尊卑；奇峦峻拔万千峰，列土木金分左右；观龙楼宝殿，惟仰南山；察星体钟灵，居然金斗；心极溯洄之望，每切秋三；欲登泰岳之高，难逢重九。

原夫祖之所由起也！容山天堂，森秀浑穆；玉柱石鹅，崇雄高矗；香炉顶挂天池，丹灶云居幽谷；娑婆岩为中宫，灯檠石为照烛；大象宿于中傍，仙鹅飞乎上属；蜂腰渡峡，日月匡扶；鼓角威仪，枪旗并束；罗列三枝，中标双玉；观峰峦之叠叠，千山悉是奔随；验江汉之茫茫，万水咸归入局；横敷直递，观其势之甚雄；左旋右抽，察其形者真委曲。

详观美穴莲花，精微深入；蝉翼双披，虾须两集；御屏屹竖其间，荷笔卓然秀立；远观则高起无情，近视则山家拱揖；攀金腰玉带，一画连环；占翰苑雕梁，丹灶雄岌；幸形神毕聚，品格出乎万千；巧象呈祥，声价高居倍十。

信是明堂广阔，阳光星列盘桓；局度宽宏，帝座公车峻拔；只有诸砂，并无一杀；两边尽是包罗，四面咸来观察；罗位收自近关，猪牙镇塞总辖；天马镇自乾离，北斗重骝合札；拟左施之飘渺，仙人讵敢尽当；验右绕之萦回，苑客难称巧黠；布金箱之蕴，不但宝三；陈玉石之能，有同篮八。

若是乎！地既灵于其前，人心杰乎厥后；斯兴发之无疆，享荣华之悠久；富必石崇，贵仍韩柳；诰轴文星面对，他年金榜题名；云天锦帐频敷，异日斗称福厚；嗟乎！地产精英，鬼神守护；纵有慧眼之明，难默遭逢之偶；是为山家择主，断然福自天来！倘教地府佑人，决非事成矫扭！”

二、南山《金斗赋》白话对照译

龙之为灵特超。

山龙的灵气是特异而超俗的，龙脉秉承天体规律，灵活奇特超越。在天成象，在地成形，人得载应。

星之为光不朽。

星体之天光下临，是永远不熄灭的，永恒不朽。

天光下降方隅。

上天的光华遍布地面，天光普照到四面八方的每个角落。

地德上乘培厚。

大地之山川，受光辉照耀，承载上德，上应于天，而培植敦厚，显得格外的厚重。

纵横照耀，二十八宿列九天。

星斗列宿纵横交错，照耀大地空间，二十八星宿依次排列，永恒运行在九天之上。

起伏恢弘，七十二山分奔走。

行龙延绵，一起一伏的宏伟山脉，在地面上分布在七十二个方位上，化为七十二条山脉在分向不同方向奔走。

脉络循环数百里。

从龙祖落脉，追随着来龙去脉，在这里循环盘亘的山龙，跌断起伏弯环循环，不下数百里。

透岑容独论尊卑。

透过岑溪、容县；横跨两地独特的崇山峻岭来论大地之尊卑。

奇峦峻拔万千峰。

有高的也有低的，奇峦峻拔如柱天之峰，何止有万千之数。

列土木金分左右。

依分类属性，总是从属于金、木、水、火、土的五行洪范。基本排列以土星聚中，木星、金星分立左右。

观龙楼之宝殿，惟仰南山。

看来象龙楼宝殿那样突出的，惟一能敬仰到的就只有南山了。

察星体之钟灵，居然金斗。

我去南山观察到星体钟灵的一个大地，考察形势所结之穴，居然形如金斗，那就管它叫金斗吧！

心极溯洄之望，每切秋三。

我的心情高兴极了，回溯起来，发现这个地，已经有三年了。

欲登泰岳之高，难逢重九。

欲再回南山，攀登象泰山那样的高巅，就联想到一年一度的重九登高节，机会难逢。

原夫祖之所由起者！容山天堂，森秀浑穆。

原来在容县起祖的龙脉，总离不开浑浑噩噩的大容山和天堂山。

玉柱石鹅，崇雄高矗。

这个龙穴的形势，非常壮观美妙，可以看到崇峻而雄伟的玉柱峰，起伏嵯峨的石峨峰。

香炉顶上挂天池，丹灶云居幽谷。

高耸入云的香炉峰顶就象悬挂在天池，丹灶峰又处于云间的深谷里。

娑婆岩为中峰，灯檠石为照烛。

娑婆岩居于中峰，灯架石象明灯高照，娑婆顶在各峰中间，灯檠石形似读书台的照烛。

大象宿于中傍，仙鹅飞乎上属。

大象山形似大象，宿于中傍，仙鹤峰形似仙鹤飞天，相伴跟随，飞临上首。

蜂腰渡峡，日月匡扶。

龙脉过峡如蜂腰，峡的两傍有日星月星扶卫。

鼓角威仪，枪旗并束。

有鼓，有角，有枪，有旗并列蓄立。

罗列三枝，中标双玉。

入首有三支脉下，其中玉穴有双。

观峰峦之叠叠，千山悉是奔随。

站在穴场上看，峰峦叠叠，千山全是奔随。

验江汉之茫茫，万水咸归入局。

去河流水口验证，江水茫茫，万水都归入堂局。

横敷直递，观其势之甚雄。

观察此地气，横敷直递，其势甚威雄。

左旋右抽，查其形者真委曲。

玩赏此地形，左旋右轴，其形真委曲。

详观美穴莲花，精微深入。

详细地、精微深入地、静静地观察莲花美穴。

蝉翼双披，虾须两集。

发现其有蝉翼双披，虾须两集。

御屏屹竖其间，荷笔卓然秀立。

有御屏形的山体屹竖其间，有荷笔形山体卓然秀立。

远观则穴起无情，近视则山家拱揖。

远观穴地似无情，近视则山家弯环拱揖有情。

扳金腰之玉带，一画连环。

有一画连环的金腰玉带形。

占翰苑之雕梁，丹灶雄岌。

如翰苑一般的雕梁般豪华，是丹灶形体的雄岌。

幸形神之毕聚，品格出乎万千。

此穴形神兼备，品格在万千美穴之上。

巧象呈祥，声价高居倍十。

穴象精巧瑞祥，价值将十倍于平常之穴。

信是明堂广阔，阳光星列盘桓。

只见明堂广阔，可容天星和太阳罗列徘徊逗留。

局度宽宏，帝座公车峻拔。

格局宽宏，有峻拔的帝皇坐的座位帝皇坐的公车。

只有诸砂，并无一杀。

只有有情的诸砂，并无无情的一杀。

两边尽是包罗。

两边尽是护山弯环包罗。

四面咸来观察。

四面有情都来观察。

罗位收自近关，猪牙镇塞总辖。

罗位水口收自近关，猪牙峡水口骥北总压守。

天马镇自乾离；北斗重骝合札。

乾方离方有天马镇住；斗宿在北，斗形也在北，相重合法。

拟左施之飘渺，仙人讵敢尽当。

若打算在左施加什么，连仙人都不敢担当。

验右绕之萦回，苑客难称巧黠。

设右边还有什么缠绕，明师学客也难称再有巧结。

布金箱之蕴，不但宝三。

蕴布有装金之箱，不仅仅有三宝。

陈玉石之能，有同簋八。

同时放置玉石的器具还有盛食青铜器八个（簋：guǐ 读鬼，古盛食物器具）。

若是乎！地既灵于其前，人必杰乎厥后。

地既然有灵于前，必然产人杰于其后。

斯兴发之无疆，享荣隆之悠久。

这就兴发无疆，享悠久荣华富贵。

富比石崇，贵仍韩柳。

可以富比石崇，贵如韩愈柳宗元。

诰轴文星面对，他年金榜题名。

面对帝王发布命令的诰轴文星，他年必定金榜题名。

云天锦帐频敷，异日斗称福厚。

频敷云天锦帐之形，福厚日后要用斗来称量。

嗟乎！地产精英，鬼神守护。

感叹，如此精英大地美地，是有鬼神一直守护的。

纵有慧眼之明，难默遭逢之偶。

纵有慧眼之明，也需要千年难遇的遭逢巧缘。

是为山家择主，断然福自天来。

是山家择福主，断然福由天命而来。

倘教地府佑人，决非事成矫扭。

倘若要教地府荫生保佑出人杰，决非后天事成的矫正，而是福人葬福地，也是行善积德的结果。

三、南北斗评

都峤山金斗赋全文分为五段，其中每段话的最后一个字，组成了（九、曲、十、八、纽）这便是民间所留传九曲十八纽原由。原文中：

香炉顶挂天池——香炉峰

丹灶云居幽谷——丹灶峰

天马镇自乾离——马鞍峰

仙人讵敢尽挡——仙人峰

灯檠石为照烛——八叠峰

娑婆岩谓中宫——中　峰

云天锦帐频敷——云盖峰

枪旗并束——兜子峰

香炉峰、丹灶峰、仙人峰、兜子峰、马鞍峰、八叠峰、云盖峰，这七峰组成天象北斗星图形。北斗七星古时天文地理学家又称其为庳斗星，这便是赖布衣所提南山金庳斗的原由。（诗中察其星体之钟灵，居然庳斗；北斗重骝合札；异日斗称福厚；帝座公车峻拔——北斗星运转好）

此为宋代风水名师赖布衣所作，赖文俊是宋代相地术大师，曾在福建的建阳县当过官，喜好相地术，于是弃职浪迹江湖，自号布衣子，世称赖布衣。据称此赋是其在容州当官时，游都侨山而作。

都峤山位于广西容县境内之南山，民间有歌谣云："南山金庳斗，九曲十八扭，谁人葬得着，芝麻绿豆官三斗，南山金庳斗，九曲十三扭，将军门外守，鲤鱼把收口，旗鼓两边有，谁人葬得着，芝麻绿豆官三斗，金银无数斗，人丁数千口！"

第三节　大明山天子地留题（宋朝·赖布衣）

山中年年结雾烟，阵势巍峨插碧天；山高日夜生明远，大平南宁降横州；金云生定半天吹，归结祖宗万笔荣；五山无极山，鼓响胜天边；乾山乾向水流乾，合山合水胸中立；三百六十龙神足，三十六公朝天子；千水万水归一水，水曲迢迢又湾湾；广东大海作明堂，洪福滔天作圣君；固是天子地，万世着帝袭。

赖公并点评曰：此地结三穴，上穴出神仙，中穴出帝君，下穴出臣相，只有九代阴功大福之人方能得之。

有关大明山的几首风水留题文字都不一样，但是意思差不多是一样的：大明山上有“龙真穴的”，其龙、穴、砂、水、向指的都是同一个地方，如果福人有缘点得对，便可代代当出王与侯。宋朝国师赖布衣的“山中年年结雾烟，阵势巍峨插碧天，山高日夜生明远”和明朝萧公的“老龙年年结雾烟，降势巍峨挂碧天。高山日夜生明月，万里来龙到此眠”其具体所指大概是指现在大明山上的龙头山。大明山“龙真穴的”，是乾山巽向帝王之范的龙脉。

第四节　天子地的特征

下面我就引用一部分人对大明山是天子地的看法，是专门对大明山天子地进行的解释，详细描述了作者的观点。我对这些观点归纳总结，最后进行了评论。

一、天子地的第一大特点——龙真远

来龙远，龙要真。风水术用形象思维的方式，将逶迤奔腾，形象万千的

山脉称之为龙脉，比喻是非常恰当的。从风水学上考察，可以发现，大明山的山脉动态气势确实像一条真龙在起舞：大明山起源于昆仑山南麓，经四川、云南、贵州、广西百色的隆林、田林、凌云、河池的南丹、都安到南宁的马山，来龙悠远生动，风情万种，富贵万千，经过重重剥换，过峡，顿跌，形体转换，脱胎换骨，左闪右摆，闪展腾挪，左右有红水河、右江送龙，到了马山县古零镇乐平村水锦屯和石丰村长林屯的交界即江隘处以乾龙入首，先后分别结作于马山县、上林县、武鸣县和宾阳县，特别是到了武鸣县的两江镇和马头镇小陆处忽然隆起，形成一座气势威严、雄伟挺拔的山峰——大明山最高峰，海拔 1760 米，也是桂中南第一高峰——大明山的龙头山。现在的龙头山上常年云雾缭绕，烟雾云气，郁郁霭霭，日出的霞光，照透迷雾，形成奇特的风光。这正应了风水留题所说的“老龙年年结雾烟，降势巍峨挂碧天。高山日夜生明月，万里来龙到此眠。”可资证明这就是真龙迹。

二、天子地的第二大特点——砂吉秀

砂要秀，有多重吉砂护卫，最好是“狮象随护舞翩翩”。大明山是西北千里来龙，开阳到头结穴，穴位是龙之生气凝聚的孔窍，大明山的龙穴就在龙头山上。继而龙脉蜿蜒南下，至邕江边结作广西首府南宁市。

大明山的主峰龙头山，其来脉峰峦高峙耸拔，端正尊贵，龙头山所在地其四周山峦起伏，行之有止，起到很好的贮藏生气的作用。由主峰龙头山向左右各分出一支山脉，分枝布叶，层层降落，弯环如马蹄，横向展开阔大，形成屏帐之势，其左翼（桂中盆地中部的大明山——来宾——象州隐伏断裂带）由大明山北西端向东蜿蜒，青龙昂首，经来宾——象州——武宣，其断裂带中部在来宾一带有明显切割泥盆系地层，最后结作象州县妙皇乡的高楼山。高楼山海拔 932 米，是象州、武宣两县境内最高的山峰。是故明朝萧公的大明山风水题留中有“迁江来宾降波毡”之称。其右翼（桂中盆地西部的大新——大明山——忻城——融水——三江断裂带）白虎低伏，向西延展结作南宁石埠左、右江和邕江三江汇合河畔上的三江口宋村。之后半隐伏延展至大新以及越南太原省，如《越南地舆图说》就记载说：“北圻太原省有昆仑山，其源自上国而来，经高平而至太原，横峰壁立，峻岭摩空，人迹所不到。”记述者谓越南太原省的昆仑山，其源自中国而来，中国的广西与越南的高平省接壤，然后延至太原，所以，越南太原省的昆仑山也是广西大明山的余脉。

大明山主峰龙头山来龙两翼分障包罗于外以成大局，中间的明堂自成一个“罗城”：大明山的西南麓对面的丘陵地带是小明山，小明山起于马山的杨圩，到武鸣的马头、罗波、陆斡一带隐伏化为开阔地，过罗波的坛李村后又凸起往宾阳的思陇蜿蜒而去。两边高山夹峙，中间为平地。武鸣主要的河流是右江支流武鸣河，武鸣河主要一级支流就是流经马头镇不远的香山河，香山河流经马头、小陆、陆斡和罗波等村镇。所谓水出之处有两山高耸，贵地也，所以从龙头山的正面看去，从武鸣的马头到罗波、陆斡一直到武鸣县城有一片开阳地（现在的武鸣到马山的公路就在这片开阳地中间），四周山环水绕，形真意切。两边有两砂手，层层降落，弯环如马蹄，形如两龙拉车，如双龙戏珠，如皇冠毓帽，如龙搂凤阁；到南宁的高峰山脉前为一字横案，高峰山脉一字横排过去有高峰隘、剑脊隘和甘峒隘（甘圩镇香炉岭）等五座峰隘，犹如五对华表捍龙门，又如两只狮象把门关，更像两只金鸡相对鸣。可谓如龙堆凤窝，如宰相笔案。

大明山龙头峰

三、天子地的第三大特点——五气朝元

五星归垣明堂现，风水格局中最贵者是五星归垣；以其水星帐于北，火星耸于南，木星列于东，金星待于西，土星结穴而居于中央。五星左右各星归于本宫本位，所以有“五气朝元”，“五星升殿格”之称。若登星辰观之，四面相等各得其位，为天造地设，为五星聚精，为万灵所萃，为正气所钟。所谓五星归垣者，为龙中最佳之格，万不逢一。如此上应天星，下又合方位，诚为最尊之吉地。如此之地，有福德之家，葬其正穴，主出皇帝圣贤。其次亦主出王侯将相，贵极人臣，流芳百世，皇亲国戚，文武双全，大英雄豪杰，状元神童等，上上至尊之富贵，均在此中藏。

龙头山四周从北到东依次有公益山、望兵山、水陈峰、象头山、六毛山等五座山峰围绕龙头山而排列，而龙头山居中是主峰。主峰龙头山的背斜二翼全为泥盆纪的石英砂岩，硅质页岩、硅质岩裸露，地带性土壤为赤红壤，是典型的土山，山高脉厚。登上大明山最高峰龙头山，只见群峰连绵起伏，龙头山的四周即东西南北还有九座无名石山按金木水火土五星团聚九星相聚环绕龙头山，以龙头山为中心，分别向四周散开去，起其格局如风水术中的五星归垣，是一个垣局完整的地方，可谓“五星归垣明堂现”。周围众山匍匐朝拜，如三十六公作揖，又如三百六十仙童跪拜；站在大明山的龙头山顶上，绝对有一种君临天下的感觉，这正是风水学家们所说的群山拱卫、众水环绕、乾山巽向的帝王之气的龙脉。

四、天子地的第四大特点——明堂

凡称得上是大富大贵墓地的，都有内外明堂，而且明堂里要有水，因为水是龙的血脉，龙无水送，不知龙之来处，穴无水界，则不知龙之止所。考察大明山，可以发现，受穴之山的龙头山其穴区前中轴线上近对的浅岗是南宁的高峰山脉，此为风水格局中的龙头山其穴区前的一字横案山。以现在的高峰作为守水口的横案山可以分内外明堂。内明堂可谓关锁严密。内明堂左边是武鸣马头镇的安等秧，是一个不高的丘陵山口，形如马鞍；安等秧再往前即是渌潭隘、渌淇隘、渌黎隘、渌昌隘、渌赵隘五隘皆在马头乡境，再往前是渌良隘（武鸣罗波镇坛李村）、葛圩隘（武鸣太平镇葛阳村马曼岭西侧）、渌桥隘、宗马隘（武鸣太平镇林圩东）。内明堂右边是石磨隘，在两江东北方向，大明山西南麓对面的小明山上有十三个隘口从两江到马头一线都排列绕成半弧形。内明堂背靠大明山龙头山，明堂内万山朝拱、万水归堂，而且其中间有月山、敏山和岜乌山等呈印台之形，是为印星。印星好像特别受到壮族先民的欢迎，因为在武鸣县境内发现的几处岩洞葬基本都是在印星山上，如武鸣岜马山岩商代岩洞葬、武鸣两江独山战国岩洞葬等。此外，在武鸣县境内发现的其他几处岩洞葬如岜旺、弄山等，这几处也都是印星山。印星在风水理论上属于金星，俗语有云：“有印相扶，定是官居极品”、“华盖与印星共会，管仲佐霸良臣”。

五、天子地的第五大特点——水局

龙头山的内明堂有三潭随龙水，这是证明大明山是远方贵龙来的重要标志，风水理论认为，吉地不可无水，地理之道，山水而已。水是龙的血脉，龙无水送，不知龙之来处，穴无水界，则不知龙之止所。风水术上水的种类很多，按位置论，有随龙水、虾须水、合襟水、三阳水、对朝水、正朝水、天心水、极晕水（并非真有水）、真应水、禄储水等。随龙水为该龙脉所生，是从龙的祖山一路伴随龙而来的水，随龙水的大小及其流程的长短是分辨龙有力还是无力的主要标志。中国的风水术认为，一般大地才有随龙水。令人称奇的是大明山龙头山的内明堂里就有三潭随龙水。龙头山下的武鸣马头清江至暮定水库有一个水潭，清水自流，是香山河的源头，属于丁水，庚方来水，坤水去。在内明堂的中间是罗波潭。罗波潭的潭水面积约两千平方米，潭水最深处达四十六米，水清冽而宁静，久雨不溢，久旱不涸，冬暖夏凉。罗波潭旁边有一个罗波庙，庙的坐向是辰山戌向，有巽、丁、丙三潭水窝，水出离方。

据《武鸣县志》记载："古灵水泉源自石壁底仰注而出，大者三尺许，小者一尺许，亭亭如玉柱，积水成池，池口有天然石门，水由此排流于江，何谓'灵水'，传说古代池中有一犀牛，光彩夺目，百姓以此为神灵，故以此命名"。灵水有两大奇妙之处：一是不管天时大旱大涝，湖自不涸溢；二是无论寒冬暑夏，水温常年保持23摄氏度左右，令人冬觉暖夏觉凉。信步南岸，可到武鸣河与灵水汇流处——人称金银窝。河水自大明山浩荡而来，浊流奔涌，灵水则澄碧如银，故名"金银窝"。可见灵水这个地方历来也是风水中的宝地。

龙头山的内明堂有三潭随龙水，"三阳水向尽源流，富贵永不休"。三潭阳水都源远流长，不但说明龙从远方来，而且说明迎送之山也是从龙的祖山一路护送而来的，这是贵龙的一个重要标志。高峰之外的南宁横县是它的外明堂，外明堂宽阔无边，缓坡稀疏，阡陌连亘，河汊纵横，隐隐约约可以看到广东幽蓝的海面，闪着鳞光……

所以风水留题中有“广东大海作明堂”一说。远朝案处的珠江水往癸丑方向流，水势走向是从右到左，其河水流激荡，河面却屈曲盘旋，波浪不惊，顾盼有情，正是“灵水洄澜”之地。四周千山朝拜，众山朝拱，众水会聚，万水归宗，星辰累累，穿帐过峡，驳换出脉，顿起一个大星辰，此也乃是真龙结作的象征。

六、结论：天子地的真正特点——上应天星垣局

目前世面上关于天子地的特征,世传之内容还有不少,在此就不再一一列举了。其中谈论的格局很多很多，很多人到处都在论述在那里那里看到了天子地，竟然没有一个能把握住实质的。因此，以上所论看起来很有道理，但是不管你怎么去描述，都总是会觉得不得要领，好像欠缺了些什么。殊不知，天子地在赖布衣在催官天星派风水体系里面早有定论，赖公已经把道理讲得很清楚了，根据我们天星风水的总结：真正的天子地的特点是必须上应天星垣局的！

大明山形势简略图

“垣”者，墙、城之意。垣局是专指可以用来建造号令天下的京城的特贵的风水格局，次一等的垣局则是建造省市都会的理想地点。垣局与一般的穴场相比，具有许多不同的特点。垣局是大龙脉的正结，是山水之大会，星辰分明，气势非凡。

古人认为，天星下照，地上成形，龙穴是是天星之气在地表的真实反映。天上有紫微、太微、天市三个星座，其气下临于地，而形成紫微、太微、天市三大垣局。紫微是天上帝星所在的星座，地下的紫微垣就是皇帝居住的地方。

赖公明白只有垣局才是真正的天子格局，所以他的留题里面这样写道：“三百六十龙神足，三十六公朝天子；千水万水归一水，水曲迢迢又湾湾；广东大海作明堂，洪福滔天作圣君；……”他指的就是垣局罗城，所以赖公在《催官篇》内开篇就有提到了三大垣局的重要性。其他经典如《撼龙经》也说：“方正之垣号大微，垣有四门号天市。紫微垣外前后门，华盖三台前后卫。中有过水名御沟，抱城屈曲中间流。紫薇垣内星辰足，天市大微少全局。朝迎未必皆真形，朝海拱辰势如簇。千山万水皆大朝，入到怀中九回曲。”

《撼龙经》又云：“垣星本不许人知，若不明言恐世迷。只到京师君便识，重重外卫内垣平。此龙不许时人识，留与皇朝镇家国。”就是要告诫后面的风水师们，如果发现了天星垣局，是一定要严格保密的，这是不可轻易泄露秘密。

古人认为，帝王之穴为禁地,非常人所能用。说的就是指很多人福德不够,无法承受。更有一种说法，说禁地多为天葬,传说朱元璋的祖坟就是天葬而成,然而前年前往江苏明祖陵考查时,听闻导游词所说的却又是一个版本,非天葬之说。由此可见,传说毕竟是传说,很多事还需要我们眼见为实。

总而言之,我们在选择葬地时千万不可贪大,随缘而施即可。真龙大穴是有神灵护佑的，没有福气的人是不能轻易得到的，这只能说明，山川灵地本来就是上天注定有主的，福东能得到什么地,都由他家的福德相关的。记住这样一句话：“阴地不如心地，命好不如心好！”

第二章　赖公铃记

我沿途经过杭州来到绍兴，在这里赖布衣曾经留有的绍兴八大铃记。只要来绍兴，千万不能忘了品尝一下绍兴的老酒。绍兴老酒醇香甘甜，使人回味无穷。还有臭豆腐干，也是名闻遐迩，坐在依照鲁迅先生笔下《孔乙己》中重建的咸亨酒店，来一碗黄酒，一碟茴香豆，一碟臭豆腐干，江南水乡的风情慢慢就在你的心中扩散开来。至于绍兴菜肴霉干菜可说是绍兴当地最有名的家常菜，非常下饭。另外绍兴的酱制菜肴也是小有名气。

南宋赵构皇帝被金人所逼，到处奔窜于江浙一带。公元 1131 年逃至绍兴（那时是越州）觉得心情很好，认为江山会被收复，所以有了一句“绍祚中兴”，意思就是说国家的命运会繁荣昌盛起来，兴旺起来。

全市地貌可概括为“四山三盆两江一平原”，即会稽山、四明山、天台山、龙门山、诸暨盆地、新嵊盆地、三界——章镇盆地、浦阳江、曹娥江、绍虞平原。全市最高点为位于诸暨境内海拔 1194.60 米的会稽山脉主峰东白山，最低点为海拔仅 3.10 米的诸暨“湖田”地区，地表江河纵横，湖泊密布，境域内河道密布，湖泊众多，素以“水乡泽国”之称而享誉海内外。

南宋都城临安，离绍兴很近，赖公做国师期间，常到绍兴寻龙，故而留下很多内容丰富的风水铃记，让我们敬仰不止。

第一节　赖公铃记之《绍兴大地八铃》

公讳文俊，字敬仙，号采山。元至正三年入越，着《大八铃》。后复游会稽，着《记》明初越人得于瑞安刘氏。其在山阴会稽萧山者，共三十六记云：据《钦定四库全书催官篇提要》曰："宋赖文俊撰，文俊字太素，处州人，尝官于建阳，好相地之术，弃职浪游，自号布衣子，世称赖布衣，所着有《绍兴大地八钤》及《三十六钤》。今俱未见。"

以此所言，此手抄之《赖公钤记》包含的内容或许就是连《四库提要》所云之未见之《三十六钤》也。

其一、山阴天乐孙都堂坟山内

青化山头天乐龙，大峰小峰环相从。
何家一者生绝贵，端严色相类如童。
坐凭玉几庙门阔，印牌牙笏罗心胸。
明堂内外万马驶，排衙队仗千人宗。
盈湖水涵玉兔镜，白峰透露金乌踪。
神潮每日过龙窟，朝朝暮暮波涛汹。
擎天柱石插天汉，怪兽叠叠锁长虹。
乾坤钟毓产英杰，谁敢对我争英雄。

其二、鹅鼻西化山

稽山大地少人逢，鹅鼻一峰凌碧空。
万山簇拥万山回，小涧大涧同一拔。
垣中全备六龙星，卫列重重拱北辰。
钟灵毓秀应长久，功垂万世名不朽。
回首徘徊复回首，诗酒饮娱重诗酒。
世降时移人不仁，青囊高卷休胡陈。

其三、嵩山发沈文奎

稽山岧峣森列环，南华一老骑飞鸾。
神龟负纹雪波立，白寉起舞青云端。
金鸡幸唱海门阔，波流万倾声潺湲。
天旌耀日烂星斗，东方骐骝临天关。
蓬莱异境宛在□，别有天地非人间。

钟灵毓秀产英杰，玉体金马貂蝉冠。
丹青妙手写不尽，归去归去山中山。

其四、会稽中灶

裘家坞内交二龙，茅岭分宗由五峰。
逆行中灶发少祖，剥换昂特凌霄空。
逶迤屈□□正穴，千峰呈秀罗心胸。
天机隐秘君知否？腰悬金印大如斗。
前案横加金玉盘，公候□□应长久。

其五、漓渚埠内

山阴之西六峰里，鸡头一山应无比。
迢迢天皇入天市，卓卓星峰云外起。
金钗形穴甚□明，玉女妆台清如洗。
芳梳粉盒悉前陈，将相宫娥端可拟。

其六、朱华峰

朱华一峰龙发足，盛塘中巃堪埋玉。
贪狼顿起笔森森，夹从护缠峰簇簇。
紫气□□入天汉，芦花袅袅倒地木。
宾主朝迎冣有情，团聚一家亲骨肉。
文章□□华上国，功名鼎鼐荣爵禄。
我欲无言声嘿嘿，醉后狂歌歌一曲。

其七、山阴驼峰

蓬莱瞰海凌碧霄，天皇紫气腾金桥。
龙盘虎踞玄武怒，祥光冉冉云霞飘。
幢幡玉□□江口，阿香玉女忙奔走。
月瓢盛露金丹红，彩凤啼兮玉龙吼。
神缄鬼秘天机玄，青囊至理能□□。
绣衣持节镇沙漠，蓝田白玉神仙偶。

其八、会稽梓山

震巽行龙百余里，贪狼一峰平地起。
紫气腾腾度天汉，华盖御座列太微。
中有贵人吵罗带，玉珂璎珞清且美。
华表印箱锁垣城，鱼袋牙刀相对迎。
顾祖顾宗拱北斗，金□□□悬右肘。
穴落平夷罕知音，临风三叹重回首。

至此，赖布衣绍兴八大钤记终。

下面的一点内容是对八钤记的一小部分名词进行了注释：

《绍兴府志》：清化山一作青化山，（宏治志）在县西南一百一十里，（俞志）在府城西南一百二十里，多松柏，有石如屋，名石屋。有湫名龙湫，麻溪水环于山麓。（山阴县旧志）作青化山。

鹅鼻山在会稽县，《绍兴府志》：刻石山一名鹅鼻山。《嘉泰志》：在县西南七十里。《万历志》：在府西南五十里。自诸暨入会稽，此山为最高，以秦始皇刻石其山得名。《史记秦始皇本纪》：上会稽祭大禹，望于南海而立石刻，颂秦德。逆行紫气（巽）入天汉（庚），宝殿龙楼呈老干。《催官篇》云："催官第六向东震，天汉（庚）气从右耳进。"

古籍对绍兴的形势集锦：《南新志》曰：天下之山，祖于昆仑，其分支于岷山者为南条之宗，掖江渼之流，奔驰数千里，历衡、踰，包络殴闽而东赴于海，又折而北，以尽于会稽。

《资州记》王于作"冠鳌阁记"云：鉴水环其前，卧龙拥其后，稽山出其东，秦望直其南，自浙以东，最为胜境。《吴地记》：南面连山万重，北带沧海千里。连山带海。

《越绝书》：吴城高以厚，池广以深，甲坚以新。李义山《四六集》：越稽峰天下之胜处。王义之云：行在山阴道上，如在镜中游。"

茅山；《绍兴府志》：会稽山，古防山，名茅山，一名苗山，一名衡山，一名栋山，亦名覆融，亦作覆釜，或曰南山。《一统志》：在会稽县东；五峰。《万历志》：在日铸岑东北，五峰如莲花。《嘉泰志》：日铸岑，在府城东南五十五里。

《俞志》：离渚山，在府城西南三十里，内有谢尚书坞。《绍兴府志》：属于山阴县。

朱华；乾隆《绍兴府志新昌县》案：明周述学曰：吾郡诸山南从朱华峰起顶，北来分三支，一支由大亭山入为卧龙，一支自小亭山外山入为飞来峰，一支由禹陵入为蕺山，郡城峙焉。

第二节　赖公钤记之《三十六钤》

一、禹穴

东南大地惟神禹，我来相看真可喜。
仙霞大帐九十九，龙与凤辇复龙楼。
五星正变□□□，日月悍门天地别。
东南西北五万里，无非环拱朝宗此。

二、府治

神龙来脉自东南，列鼓张旗势万千。
前有贪狼九曲水，龙楼凤阁云中起。
后应端严□□□，日月拱护山重重。
立穴御屏南西局，美哉不数吴山丽。

三、山阴梅里尖曹娥

高干曲折星百变，贪狼高耸为后缠。
江水回环团灵气，东方列帐如天辅。
水木之星枝叶多，真气轻闪下偏坡。
细审穴情分动静，牙笏满前乃相称。

四、会稽化山

宝殿龙楼鹫鼻东，三山鼎峙势峥嵘。
蹲狮舞象立龟寉，龙神却从天上发。
东西两化分雌雄，玉堂端坐五云中。
木火土金三之一，须知不是寻常格。

五、宝舆山

地至平原卫万重，山蔚葱佳浮钧天。
丙丁天禄插云汉，宝舆玉珂黄金殿。
三合九合千万人，刚真□景喜其峡。
深浅沙在证明堂，彼此声名播万方。

六、会稽天柱（一云谢墅小天柱山）

巨灵特立拥旌旄，分叶分枝四面高。
中有真踪成台宿，土火水金俱夹助。
直来又闪休错误，宫壶深崖叠门户。
巍巍端坐万山中，东南大地真堪数。

七、山阴夏历桥下履神仙下履此山

层层楼阁耸青云，清流曲曲抱山腰。
公子辞楼坐原上，前山拱辑列牙帐。
毡铺廉□□离间，时师莫作阳宅看。
阳枢三角四维高，公侯将相佐天朝。

八、会稽吼山

仙旂东泒几贪狼，走马台星势忽降。
渡水穿田起屏障，坐土对土坎离向。
高厚是□□团圆，一曲横流美巽朝。
十代见孙印如斗，会稽之东山曰吼。

九、山阴塘里六峰

大鸡头下小鸡头，六峰之北塘里口。
妆台明镜金母殿，垂廉列帐无人见。
似虎非虎藏宝匣，群仙环坐传丹诀。
不是金钗傍玉梳，妙寻曲曲有如无。

十、山阴谢墅一云梱坞，一云马案山

尾火虎星君知未？大地大地真大地。
玉几前横剑佩列，簇簇宝幢东南起。
还看武曲破军□，后有巨门如负扆。
曲中有趣妙难言，老人下来岳降地。

十一、一云麻溪坝　一云富家墩　一云庆主山

天□阳枢入紫微，西行叠叠起崔嵬。
青化莲花天上簇，两峰齐拥中龙飞。
到头忽忽御屏土，牙刀金印兼旂鼓。
玉带水环通海潮，最妙四神天际起。

十二、山阴大尖　一云越王峰

越王高栖势北行，龙楼忽下如重城。
莫道真踪从此见，分枝分干分背面。
金牛障水力回天，□辛酉度数峰速。
四库暗含妙金空，贵重尔与天皇同。

十三、山阴娄公

策杖寻芳兰亭西，龙楼宝殿与天齐。
左右山山分队伍，双溪合抱当前隈。
中有贵□□容坐，崇山边拱天之涯。
灵气五云拱北斗，凤阁鸾銮印悬肘。

十四、洛思山

洛思前吐状元峰，逆行数里如长虹。
倒卷平湖几千倾，回首却来顾祖宗。
阳衡透迤镇干极，玄武水缠回曲曲。
茵褥面前厚且长，天星聚处是明堂。

十五、会稽山青山　一云容山

文星联袂立青华，北行袅袅多芦花。
御屏中道策马出，芦鞭结蕊小且特。
前□□□紫气浮，天门贵人簇旗头。
凤冶龙池合四正，右有左无宰相称。

十六、山阴谢墅　一云炉峰南面

行龙万里到炉峰，落在坪中闪却宗。
挺挺卓笔插天汉，点点梅花真堪羡。
阴阳配人如随唱，气从睮受官资旺。
一纪麻衣换绿衣，声声报道状元归。

十七、会稽伧塘罗文懿发祥地

妖猿东去最高峰，叠嶂层峦从碧空。
一枝文笔住天苑，一字文星横水畔。
金水□□朝宝殿，辛庚巽吉合体用。
还有中龙隐跃低，堂堂正坐分雌雄。

十八、山阴朱雀山祖坟

灵禽出幕下平田，水大洋洋绕右边。
起伏断连多帐峡，艮神如扆妙天然。
前有□朝即其祖，后有凤凰立玄武。
穴立顶冠莫嫌石，时师切勿取龙虎。

十九、肖山来氏祖坟

为蛇为马又为龙，迢迢江面转湖东。
护中小巧坐玉几，萧干之南雄且奇。
海门远起补天阙，巽兑丙峰凑三角。
五百年来聚金紫，只嫌时产绿林杰。

二十、会稽荒畧陶氏祖坟

五峰岭北展天旗，节节分枝行逶迤。
北山列队度平田，顿起三台为后缠。
气满□□□里住，平湖低就众水聚。
尖圆三吉正当前，最宜详审阴阳间。

二十一、山阴壶饼山朱氏发祥地

天皇骐骥驾清风，好个婴儿怀抱中。
渡水展旗乘艮气，三台华盖天际起。
妙哉前□□□后，怪石嶙嶙成锦绣。
贵马西北合催官，日月东南应亥乾。

二十二、山阴眠牛山何氏祖坟

贵人飞骑子南来，下马列屏宝帐开。
左手却还近作案，前□莫认龙神飞。
乾亥补□□□奇，官贵禄马卓然起。
谁云四库无真踪，合局富贵多难逢。

二十三、会稽小辂山孟葑谢氏祖坟　一云三山石堰

点点如星落镜湖，左环右抱案山无。
西方金印天旗列，一双鸣凤金波里。
唇圆脑凹阴阳间，浅深下处妙难言。
惜哉当面水长流，富贵消长如春秋。

二十四、山阴蜈蚣钳张氏祖坟

翠峰之西华盖旗，雀郲蜂腰势如飞。
倒地开睁如咬虱，前有三台拱北极。
后缠湖□水□□，不许官星走且别。
四神八将森然列，双峰夹耳龙奇绝。

二十五、山阴九曲即前梅周氏祖坟　一云会稽葛尖

两峰前后起贪狼，主客阳枢变太阳。
帐开壬癸复天苑（甲），宝殿金乌天市面。
水神百里□□□，水口一山如巨人。
蛾眉峰小来护穴，眠方逆精真奇绝。

二十六、白塔

脉自阳关分东干，大帐重楼转天汉。
隐隐数星藏变化，仙人特起南面坐。
神蛇宛□□□□，纷纷羽翼还后护。
垂头一脉下中宫，珍重宝炉宿真火。

二十七、山阴谢墅　一云会稽锁泗桥即陶氏祖坟

廉贞起岗放群枝，太阳贪狼分雄雌。
簇簇迎送如春笋，开屏出帐上合井。
文笔□□□居兑，巽艮六神排署位。
仙人端坐看神剑，最喜御屏横当前。

二十八、上亭山前乱帻巢

宝牌一片浮湖面，天市转亥真奇变。
三水来东静又闲，最称当前笔架案。
左右□□□与珂，后队簇簇护拥多。
八座五马何足道，如云捧月应大罗。

二十九、山阴河塔　一云兴塘

张牙舞爪势如飞，香林之东塔岭西。
庚丁灵秀拱北极，碓□门前悬大毒。
异兽排班列左右，□□□曲居前后。
拥笏垂鱼多且久，先收金印大如斗。

三十、望仙桥

凑天高土产金芽，点点水泡成梅花。
拱辰乎作金玲势，一双大将排前队。
三台居东为辅佐，重重席帽玄武位。
一团灵气聚动处，裀褥不多何足虑。

三十一、山阴熊山　一云里木栅

贪狼华盖起崔巍，宝帐重重如深闺。
美人垂首临粧台，齐伸双臂下金钗。
金乌晓出挚明镜，青女捧匣倚翠屏。
木火高低法最难，明堂合襟水凑山。

三十二、肖山榆林阙　一云山阴下亭山

山列龙门势若飞，湖真湖假总相宜。
美人伸手调鹦鹉，鶱鶱回头双翼举。
江山如画列锦屏，五曜森罗接丙丁。
开金取水乘旺气，砂明水秀无鬼侵。

三十三、马鞍山　一云璜山

天禽东飞顺北溜，海隅兀然昂地兽。
抛韁撇镫是真踪，玉带当前一水横。
收拾稽山□□重，高奇喜起巽丙峰。
正求旁下形自别，天心十道秒难说。

三十四、一云猫山　一云亭山北田穴

芦花芦花复芦花，倒地木起冠盖土。
从中一脉度平田，忽见楼台连五座。
西分东脉剥□□，穿心出帐知几重。
莫向三山寻海岛，蓬莱只在镜湖中。

三十五、西施山

花峰顿起逆天峰，插笏分流金水踪。
一列仙旗列屏障，西北一枝芍药样。
没人芳心为谁舞，不道真龙从此过。
平田夹水忽回头，后排前迎尊且厚。

三十六、一云谢尖，疑是金白山

丹凤低飞到水边，主人后坐静相看。
金水遥恭前案远，亥庚东去喜回还。
头长翅短□别识，莫说天禽宜傍翼。
有无交处辨阴阳，不怕风吹宜贴脊。
行文至此，赖布衣绍兴三十六钤记终。

以下内容是对上面三十六钤记的一小部分名词进行注释：

大禹陵区位于绍兴稽山门外，距城 3 公里。大禹陵本身是个庞大的建筑群，由禹陵、禹祠、禹庙三部分组成，占地 40 余亩，建筑面积 2700 平方米，高低错落，各抱地势，气势宏伟，被列为全国文物保护单位。大禹作为中国第一王朝的创建者，是古代中国历史上的一代“圣王”。

相传 4000 多年前，神州大地水洋洋而不息，大禹受命治水：“八年于外，三过家门而不入”，与百姓历尽艰辛，终于治平了洪水之患。后来，“禹东巡狩于会稽而崩”。禹陵为大禹之葬地，以山为陵。明洪武年间，即被钦定为全国该祭 36 王陵之一，明嘉靖考定墓址，由绍兴知府南大吉立碑，

并书刻“大禹陵”三字于其上，覆以亭。碑高4.05米,宽1.9米，曾在1956年被大台风折成两截，后围接。禹陵右侧有一个八角重檐石亭，上刻“咸若古亭”四字，俗称鼓乐亭，传为祀禹奏乐之所。亭旁有近年新建的“碑廊”，内立秦始皇东巡会稽时命丞相李斯撰写的《会稽刻石》等珍贵碑碣多通。由此循石级而下，便是“菲饮泉亭”和菲饮泉，宋王十朋有“一水清涵节俭风”之句歌颂大禹的洁行俭风。

府治：指绍兴府，唐时并置会稽、山阴两县为绍兴县，宋、元、明、清为绍兴府治，即现在的浙江省绍兴市。

古籍对绍兴形势的描述：

《南新志》曰：天下之山，祖于崑仑，其分支于岷山者为南条之宗，掖江渼之流，奔驰数千里，历衡、踰，包络殴闽而东赴于海，又折而北，以尽于会稽。

《资州记》王于作“冠鳌阁记”云：鉴水环其前，卧龙拥其后，稽山出其东，秦望直其南，自浙以东，最为胜境。

《吴地记》：南面连山万重，北带沧海千里。连山带海。

《越绝书》：吴城高以厚，池广以深，甲坚以新。

李义山《四六集》：越稽峰天下之胜处。

王义之云：行在山阴道上，如在镜中游。

《南志》：稷山东峙姚邱拱焉，梅山西翼苎山抱焉，会稽南面秦望联焉，梅山北合璜岑绕焉，曹娥钱塘映带乎左右，鉴湖陡亹散漫乎崇卑，舟行陆憩如在画图。

梅里尖:《万历志》：在府城西南十八里。《嘉泰志》：其阴为梅仙坞，多桃李梅来禽，以梅福里得名。自坞度一小岑有异境烟水，直至郡城，与卧龙相值。（卧龙山即重山，亦名成山，在山阴县后，盘旋回绕如卧龙，今府治据其东麓。）

化山：按《绍兴府志》化山有二山，一名东化山（亦名将军山），另有西化山（亦名笔峰），二山相连接在泰望山两旁。

吼山：《绍兴府志》云：犬山，一名犬亭山，狗山，吼山。《一统志》：

在会稽县东南三十里，宝山北。石壁峭百余仞，又名石笋，高数十丈。

赖公于元至正三年入越，著《大八钤》。后复游会稽，著有《三十六钤记》，明初越人得于瑞安刘氏。其在山阴会稽萧山者，共三十六记云。据《钦定四库全书催官篇提要》曰："宋赖文俊撰，文俊字太素，处州人，尝官于建阳，好相地之术，弃职浪游，自号布衣子，世称赖布衣，所著有《绍兴大地八钤》及《三十六钤》。今俱未见。"以此所言判断，此手抄之《赖公钤记》就是四库全书纪晓岚提要所言未见之《大八钤》《三十六钤》也。

雅浩现有的版本是为宋赖文俊撰为清抄版本。四库全书里提到的赖文俊当时撰有钤记，即是目前公布的赖公钤记这部书。此乃出之赖文俊大师的手稿真迹，是赖氏行道路途中之手记，现在都为师徒传承时，天星派后学们传抄之手抄本。故在打字过程中，就把因岁月长久，导致虫蛀不清的字下面一律用"□"代替。

尽管国内大部分的地理研究之书均言遗失，如四库全书中就言已佚，却不知此钤记流传民间师徒之手，不知北京古藉图书馆所藏是不是此物，我想大家都想看看目前北京古藉图书馆所藏赖公钤记之珍本。《四库全书》乃是当时国家集全国文坛之精英合力所修成，其中就专门收有赖公写的《催官篇》，纪晓岚作序时还提到赖公著作有"《绍兴大地八经》及《三十六经》。"而此《赖公钤记》正合其八、三十六之篇数。我们仅仅从符合赖公著作《催官篇》时的手笔和手法来看，此为可藏之珍品。

神奇的钤记就如同一个个的故事，他们伴随着赖公的足迹，这样可以用游记为脉络，前后贯穿了赖公全部的作品和留题，就让我们来把赖布衣祖师的历程进行了一次深刻的追寻吧。

壬

天星阳宅篇

阳宅是当今风水的主题，跟人们的生活最为密切相关，是中华文明上下五千年来发展至今的珍贵文化遗产。学宅风水，也是风水后学们的首要任务。

这是雅浩根据催官天星派风水体系中赖师所传阳宅之法，详细辑录而成，其实阳宅和我们的生活息息相关，时至今日，随着对阴宅殡葬火化公墓制度的改革，为了适应市场需求，像我这样放弃工作，专门花大把时间去继承和学习阴宅的人已经很少了，而大多数风水师，都以阳宅为主去谋生。然而，现代阳宅的发展变化已经远远和古时侯不同了，记得师父曾经说过：我们学习堪舆者，也要与时俱进，运用老祖宗传下的术数，结合现代高度文明的建筑文化，来应对日新月异的建筑风格。

现代阳宅的巨大挑战，是历代先贤祖师都难以想像的，城市化进程的发展，小区楼房等变化，都需要我们用风水理论去适应，去融合。

特别是楼盘的开发，室内空间的设计，在建设之前都要用风水进行规划，做到自然和谐。盲目建设，木已成舟的大凶格局一定，神仙也救不了你。

第一章　师传阳宅论

阳宅是人类活动与休息的场所，与人类有着密切的联系，它是人类千百年来在与自然环境协调的过程中，摸索出的一套具有生存智慧和方术的原则，它积淀了浓郁的传统文化气息，是哲学、美学、伦理学等多元文化的综合，是具有系统性的一门实用科学，而绝不是什么迷信。其中甚至带着为人类谋求福祉的愿望，希望当代学习风水者，必须下苦功去研究它。

《黄帝宅经》云："人因宅而立，宅因人而存，人宅相扶，感通天地。""地善则苗秀，宅吉而人荣。"人类一生的最低限度，也有过半的时间在阳宅里度过。则阳宅风水对人类的影响，对居者福祸寿夭的感应是其他风水项目无法比拟的。

一、选址问题

基址的地形环境是阳宅的起点，是居者是否兴旺的根源。选址是一个具有深远意义的寻找"地灵"的峦头定点功夫，说到底寻求的是：山水之情，天地之元，阴阳交融之生气。

气自形来，形气合一，形著气旺，形弱气微，形崩气散，故求气在于求形。真正的阳宅基址对地形的要求，也会合乎阴宅的各种规则，从太祖山到父母山，过峡、入首、落脉、青龙、白虎、案台、朝山、水流、官禽、水口山等等都会一应俱全。若能寻到好的阳宅基址，则其对后世的影响是惊人的。如佛隐《风水讲义》云："总观全国阳宅，得山水之真者，只有二所。一为山东孔林，地居泰山之下，洙泗二水交流，乃平之水之贵格，故子孙福祚绵远，千万年不绝。二为江西龙虎山，其地在贵溪县，入首撑天高幛结穴，后乐杞诸山，犹龙昂虎踞之势，乃山谷藏风之福地，故张道陵炼丹龙虎崖后，白日飞升，其后四代子孙日盛，开基址居之，迄今六十余代，福禄始稍衰，福泽亦云不薄矣！佛隐以为天下大阳基只有二所，其实还有一处：即山西闻喜裴柏村，人称“宰相村”，地处太行山支脉，前据董泽湖，柏林茂盛，九岭环抱，人称“九凤朝阳”，为汉代裴晔所相，举家迁居于此，至今已出宰相 59 人，大将 59 人，皇后 3 人，王妃 6 人，驸马 25 人，正史立传者 600 余人，风水之应够惊人的吧！从此三例人们就能体会到“地灵生人杰”这句话的含义了。

虽然阳基也须合乎阴宅原则，但与阴宅仍有分别，阴宅讲究的是紧密聚结，阳宅注重的是宽敞舒坦，“阴宅一条线，阳宅一把扇”。阳宅前面须有宽展的明堂，阳气才能发越 (即能容纳许多人在活动)。广东新兴县禅宗六祖慧能之宅址，处于后山壁立，前无兜唇 (即小明堂) 的山腰上，且非龙气正达之处，故六祖虽得“万世香烟”，但“四大皆空”，以现实主义人类生命延续的角度来评判，其基址非善地。

就算我们不求龙真穴的的基址，有几点还是必须注意的。

1. 立宅处能纳夏之南凉，能御冬之北寒。

2. 排水通畅不潮湿。

3. 土地泥泞腐烂，是龙气不钟之所，决无生机，绝不可用。凡基址之土宜坚实，坚实才会有龙气。坚实之土必然质重，古有称土之法，取基址之土装满一谷斗来称，不达六斤以上，均非吉壤。

4. 曾作古战场、监狱刑场乃冤魂游散怨气郁结之地，决不可用。

5. 荒野乱葬岗，虽经平整，亦必“下有伏尸”，决不可用，广西容岑一级公路边，地处昙容镇有一公路养护站，建于荒岗之上，两幢职工大楼，漂亮非常，但入居后屡屡见“怪”，后来人人搬走，有不信邪者借居不久，也赶忙搬走，至今无人敢住，白白浪费国家数百万元。

6. 要有良好的日照，不选古木参天，浓密阴蔽的地方建宅。有周氏一家建宅于树林丛中，路人经过林外也无法看到他的房屋，阴气过重，子孙不旺，人有残疾。经历百余年，三代至今老少男丁仅三四人。

7. 悬崖下，水口外不宜立宅。此乃生气荡散之所，决不兴旺。本乡有蔡姓人，可以说是搬来本地最早的，已有几百年了，在当时的农业社会中，良田、水利为第一要素，蔡姓只想着占住水源头，易于灌溉良田，故立宅于两水口处。但至今两条蔡姓合算起来不过四百人，并不兴旺，从古至今都是屡受欺凌之族。蔡姓的确先得地利，曾有谷仓钥匙挑斗谷之收成，但不得地脉的力量，于是最早垦荒的农田一一落入他姓之手。

二、建筑的外形问题

上节所谈的选址是求自然之形，先天之形乃天地之功，不能尽如人意；本章所讲的是人工所成后天之形，如何操作在于人。当决定筑成某种形状的同时，往往已决定了日后的吉凶，因此外形的设计不可不慎。原则上，要方正为主，圆融为辅，尖奇点缀，端庄整洁。不宜歪斜变异，怪模怪样。

许多建筑用地都不是方正的，在建筑时要尽量使其外型方正，其他三角尖斜的畸零最好放弃不用，否则怪异“凶相”的阳宅没有不失败的。本村有几家随着畸零地造起的住宅，至今只剩下一位孤寡的老太婆。有某宅后为三角形，前面宽大处建作正屋，后面的三角地随着地形建厨房、柴房、牛栏，成了“玄武拖枪”之形，十年间祸事连连，家中男性个个有内疾，长、二儿先开刀，长孙患白血病夭折，跟着宅主五十壮年而亡。直到前年柴房、牛栏失火，烧掉“枪尖”，剩下方正的厨房，才开始安宁下来。

城市里的地寸土寸金，更加令人舍不得丢掉畸零地，怪形怪状的房子很多，而居住者的人生往往是残缺的：难出头、小气、残暴、争讼、伤残、不育、变态等等。前宽后窄的宅地，所建的房子均为败宅。笔者曾勘察过很多此类的阳宅，刚入其宅即断：这是倒斗型、送钱局、败财屋。其中有一宅，宅主生意破产、被人诈去二百万。所以，当遇到不方正规则的宅基时，一定要将房屋建成方正的形状，放弃无序残缺畸零余地。世界很奇妙，一点不舍得放弃的人，最终将全部失去。

当今社会许多所谓正牌建筑师不接受传统风水的观念。而是全盘套用西方建筑规则，标新立异表现自己所谓的“艺术才华”，设计出不少纯属风水败笔的大型建筑。如广西北海市的图书馆，《北海地理》云："北海图书馆，位于北海大道，1999 年建成使用，是一座 70 米圆柱向前倾斜 20 度的具有感染力和立体感的建筑，是继皇都大酒店之后北海市第二幢具有城市标志的异形建筑。"即所谓的城市标志建筑。但这座建筑给人什么样的"震撼"呢？其形状整体向前倾斜，严重失衡，大多数人第一次见到它几乎都会说："这幢楼要塌了！"。当弄清这是有意为之后，心底便有一种难言的反感。幸好此楼是事业单位，若做商业用，凭这时时要倒的外观，给人的是"时刻要倒闭"的暗示。城市的标志建筑应该是健康向上、富有生机的，如此怪异的形体，根本没有生命力。

2005 年 2 月，在广西南宁市区大沙田看到一幢非常鬼怪的大厦，其主体本来是方正的，而偏偏在底楼的大门部分，建成像卡通片里怪兽的头部，头上装饰几个半球形的玻璃窗来采光，似怪兽突起的眼睛，门口边唇反翘，如怪兽张开的嘴，门前有意留一条水沟，从怪兽的嘴里伸出一条弯拱的"舌桥"，做为进入整幢大楼的通道。它的形象又似从地底突然冒出一个恶魔，正张着血红大口，吐着舌，欲将人吞噬。如此的外形，竟使处于闹市可容几百人居住的大厦没有一个人在活动。其对面本属黄金地段的两处宅地也无人问津，宅基后面的楼房筑起四、五米高的围墙来遮挡，真是自伤又伤人。

综上所述，我们知道阳宅的建筑外形不必标新立异、奇形怪状去寻找什么视觉震撼，而贵在方正、端庄、整洁，这样的建筑形体才能长住久安。

三、关于建筑外形的补充

在前面笔者撰写的文章中曾提出一个外形原则：方正为主，圆融为辅，尖奇点缀。这是笔者从居住者的立场并适乎人群社会的大体而定下的。前面对此原则的叙述未能尽善，在此作一些补充。

阳宅是最能感应人的实体，方正之宅则荫生刚直之人，能任事不害群，为社会之中坚。然过于"方正"则固执木讷无变通，故需辅以"圆融"，使之灵活机变，不钻牛角尖；但圆融太过，则生圆滑奸狡，骑墙望风之辈。因此圆融可为辅而不可为主。而"尖奇"作为"主辅"之补充，不可遍布。只能作某一点的设置。为突破某一固势以荫出群才之触动妆点，此类尖必须是向天的。阳宅最忌火星近逼，故“尖奇”过多则暴烈，暴发暴败且伤人，有伤群体同居和谐之天和。

以上的方圆尖其实包含了五星形体，方为土木（横阔土，直高木），圆为金水（一曲为金，多曲为水），尖为火形。土主富、主信，满生富豪或掌经济之职，土为坤德，必至大贵且福悠远；木主仁、主文、主寿，荫生状元翰林（今院士、博士之类），仁慈长寿之贵人；金主义主清，荫生军警纪检之才；水主智、主秀，荫生聪明颖秀之士；火主礼、主贵，可达公侯将相之大贵。

姚廷銮《阴宅集成》有关于土形宅的记载：“余堂兄号挥九，外家住金山卫城，壬午岁余随先父及何夫子至卫造侯。余年尚幼即喜留心地理，见其宅低平方正四檐不欹，曰：此巨门土形也，发贵无疑，交土运必高升。此时兄岳玉符龚公官为守备，甲申年方交土运，极升都司”。余钟山书院同学张谈齐，于丙午年四月邀余看宅，其宅从问兑向震，余曰：此金宅土形，土生金主旺丁发秀多寿。询之张君，果有三子，俱补博士第生员，老父年八旬，完全符合所言。

凡火形之建筑其用途在于刺破青天打破平衡，不宜居住人。像广西北海市银滩附近的许多别墅建成尖形的如西洋教堂式的样子，实为风水败笔，入住的人不会好到哪里去。尖形建筑只可用于钟楼、奎星楼、文昌塔、水口塔、凉亭、牌坊之类，图书馆亦可建成火形，以取灿烂文明之象，但从长远而言比不上水木之形。曾乘班车经过福建厦门集美中学，见其建教学楼如笔架形，三尖并耸，形甚秀，知其是为催化科甲而建，算得上得地得所，只是火性暴烈，若无砂水方位之妙法制化，恐有焚伤学子之虞，笔者不禁有些担忧。

闽西的围屋形圆为金，多以内聚防匪为目的，失却方正之义，坐山难定，并非尽善。除非配以太极、星象等等天地合德的特殊处理。当然此非等闲可以施用，不必多饶舌。若不作居住用途，只为环聚围观的体育馆，圆形设计是最合适不过了。

现代城市的高层建筑多为木形。是现代文明的产物，其雄伟挺拔井然有序的外观，极富生命力令人向上。这样的建筑是吉利的，作居、作朝、作靠都不错。

水形似波浪起伏，圆而曲动，本性主智慧、文秀、流动，利于文化馆、图书馆、教学楼、银行、邮局等等用途的设计。

但不管什么形体，都必须因地制宜，与自然大局势相融合。中国自古以来的建筑精神主旨都是天地人三才合一，相互感通。建筑是不能与原来形局相违背的，违则生灾。如某矿主筑宅于小金星山体之下，此金星形峦高度仅三十来米高，其筑八层楼未与山齐高，突发奇想：我建的房子偏要高过这个小山包！于是加建一层，形状成一木冲天之状，成金木相战之格，因而数千万资财如水般泻出，苦苦挣扎亦难扭转败局。此等形局，日久当绝后。又如某村阳宅多低屋，楼房最高不过三屋，某人宅基地并不宽，于是向天发展，建成六屋楼房，自以为鹤立鸡群实似插地竹竿，给人飘荡无依摇摇欲坠之感。既然不得原来形局之扶助，失败是自然的，今已人财两空，妇女淫奔。

人在三界之内五行之中，故深受阳宅五行形体之感应，我们要在“方圆尖”的原则下设计建筑外形，并与自然环境相融合，则幸福人生自臻矣！

四、阳宅的线位问题

很多易友都说北京故宫的中轴线位是子山午向，坐周天0°向180°，是大空亡线，只有皇宫和寺庙才当得起。但笔者认为故宫的线位应偏离零度一、二度才是最完善的选择。因为寺庙为四大皆空之所，活在虚无世界，欲使守禅朝圣者陷入空之又空的思想境界，零度还可以用。而皇宫里的首脑虽神化为天子，却是活在现实社会的人，冬至一阳始，夏至一阴生，0°与180°乃天地两仪分界，阴阳未生尚在静止处，万物静寂一切未变，故应偏一、二度。

自古明师皆用中，此中字非二十四山之正中点，而是指中心三度内之正线，二十四山之中点是内秘五行宫界相分之地，而十二天干山中点刚好是黄道十二宫的分界点，所以立向要避之。

三合派专取兼度，用内外盘二八三七加减，趋避孤虚旺相之后，认为兼三分是上上选择，三分即四度半，凡立向线位到三分的都气薄力弱，发达程度决不会到达极致。玄空学将三分外之兼度替卦起星是不得已的选择，故称“补救向”。兼三分往往导致阴差阳错、出卦，特别是干支相接两宫交界处：壬亥、戌辛、庚申、丁未、丙巳、辰乙、甲寅、丑癸这八组，这八组山向线位在一二分内尚无大碍，到三分就麻烦了，称阴差阳错即接收的是紊乱的天光磁气，结出害人的果，且多伤道德风化。此等山向笔者见得多了，顺举几例来说明。

周氏宅癸兼丑三分多，三个儿子，一个被雷击死，一个以手走路；李姓癸兼丑五度，二家平立宅，一绝嗣、一抱养；笔者乡里陈某宅丑兼癸六度，主母行为不端，三女二媳均做娼，长媳曾带野夫入此宅奸宿，被捉而臭闻乡里，人称为“鸡巢”。笔者甲申年在福建泉州勘察一宅，甲兼寅三分，断出神经错乱之人，子嗣少，果然三兄弟一人住此屋，原来聪明大哥二哥精神都慢慢地出了问题，惟有三弟生一子。

所以，阳宅立向只要不坐入中点，在中点左右三度内都基本可以，最好是二度内，这些线位你可以不管孤虚旺相抽爻合卦的风水原则，因为那是小道，纵然不合，也小疵难掩大美。

五、理气问题

当今易学界有关理门派之多可形容为：泾渭不分、真赝难辨、鱼目混珠、众说纷纭……当然从另一角度来看也可说是百花齐放，百家争鸣。但笔者常常喑叹：黄钟毁弃，瓦釜雷鸣！易学界靠大肆宣传包装抛出的多是“谎言百遍成真理”的东西。研易者真要擦亮眼睛才行啊！

今出一种过路阴阳法，其相阴阳二宅，奉“一二三四要砂，六七八九要水”为圭臬，其不重龙穴砂水向之间的融合，专以砂水论事，只要坎、坤、震、巽四宫有山峰，乾、兑、艮、离四宫有水流就是吉福，若坎水午山，坤水艮山、震水兑山、巽水乾山则必要来绝。事实却总是同此套理论开玩笑。本县公馆镇到闸口镇20公里国道边的村庄几乎都是乾卦山和兑卦山，背倚高山，前面巽卦震卦不是宽阔低陷的田垌，就是茫茫的大海。依其理论纵然不灭绝亦当是人烟稀少，财源匮乏。然而这 20 公里却村村相连几无间隙，是合浦县人口最密集、衣食最富足的地方。客家人迁居此地数百年，人口越来越旺盛，同姓数千人的村庄比比皆是，不仅村庄是座乾兑山的，所葬之坟也多是此方向，不知过路阴阳敢不敢从此地路过？有据此理论，参合先后天八卦流年干支，造出以床位为中心去定一宅吉凶的搞笑理论，大言房屋如人之衣服，吉凶者皆随人。可就算是衣服，卜卦之时还要看父母爻，何况是给人类庇佑的房屋？一室建成自有其生死吉凶之运程定数，此即“道”也。“寂兮寥兮，独立不改，周行而不殆，可以为天下母”，众生平等“以万物为刍狗”，“不为尧存，不为纣亡，应之以治则吉，应之以乱则凶”，它自有规律，自有其皇极中心点，床位仅为一宅之重心，却不能篡权为中“极心”。风水学可不能用“人力胜天”的狂热来立论。

自《玉尺经》一出，时师个个三合，人人四大局，再经《地理原真》、《地理五诀》之宣扬，三合法即如山洪暴发泛滥不止。笔者常暗想：此术明清之时为堪舆主流，正是中华民族逐步走向衰败之时。三合法所倚者不过五行长生决，并无日月星辰运转之内容，其理论基础很不完善，虽言龙穴砂水向之五要，实际仅取向与水之配合而已。它发源于平洋地区，专注水神，因来龙微茫难见实地，于是从水口推龙，若水从辛戌乾亥壬子六字交合则为火局丁龙，谓之“乙丙交而趋戌”云，如此推龙之法立论粗疏，失之于武断。三合法以双山五行天盘来消水是最错误的地方，某三合名师自扦祖坟地盘乾山，天盘丙午水出，自以为合乎“地理五诀向向发微”所云：乾山巽向，左水倒右出丙午者，合文库消水杨公进神水法，书云禄存流尽佩金鱼，主发富贵，福寿双全。而用地盘格水口，实为午水，犯官曜杀水，后此地师五子俱绝。笔者用赖布衣水法累审“向向发微”三合水法之吉凶，发现仅三成合吉，七成俱为破局刑杀。莫某辛山乙向宅，外大门向巽，水亦放巽，依向向发微云：辛山乙向水出巽巳，为水局墓向，乙向巽流清富贵也，富贵在发，人丁大旺，福寿双全。笔者甲申年临宅勘察，依赖布衣水法推断：“败长房，主足疾，且伤女人，去年癸未最凶。”果然癸未年长子足疾医治几千元，婆媳内病缠绵。某师如此辩之："三合水法只重自然形势，不可施之于阳宅，《地理原真》说：看阳宅不论水神冲生破旺，须依八宅周书开门路，且乙向巽流是水法，巽门人行出入，是来也是去，流去为吉来即凶，来是吉去即凶，故不能用此法相宅。"此言更见其用意之可笑，阴阳二宅之理气实际同理，理的均是天地人之气，岂有可用于阴宅而不能用于阳宅之理？凡执来吉去凶，去吉来凶之板见的水法都足错误的。假如到海边相地看它该怎么办？海水茫茫一片，潮起潮落，其消处亦是来处啊！易言："吉凶悔吝生乎动"，凡水不管来去有动象即司吉凶，生祸福，来去皆吉亦皆凶，只不过吉凶程度轻重迟缓有分别而已。赖布衣催官评水章云："天屏天皇水来去，财禄人家有优裕"，"功曹传送水来去，阳局山水吉无虑"天屏为巳，天皇为亥，功曹为寅，传送为申，寅申巳亥乃长生之地，又为地支水。让长生地支水流去是会吓死很多地师的。

八宅周书之法在三合主导的明清最为流行，它将软质的坎水离火震巽木称为东四宅，将硬质的乾兑金艮坤土称为西四宅，一卦三山从游年决之八神生气、五鬼、延年、六煞、祸害、天医、绝命、伏位来定门主灶三者之间的配合，内外六事的摆布。粗看似有道理，考验却不准确，并不像《阳宅三要》所言"百发百中"。如某患病之乾命居乾宅，笔者为其筑灶于震宫以祛病，依八宅法乾之五鬼在震，乃凶位，但几年了，乾命原来的满面病容变成了满面红光。或有地师反驳：灶压五鬼方乃是好事，五鬼被火炼而又灭灾。但笔者为唐某震宅安离宫生气灶，吉神被火烧却又能祛病聚财该怎么说？

常听到师习沈氏玄空学的易者说："已用腻了玄宅，""玄空并不准验"。他们是体验了不少和用玄空而失败的事例才说出这番话的。笔者知道他们是死守诀法不通活变而致。不是"人用玄空"，而是"人被玄空所用"了，时下玄空飞星者囿多到山到向、上山下水、双星会座、双星会向之死见，一定要找合乎山向令星的形势才敢用，像上山下水、双星会坐需要坐后有水的格局，恐怕只有在江浙平洋地区才有，像江西、福建、广东、广西这些群山连绵的地方该如何面对？如在七运只能做酉卯、辛乙、辰戌这几个旺山旺向了，其他像庚甲乾巽山向这些上山下水局势必要损丁破财？笔者在七运中所见所做的庚甲乾巽不少，坐满朝空与局相违，却并不像玄空所言。甲申年三月在福建泉州相一宅，七运初建，乾山巽向，巽巳来路，巳方水井离门四、五米，是村中经常使用的水井。按玄空是丁星下水且犯五黄向星，定会损丁破财患癌症的，且三房先受其害，以七为小房故。笔者用催官水法推之：乃贪狼长生之位，大吉。断曰："人丁大旺财亦可，三房最利，应在公门发财。"果然此家五兄弟，在计划生育时代还各生二子，想生一个女儿的愿望都落空。三房在政府机关工作，财资最丰，七运已尽，却未见损丁。笔者庚辰年为李某立宅，山冲中，二三亩坡地，下有山沟水田，后倚金水星体，西北来龙，亥脉转乾脉，起乾峰下落戊龙入首，甲卯乙低案，寅水来，转甲卯乙，与右边插入的午万山沟水交汇于辰出口。龙势刚动，坐满朝空，有壬乾来三峰秀起，笔者为立庚山甲向兼酉卯，许其行旺六十年，一甲子后不改迁即败亡。笔者敢立此七运全盘伏吟第一凶局，是合乎"催官穴法"：鼓盆龙向天苑星，水潮局备家资富。能将在穴砂水向一线串起合聚福力。若立七运旺山旺向卯酉则全局尽破，必败无疑。今李某已产贵子，且欲在一层平顶楼的基础上加筑二层楼。或有人说阳宅只重山向明堂，不必言龙。其实这句话应该这样说：在城市立宅，不必拘泥于龙。因为城市广阔宽平难以求龙，但城市之兴衰实系乎此也！笔者在民间为村落宗祠立向之前，一定会将来龙去脉摸清楚，民间宗祠多在结穴处，关系一族，不可弃龙立向。龙自有运，富贵寿夭兴旺退败均有一定之数。不是玄空向运所能统摄，也不像蒋火鸿所云："向上有水放光，故囚不注，"那样轻松过关。龙行旺节，必定强盛；龙到凶度，必败无疑。《催官篇》云：但恐换骨有兴衰，即此意也。这也是许多玄空师为败宅改换天心却依然刹不住退败的原因。

六、阳宅三要——门、床、灶

清代赵九峰的《阳宅三要》是指门、主、灶，专言三者之配合，用五行八卦生克，东西四宅、游年星、动静变化参佐混用。言之凿凿，似无懈可击。然全书阅尽，竟找不到一个例子做证应。近如王婆自吹，且不得游年星之真诀，所言八宅全是一卦之山，如乾宅戌乾亥，虽同一卦，而戌土乾金亥水五行不一，依其法却全是乾宅金。游年诀源自纳甲翻卦，其天医、延年、五鬼、六煞、祸害、生气、绝命所处方位并非八卦之大卦方位，故以卦宫定游年星者七伪三真。游年诀中是山龙之法，不可用于开门，八宅法却全用来解决门主灶，一错再错，数百年来误世害人无数。赵九峰将“命主”提到一个很高的位置，只是笔者认为理气乃天地之理，三才人在后，只在天地之间趋避顺应，顺天地则吉，逆天地则凶，仅为从属地位。宅方吉人亦吉，宅方凶人亦凶，故笔者实验多年后将“三要”自立为“门、床、灶”，与命主之配合，并不用东西宅命这一套。

门乃一宅之气口，如人之嘴司五脏之呼吸吐纳，是非常重要的部位。它分内门外门，内门有三：一为前门，肩负立向大任；二为后门亦名户，仅为通气方便。门宜开，户常闭，乃合风水之开天门闭地户。门双开户单扇，门宜高大，户宜稍小，亦舍阳开阴翕天尊地卑之义。三为横门，仅为便门，通路气而已。外门是增庭院围墙所设之门，与宅主体有一定的距离，若建作门楼者则为量巨大，外面的动静生死均由此吞吐招摄，所以古有“千斤门楼四两屋”之言。外大门开得对，确有意想不到的收益，就算不建高大之门，亦可见功。笔者为穷苦之家开门，若无力筑围墙、建大门，笔者即令其以木栅挡隔，以大木作门柱 (近似柴扉)，就能救其贫苦。如邻镇闸口三家村张五叔，戌兼乾宅，癸未年九月笔者为其家筑午方木门，原本养虾失败几年的他，当年十二月即获几万元，三年来均连连获利。依八宅法，乾宅离门犯绝命，中元丁亥主艮命，逢离为祸害，均属大凶，为何反应吉？因为按赖布衣催官法此乃天医门，主进横财生贵子。乾坤国宝之法乾宅离门犯先天曜煞，主损丁，然此门建后甲申年十月添一孙，可见催官法之可恃也。邻镇曲梓山村李某，子午兼癸丁宅，被诈骗十万，争讼数年无法要回，家中匮乏无资建造，笔者甲申年巳月为其择吉开坤方木门，当年子月即要回骗款。依八宅此为六绝门，依催官法此为生气门，由此可见八宅游年开门是错误的。笔者行走四方，见很多地方都不喜正开大门。说怕正冲，其实大开中开永远祯吉。又玄空学者总要逢旺开门，遇衰封户，大言过运即败。可笔者所见悠久不败之宅从不将家中大门换来换去的，笔者在七运末年癸未迎七星正开大门，发财却在甲申年以后的八运，今举二例如下。

癸未年为岑溪市昙容镇谢支书七运壬宅开丙门，再为其村委办公楼七运丑山开未门，甲申乙酉两年荔王村委创建国以来之极致，其中最大的一项是拉来几千万建水电站。这水电站仅为建厂自用，当地村民当然获益无限，而谢支书工作顺利，宦囊自然也顺利。以此二例可知，大门中开永吉，运过亦不败。

床，主要是指家主床位，这是一宅之重心。人一生至少有三分之一的时间在床上度过，对人的健康和运程有莫大的影响，除休息外还肩负人类生命的延续，床与卧房是连在一起的，选择床位就是选择卧房。卧房必须是吉间，床位必须是旺位，卧房要有隐秘性，一般不宜太宽阔，不宜多开窗，宽阔则气散，窗多则气荡，卧房最要紧的就是聚气，所以皇帝的卧室亦不过十来平方，为了聚气连床帐都做成两层的。但居于都市者卧房可稍宽一些，因为现代都市人过于紧张、压抑，需要一宽松可缓解、释放自我的空间。安床有一些禁忌必须要信守。

1. 不安梁下，楼梯下；2. 不对门，不对镜；3. 不枕浴厕，不枕灶，楼下有灶，楼上安床不可正压；4. 不近神位。还有一点看似简单却很重要的是：床必须靠壁，这才是有山有人丁有依托。有某研易者自安的床就让自己生病了，他拘执于东西命与方位的配合，四壁方向非其所喜，辛山乙向的房子。他的床都是向巽的，横斜悬空不靠四壁，此即是“申字床”“无根榻”，必主梦寝不安，惶惶无主，他除不自信外，还患慢性奇疾。床位为内气最重处，一宅之重心，理气各门各派所取吉位不同，但有一点本山本位一定是吉方，如壬宅壬方、子宅子方。如福建晋江市磁灶镇彻田村何某，甲寅命，宅为壬山，已生一女欲求一儿。笔者推算甲申年流年胎神一白回归北方，故择己巳月癸丑日壬子时安床壬方以催丁，2005 年回访，其在六月产一子。床安的好，可祛病、改运、催生……笔者屡经实验，故立此为阳宅之一大要素。

家主床位只是间接影响全家人，灶却是直接影响一家人，因为全家人的一日三餐全来自它。所以古贤称灶为五事之尊。灶的五行本质是火，许多城市人特别是年轻夫妇懒于烧饭，贪图方便，这是犯忌的，从风水言，家中无火动，乃寒冷之宅，无生气之所，必致风流飘荡，劳燕分飞，这一点要引起重视。笔者为乡民安灶论方位和坐向，为市民安灶时只论方位。时代在前进，如煤气灶火口向天，根本无法论坐向与命卦的配合，这就是八宅风水师将头发抓光的原因。八宅专重压煞向生，但笔者认为向生为正道，压煞是至谬的。压煞即是居煞方占煞方屡动煞气，其凶必见。而其所谓煞未必是煞，生不必是生。邻镇闸口官冲村李某，其宅六运末酉山卯向，依八宅坤为天医，建灶于坤宫二十余年了，辛巳年相此宅，格其方处申位批为病灶，必主损人大灾，劝其改灶。事实其两个儿子是慢性药煲，只是未见大灾，又囿于当初立宅，老地师天医、巨门吉福无限之言，于是不肯改动。甲申年忽来求笔者改灶，原来其宅母当年服农药自杀。古有烧东不烧西，烧南不烧北之定例，笔者认为是大谬，下举二例以证之。本镇吴妇人自述家宅坐北向南，辛巳年进宅后，身体即周身疼痛，儿子也经常生病，自己到医院检查说无大碍，但就是不舒暇，笔者断其宅为子癸宅，东方乙位建灶而致。后亲临其宅果然。迁灶巽宫择吉修造，一年后逢之说不用看医生了。今年二月，周氏述其宅辛山乙向九六年建，灶在右边，笔者随言：“若在东南方主文秀，若在南方主目疾近视乃病灶。”她答几个孩子都近视，夫主胃有疾。南方主目、为火，灶属火，两火相逢其性更烈，南方实不是筑灶的好选择，特别是午方，惟丙丁方合吉却速利，催官言丙丁赦文，永无凶祸到家门。癸未年在广西容县为唐某丁山宅立灶丁方，择吉修造，批断可祛其妻儿头痛病。四个月后重游此地，唐某云：“赖师做风水真有效果！”离卦先天乾，头部也。

综上所述，我们知道门、床、灶对人的影响非常巨大，列为阳宅三要当之无愧，此三者若能妥善安置，其余的内六事纵有小疵亦难伤大雅。阳宅三要对居住者后天运程分数可改变，而对未降生的后代可使之秉赋吉福的先天气数，日后的人生就会健康、幸福，从这个意义上来说是非常重要的。

七、结语

阳宅学是中国人实践数千年的一套严密系统的学问。是为居住者提供幸福人生的完美方案。好的阳宅只有三个要点。

1. 选址要有好气场，不外山环水抱，明堂洁净宽平而已，若又得龙势真穴，则福自天来。

2. 建筑外形要端正，不怪异，信守“方正为主，圆融为辅，尖奇点缀”的原则。

3. 理气须天地人、形、气、数紧密结合，此是阳宅学最难的部分。习伪学者如过江之鲫，懂真理气者却凤毛麟角，若不遇明师，只要所住之宅线位不入空亡、差错、形体端正，四无墙角尖射、无路冲、不近死水，则此宅有六成吉祥。

要想从阳宅这个庇佑人类的实体中获取好的感应及健康的肉体、出众的智慧、稳定的家庭、不凡的后代、平顺的事业，则必须是好峦头与真理气之完美结合，舍此无他途！

第二章　吴景鸾扦徽州城之失

师传阳宅古例一：明朝许明所辑之《地理阳宅大全》卷四载有一节“赖布衣作法”，文曰：“作用之法观其山川形局端拱有情，萦纡屈曲，生旺山高，水流败绝，则为尽善尽美，无俟于作为矣。如有煞曜黄泉，倾斜飞窜等病，不可以趋避者，必假作用之法消融之，或用干支克化，或用翻卦之制伏，皆有至理存焉。徽郡来山癸卯属在震宫，扦作壬山丙向，向上山水飞斜流神出巽，为丙向黄泉。坤位山高，兑宫底陷，以翻卦之法言之，震与离交，离上起贪狼至艮丙为文曲，文曲为水水任游荡，乃卦与形合，主离乡之应。法于甲上开门迎纳甲水取乾甲巨门土以制之。土主五数，故记曰：壬山丙向甲开门，五百年中产大才，走了紫阳山下水，三年两度损婴孩。紫阳山下水即巽水也，故于南郊凿丁字塘，面巽以制之，盖巽卦纳辛兑卦纳丁，用丁以制辛即用兑以制巽也，坤为廉贞，其卦曰五鬼，其属火，此为凶方不宜高起，乃于治外对竖危楼立将军阁，拈弓矢以射之，人屋皆黑色，象水以制火也。又癸卯龙纳音属金，金旺在酉，酉方不宜低陷，乃作朝水门楼，危高四丈，迎酉水蓄为池，叠石桥，郡民出入，由之一则镇压旺方，二则按迎旺水作用之法，大率如此。”

其实，许明是张冠李戴，扦徽州城乃宋朝国师吴景鸾而非赖公，以赖公之仙术何有此等弊脚之作法。吴景鸾认为致祸之处却是赖公催官天星发之发福处。大局之控制龙、砂、水、向、动、静、虚、实各自有法御之，而不似吴景鸾全以一个山龙翻卦来规划，山龙翻卦是纳甲法以入首龙寻之吉六秀砂的方法，只求实体之山峰而非虚体之门水。故不能用于开门放水。

癸卯龙即卯龙中之透地龙分金。据卯龙翻卦此局三吉贪巨武乃离乾坎，丙向纳于艮乃文曲水，向上自然形势山飞水斜，卦与形合。故吴意以开甲门纳乾巨门土以制之，土克水也。流神水口出巽方乃禄存土，以午方贪狼木以制之。巽依俗例又为黄泉，纳于辛，故午方开丁字塘，丁克辛即兑克巽也。坤为廉贞五鬼火，故于衙外申方起危楼塑黑将军射之。申纳于坎乃武曲吉位，坎为水色为黑，水生旺于申，为有源流，则五鬼之火自然熄灭。酉为破军凶位，以翻卦法本不应收此砂水，吴景鸾却以纳音操控而筑楼收水，却有大转弯之意，然与赖公星法而言，确是惟一做对的地方，其他无一不错。以水法言：丙向巽水乃武曲，酉水为巨门为合辙，午方开塘乃五鬼水大凶，又开成丁字形以制巽乃弄巧成拙致民大祸。砂法言：坤为催官砂，坤峰高秀可出状元，而筑申高楼煞内生外，坤峰无力亦。既有坤峰，则不宜再筑酉高楼，卦位尽阴，白虎抬头，恐男无福而女发秀，又致州官惧内无雄风，酉方蓄水成池本佳，筑成月形更佳，而垒石成桥使民出入却误，此方净、静为佳，以其为桃花本位，又主兴讼之地，车马尘嚣，熙熙攘攘，则方不静，水不净，而人多淫，民难安。此方水中只宜筑一方石印，酉方金印，浮于水面，焕乎文章，大能催贵。而向上之斜飞，可先引水于丁方开塘注蓄，使水留情依恋，再引渠流于丙开塘蓄注，再引渠于巽开凤凰池以蓄，再出巽口。复于巽方水口砂上筑文昌塔以镇锁流神，复引动一郡之文风也。丁小神至丙中神至巽大神而出，三阳水俱现，又得巽文笔，合乎赖公催官篇所言："催官之水惟三阳，水朝砂秀官爵强。"可主少年登科，文贵外任步御阶。以巽为御阶水，流去为真也。且丙丁之水乃赖公星法之赦文水，"永无凶祸到家门"。南极寿星春分见于丙秋分见于丁，故此二方三水亦主长寿，而筑此二塘必主人口兴盛，多产俊才少年发越。以丙纳于艮，丁纳于兑，山泽通气，年轻气壮，夫妇正配也。然州衙须开正丙门，一显官衙堂堂正正之意，二者先收丁方横财巨富之水，使赋税丰盈，民财丰足，三收丙水正朝使官民共福，公私合辙，且催化牧下之民致贵食天禄，以丙得太微帝星正照也。而吴景鸾开甲门破乱全局之水，乃为绝命盗匪之门，又开午方塘，招引五鬼凶恶之煞，又筑申煞方之危楼，乃持刀作恶之贼也，故扦后不久，微州招致盗匪劫掠，放火屠城！

第三章　温州古城考察之议

天星大局论地阳宅古例：温州是一座象应星宿而设计的古城，开了除了国都之外一般城市象天则天的先河，为东晋仙师郭璞所扦造。建城之后，当时尚处南蛮之地的温州逐渐兴旺，人文鼎盛，商贾云集，现在的温州更是商声名闻四海，经济辐射世界了！这座历史文化名城笔者仰慕已久，终于在2009年的闰五月亲临考察，感慨良多而有如下之文：

一、象天设邑的风水规划

公元323年，即晋明帝太宁元年，析分临海立永嘉郡，统永宁、安固、松阳、横阳等四县，郡治设在永宁县。适逢风水先贤郭璞客居永宁，故邀之选址营建，原欲在瓯江北岸选址，郭璞取土秤之，土轻，认为不堪为城，故过江选址。他登上瓯江边的西郭山（今称郭公山）四望，见到九山如北斗星座，松台、西郭、海坛、华盖四山象北斗之斗（魁），积谷、巽吉、仁王三山似北斗之柄（杓），黄土、灵官二山象辅、弼，故建议跨山筑城，象天设邑，城居斗口，则寇不能入，可长保安居，因此温州城称为“斗城”，起建之初，有白鹿衔花而过，人以为祥瑞之兆，故又称“鹿城”。

古代筑城必先考虑“形胜”，讲究利用天然险阻作屏障，正如《周易》所云：“王公设险，以守其国。”《荀子·疆国》：“其固塞险形势便，山林川谷美，天材之利多，是形胜也”。温州古城区东西南三面环山，北倚天堑瓯江，可谓已得屏险。其次再考虑高下适中，因地制宜，如《管子·乘马》中言：“凡立国都，非于大山之下，必于广川之上。高毋近旱，而用水足，下毋近水，而沟防省。因天材，就地利”，即是此理。风水常规是背山面水，但温州却背水面山，因为郭璞相中的是九山如天上之北斗星座，合乎其古经所言："天分星宿，地列山川，气行于地，形丽于天"。"天有象，地有形，上下相须成一体"。故此郭公因地制宜，对温州城作了象天则天的风水规划，把城市设计成星宿的象征。这种体象天地的规划方法，不是一种简单的比拟和附会，而是古人对天、地、人之间某种同形同构关系的把握，是一种天地合德的风水操作大法，非老于天星之道者不能为。

所筑之城连接海坛、西郭、松台、华盖、积谷五斗之山而建，又于城内东西南北中五方开挖五个大池，蓄水调洪，东为伏龟潭、西为浣纱潭、南为雁池、北为潦波潭，中为冰壶潭，凿河沟以连通，注入瓯江，即使遇上连绵大雨，也不致溢水成灾。郭璞云："城内五水配于五行，遇水不潦"。郭璞连五斗之山，通五行之水，里面大有深意，隋朝萧吉云："夫五行者，盖造化之根源，人伦之资始。万品禀其变易，百灵因其感通。本乎阴阳，散乎精像，周竟天地，布极幽明……故天有五度以垂象，地有五材以资用，人有五常以表德。万象森罗，以五为度。"盈天地者无非五行，即是用五行之气流通孕育而福益活于三界之内五行之中的世人，使之长居久安生生不息也！

古来中华战乱频繁，故又考虑军事防守，为适应战时的需要，解决城内人民的用水，郭璞在城内开凿廿八口井，象应廿八星宿。廿八宿乃天宫之舍，应四灵四时，为北斗运转所主宰，故凿井以策应之。

按照郭璞的"规划"，城墙采用砖石墙体，高 3 丈 5 尺，宽 1 丈 2 尺，总长 2977 丈。城东西宽 7 里，南北宽 5 里，城内面积约 3.8 平方公里。全城开辟了七座城门：东称镇海门（东门），南有瑞安门（大南门）、永宁门（小南门），西南有来福门（三角门），西北有迎恩门，北有永清门、望江门（朔门）。城门外各增筑一道半圆形的城墙"月城"。

温州城筑就之后，因屏蔽周全，得天人造化之功而雄视东南，古人赞之为"控山带海，利兼水陆，东南之沃壤，一都之巨会"，从此奠定温州历史文化名城的基础。

二、为何不敢做全北斗？

郭公是开了非都城而象天设邑的先河，可以说是堪舆史上之伟绩，但既然山形似北斗星座为何筑城只连五斗而不做全整个星座？分析起来不外乎三点。

1. 经济问题：建设如此规模的城池，材料、人工、运输等等所费资金可以说是非常浩大的，再将其余四座星辰框入，无疑建筑面积再增一倍，资金方面更是天文数字，恐怕连郭公也不敢想。

2. 军事防御问题：辅弼二山近挨斗柄，若将此四山连入，拖着长长的杓柄，失去古城池方圆设险的防守意旨，易被横腰攻破。

3. 明哲保身：《史记·天官书》云："斗为帝车，运于中央，临制四乡。"《春秋纬元命包》云："斗为帝令，出号布政，授度四方……斗为人君之象，而号令之主也"。斗为帝车人君之象，只有天子居住的国都才能完全做成北斗之象，一般州郡是不能违制的。温州如果建全北斗，则郭公很容易被一句"为永嘉郡催生帝王"的谗言而被诛连九族。封建时代的人才都活得很沉重而且压抑啊！

三、寇不入斗的预言与应验

郭璞曰：若城绕山外，当聚富盛，但不免兵戈水火；城于山，则寇不入斗，可长保安逸。

郭公之言有何意涵？以天星秘法解之：斗之魁为会府，为阳气聚会蕴育造化之神，主管内政统摄；斗之柄为外廷，司生杀元化以正时令之所，主司外务运行。故城居斗口魁中处正位以施政，动乎内应乎外，则邦无害道，外灾可弥而安居乐业。如城居魁外，不依内神，徒恃斗柄转运乘旺之外力，虽然富盛，然久亲天罡之刚烈，则不免兵戈之祸。当然斗魁免祸还有深一层的解说，只是赖某不想挑明了，郭公《江赋》有言："经纪天地，错综人术，妙不可尽于言，事不可穷之于笔。"有心追索者，自己去悟吧！

郭公之预言是否灵验？据资料显示，郭公立城后数百年平顺，700 年后，北宋方腊聚众起兵，三个月内连连攻克今建德、歙县、杭州、金华、衢县、丽水六县市，势如破竹，但围攻温州斗城四十余天，却始终不能攻破！在明朝嘉靖时，倭寇猖獗，在广东、福建、浙江、江苏等省攻陷城池无数，而在嘉靖31~42年这十一年间，倭寇侵犯温州共六次，均未能攻入！故此千余年间每一任温州府官都信崇郭公仙术，除了十二次的加固外，其原来城貌都不变。民国之后，西风东渐，以经济要发展、城市要扩张为名，而拆除旧城，“城绕山外”了。自1927年起，十余年间温州古城墙及城门全部拆除。在1941~1945年之间，温州遭受日本鬼子攻占，沦陷了三次，日本鬼的暴行，让温州从立城以来遭受了前所未有的灾难。

现在的温州自然是城绕山外，果然是骤然富盛，国内外也是知名的，但郭公那句“不免兵戈水火”的预言是否还会不会成为温州人的梦魇呢？

四、北斗九山今如何

温州古城墙已全不见踪影，北斗星座之九山现在又能否保存，通过走访与查询，得出它们的位置、高度、面积、现况并配以九星附之如下。

1. 海坛山高32.5米，平面面积13.5万平方米，俗称上岸山，它北滨瓯江，东控镇海门（东门），西当望江门（朔门），地理位置比较重要。此山应天枢贪狼。

2. 郭公山，即东晋太宁元年（323年）建城时，郭璞曾登临此山察看地形，故名此山为郭公山。高17.2米。突兀于温州旧城西北隅的瓯江之滨，惊涛拍岸，江流有声。唐代张又新有诗云：“昔贤登步立神洲，气象千年始一浮。南望群山如列宿，北观江水似龙虬。”此山应天璇巨门。

3. 松台山位于古城西南角，东西走向，最高点36.36米，平面面积9万平方米。因其山上广植青松、山坪如台而得名。唐代著名高僧宿觉大师（665~713）圆寂后卜葬于此。山巅原有宿觉大师真身塔，唐僖宗赐寺名“净光”，故它又名净光山。此山应天玑禄存。

4. 华盖山是温州市区“九山”之首，因为远望好象古代的华盖，即帝王车驾上罗伞形而得名，又称东山或资福山，被唐代道书《洞天福地记》列为“天下第十八洞天”，位于古城的正东部，主峰海拔56.8米，平面面积13.2万平方米。此山应天权文曲。

5. 积谷山又有飞霞山和东山之称，被誉为“山之胜，甲一郡”。位于今市中山公园南部，高 38.7 米，山形圆锥如高廪，平面面积 1.2 万平方米。这里有谢池、池上楼、小赤壁、谢客岩、飞霞洞、升仙台、留云亭等胜迹。此山应玉衡廉贞。

6. 巽吉山（又名巽山），平面面积 2 万平方米，高 43.3 米，坐落在市区东南的山前街，南北相距仁王、积谷两山各约 1 公里。按温州府八卦方位，因其地处“巽”位，取义“吉祥”，故名巽吉。相传宋道士白玉蟾（葛长庚）曾控鹤驻此。山上原有巽山塔、魁星阁、驻鹤亭等胜景七十年代初因战备深挖山洞，原先早已倾斜、残破的巽山塔和驻鹤亭终于倒塌。曾有几百年“巽吉山头塔影尖”的秀丽风光，从此消失。此山应开阳武曲。

7. 被列为“九斗山”斗柄之尾的仁王山，又名东屿。位于今飞霞南路 5 号的温州东屿发电厂内。此山原高约 10 余米。1959 年建东屿发电厂时，人们把仁王山夷为平地，是一个无法弥补的遗憾。此山应摇光破军。

8. 黄土山又名狮子山，位于今马鞍池东路与山前街东侧的转弯角。原高约 20 米，犹如一只威武的雄狮，注视着它与巽山之间的一个天然的球形小丘，人们称之为“狮子戏球”。1952 年，黄土山的泥石大都被运去填塞百里坊（今百里东、西路）河，现仅余山前街 300 号门牌内一个数米高的小丘。1989 年，当地父老在黄土山的遗迹上建成有亭台楼阁的“卖麻桥老人文明乐园”。此山应洞明左辅。

9. 灵官山原名覆釜山，小巧琳珑，位于今昊桥路 37 号温州电业局高压修试工区的大院内，山高 10 余米，因距离东屿仅 300 米，故又称乏为西屿。此山应隐光右弼。

五、遗恨

郭公扦造温州，象则北斗，凿井以应廿八列星，连五行之山蓄五水之潭，人居与生态环境相协调，并兼顾军事安全，可谓横开宏基，福益千秋！在一千六百多年间几乎保持原貌，直到数十年前古城墙才被尽数拆除，实在是罕见的堪舆实例。

温州原来可算是水城，水网密布，由环城濠池及城内的河、渠、沟、池所组成的。光绪时《永嘉县志》云：“昔人谓一渠一坊，舟楫毕达，居者有澡洁之利，行者无负载之劳”，‘永嘉’之意就是‘水长而美’，原可与苏州、无锡等水城相媲美，现在却堵塞了许多池湖，里面的许多水池都变得黑乎乎的。不但破坏了生态环境，同时也是耗费了资源。

今之温州城居斗外，精气外露之廷，自然富盛，改革开放以来，经过了原始积累、二次创业，现正在作“三次跨越”的经济谋划，前景可瞻！然斗魁不聚内气，内神已散不能化险，则温州恐非久安之善居。宝玉已成碎璧，美女已变残花，悲乎！既有智者创于前，却无能者踵其后！惜哉！

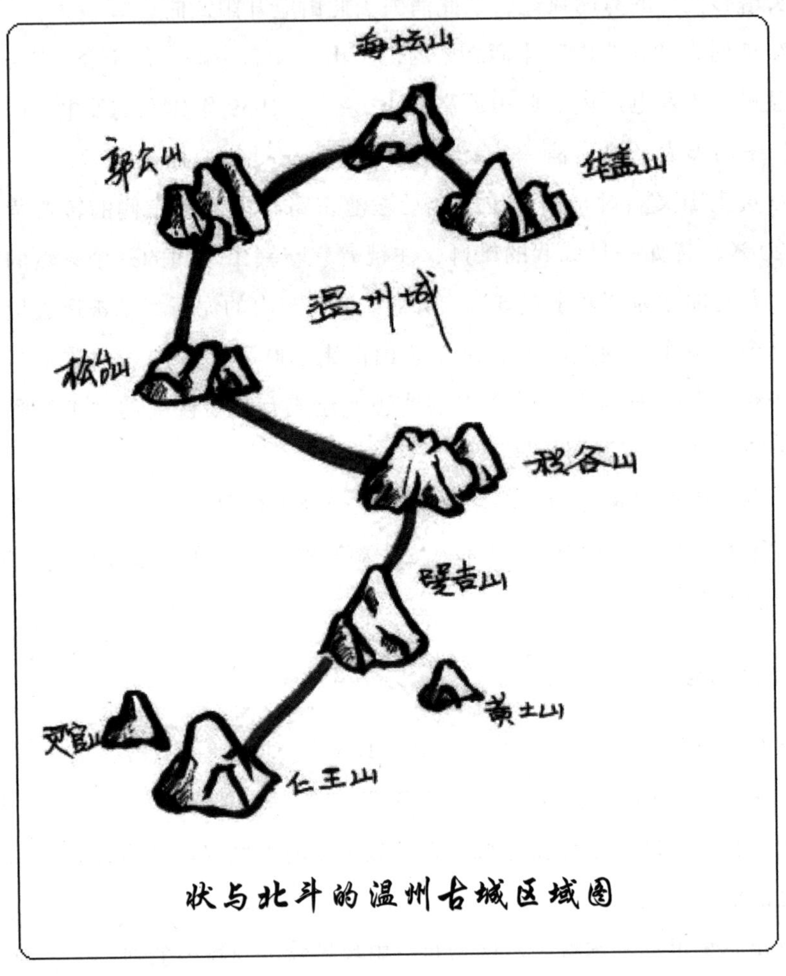

状与北斗的温州古城区域图

癸

呼形喝象篇

第一章　赖公喝形

呼形喝象是一门高深的学问，属于风水堪舆术中的一个重要环节，也许很多人认为喝形没有多大意义，甚至很多地师自己也会以为是打发客户的一种心理作用，那是因为他还没有得到呼形喝象的精华，而赖公也一样注重喝形的高级作用。源于此，建议大家耐心看完这篇文章，相信很快，一直困扰在大家心头的疑惑就会茅塞顿开了。

第一节　呼形喝象

赖公所有作品，都有一个很美的名字，这就是呼形喝象。依形作法是赖公嫡传秘学之一，是天造地设，灵性极高的精灵，结作成龙、凤、狮、虎、象、牛、猪、猴、鸟、鸡、狗、猫、蛇、鼠、人型、物形，贵器等其形势动作，盘、踞、腾、睡、坐、静、动，等千姿百态。葬经曰“形类百动”也。所以说在寻龙点穴时，喝形是很有用的，因此很多老地师对喝形是很有感情的！往往很多东家也习惯会问道，这个穴地是什么形？喝形一般是就百里之地而定，万里之地要看垣局，此上乘大贵之地之喝形法。我们是结合地穴形理将它类比成世界上的各种生物形状或形体，天地之物，例如猛虎跳墙、夫子抚琴、狮子踩球、飞凤含书、鲤鱼上水、麒麟吐火、黄牛出栏、灵龟饮水，美女献花、仙人甩袖、韩信点兵、将军卸甲等等。

历史上宋人张子微一人写了一本名《玉髓真经》之书，就是专门讲“山水取象”的形神法风水学。自然环境的具体形态成为风水师们判别吉凶的重要依据，通过“观势喝形”凭直觉观测将山体比作某种动物，推定吉凶衰旺，进而趋吉避凶。古老喝形方式，源远流长，至今也是了术士和风水师们常用的重要手段。实际上不仅仅是给这些形神俱备的山体随便叫名字而已，就山情而言，喝形是十分重要的，当大家去仔细品味民间的俗语，会发现很多风水玄机，其实早在民间日常运用。其中确有深意的。如得喝形真机，实现有效风水，当如探囊取物，庸师未得真法，岂可洞彻个中三昧！

九月份，我同陈师兄一起到江西抚州流坑考察风水，查阅董氏族谱记载就有十三吉穴，全部都是喝形纪录：

1. 斗牛形亥山巳向，土名长坑峰，今名荷树岭，葬祖考司徒公（始祖董合公）。

2. 黄蛇形巳山亥向，土名枫出，葬始祖妣豫章郡夫人。

3. 金钗形巳山亥向，土名富原山，葬二世祖考司空公。

4. 飞鹅形亥山巳向，土名白龙塘，葬二世祖南阳郡夫人。

5. 蜈蚣形戌山辰向，黄山寺，葬清然公。

6. 人形心穴巽山乾向，寺前，葬清然公妣乐氏。

7. 凤形巳丙山亥壬向，寺前右畔，万一公妣郑氏合葬。

8. 冲天凤形申山寅向，寺前水口汪家坑，葬尚三公。

9. 象形申山寅向，杨梅坑，葬尚一公妣吴氏孺人。

10. 海螺形甲乙丙丁向，葬宋工部侍郎长清开国男敦逸董公。

11. 蟠龙形乙辰山辛戌向，吉水金鸡岭，葬宋参知政事卢陵开国子德元董公。

12. 博凤形寅山申向，北源陈坑，葬董尚三公三孺人。

13. 人形庚山甲向，陈坡，葬万二公。

基本上这些名师亲自所作的穴地，都留下了这样或者那样的名称，其中的意义，很是深远，非一两句能道明白的，靠我们自己去一步一步感悟，一步一步深入。

碰巧一个背景深厚之董氏后人，得知是赣南的风水先生来了参观，请雅浩为他做了个阳宅选址和布局，一直来电致谢邀请再次去游玩，也算千年之后重续风水缘分。

第二节 喝形取象定穴理论

我们时常看到民间地师为人相地，一到穴场马上就能直呼该地的名称，神奇的是很多喝形和当地地名一致。如什么嫦娥奔月要点什么穴，凤凰窝地要点什么穴，飞天蜈蚣要点什么穴等等。很多都是以五星或者九星直接来推断该穴地的名称。一般来说，风水中的喝形取象是穴定之后，再根据形峦的形态而命名的。它是以龙穴为的、砂水为用相辅相成的层次内容，属于风水学系统中的一个重要组成部分。

一、怎样去学喝形取象

首先要弄明白什么是五星、九星的正变二体。故经云：九个星辰十一体，妙用真无比。九十九变古今传，应验是天然。五百九十有五形，吉凶最要明。这不但指出五星、九星的正变二体，更表明了五星、九星的五行属性和吉凶祸福。

如太阳穴星九变中的悬乳太阳：第三太阳号悬乳，斜曲非真体。上要出煞水分明，端正格为真。又诗云：第三太阳是悬乳，看来分八体。人言八体象人形，点穴要分明。

喝形为：圆乳为贵人、方乳为仙人直鼓、尖乳为武公论产、直乳为贵人执笏等形。诗曰：太阳悬乳最为奇，八体分明仔细推。但认个中圈太极，增高益下任君为。

这些可以说是我们学习喝形取象的基础理论和入门知识，只有明了五九正变二体，才能学会去喝形。

二、学习喝形取象的重点和难点

学习是离不开资料和老师的，有时候，一份好资料往往是跨门入室的钥匙，因此正确的理论选择是我们学习的“重点”。而拜师学艺，则更加必要，风水是一门实战学问，是不能自学成才的。所以雅浩以为，既然是要想学习好这门技艺，就不能闭门造车，特别是风水学的特殊性，偏重于践行，所以我们要选好一位会形峦的老师，然而不少人经历过就知道，明师难求啊。

在这里，雅浩把关于喝形取象的书籍资料介绍一些给大家，如有张子微着的《玉髓真经》、杨公《三百六十形象法》和《喝形 72 图格》，如张子微喝形图格中的回龙顾祖形：回龙顾祖转弯弯，势回顾望朝祖山。但取窝中为正穴，儿孙代代出官班。杨公龙穴赋：乌鸦头上生两角，有此是真龙。丹凤必有衔书案，认水看形断，都是很值得我们去学习和探讨。

实际中，凡花卉、瓜果、玉尺及一切木器人形等大多为木星所结。如仰面人形、眠木乳形、照天蜡烛、将军大座形等。成为一名行家，必须理论与实践相结合，通过大量的学习和老师指点，积累丰富的经验，数年后你就是老师父了。

以兽形做喝穴主题，主要分狮、虎、龙、蛇、凤、麒麟、马、狗、鸡、鹅、羊、象、鹿、蜈蚣、蜘蛛、蜂、鱼、蟹、虾、螺、龟等，单以“牛形”论穴，有侯氏牛地，另有邓氏“寒牛不出栏”、“金牛转车”等等。“金牛转车”形局条件，按《龙经》云：“又名黄牛牵车，没骨土星天财指格，在本相天罡，盖星龙下者是穴居肩转处，以金鞭为案。”又云：“牛耕精力全在项，领峰独高隐隐现。”“转车之牛穴不同，欲看车从何处转。”凡“金牛转车”，主山少祖以天罡硬直之土星发脉，出穿心大帐，中脉抛出节节金星，即为转车，故名“金牛转车”。没骨土星天财形：穴向肩口插，喝为将军拉马形。

地理中的喝形取象是在有龙穴定位之后，再根据结穴的形峦形态而命名的。它是以龙穴砂水为体、形象为用相辅相成的层次内容，属于风水学系统中的一个重要组成部分。初学者或局外之人不识九星之形，故以物象之形以象结穴星体之形，如象“蚁公”形的，其星体即为禄存星，说“禄存星”则很少人知，如讲象“蚂蚁”谁都明白。

三、喝形下穴点窍

天地之间，品物流行，万物孳生，有各异的形态，有个别的情性，若是只用“五星、老九星、小九星”以涵，那只是粗疏的做学问的方法，同时也应该是地理师眼力不够、历练不多的推诿、搪塞之辞。

“喝形取象”的名目虽然很多，但是也有方法可循的，我们可以先把结穴星辰分类成“天文、人物、禽鸟、野兽、昆虫、鳞介、器物等”，再加上案应以及穴场周边的环境景观的细小变化，就可做到驭变化于统一，容易辨识了。对应了《青囊序》所谓“一生二兮二生三，三生万物是玄关。”是也。因此形穴不可专泥龙虎、真乳。故云：“亦有清奇玄怪。”必先定为何等形象？然后，因形而取穴，则万不失一。

假如已经辨识是狮、象、龙、马等形，即分眠、食、坐、立，乳、头、上、下，乃於情紧处取穴；或左、右眼；或口吻；耳鼻；乳腹；爪脚；各随本情紧要中取之。但狮不下耳，象不下脚，龙不下胁，虎不下头，牛不下脚，马不下鬣，狗不下口，羊不下膝，兔不下气，鹿不下蹄，驼不下腹，鳞不下吻，凤不下胲，猫不下鼻，蛇不下腰，龟不下头，鳖不下壳，鱼不下头，虾不下尾，蟹不下螯；其他，向背、堂局，取之可也。

喝形定穴之法粗分有五：

其一，是本情紧处；

其二，是收拾堂局；

其三，是取用朝应；

其四，要谶避就；

其五，是看龙气钟灵之所在。

然而，也不必拘泥正接龙脉也。故经云：有形有象有应星，却就本形寻穴所，是矣！

如窟中之突、突中之窟，须要园净而伶俐。实中虚、虚中实、必须光润而清明。琴上马，直取其横。马上琴，横取其直。云中雁，有影无形。雁中云，有形无影。

风中絮，乱中取聚。絮中风，聚中取乱。囊中颖，隐中取现。颖中囊，现中取隐。镜中灯，暗中取明。灯中镜，明中取暗。云里梅，虚中取实，梅里云，实中取虚。

舟中浪，沉中取浮。浪中舟，浮中取沉。石中玉，粗中取细。玉中石，细中取粗。核中仁，死中取生。仁中核，生中取死。蟹中黄，怪中取常。蚌中珠，大中取小。

鱼中胞，小中取大。盏中酥，露中取珠。灰中线，群中取独。草里蛇，静中取动。此言认藏气之法度。因可以见气运之妙，周旋其间，莫可止极，而无尽藏也。

生活源于自然，知识来于生活。要想学好风水，我们必须付出艰辛的汗水，才能分享美味的果实。如有些喝形取象超出了书本知识。如：第一太阳名正体，好比覆钟比。可喝形为覆钟、覆釜、鼓形等，又若脚下如有小块洼池或洼田，又喝形为：覆钟罩金蛙。这些知识尽量能贴近我们的生活和实际，也非一般人可以分出来的，也许是行家与俗师的区别吧。

第三节　喝形穴法之应

狮、虎、马地所应，为官有权威。权威，武官所必须，文官亦不可或缺。百年中国不乏狮、虎、马地出大将元戎的风水案例，但祖上风水为狮、虎、马的本篇人物，却个个能文善武，千姿百态，既有鸾凤、犀牛，也有月亮、蛤蟆、仙鹤、蝴蝶等形，不一而足。

其风水既有浅显的富贵标志，又有特殊的形态。正形与奇形，相关与相合。例如林家凤形祖坟表明，凤只为人臣之贵，不可存帝王妄想。从本质上讲，凤形是龙脉的一种结作形态，有之必显贵腾达。但凤形是否至贵，取决于龙身。为凤亦有可登极位至帝王的，条件是，龙身与前砂有至尊之象。若无极贵之龙，更无玉楼宝殿、龙车、御座、殿上贵人等极贵之砂，凤形纵贵只能是君王的附庸，不是真龙天子的对手。

林氏祖坟是从官山垴透脉而过凤凰山，蜂腰鹤膝，转身90度，面向眠牛山、白羊山结穴，是为典型的横龙入首。按风水术，有尾为飞凤，无尾为飞鸿。星体为眠木，故下倚粘穴。凤凰趋浴，开张两翼，穴结凤嘴，采用龙受穴三式中的旁受穴法作葬，非居中而下，体现了风水师因形施变的过硬本领。所以虽然林氏之凤形祖地贵耀至极，却绝无王者之象。

至于其穴为何取旁受，原因有三：一是龙自左来，穴挨右，秉来龙正气以避煞；二是龙短虎长，饶龙减虎，为穴法所要求；三是明堂偏右，左高右低，十道天心要求穴居右。

饶减之法，在此再一次被术家巧妙施用。穴前有水，白虎砂为下关，穴法减虎饶龙，其穴居右。同时，明堂偏侧，边高边低，客观上也需要旁落而取其正，使局面趋于均衡。穴右挂，侧闪而下，妥善解决了上述三个风水问题，一切归于合理。

第四节　古人论风水喝形

源自古本的明师喝形格局，全部记录于后供大家参考学习，多看各种各样的格局，大家再细细去品味，自然能慢慢品出各种滋味。

喝形取象大全

将军按剑形

将军按剑问因浮，皂毒行形禀杀秋。攒主万兵承号令，此刑武职受封侯。本身麓峻不堪看，剑刀当前无足观。更是前山点不上，时师定是捉形难。

将军卸甲形

狮戎号令肃威权，和气应无秀气潜。若是山高平穴好，如何却不耸观瞻。旗山最怕倒田间，定是降番去不还。帽旁亦怕横尸见，首级废须欲保难。将军是形形像在，在处旌旗多布摆。兵卫森严是好山，刀枪尖射无足在。

仙人醉卧形

仙人醉卧有杯樽，里思屏觞两边分。当前更有仙某局，倒卧分明是黄昏。时人误作仙人看，须要当来见识真。此形豪富积千金，代代儿孙多醉兑。享福奇姬盈后院，好延宾客贱黄金。

灵蚌吐珠

蚌形须要有珠朝，不见珠为死谷头。更得贵人从高产，神童智慧作公侯。珠是员坪，或是山镇处，更看缠案不孤寒。死蚌无情山不朝，龙真气脉自召峣，此是星辰不得地，随宜结袅竟无迎。

狮子戏球形

狮子戏球形最真，前山高耸定精神。公卿将相兼名达，此是人间极贵神。一球之外若无山，纵有皆平无声观。只合豪富多谷食，功名难更望脐攀。若有旌旗及鼓山，此名武勇碧幢官。提兵十万多攻取，莫特英雄过分看。

母龙顾子形

母龙顾子吐珠圆，池水汪汪相后先。金水火星龙山亲，居官高贵更富权。亲龙官显易倾弹，弹后超仙过售臣。龙亲只须星分正，定无破碎异峰峦。盘龙相戏此形同，却更平羊是戏龙。山穴回旋是龙母，子龙定不失来时。

子龙饮乳形

子龙饮乳乳头员，乳若尖时杀在前。龙子脱身随母去，母保卫子在身远。龙母乘去雷电随，子因雷电有得时。右得雷电并云霭，富厚饶君不贵奇。脱身龙子要卫山，身伴卫山是抱卯。若还无此是孤龙，不旺儿孙仍发缓。

长虹饮水形

长虹饮水须逢水，祥云送下数十里。时师错认作蛇看，下穴不知何处是。应龙虽远是龙真，若是他山是本身。五六里间未为远，只教缠卫四停匀。

长虹亘天形

长虹亘天飞两案，此地还须作贵看。贵人高耸在前山，后有应山相贯串。前山若无风雨形，只是死蛇初无情。前山若少贵人出，亦是虚名功不成。此穴难安难识得，后应前朝有田水。若无朝应是孤山，不特清贫更忧患。绣山搞笔空中尊，定出中魁会出群。若是近山低顷小，神单声价又高名。

蛰龙上升形

蛰龙上升龙最贵，前后祥云交互势。云雷迎送入天门，双为弟兄同上第。若逢华盖在龙身，更随剑履并精神。三台过处如丝线，此是三公辅圣人。龙身不贵只平常，前有天门云气神。亦是朝天真地位，但逢过府定遭是。

升龙换骨形

升龙换骨骨纵横，此地时师见必其。乱骨如山山不乱，飞仙高举出声名。此龙清绝出神仙，面依前去直上天。若有贵人并抱笏，三公地位贵无前。前面山低只圆净，又无湖水曲弯弯。白衣上殿承真号，只是人间换骨仙。

子龙顾母形

子龙出胎顾母形，是龙方始得龙真。时师多就中腰下，腰是胎元龙未成。子龙顾母母头高，仍有高峰外势豪。母外若无端的案，一家富厚不清高。外阳端有贵人峰，华盖重重是本龙。此是三公丞相地，此龙端的是难达。

黄龙饮水形

黄龙饮水石潭深，此处真龙值万金。正过高科仍文府，出入开广好胸襟。白虎飞杨出又长，此山人唤作离乡。不知饮水龙伸脚，无此深潭定不祥。有头有足是真龙，伸足离乡事不同。兑有贵人端的案，时师应不识真踪。

神蛟出峡形

神蛟出峡未成龙，万仞高山直上心胸。重叠双峰外一峰，水来折折认纵横，那堪更有云雷案，此龙定是出三公。怒蛟若是有龙朝，龙压蛟螭定不能。怎富仓箱虽积宝，公门常有祸招邀。

飞天龙形

飞天龙出应云雷，掣电水神天外来。更有贵人山在外，此龙此位定三台。龙须歆处似离乡，石角山尖自不常。只怕卫山包不过，出人富贵主离乡。官曜形骸多尖射，时师望见心惊怕。只须收拾得停匀，此穴须应险中下。

黄蛇抢蛤形

黄蛇抢蛤是真形，七寸难安穴上精。王字当头蛇定死，气堂傍案有情真。此龙富厚有王才，计较多奇路便回来。若有奇峰作案山，亦主中寿入朝班。正缘龙气无清贵，所以功名每事难。

天关地轴形

天关地轴是真形，蛇藏龟露要分明。主客分来得停当，剑峰旗纛出前旌，此龙大贵在龙奇，出入穿心采线垂。入穴缘延无定势。此时不贵在何时。玄帝飘飘在降初，旌旗剑女伟舒徐。定对断在王侯位，职与三公鼎鼐俱。

死蛇挂壁形

死蛇挂壁似金钗，定使时师日夜拱。下得穴成瘟气动，子孙贫之绝钱财。前山定有死蛇不，气局相同如子母。不然又有伏尸山，一条两条多暴露。矮山却似牙梳案，此处时师多误看。更有山如美女形，不富不贵主淫乱。

活蛇走避蜈蚣形

活蛇走避畏蜈蚣，生死原来状不同。此地更须详审下，分毫乘处即贫穷。龙处宽舒去水长，右山不转是离乡。明堂发水须回卫，莫使高奇变不祥。出人富贵多惊但，定是强臣逢弱主。十回入朝九度归，纵有英声何足取。

飞天蜈蚣形

飞天蜈蚣是高山，当有雷霆对面看。若有龙形在前案，家资百万出高官。无龙只有雷霆案，主弱客强斟酌者。大发又须家大破，入朝定见遭米窜。大破还须大发来，十败九成无定才。超迁去后落万丈，落后仍须有诏回。

行地蜈蚣形

行地蜈蚣在田野，前有蜒蚰方田下。或有真蛇飞走形，此是蜈蚣定取含。蜒蚰出贵主亦富，看取前山有参式。若有其地大贵人，或有罗汉定崛起。若有旌旗钟鼓山，武职先生上将坛。刀枪纵横似飞腾，亦先雷打死不还。

灵龟顾子形

下水瓶龟开清自，家财难发应其形。不如上水龟清贵，更有黄金富满盈。灵龟顾子要停匀，母子上来俱有情。山卫山迎无散漫，池湖水蒲贵泓。澄搞汉高峰在面前，尖尖秀秀是天然。此形定主为卿相，治世当朝执大权。

天鳖临河形

天鳖临河亦似龟，无头无脑竟何为。山偏体肉难仿象，时师徒自起猜疑。前有分流大小溪，又兼三石鳖定无疑。天鳖偏多亦富人，性质凡下少精神。若还龙贵前沙贵，亦会跻拳入缙绅。

灵唇吐气形

灵唇吐气形象在，前有楼台多石案。若逢此穴可安排，不得真形容易破。此名若得穴法真，此穴须应出异人。世世登科在朝列，英雄天性作名臣。若有鱼龙聚按山，贵人峰从面前安。定须过府称名相，世世儿孙荫大官。

仙人大座形

仙人大座得真形，玉琴之案要分明。秀山奇水兼低小，定有仙童得盛名。穴后横排六七峰，葬后三世产英雄。弟兄文武皆登府，不入朝行进受封。文章颖异是仙身，世世还当出异人。不合秀山斜倒侧，急流通退是名臣。

美人下辇形

美人下辇考主龙楼，皇后根基兄弟侯。代代国卿朱此贵，干奴万妾富为传。新身溪水送将流，只有时师见便愁。岂识大臣朝水远，回还方量几时收。曜星欲出水关东，山曜应非恶曜山。尖秀出人多美丽，人人享福受高京。

仙翁钓鱼形

仙翁钓鱼执竿，时师误作恶曜星。家富巨万多官位，禄秩只为州县官。一发单传到两传，还须代代养儿孙。从来奸顺无真假，抱得他儿入我门。元神空闲更兼长，更从圆山抱不祥。元神长处三传绝，过得三传依旧昌。

美女出轿形

美女出轿与前同，贵贱分来有吉凶。富积财起淫欲，外求夫主乱相随。下水棺山出客亡，夫亡在外妇颠狂。在家不足随人出，丰庚自是好田莊。妇人多美得真才，男儿是死哭声哀。最最一般不宁处，常听国声入耳来。

正飞龙形

龙形大地有多舡，朝对分明各依看。点穴但依形势取，今人富积比高山。

正蟠龙形

蟠龙须要下龙头，龙尾弯弯要转明。霭霭祥云为案吉，家藏金玉富名标。

左蟠龙形

左蟠龙形气属阳，穴居头上好消详。游鱼相应儿孙贵，发福绵绵而久长。

右蟠龙形

右转蟠龙气属阴，分明一次在中心。明珠星月皆朝应，才子文章出翰林。

正体龙形

端正龙形实好夸，胞囊安穴最为佳。本身龙脉尖峰架，衣紫腰金依国家。

飞龙形

大地龙形势欲飞，牙根扦穴少人知。凤凰江水皆朝现，好步蟾宫折桂枝。

活龙形

三横四直过东西，九曲弯弯鸾凤池。好向日中扦一穴，令人宝贵有盈余。

游龙形

头低脚拥号游龙，点穴真机在胸中。石印江朝为应乐，富极官贵出三公。

生龙形

生龙形势世间稀，脑上安坟造化奇。铁幛明珠横剑案，儿孙衣紫着姚衣。

黄龙戏珠形

黄龙戏珠珠在前，口中穴法仕群扦。面前更得祥云案，子子孙孙出大贤。

黄龙奔江形

奔江贡龙头上扦，明珠江水要生前。三阳六建罗城起，积玉堆金年胜年。

行雨龙形

行雨龙形从不同，面前云案拥长虹。口中结穴真为贵，案外无山公。

龙子涨江形

涨江龙形耳上扦，一泓流水绕身缠。前头更得大虹案，大旺人丁广积钱。

苍龙涨水形

苍龙涨水水来朝，头上安坟决富饶。朝水中珠为案吉，儿孙清贵出官僚。

奔海龙形

奔海龙形入海宫，昂头入水望明珠。但教下取龙腮穴，管取人乘驷马东。

苍龙饮泉形

苍龙饮泉世间希，鼻土安坟人少知。前有深潭飞凤深，官高极口着绯衣。

众龙相会形

众龙聚会众山迎，但不宜闻钟鼓声。若得明珠江水应，百子千孙有声名。

五龙聚会形

五龙聚会喜相逢，一颗明珠要在中。点穴须玄宜仔细，或扦珠上或扦龙。

子龙朝母形

子龙望母喜扦头，脉小微微案用高。水绕山回关锁紧，儿孙世代步云霄。

二龙争珠

二龙争珠珠上扦，或葬龙头仔细看。四水朝迎无过背，高官职显拜金銮。

龙子饮乳形

子龙饮乳似眠形，穴在龙腰头乳中。火焰祥光溪水好，高官名位永无穷。

回龙顾祖形

回龙顾祖转弯形，势回顾望祖山。但取窝中为正穴，儿孙衰衰出官班。

瑞龙升天形

头角峥嵘爪甲雄，当头一穴出三公。四山云雾腾腾起，水绕龟蛇席帽峰。

飞龙出洞形

两畔昂昂龙虎回，中有飞龙出洞来。头上王字扦一穴，名题金榜独占魁。

困龙守球形

困龙懒坦似无情，看守明珠不动身。但向头中扦一穴，自然富贵足金银。

伏地虎形

伏地虎形头要知，穴扦王字不差移。若达狮子枪旗废，广进莊田富有余。

睡虎形

睡虎头低脚取头，穴居头伏不须求。有人送向当中取，极旺人丁并马牛。

猛虎出林形

英雄猛虎出林形，点穴还寻额上针。师子伏降堆浅案，令人家富斗量金。

猛虎跳涧形

猛虎跳间小溪边，吐气安坟玄又玄。若有猪羊当面应，家阔皆库有开戏。

渴虎饮泉形

渴虎饮泉面前磨，鼻上安坟好消详。天心十道皆端正，荫益儿孙大吉昌。

饿虎衔尸形

饿虎衔尸口肉扦，先凶后吉进牛田。放棺倒挟宜端正，荫益儿孙富万年。

五虎擒羊形

五虎擒羊山赶山，穴寻羊耳巧中安。若逢狮子来降伏，致济贫民总不难。

饿虎赶獐形

饿虎赶獐仔细详，文似猛虎赶猪羊。好向口中扦一穴，家藏金玉万余箱。

游山虎形

游山虎形脑上扦，眼中还有穴天然。前头若得猪羊安，富贵人丁年胜年。

整皮虎形

整皮虎形头尾弯，穴扦腰上要遮栏。面前若有官星现，及第登科面帝前。

过江虎形

过江虎形水绕缠，分明穴在口中扦。明堂广阔星峰秀，先凶后吉广生田。

五虎聚会形

五虎聚会五山来，穴法教君仔细看。认取明堂秋水正，荣华富贵自天来。

狮子形

若是头狮子形，穴宜高点看分明。角弓球笠为朝应，但得一山地也成。

狮子抱球形

狮子抱球球在前，龙蟠虎踞任君扦。天然穴在狮头上，贮积金银广进田。

狮子戏球形

狮子戏球球上扦，或向狮头穴天然。白象绣球当面应，出官出富有何难。

狮子笑天形

笑天狮子口中扦，铃土安坟子细看。前有朝山后有托，儿孙世代拜金銮。

坐山狮子形

坐山狮子铃上裁，戏球相应水缠回。穴门关锁无空缺，龙好还主出高魁。

烧香狮子形

烧香狮子葬口中，寻龙直要觅真踪。四神入首皆回顾，宝贵荣华比石崇。

狮子南江形

形如狮子过长江，点穴教君脑上安。大港朝阳当面现，金银半谷遍乡邦。

行山象形

行象之形背曲高，须寻眼目穴坚牢。象奴相应方为吉，世代儿孙挂紫袍。

犁沙象形

犁沙象形平地中，穴迁头头合仙踪。交牙水口关拦紧，人旺才兴万事通。

白象卷湖形

白象卷湖穴难安，天然正穴任君观。象奴堆草山为案，大旺人丁不等闲。

埋牙象形

埋牙白象穴江溪，四水朝堂牙在泥。前有草堆山作案，穴扦流泪有玄微。

眠象骸形

眠象形骸势软低，牙关扦穴最为奇。更逢堆草山为案，富贵荣华若猛支。

仙人骑象形

仙人骑象在高山，教君穴点在牙关。相水或寻泪流穴，雌雄不对尽虚闲。

眠牛形

山冈懒坦似眠牛，堆草星峰在面前。若向寿星扦一穴，家肥屋润子孙贤。

寒牛不出栏形

形似寒牛不出圈，时师不识尽虚闲。好从额上宜扦穴，人旺主兴不寿门。

黄牛莵车形

黄牛莵车水要缠，山圆明净喜居阴。时师子细扦憎穴，子息为官不计年。

犀牛望月形

望月犀牛仰起头，一轮明月喜相朝。但求额上寻真穴，富贵荣华旺百秋。

渴牛饮水形

渴牛饮水向湖池，山势高峰头较低。作穴生成禄上好，教君子细认玄微。

铁锁系金牛形

形如铁锁系金牛，头上分明穴好求。水高山回精为好，全案骏马发王侯。

天马饮泉形

天马饮泉何处裁，寿星扦穴可安身。若然更有官星现，一举登科达御街。

将军下马形

将军下马去朝天，踏穴安坟切莫论。前有枪山山势现，定生武职拥兵带。

将军跨马形

将军跨马穴若何，后学时师莫乱为。子细相山并相水，明堂端正莫偏欹。

龟形

借问龟形何处扦，须寻正眼与龟肩。前头定有师螺案，或是明珠水绕缠。

上水龟形

上水龟形头软高，翼门肩上穴坚牢。金鱼介水无倾泻，当代儿孙出富豪。

没泥龟形

模样不现没泥龟，落在平阳田内奇。穴向两边肩内取，儿孙富贵佩金鱼。

藏龟出穴形

隐迹藏踪不见形，须寻眼上穴分明。朝山拱揖游鱼现，葬后令人家便兴。

金龟朝北斗

金龟朝斗向青天，灿灿星光喜在前。宜句眼中并一穴，金鞍骏马有闲钱。

灵龟顾子形

顾子灵龟子在眼，或扦龟眼或扦肩。有人识得玄中法，大旺人丁广进田。

荷叶盖金龟形

青荷叶上盖金龟，肩上安坟造化奇。更独游鱼居水口，儿孙身到凤凰池。

金龟出峡形

出峡金龟葬眼中，两边遮卫要藏风。圆峰磊磊皆朝顾，富贵荣华胜石崇。

龟蛇相会形

龟蛇相会最为佳，或葬龟肩或葬蛇。认取阴阳砂水介。穿珠点点莫差移。

泛水龟形

金龟泛水在平洋，四水朝迎要到堂。认取真龙寻的穴，儿孙高折桂枝香。

蛇形

水星结穴是蛇形，袅娜行来实有情。点穴教君宜仔细，螟须对面要相迎。

黄蛇赶蛤形

黄蛇赶蛤穴扦头，七寸之中亦可求。前有水峰鼠蛤案，三年发达进田牛。

黄蛇听蛤形

听蛤蛇形葬听业，左随右送看其纵。不宜水返砂头嘴，倒挟依法众不同。

黄蛇出洞形

出洞蛇形龙虎全，金鱼介水到坟前。正扦王字真龙穴，富贵荣华世代兴。

下山蛇形

下山蛇形屈曲求，穴从王字上头裁。面前若有虾蟆案，举选文章上帝台。

挂树蛇形

挂树蛇形七寸安，好从龙穴上头看。若还有蛤来相应，葬后令人富出官。

没泥蛇形

闰洋生出没泥蛇，王字安坟的不差。矗矗田卷皆拱揖，须寻七寸穴为佳。

盘蛇形

盘蛇之形势绕盘，介合三阳水要缠。但向头中扦一穴，贵星清秀出官员。

黄蛇吐气形

黄蛇吐气脑头扦，天喜人安富贵全。奉劝时师精着眼，放棺倒杖莫欹偏。

乱蛇出草形

此龙出草请君分，十长一短好安坟。前头有蛤方为案，头上搜寻穴旺人。

竹篙打蛇形

竹篙打蛇会者稀，好从头上计真机。有人识得真龙穴，双全富贵若玉根。

黄鹰打蛇形

形似黄鹰来打蛇，穴居头上最为佳。三阴若赶明堂聚，关锁重重锦上苍。

出屈蛇形

出屈蛇形不见身，只求头上认分明。游龟老蛤前朝应，子子孙孙家业兴。

饿猪抄兜形

形势如猪抄鼎，之玄流水喜相迎。教君点穴宜窝取，细看工夫莫乱求。

野猪下田形

野猪下田形势真，两边龙虎要相迎。穴居眼上看朝对，须要山木尽有暗。

群羊出栈形

群羊出栈穴难寻，四畔山冈磊磊粟。点穴要传真口诀，用心量度好安排。

黄獭赶鱼形

黄獭赶鱼近水边，分明头上穴堪扦。游鱼相应为端正，一举登科作状元。

仰天海螺形

仰天海螺口向天，穴寻腌卜好安扦。四山拱应游鱼乐，包裹重叠万年兴。

侧螺形

侧转螺形葬口间，面前江水要弯环。城门关锁无空缺，富贵双全世代闲。

将军坐台形

将军坐台堂气中，面前衣甲要上从。三阳百里罗城起，将相公侯禄万钟。

武公端坐形

武公端坐势英雄，左旗右鼓好山峰。令人下着阴囊穴，武职官班禄万钟。

波斯献宝形

波斯献宝掌中心，掌上分明穴好寻。簇簇贵人迎接吉，儿孙积玉又堆金。

真武按剑形

真武按剑下心穴，当面龟蛇相应朝。百子千孙家大发，加官进职助王侯。

仙人绞足形

绞足仙人要的详，时师莫乱指山冈。阴囊正穴君须下，龙好还须佐帝王。

仙人伸足形

仙人仰卧足伸长，懒散牵牛莫乱装。堆草卧牛山作案，时师下穴取阴囊。

仙人束带形

仙人束带绕身缠，穴看高低仔细迁。传送公曹皆拱顾，藏风聚气任牛眠。

仙人佩琴形

仙人佩琴琴在前，点穴还从个字井。四个帘幕罗城现，富贵双全万万年。

番王献宝形

番王献宝穴争差，会者江南第一家。骨取分襟并介水，前迎合送足荣华。

美女梳妆形

美女梳妆仔细裁，牙梳粉盒及妆台。令人只下眉心穴，管取高低莫乱埋。

仙人献掌形

仙人献掌少相逢，穴法看来在掌中。认取窝钳看指谷，金银财谷满重重。

将军佩印形

佩印将军无不同，贵人幕下出尖峰。时师点穴扦形势，印要分明莫失纵。

仙人抚琴形

仙人抚琴何处寻，面前只要有横琴。重重包裹无空缺，穴向仙人脐上扦。

仙人大座形

仙人大座看高低，或葬心头或葬脐。更有阴囊仍好下，神仙造化合天机。

太公钓鱼形

太公钓鱼近水边，钓中一穴任君扦。前头更有游鱼案，大旺儿孙福绵绵。

渔翁撒网形

渔翁撒网面前收，更喜游鱼上下朝。好向天心扦一穴，儿孙富贵不须求。

醉翁倒地形

醉翁倒地好英奇，下取阴囊及葬脐。仰卧仙人同一体，令人子细看高低。

真武坐坛踏龟形

真武踏龟人不知，或扦真武或扦龟。时师若识阴阳理，富贵荣华着绯衣。

美女献花形

美女献花何处寻，天然正穴在花心。其中若葬男儿吉，大发资财贯古令。

寒婆向火形

寒婆向火好消详，看取真形葬气堂。前有火炉为正礼，时师莫乱指山冈。

仙人照镜形

照镜仙人巧样裁，一轮明月是圆堆。令人下取心头穴，贵至中书踏御街。

美女纺车形

山如美女纺车形，心上安坟切要明。若有车堆居左右，高抬眼力看朝迎。

长老坐禅形

形如长老坐禅形，穴在袈裟环上裁。前有一山横作案，儿孙富贵踏金街。

仙人踢球形

仙人踢球要的详，好登龙上定阴阳。时师下取阴囊穴，朝对分明水到堂。

观音坐海形

观音坐海近江边，净瓶童子喜相连。劝君下取阴中穴，富贵荣华不计年。

舞凤形

飞凤展翅出林泉，玉架金笼在面前。冠上扦穴还是好，儿孙世代出官员。

飞凤跳架形

飞凤腾腾地势长，尖峰为案面前朝。冠上安坟为上吉，儿孙世代姓名香。

飞鹅投水形

投水飞鹅形势真，大罗峰对面前迎。明堂广阔山端正，世代衣冠有远吉。

金鸡相斗形

金鸡相斗向山中，冠上安坟有口功。若得明堂朝水应，荣华富贵禄千钟。

双凤衔书形

丹凤衔书形最良，双双相对先呈祥。好从冠上寻真穴。金榜题名姓字香。

龙凤呈祥形

飞凤穴高头上扦，生龙案对喜相连。又名龙凤呈祥势，一举登科捷占先。

飞凤形

形如飞凤穴如何，或葬冠中或葬窝。又喜对面山峰秀，前仓后库足四卷。

鸾凤相对形

凤舞鸾翔相对连，石印双双插面前。穴取嘴边端的好，儿孙衮衮出明贤。

凤凰晒翅形

晒翅凤凰形取佳，耳边安穴莫偏斜。寒鸦石插前头应，定出王侯宰相家。

盘凤形

盘凤之形穴正中，送龙相聚对金龙。金寿席帽皆明现，富贵双全永不穷。

寒鸦下田形

寒鸦下田平地中，黄鹰案架喜相逢。上头正穴勿斜侧，荫益儿孙胜相公。

孤雁腾云形

孤雁腾云上碧空，朝山耸起似金龙。江山叠叠如云雾，头上安坟要对中。

鹭鸥晒翅形

鹭鸥晒翅从何扦，看取金鱼左右生。好向头中扦一穴，定生富贵福绵绵。

凤凰衔印形

凤凰衔印教君看，若葬衔书案一般。诰轴员峰当面立，定生富贵出高官。

宿雁沙汀形

形如宿雁起沙汀，头上案坟穴文精。前案张弓山案应，儿孙富贵出公卿。

孤雁投湖形

孤雁投湖头上图，时师不识莫道无。案照金龟朝对吉，金鞍骏马上皇都。

群鸦噪尸形

形似群鸦噪死尸，死人身上穴为奇。真龙自有天然穴，左右分明介右齐。

乌鸦泊田

乌鸦泊田莫乱扦，穴居翅上脑门安。田塍水路无尖射，三吉朝来局要宽。

飞凤冲霄

飞凤冲霄头向天，曲池一穴任君扦。择头天马皆朝聚，一举登科作状元。

燕子泊梁形

形如燕子泊梁尾，尾上安坟仔细针。前有虾须分聚气，有情方好去搜寻。

飞鹅泊屋形

飞鹅泊屋在高山，尾上安坟仔细看。前有虾须分气脉，龙真穴正出高官。

金鹅抱卵形

金鹅抱卵正扦头，两翅分明左右朝。中有卵堆无处觅，荣华富贵出官僚。

鸿雁穿云形

鸿雁穿云头上打，祥云叠叠喜相连。阳朝衮衮明堂现，积玉堆金年胜年。

燕窠形

左右弯环似燕窠，其中三穴出娄腰。尽梁作案真奇特，富贵莊田万顷多。

倒挂金钩

倒挂金钩逆转龙，生成的穴在其中。肉球相应游鱼现，富贵双全胜石崇。

浮牌形

浮牌须棉袄江边，四水朝迎夹卫坚。但向牌头扦一穴，富贵荣华百万年。

银线吊金钟

高耸金钟似吊缠，出还水绕是真龙。口中迁穴为真贵，四海传扬姓字通。

挂壁金钗形

挂壁金钗地势高，好个粉盒面前朝。油腻穴葬为真诀，代代儿孙着紫袍。

匣内金钗形

匣内金钗各样看，四围包裹要围案。但取油腻中间穴，帘幕牙梳便好安。

落地金钗形

落地金钗投上扦，须看卫托水来缠。前后来倚分宾主，钗口逢珠得千金。

折股金钗形

金钗折股一边巧，入穴须看水要齐。短脚上头宜巧取，令人富贵福盈余。

蜘蛛结网形

蜘蛛结网穴中求，四畔无山要水朝。簇簇田塍来拱抱，家开财库旺田牛。

夜游螃蟹形

螃蟹之形眼上扦，游鱼作案喜相连。两边钳局为端正，下后令人便进田。

莲花出水形

莲花一穴少人知，龙虎双双向大溪。穴在花心为第一，令人富贵达天墀。

倒地莲花形

倒地莲花平地生，四围山水要相登。穴寻花心迎朝吉，更喜浮龟左右间。

飞天蜈蚣形

飞天蜈蚣扦口上，穿珠点穴要精通。有人下得钳中穴，人旺财兴富贵守。

泛水蜈蚣形

泛水蜈蚣葬口边，点红珠上好安扦。若然果取安钳穴，更喜蜒蜒在面前。

折角蜈蚣形

折角蜈蚣少一边，自然有穴任君扦。阴沙插护真端的，两畔无山要水缠。

双虹饮水形

双虹饮水子细裁，脚下沙弯水又回。但又头中扦一穴，儿孙代代占高魁。

灵鼠偷仓形

形如灵鼠去偷仓，眼上安坟仔细详。仓库峰峦面前应，莊田财谷遍村乡。

老鼠下田形

平田鼠形头上扦，前头须要有仓田。后面跌头来龙好，砂水微微介合先。

灵猫捕鼠形

灵猫捕鼠在前头，鼠在前头上下游。穴在猫儿头上取，代代子息做公侯。

兔子望月形

兔子望月要真形，月出东方皎皎明。眠犬在前为案吉，教君点穴看山情。

海虾戏珠

形似海虾戏宝珠，贵人相应及同鱼。宜从头上为真穴，文武官班职不虚。

木兰花形

木兰花开最堪扦，穴在花心切莫偏。要有兰花遮护托，儿孙富贵福绵绵。

风吹罗带形

风吹罗带用心谋，穴在同心结上来。虎踞龙蟠包裹穴，身披金甲执戈矛。

东方海月

形如海月正中扦，独爱金星在面前。更得朝山砂水吉，女人营运出英贤。

上水鲤鱼形

上水鲤鱼下水鲤，或扦腮上或扦脐。教君近水扦为贵，四畔团围穴最奇。

独脚旗形

独脚旗形好用心，竿头有穴值千金。面前秀峰相朝吉，武职兵权近帝钦。

西方新月形

半月弯弯两角扦，穴前还要有星推。前案后向峦峰好，人丁贵子占高魁。

双雁呈祥形

双雁相传势最良，双双相对共呈祥。好寻冠上堪扦穴，金榜题名姓字香。

祥云捧月形

祥云捧月穴如何，三穴分明看乳窝。帘幕贵人生秀丽，女人贤达胜嫦娥。

孤月沉江形

孤月沉江映水边，须求月角穴堪扦。牙刀诰轴山公晓，马上声名中状元。

骆驼卸宝形

骆驼卸宝巧形裁，脉认高山峰势来。点穴真机从巧取，前头要有小山堆。

三星在户形

三星在户难调停，十个时师九不明。中有正星堪作穴，微微沙水尽朝迎。

玉枕形

形如玉枕号天才，穴在担凹好葬埋。后有高峰为正托，须分宾主好安排。

金钱形

大地金钱荷叶形，东西南北向朝迎。其形点穴穿钱眼，说与时师子细明。

交椅形

交椅之形左右安，天然正穴在其间。金盘玉盏山为案，积玉堆金代代闲。

真武坐坛形

坐坛真武有龟蛇，好迁脐上穴为佳。红旗焰焰为朝应，定出英雄富贵家。

仙人舞袖形

一山懒散一山回，却似仙人舞袖来。穴在头上端正作，虾须水要荫龙腮。

织女穿梭形

织女穿梭样不同，左抄右拔正西东。气堂点穴真消息，富贵荣华永不穷。

贵人张弓形

贵人张弓弓上弦，贵人高耸顶要员。弓弦霸上堪安穴，或葬人身或葬弦。

猿猴采果形

猿猴采果穴分明，前面果案要朝迎。有人下得真机穴，富贵双全世代兴。

大眠怀星形

大眠怀星暖温温，好认真形葬粪门。藤杖竹楠为案吉，合符风水不须论。

架上金盆形

架上金盆圆又圆，好从龙上穴天然。水合天星山合局，儿孙富贵永绵绵。

冲天烛形

形如蜡烛插青天，点穴教君焰上扦。叠叠维城高耸起，腰缠金带御街前。

天马御街形

后山高耸势巍峨，挂壁灯笼好葬窝。天马御街文笔现，儿孙一举便登科。

金鳅下海形

金鳅下海近江边，两边随来到面前。但去嘴边扦一穴，自然家富有闲钱。

江豚涌浪形

江豚涌浪浪层层，穴向江豚脑上扦。水浪长山重叠起，不生举子只生钱。

水推罗磨形

水推罗磨团团转，穴向中间磨眼扦。若得贵人当面照，令人大富出官员。

瘦狗穿篱形

瘦狗穿篱脑上扦，怀中一穴实为坚。更得朝对山分晓，大旺人丁福禄全。

老鹤守鱼形

形如老鹤守金鱼，絮袋中间穴得扦。更得两边砂水卫，定教发福出明贤。

白鹤下田形

形如白鹤下平田，穴向头边及絮扦。最喜金鳅鱼作案，儿孙代代御街行。

蚯蚓形

蚯蚓多生平地中，如蛇似蟮两相同。但寻头上扦龙穴，世代儿孙享千钟。

仙人吐食形

仙人吐食穴难寻，球撒坪中堆上斜，案要银瓶并盏注，自然家富积金银。

仙人侧掌形

势似仙人侧掌形，法扦虎口穴分明。山环水绕无倾泻，笏印前朝达帝京。

仙人覆掌形

仙人覆掌是阴来，穴向阳边仔细裁。前有横琴来作案，藏风得水产贤才。

四仙出洞形

四仙出洞穴天然，左右山环局不偏。前拥祥云为正案，儿孙当步帝王京。

古人关于喝形的格局，还有很多很多，在此不再罗列。

第五节　举例说明喝形的重要性

听闻在广东某地有一座郑氏祖墓名为狮鼻形，穴星为金星结作，下葬于宋朝末年。据说是从外地迁来，在此做合葬的开族坟。因为那个时侯，有很多当官的到南方来做官。有的本身懂些风水，也有专门请地师帮忙的。为的就是寻找一块可以开族立乡，以及可安葬祖墓的风水宝地，然后就扎根在这里繁衍生息。

据了解，此墓喝形为狮形。当时按照地师的要求，分别下葬了两个穴位，就分布在狮子的两个鼻孔里。可是，在下葬后第二天发现，两个金瓮竟然全部都浮出了土面。而且，还几次反复，就是屡葬不下。这使得这位地师十分的苦恼：明明此地点穴无误，为何会屡葬不下呢？一时间他根本无计可施了。地师在家里一直为此事的苦恼，唉声叹气的。被妻子问及此事，地师如实相告，却被自己妻子一语点破。她说：这是个狮子形墓地，两个鼻孔都给被你葬的金斗给堵死了，狮子根本就无法用鼻子透气，再加上你做的狮子形墓式不对，让它的嘴巴紧闭，所以也无法开口呼吸。为了呼吸只能冲开鼻孔添堵之物，才会导致每次都浮出金瓮这样的事情啊！

听到这句话，地师一下子就被点醒。于是，他叫东家就在坟前，用大约两尺宽的长大石板，作成一条很长的狮舌。在其舌头下面做了一个半月池，其形状就如同狮子张嘴巴，吐舌在里面饮水。很自然就将它的嘴巴打开了，自然就可以通过嘴巴顺畅地呼吸啦。很奇怪，葬下去的金瓮，真的再也没有浮起来了。

此坟从宋朝至今，所发的人丁数量竟然超过二十万，且丁财贵均全。就在前几年，后代们重修此坟时，所请的地师一般，也可能太大意，没有发现其中的奥妙。于是将两侧坟的护手加长了很多，远远超出两边牛角砂。从而导致两侧坟手太露，坟堂变深，而不能脱煞，不久再看墓碑颜色，已经不再象以前这样清亮了。又将原来的石板狮舌破坏，改成了石阶梯，等于把一条狮舌，砍断变成了几段，伤到了狮形的嘴巴，此墓共修了一年多时间。据闻，此墓有一嗣孙目前在外当大官，只从此坟重修后，这个大官在其位置上就无一宁日，而且岌岌可危。此坟之造作为所见之宋坟中的佼佼者，值得学者研究做法经验！试想，一个好好的祖坟，后来被庸师无意间修坏了，要不就是主家无德，此中的因果，总是要人来背的，否则就没有天理了！幸亏墓地已经年代久远，影响也不太大，要不然出了大事的话，后果是不堪设想。如上例所说，原先那个地师如果不知这个地形是狮子形，又何从谈起要葬鼻孔？又何从谈起要造一条石板让狮子吸气？如若不能捕足这个地是真狮子形，又如何晓得去怎么样去安葬？这也是后来所请的地师因为不懂那条石板的玄机，弄致招凶的原因。这不是明摆着呼形喝象对做风水非常关键吗！风水喝形指的是真形，不是像似，而是形真，如果学习者没有入门进去，只怕永远没法体会。在此传一句真诀：真形必有真物特征相应！未深入其里谈也无宜！

风水之形应该以九星五行为主，但不识来龙去脉入首结穴堂局山向配合之真，喝形就变成空谈，再说九星五行之形，九星有八十一形，五行有二十五形，都是风水术之基本至真东西。离此无它。有了形还要有神，神形结合才是真理。神形就是天地，就是阴阳，就是父母。峦头总归在形，理气总归在神。天地万物无不如此。

喝形是点穴的一种很好借助方法，用喝形法点真穴的不在少数。但喝形法不是点穴的唯一方法。点穴关键在于乘生气，千万不能贪喝形而失生气！

个人认为：神化喝形法与否定喝形法都是不对的。有时不喝形更好，以不变应万变。因为有生就有克，碰上不怀好意的，就会喝形来破，此类破形斗风水比比皆是！如明朝郭尚书有一名穴叫“壁上挂灯”，谁知给湛尚书在旁一地取名叫“灯芯浪”就是灯芯挂起来之意。这还不算，怕灯芯会掉下去还会亮，在对面又取一地名叫“白水寨”。让灯里全是水，看你的灯怎么亮？够绝吧？

还有某曾祖葬一穴喝形为“老鼠进仓”。富局，很形象的！谁知后来在另一山被人葬一穴叫“灵猫守鼠”。全族立败！另有一穴九曲来水，本出文贵！喝形“游鱼上水”，谁知在上游一村名曰“鸬鹚等滩”。贵气大减！故此村以前还有一说：“狮象把水口，秀才多过狗”……。

但是，学风水不学喝形给人的感觉等于还不合格，喝形应该是必修之课。这涉及五行生克、一物制一物的地理必然规律；蛇形地若对面有鹰形虎视，必不是吉地，喝形为“老鼠进仓”，在另一山有“灵猫守鼠”，必有忌惮；这如同看相的道理一样，也要看形看格才能准确把握相准。

喝形也不是随便喝的，喝的不准是不生效，而且所喝之名越多人知晓越有影响力，越是名师所喝，越是有灵力，喝形之理如同人之安名，亦是关键之一不可轻视。

子

形神克应篇

“形神合一”本来是中医理论中重要的学术思想之一，也延伸到风水学的运用方面。形神，医学上是指人的形体和精神；而风水上“形”指形体，指有形的形体结构。“神”是指高级物质或者精神层面的东西。合一，指两者相互统一。其实也就是说，有什么形就会有什么象，有什么象就会应什么事。

“形神兼备，世所难得”这是风水作法的至高境界，就体现在这句话里面。十二地支仅十二种动物，而天下地形千变万化，就是动物亦有千百种。又该如何应变？只须依时节物情而变通即可。如燕窠形则用春天燕子衔泥之时；如蝴蝶恋花形则用百花争奇斗妍之节；贵人观榜则用秋闱之令；水族动物鱼虾獭之类则水盛之季，最好是用下雨之天时；而船形、竹排形虽亦需水盛之季节，却不可用雨中下葬，只宜雨后用事水涨船高，若风雨交加之时进金，则船损难行，荫生者必诸我蹇踬。日月同辉之形，则须选日月同见之晨：若月形地，须观天上之月形变化而定。赖布衣“合葬法”云：“有穴场住水中，每月有气冲透月宫。其法将土筑起半月形，选上弦时之吉日葬之。将天上半月，合照水中，培起半月，合成一局，亦可大发。”此即古贤形神作法和择日动感天地之一证也。

第一章　赖公形神法与克应法

此法是赖师传授的赖公秘传之法，效验独到，坊间之书没有记载，一直是师徒间口传心授，今披露一二，回馈有缘！

第一节　赖公形神择日

形神择日和克应择日应分题论述，只因二者均同样以自然之物类相感以动应，有此一同故合论。二者不同在于：形神法是以顺应天生自然之形体为主，然后择取日课去动感天地；克应法是以日课四柱的结构内涵聚集某种力量，去激发自然人事的某一事象之发生。

形神法根据实际一形而作择日的变通，日课地支有十二，对应动物有十二生肖，如地形为鼠形则择日当用子时；地形肖牛则择用丑时，除老虎形外其它生肖均作如此用时。虎地不可用寅时，只可用亥、未等时辰，因虎性凶残，不宜“寅”助其威，须以猪羊飨之，使这成饱虎而福人，无肉物喂饿虎则伤人。形神法还须讲究时节旺衰，动物性情。如牛形之地多用“丑”字，丑年、丑日、丑时，惟月令须变通，多用春夏秋牛有力之季节，很少用冬天，以冬天牛无力而失令也。但若是“寒牛不出栏”之地形者，则宜用冬天之丑月。又如蛇形地，亦不宜用冬天，以蛇入冬则眠也。

形神择日法要求选择师不仅要懂择吉的原则，还需有锐利明确的眼力，对山川地形之灵悟，才能格物致知，知恒常、明变通，而牵住神用之“道”

绳！

克应法是指日课用后会发生一些奇妙特殊的事情，如贵人到位，蛇犬鸟人宅、鸡鸣、牛叫等等吉庆的外应，民间称为兆头，这种日课亦称为“吊宫课”，是一种预见性的、必然出现兆头的择日学问。此法多用之合之窍，如欲见蛇，则年月日时多用酉丑二字之合拱出此物。某人用辛巳、庚寅、己酉、己巳修动丑方门，刚下砖，牛即挣断缰绳跑到公路边而停，让主家拾到汽车刚甩下的五包水泥。巳酉拱丑：又动丑方，故因牛得利。若所葬之地为龙真穴的者，则日课所显这吉兆百不失一。今年闰二月为福建福清市翁姓葬癸山丁向，用甲申、戊辰、庚申、癸未课开金井，甲戊庚三奇贵人趋于未，用后不久，未坤方突现一群羊在鸣叫，贵人现于贵人方，真穴吉课之应也。2002 年农历八月十九酉时葬酉山，课：壬午、己酉、丙申、丁酉，我于课单预批鸟鸣吉兆，葬前一直未闻鸟，惟在酉时中金瓮刚触及土，即闻震、巽、离三宫群鸟争鸣，此起彼伏，整整唱叫 18 分钟多。葬后主家事业顺畅，屡获财利。

不过平心而论，克应择日并不是容易选的，它也不一定是完善的择吉.因为要使某一事象必然发生，一定要紧紧围绕花上巨力，则整体的造福不能十分理想，可见此法不值得大量提倡，而形神法因含有契合天地物理、与道共和之义，并有随机变通之意趣，还是比较有使用之价值。

第二节　风水形神制法

合浦民间传言：府治合浦是犀牛出海形。康基田在城郊南面建一座七层文昌塔，像一条鞭子日日鞭打牛身，往回驱赶，制住合浦而不出人才。其实此塔建于明朝万历四十一年 (1613 年)，而康基田是在乾隆三十年 (1765 年) 才到合浦，相差几百年，故筑塔镇困的说法是穿凿附会与他无关。但康基田的确破了合浦很多风水。如在闸口镇不到三公里方圆就破了两口地，其一在离镇政府约三百米的观音山水库内，是一口虎地，形似卧虎，其尾如一字拖出作案，为观音山水口之总水口。原有磷峋石关镇塞情势惊人。穴在额部，坤申龙庚山甲向。甲水逆朝与大水会聚出辰口，理气中依赖布衣催官法为天地定位夫妇正配，龙向水三合有催官之基，因而康基田在虎臀与尾连接处之根部凿断的虎尾，本地人说这是阉割了老虎而不再出人，其实康基田用上制风水之“形神制法”，此法非常巧妙，不必在龙脉上搞破坏，而是在某特定部位作文章，可使地穴不绝后却永远出不了贵人。此地破后不产猛男只出个女飞贼，天赋异秉双乳奇长，可作武器打人，且能翻过肩去给背负的孩儿吮吸。她非常凶悍，因为烦于每天要渡水赶圩，竟将成集市不知多久的闸口市场生生赶过她居住的河这边，原来的街市现在称为“老墟”。虎地后裔从清朝至今从未有显者。其二是在闸口新寮村边埋葬韩布政夫人的名墓，辛山乙向，母鸡带仔形，以近案墩丘为鸡仔，如何让金鸡变成凡鸦？康基田就在鸡仔丘下用砖团团圈住，鸡仔墩为子孙砂，围困住子孙，后代怎还能出贵？果韩氏子孙二百多年均泯然众人，从此开始“鸦雀无声”。

其实这两穴地，我审其格局，乃小贵之穴，封顶不过校级官员，但康基田就是要合浦连七品芝麻官也出不来！为了达到此目的，他就在奔入合浦境内的龙祖山上作文章，合浦之龙发自博白县之马子嶂，高七百米，入合浦之龙脉为五龙合气结成一珠，人称五龙合气辅珠还。这是合浦盛产世界名珠的地理夙因，也所以会发生“珠还合浦”的历史典故。康基田却阉割了其中的四脉龙，这是他对合浦犯下的最大罪恶。后来康基田官运亨通，做过治河总督，以三品职致仕，而合浦自他离任的一百年内，偌大的地域竟然“文不到大夫，武不过校尉”（赖注：五品以上称大夫、将军，六品之下称校尉），直到光绪年，公馆镇才破天荒地出了一个赏黄马褂的二品将军张鼎丞。民国时才有陈铭枢、香翰屏、张君嵩、张梅新等十几名将军涌现.真正能青史留芳仅上将陈铭枢一人已，也就是说康基田将合浦出英才的脚步推迟了一百年。

我们不禁要问：康基田为何要对台浦下此重手？推其源由其实很简单，就是满清皇室的私心作祟。在清立国之后，即有“南方出王者举兵灭异族”谶言，通过天师国卜的卦象天数获知：终结清皇朝的人必出广东。天下地运从北往南，广东地处南龙，又是神州南方，故陆续派六大国师下广东以破广东风水，不让广东奇才冒头。因此康基田凭此密令即不问政事专破风水。再者从合浦的来龙脉络看，其远祖自云南经广西那坡县，南行入越南国界。蜿蜒盘旋千里，其中千九米海拔的大山有必阿瓦山、必阿嫩山，比较有名的谅山也是其流结。再从防城县垌中镇回归中国，起薯莨岭龙祖，衍脉十万大山，经钦州、灵山、浦北、兴业到玉林起祖大容山，再南行经北流、陆川、博白、打到合浦乃龙之尽结。此龙曾在越南盘旋千里，已有贼性，合浦乃贼龙尽头故受清廷瞩目；从马子嶂起即一路向西南直挥百余里，竟无一枝爪回情朝北。整体大势直朝向越南，真是背主无情。贼龙尽头，背主无情，又几乎是中国之正南方，且隶属广东，几个条件摆在那里，所以康基田就痛下杀手！

其实哪里是什么贼龙！此龙将其所处越南境内之水全部掬回中国的广州，此龙的枝脚也形成广州的白虎砂。合浦之龙一路直行，不过收方面之局而已，并无王气。而此龙一路所结之局可产公侯将相，却不能生把持天下之王者。故于嘉庆时派到同属此龙的高州任知府的戴锡伦国师能勘破此关，背弃密令，大修高州风水，而有状元荫生科甲鼎盛。真正有王气的地方是广州，它聚会数省之水，百川归汇乱流如织，天下财源辐辏，乃南龙之大结。只是广州地处平洋，海拔不高，故清廷认为不过多出大富翁而已，怎可生撬动天下之英豪？哪知广东周边的几个省都是绵延高山峻岭，阴气旺盛之极，故需要广大之开阔地来化其阴郁，以融结阳和之气，故王气钟灵于广州，在其方圆百余里内，先在花县出洪秀全重创清王朝，再在香山县荫生孙中山给它画上休止符号！

第三节　形神地穴葬法禁忌

丁亥年子月，我与门徒游赏本地名穴，途经石湖村时，远观一山之背形态颖异，四面山头有围侍之势，即想：其山前面当有真结。于是我俩循山势而行，直步至山下，果然有一真穴，藏风止气，龙虎环抱，兼有朝秀，只是被人葬中，看形态应葬近百年，因无碑记不知为何姓所主。我有点奇怪：此墓之后土用石灰筑成，而墓本身却是一堆泥土，按此地形神确不应筑成灰墓，但如果知道形神之法则后土也不应筑灰！正狐疑之际，忽见白虎砂上走来一位打柴的老伯，于是我赶过去和他攀谈，问为什么主墓是泥后土是石灰？老伯反问："你看这是什么形的地？"答："这口是螃蟹地。"老伯笑了："不错，的确是蟹地，是牛栏田村朱姓的祖坟，至今已发很多人丁了，在民国时代，因家族发达，嫌墓式寒酸，而建成白灰坟，没想到刚建好，族中即突然死鸡、死猪、死牛，人也急病快要死时，幸有明师指点，说这是蟹地不能筑成白灰坟，因为石灰会腌死螃蟹，致人绝灭。朱姓人赶忙将墓上的白灰土全部清除干净，可能认为后土不近穴位才留下的。这口地灵气被损破了，所以至今不出什么官。"

蟹地有两个重要标志：一是穴前有泉水，或沮洳水迹长年不干。如本穴虽处冬天，但穴前之田还有小泉涌出，一片潮湿。二是龙虎如螯钳，特别是右砂特别像，凡蟹多是右螯较大。按地理之"形神法"，凡葬酷肖水族灵物之地穴如蟹、鱼、虾、龟，蛇等等均不可用石灰来筑墓，因为石灰之性可杀死水族生气物，这是葬蟹地的第一禁忌。

第二个禁忌是：穴前泉水不可用石块铺塞，因为螃蟹要吐沫，泉眼即是其气口。佛隐《风水讲义》载一例："上地在台州城东二十里，名上田。其龙来脉甚远，自高山撒落平田，不见踪迹，忽于田中突起墩阜，牵连数转乃成金星融会，前后左右登对，大小均停，四面太阴文星相聚，谓之四金相照贵格。王公敬所葬其祖，得父子四文魁。原取螃蟹吐沫形，穴前有流泉，敬公铺石砌塞，连伤其丁及婢女数口。去砌石，始得发贵。"本镇海角村也有一穴蟹地，地处海滩，拜堂前有一眼泉水涌出，常年不歇，日久潮湿的拜堂有些崩塌，本来用泥土稍作填补即可不伤，坟主偏要一劳永逸，用石块铺砌塞住泉眼，从此一败如灰。

第三个禁忌是：穴星不宜伐光树木，焚烧柴草，不能垦坡经常翻耕，显露红黄之土，因为只有死蟹才显红色。

由此可见，赖公形神法事关葬事之大体，比呼形喝象更深更妙，更胜一筹。故而学地理者，不可不知。

第四节　堪舆体系中之形神合一论

古代有本医学经典《黄帝内经》认为形与神是统一体,形与神俱,不可分离。形为神之宅,神乃形之主,神明则形安,形盛则神旺,形健则神昌。在堪舆的应用中也是一个道理，讲求的就是一种形神俱妙，与道合真。

“形”是外在之形体，“神”是内在之灵魂；故而“形”是载体，“神”是内涵。形神高度统一的集合，称之为形与神聚；神形完美结合的穴场，自然可以誉之为神形兼备之风水佳城。一个穴场从本源上说，就是神生于形、神依附于形；但从作用上说，神又是形的主宰。阴阳的理论告诉我们，神与形的对立，是运动的基本矛盾；神与形的统一，是存在的基本特征。只有顺应这种神与形的对立统一，便形成了统一的整体场态。

《西升经集注》中又說：“形不得神，不能自生；神不得形，不能自成。形神合同，更相生，更相成。”形者，气之著也。峦头者，山形也。气者，形之显也。理气者，罗盘也。神者，穴地所含情意之所至也。气隐而难知，形显而易见。葬书云：地有吉气，土随而起。此乃形之著於外也。盖气吉形必秀丽、端庄、圆净，气凶则形必粗顽、欹斜、破碎。以此验气，气何能逃；以此推理，理自可测。

形以理辨，以理辨其形之吉凶；

气由形生，用形辨其气之荣枯。

气盈神足，以形气辨神之性情。

意以神显，以神辨其意之钟灵。

以形取意的形神法，有云：“或取形神来点穴，此是神仙真妙诀。好穴难将告后人，记取真形揣摹合。”所以，古时候往往有的明师留题吉地，都是以形神作记录。形神法其实也是风水中的大智慧，不但需要很强观察力、阅力的积累，而且还要有丰富的想象力才能实施其法的。其中赖公之法中还有形神断法、形神制法等，都深深带有其独特之处。

五

风水用具篇

“工欲善其事，必先利其器”，学地理风水之学，必须拥有一个精确好用的工具，并熟练掌握使用它。风水工具其实没有其他行业多，无非就是一罗盘外加一尺子而已。

第一章　风水罗盘

罗盘书籍众多，学者也可以抽空多多研究，雅浩在这里只是简单阐述，有时候觉得不管怎么写，都会有欠缺之处，我觉得够用就好，不够的话也都可以逐步来补充。

第一节　罗盘探讨

罗经亦称罗盘，主要有三合盘、三元盘、综合盘等几种盘式。解释罗经的书籍主要有《罗经顶门针》、《罗经拨雾集》、《罗经透解》、《罗经解定》等。在这里篇幅有限，雅浩主要介绍罗盘的用法。

一、罗盘砂法

天星派在风水罗盘的运用中，也要分开砂和水。砂法之下盘与水法之下盘是不一样的，砂法一般是用坐以消之。如我们不懂得如何去下盘，必然会导致一地的吉凶发生颠倒。我们常常会看到没有一滴水的所谓旱龙之地，就是整个穴都是旱地，那么它的做法就只有砂法了。因此在判断一地吉凶和应期的时候，所有吉凶就要从这里出，所有应期就要从这里来定。如果不知道下盘，导致砂法都没有依凭的话，那么，此砂在哪一年可以应这样的吉凶，彼砂在哪一年可以应那样的吉凶，根本就没有办法可以计算出来，就更加不用谈断事和应期了。

而今社会上，谈论砂法道理的很多，而谈论怎么用法的却很少。如果不知道其中之用法，自然不会明白罗经的操作。其实，光是谈论理论又有什么用呢？试想，赖布衣祖师的拨砂之法，历来都有理论传世，但多数都是只传其书，而不能得传其决。虽然看起来砂法似乎很简单，内容无非也只有生克泄奴比。然而，如果没有得到真传师授，有时候光是看风水术里面的说明。到头来可定还是一头雾水，一旦登山就会两眼茫茫或头脑里一片空白。所以才有人常说：医师不明害一人，地师不明害一族。如果真是这样的话，人生也实在是太可悲啦。

每个罗经上都有二十四山和二十八宿度。关于罗盘上的二十八宿度的问题，肯定有人要问：拨砂是用开禧宿度，还是时宪宿度呢？还有人要问：如果使用赖公的人盘拨砂，是否还要考虑磁偏角呢？也许学习过天星择日的都知道，天星之二十八宿度随年在变，其度数相应要做调整。现在有很多的罗盘干脆连人盘都不刻，就这样给舍弃掉了。可否说这其中是另有深意呢？现在面对的有两点：一是，宿度随年在变。二是，是否与一年的时间有关联。这是不是就在暗示着人们：斗转星移，岁月变迁，是否罗盘也随着天体在运行。

二 罗盘水法

上面提到天星派在风水罗盘的运用中，而水法我们一般都是用向以消之。天下水法说起来，真的是非常的繁杂，穷究其中的原因，是因为罗盘上的二十四个字。因为它们分成了干支与四维。在大自然的天地造化中，哪怕是罗盘上的二十四山向，二十八星宿，每一个字每一度都可以有水，而且都是可以来可以去的。

自古以来，我们风水术士们在谈论干支时，往往不会去谈到四维，而在谈论四维时，也往往不会说到干支。因此，就形成了两大系统：干支系统和八卦系统（这就是常说的五行法和卦例法）。所以我们天下的水法也就会分成干支和八卦两种。如果水法是用干支为主的，我们必须先要解决四维应该怎么来安排。而用的水法是以四维为主的，我们也要先要考虑干支应该放在那里。天下那些林林种种的水法，怎么也都跳不出这两种情况。

我们可以看到三合水法，它是为用干支系统的，巧妙运用双山五行就把四维纳入了干支之列。因此就可以用此来推断四维之水来去的吉凶了。然而我们已经知道了三合水法是从何以来的，自然也就知道了十二长生起例的方法。也能分辨出真假和对错。还有辅星水法和龙门八局，都是用卦例来推断水法吉凶的。它们也是很巧妙地利用一卦管三山的理论，把干支纳入进了八卦中来推论吉凶。所以这样看来，水法之中也就必定会有这两种方法。其实，这只是罗配置上的问题。很多人说天下只一种水法的，那是还没有搞清楚罗盘上的干支四维与水法的关系，不知道他们是怎么来的。

当年发明各种水法的人，可能站的角度不同。有的是以干支为用判断水法吉凶的方法，有的是用到卦例推算水法吉凶的方法，这本来也是无可厚非的事情。我们先不管他是干支在前，或者卦例在后。我们只要知道，水法中干支和四维都要用到的，只是一个前一个后又有什么关系呢！主要还是因为在创造水法的时候，考虑的角度不一样，所以其中的用法亦就不一样了。那么，也自然地明白，运用起来的手法肯定也会不一样的。

大家也知道，一个水法并非是风水理气之全部，所以水法也就不能代替理气之法，只是理气的一小部分而已，不能以一理来盖全的。也许各个门派的不同，运用手法也各不相同的，其他门派相互之间又怎么会知道各自的用法呢？就像赖公《催官篇》所言的龙穴砂水，都是各有各的用法。

三、二十八宿探讨

记得早年随启蒙师父习风水时候，师父曾有讲解罗盘上每层应用之法，但当提及透地六十龙，穿山七十二龙，大地盘之一百二十分金，二十八宿，盈缩六十龙等等，均语多不详或轻轻带过。尤其是对二十八宿之讲解，只称为天上二十八宿之分布，对盈缩六十龙更只字不提。

先贤哲圣创制罗盘，每一层都有其重要学理包含其中，如果是无意义的，就不必浪费精神和人力，把二十八宿刻造盘上。后来笔者离开启蒙师父以后，到处寻师访友，有幸得到明师真传，终于明白罗盘上二十八宿之详细及使用。

二十八宿是天空上距离地球极其遥远的星体，古时钦天监为便于观察星体之运行变化，便把星空分为四组方向，并配以七政（金、木、水、火、土、日、月）之五行，故有二十八宿之名称。

东方星宿由“辰乙卯甲寅”之排列为：角亢氐房心尾箕配七政：木金土日月火水，故东方七宿就是青龙七宿。

北方星宿由“丑癸子壬亥”排开：斗牛女虚危室壁配七政：木金土日月火水，亦就是玄武七宿。

西方星宿由“戌辛酉庚辛”顺排：奎娄胄昂毕觜参配七政：木金土日月火水，亦就是白虎七宿。

南方星宿由“未丁午丙巳”顺排：井鬼柳星张翼轸配七政：木金土日月火水，亦就是朱雀七宿。

开禧宿度与时宪宿度：

各位可有留意，在子午卯酉四山位置，都是五行属日月之星宿守位，因为日月两星都在卯方上升，正午到天顶，由酉方下降，再循环经子而到达卯，而日月五行之气分别为阳火及阴火。

但是现在市面上出售的罗盘，如果针对二十八宿而言，基本上有两个不同版本，第一种以地盘正针“子”山中央逆时针排危、室、壁……第二种版本地盘正针“壬子”两字间，逆时针排虚、危、室……第一种罗盘，被称之为“开僖宿度”，第二种则称之为“时宪宿度”。清朝名家叶九升以开禧宿度为标准，并列出《金篆玉函》、《天机素书》、《宝镜瀛海》等书，以作参考，但同为清朝地理名宿吴天洪、王道亨等，却支时以“敬考我朝时历缠舍，方为准的。”

这样时宪历与开禧历出现如此莫大的分野，究竟要使用那一套历法宿度方为正确哩！要解决这个问题，得先了解过往天文学者是如何勘察天星！

首先我们的地球是环绕太阳运行，此运行轨迹被称为黄道，而赤道乃太阳直射地球的平均轨迹，而南北回归线是太阳直射地球南北两半的极限，亦因此而形成寒来暑往，历法之二十四节气，亦因应这个循环被定出来。

古代天文学家之所以订定二十八宿，纯因为天空广阔如浩瀚汪洋，根本无正式的疆界或线度做一个测定标准，故将一些距离地球最遥远、位置最稳定的星体，呼以二十八个名字，作为观察日、月、金、木、水、火、土七星之运转变化，及计算日蚀、月蚀出现时间等。

这如同西洋星座的十二星宫作用一样，例如白羊座，大约由每年三月二十一日到四月二十日，便是太阳所经过白羊座的时间，亦代表由春分那天开始，春天渐去，夏天将来临。故二十八宿亦为时间及方位之代表。

然而远古以前的二十八宿被分布在赤道在线，至汉朝始将二十八宿改为分布在黄道之上。虽然如此，但历朝学者对于二十八宿之定位，均有不同之差异考其原因，相信由于：历代天文家之发展不同，观测仪器误差不一。二十八宿星座本身大小不相同，互相距离不同。古时中国尚未有望远镜，观星祗凭肉眼。所以各朝代发布的二十八宿度数不一。

况且除此以外，还有两个重点：

黄道与赤道之交角，每年地球绕日一周的岁差：过去古罗盘并非将度数分为三百六十度，而是分为三百六十五度又四分之一，以应一年三百六十五又四分一日。

岁差惹争论：事实上地球绕日运行时间并非一个稳定的常数，这个偏差的时间称之为岁差。汉朝或以前的天文家尚未发现有岁差这回事，直到晋始知有岁差，但亦因为种种原因，以后各朝代所发布资料不一，有认为每四十五年差一度，也有认为五十年差一度，也有认为六十七年、八十二年。此等说法，直到明朝时，西方传教士东来，汤若望及利马窦等天文学，将西方天文知识带入中国，此后，中国的大文历法起了巨大改变。到清代颁布“时历象考成新编”，就是按西洋天文学的测量及计算方法，重新订定二十八宿位置，故称之为“时宪宿度”。

前文已述历朝天文志对二十八宿位置均无定论，那么开禧宿度又从何而来？按其它古籍记载，相传是源自宋朝开禧年间，先贤赖太素先生所言：“虚危之间针路明，南方张度缝三乘，离坎正位人难识，差却毫厘断不灵。”故由当时开始所定立的二十八宿位置，被称之为“开禧宿度”。

说到这里，相信大家就会问，究竟二十八宿除了是天上星宿位置以外，还有甚么用途，令笔者要这样长篇大论去探讨呢？

古诀有云：先识穿山虎，方行透地龙，浑天开宝镜，金水月相逢。以上虽然短短四句共二十字口诀，已是将阴宅大地风水理气上的操作，最重要的首尾环节，详细道了出来。天上有星，地下成形，上应天统，下应人统。在大地风水操作上格龙定向的课题中，来龙生旺衰死，由地盘承气，天盘收水来处理，但是要格定来龙福力之贵贱，则无二十八宿不行。

局堂龙虎砂内外砂头消纳，如果只取六十四卦与向上构成合十生成，若稍有差池便会导致主家家破人亡，实在极之凶险，其最妥当亦不离取二十八宿之消砂。到万事俱备妥当，吉穴确立了，福主下葬日子；立碑吉日，亦不离与二十八宿方位时间关系。

前言已述二十八宿与二十四节气运行有极密切关系在内，如果造葬日子“逆朔”，则下葬后福力发生时间就被拖慢，最长的会拖到十二个月以后才应发。

故此要达到寅葬卯发，非要每一个细节都兼顾无遗，方能达到。

第二节　罗盘的选择、校准与调整

罗盘是风水先生不可缺少的工具。现今市面出售的盘式，由质地款式，大小尺寸都有不同，但基本格式分为三大类：三元盘，三合盘，和三元三合综合盘。层数多寡由十多层到四十九层、五十二层等等呢，一般标准三合盘约有三十六层而矣。

工具的质量好坏关系到测量精度，并直接影响立向布局的准确性。罗盘是由海底、内盘、外盘三大部件构成的，三大部件的质量都与罗盘的测量精度有密切关系。

1. 海底

(1) 海底的圆盒应是标准的园柱形，海底底部的定位十字线应正交，即呈九十度角。

（2）顶针应固定在海底十字线的交点上，并与海底的底面垂直，顶针的尖头不能有损伤，如果尖头受损，磁针的转动就会不灵活。

（3）磁针必须通直，有足够的磁性，两头的重量应一致。

（4）海底盖最好是玻璃，用有机玻璃或塑料做盖子容易产生静电，对磁针有吸附作用，会影响测量精度。

（5）盖上玻璃盖时，倒转海底，磁针应保持不掉下。将海底放入内盘时，应特别注意海底线的北要与内盘的子山正中对准。

2. 内盘

（1）内盘上各圈层上的内容是风水罗盘的主要部分，要求盘面平整光滑、分格准确，字迹清晰。

（2）地盘二十四山的子午卯酉应分别与周天 360 度或 0 度、180 度、90 度、270 度重合，其他各盘都要按照罗盘的标准设置各得其所。

（3）内盘的内外园必须标准，放进外盘后，与外盘的间隙应保持在合适的范围，宽紧适当，间隙太小则转动不灵活，间隙太大则会影响测量精度。

（4）内圈宜稍紧，以使海底固定不松动。内盘圆心应与海底同心。

3. 外盘

（1）外盘必须是标准的正方形，四个边不弯曲、歪斜，放置内盘的园凹的圆心应在外盘的几何中心。

（2）盘面应平整光滑。

（3）天心十道是读取内盘上各层内容的指示线，四个穿线孔必须分别定位于外盘四个边的中心点上。

（4）有水准泡的罗盘，当两个水准泡的气泡都在中心时，海底的磁针应与盘面平行。

4. 外盘的校准与调整

（1）用标准的量角器，分别对外盘的四个外角进行测量，检查是不是 90 度，误差如超过 0.1 度应进行打磨。

（2）检查天心十道线是否分别与四条外边平行，如不平行，应适当调整穿线孔的位置。检查四个穿线空是否分别位于四个外边的中点，如果偏离中点，应重新开孔。

(3) 检查天心十字线的交点是否对准磁针顶针的顶点。

(4) 分别用天心十道的四个端点对准内盘的周天0度，检查其余三个端点是否准确指向90度、180度、270度，如果有误差，应详细查清原因，适当调整穿线孔的位置至合格为止。

5. 下罗盘诀

天旋地旋九星旋，阴阳顺逆显神尊，

五行生克各在位，趋吉避凶降周全。

此诀并非用于上请天神下驱鬼魍，而是用于安静人心，专心专意，集中意念，尤如气功入静一样，目的是使摆弄罗盘者，排除各种杂念和干扰，顺利地操作罗盘，完成阴阳二宅的测度。

6. 操作罗盘

操作罗盘时一要专心，地面的气场是看不见摸不着的，只能根据易理，根据人的自身体验，知道它的所在。气场之气，分布各方，只能运用罗盘，准确地测度它的分布。所以，必须专心致志，一丝不苟，才可以获得准确的数值。加上罗盘层数多，排列得密密麻麻，一不专心，视线错位，就会差之毫厘，谬之千里。

操作罗盘，二要姿势正确。在实际操作之前，要跟师父学习操作，不能不懂装懂，胡乱摆布。姿势是否正确，直接影响测度的效果，也间接影响别人对你的功夫深浅的评价。所以，在操作罗盘之前，默念三遍《下罗盘诀》，是非常有好处的。

第二章　风水尺用法诀

“没有规矩，不成方圆”，风水也是如此，什么都要有个规矩。所以古代工匠订制阳宅建筑及厨灶神桌时，都会依照鲁班尺的尺寸，将梁的高度、房的面积（长宽）、门的尺寸等都定位在吉字上。

第一节　鲁班尺/丁兰尺

鲁班尺

鲁班尺俗称为文公尺。红字为吉，黑字为凶。长一尺四寸一分，以生老病死苦五字为基础，划分为八格，各有凶吉，依序为：财（钱财、才能）、病（商灾病患、不利）、离（六亲离散分离）、义（符合正义及道德规范，或有劝募行善）、官（官运）、劫（遭抢夺、胁迫）、害（罹患）、本（事物的本位或本体）。

在风水学说中一般住家大门只装本门与财门，义门乃寺观学舍义聚之所可装，大门用义字反会有灾祸临门，官门只有官府可装，大门合官字将会与官方讼争。

一般常见的鲁班尺又分为上下两个部份：上半部为文公尺：用于阳宅、神位、佛具尺寸。下半部为丁兰尺：多用于阴宅、祖龛。

鲁班尺使用于阳宅建筑，依其风水论之方向与气象而设。主要用于神厅、厨灶、神桌、主人房与书房，将梁的高度、房的面积（长度与宽度）。建筑物以隔墙内部实际尺寸为准，门窗亦以窗框内窗仁为准。有关神桌尺寸及实高最好依此鲁班尺为宜。

鲁班尺，亦作“鲁般尺”，为建造房宅时所用的测量工具，类今工匠所用的曲尺。鲁班尺长约四十二点九厘米，相传为春秋鲁国公鲁班所作，后经风水界加入八个字，以丈量房宅吉凶，并呼之为“门公尺”。

八个字是：财、病、离、义、官、劫、害、本，在每一个字底下，又分为四小字，来区分吉凶意义。其八个字及附带的小标格分别代表的吉凶含义如下。

财：吉，指钱财、才能。

财德：指在财、德善、功德方面有表现。

宝库：比喻可得或储藏珍贵物品。

六合：合和美满。六合为天地四方。

迎福：迎接福。福为幸福、利益。

病：代表凶，指伤灾病患及不利等。

退财：损财、破财之意。

公事：多指因公家的事如贪污受贿及案件官司等。

牢执：指牢狱之灾。

孤寡：指有孤独寡居的行为。

离：代表凶，指六亲离散分开。

长库：古有监狱之说。

劫财：破耗及耗损财。

官鬼：指有官煞引起之事。

失脱：物品失落、人离散之意。

义：代表吉，指符合正义及道德规范，或有募捐行善等行为。

添丁：古时生男孩叫添丁。

益利：增加了财资利禄。

贵子：日后能显贵的子嗣。

大吉：吉祥吉利。

官：代表吉，指有官运。

顺科：顺利通过考试而获中。

横财：意外之财。

进益：收益进益。

富贵：有财有势。

劫：代表凶，意指遭抢夺、胁迫。

死别：即永别。

退口：指有孝服之事。

离乡：背井离乡。

财失：财物损失或丢失。

害：代表凶，祸患之意。

灾至：灾殃祸患到。

死绝：死得干干净净。

病临：疾病来临。

口舌：争执争吵。

本：代表吉，事物的本位或本体。

财至：即财到。

登科：考试被录取。

进宝：招财进宝。

兴旺：兴盛旺盛。

鲁班尺（度量工具）全称“鲁班营造尺”，为建造房宅时所用的测量工具，类今工匠所用的曲尺。又称“角尺”，主要用来校验刨削后的板、枋材以及结构之间是否垂直和边棱成直角的木工工具。1鲁班尺=0.8市尺。鲁班尺产生不久即融合了丁兰尺，后又融入寸、厘米。是度量、矫正的重要工具。由于其特殊的功能，在风水文化、建筑文化中表现最为广泛。

建造房屋和制作家具时，从整体到每一部位的高低、宽窄、长短，都要用此尺量一下，求得与吉利有关的刻度吻合，避开与灾凶有关的刻度，以适应祈求平安吉祥的心理。从其所标注文词的内容看，显然与旧时的星相学相联系。

丁兰尺

为时下风水师必备之工具。主要用于建造坟墓或奉置祖先牌位及神位时，据以测量，并定吉凶。尺长三十九厘米，分十格，每一格又分四小格；其十格，印有代表吉凶之文字，分别是：

丁：福星　及第　财旺　登科

害：口舌　病临　死绝　灾至

旺：天德　喜事　进宝　纳福

苦：失脱　官鬼　劫财　无嗣

义：大吉　财旺　益利　天库

官：富贵　进宝　横财　顺科

死：离乡　死别　退丁　失财

兴：登科　贵子　添丁　兴旺

失：孤寡　牢执　公事　退财

财：迎福　六合　进宝　财德

以上十字以及其小格的字义不难理解，这里就不一一介绍了。在 2011 年，中国风水家协会已经把鲁班尺认定为风水勘察之必要工具之一。

鲁班尺有多长？古人使用的鲁班尺和时下流行的鲁班尺有何区别？

为什么各地鲁班尺都会有不同的长度呢？很多读者问过这个问题。其实各地的风俗导致了尺寸的演变，于是就有了长度不一的鲁班尺。目前国内流行的鲁班尺主要有两种，一种是 42.9 厘米，另一种是 50.4 厘米，这两种鲁班尺和古代的鲁班尺长度都不一样，可以说，这两种鲁班尺都是不准确的，建议以古制为宜。

古籍记载，“鲁班尺乃有曲尺一尺四寸四分，其尺间有八寸，一寸准曲尺一寸八分。”“曲尺”即古代木工匠师用木工尺，其长度与历代朝廷工部颁布的营造尺相同。因明清时期的营造尺长 32 厘米，故鲁班尺的长度为 46.08 厘米，鲁班尺每寸为 5.76 厘米。古代流传下来的鲁班尺并不多见，北京故宫博物院收藏有一把鲁班尺，长 46 厘米，与古籍记载的鲁班尺长度非常接近。

在有的鲁班尺把八个字中的“吉”字写作“本”字。一般来说，古人认为八字中财、义、官、吉所在的尺寸为吉利，另外四字所在的尺寸表示不吉利。但在实际应用中，鲁班尺的八个字各有所宜，如义字门可安在大门上，但古人认为不宜安在廊门上；官字门适宜安在官府衙门，却不宜安于一般百姓家的大门；病字门不宜安在大门上，但安于厕所门反而“逢凶化吉”。《鲁班经》认为，一般百姓家安“财门”和“吉门”最好。

鲁班尺在古代不仅是民间建筑安门的标准，也是皇家建筑安门的标准。清《工部工程做法则例》就开列出 124 种按鲁班尺裁定的门口尺寸，其中有添财门 31 个，义顺门 31 个，官禄门 33 个，福德门 29 个。

在《鲁班经》和《事林广记》等古籍中，列出了一些门户的吉利尺寸。

《鲁班经》认为，小单扇门宜开二尺一寸，即 67.2 厘米为义门;单扇门宜开二尺八寸，即 89.6 厘米，为吉门；小双扇门宜开四尺三寸一分，即鲁班尺 137.92 厘米为吉门；双扇门宜四尺三寸八分，即 140.16 厘米，为财门；大双扇门宜开五尺六寸六分，即 181.12 厘米，为吉门。

而《事林广记》认为，一寸 (3.2 厘米) 为鲁班尺中的“财”；六寸 (19.2 厘米) 为“义”；一尺六寸 (51.2 厘米) 为“财”；二尺一寸 (67.2 厘米) 为“义”；二尺八寸 (89.6 厘米) 为“吉”；三尺六寸 (115.2 厘米) 为“义”；五尺六寸 (179.2 厘米) 为“吉”；七尺一寸 (227.2 厘米) 为“吉”；七尺八寸 (249.6 厘米) 为“义”；八尺八寸 (281.6 厘米) 为“吉”；一丈一寸 (323.2 厘米) 为“财”，这些都是吉利的尺寸，可应用在室内布局各个方面。

当然，鲁班尺只是古代房屋门户家具的尺度标准，对于现代住宅来说，鲁班尺的尺寸只可以作为一种参考。门户和家具的尺寸归根结底是由人的活动需要和住宅的实际情况决定的，只要大小适中，方便实用就可以，没有必要墨守成规。

阳宅的尺寸有一定的规制

阳宅往往以步代尺，作为长度单位。四尺五寸为一步（按：这是古代的工部木尺，与现代的市尺有别），九尺为二步。一步起为建，二步为除，三步为满，四步为平，五步为定，六步为执，七步为破，八步为危，九步为成，十步为收，十一步为开，十二步为闭，十三步为建，十四为步为除。

这些步子又有吉凶。建为元吉，除为明堂，满为天刑，平为卷舌，定为金柜，执为天德，破为冲煞，危为玉堂，成为三合，收为贼劫，开为生气，闭为灾祸。其中，建满平收黑，除危定执黄，成开皆可用，闭破不相当。

这些步子是怎样运用呢？凡宅宽，须不犯满平收闭；宅长，须按除定执开，如果宅居的步数合除定执危开建，则早生贵子；衙门步数合除定危开执建，则加官进爵。学堂、人馆类推。

第二节　其他尺诀和用法

子房尺

子房尺以九寸为九步。金星吉。火星凶。罗星凶。本星吉。紫燕吉。文星凶。计都凶。月悖凶。水星吉。此法令已不多见用。

曲尺

曲尺以九寸分九步。一寸为一白吉，六寸为六白吉。八寸为八白吉。九寸为九紫吉，其余的“二、三、四、五、七”寸皆为凶。依此而论，阳宅之门，窗等尺寸，只以寸的余为吉凶依凭。譬如二尺八寸为吉。二尺四寸为凶等。

曲尺诗：一白惟如六白良，若与八白亦为昌。不将般尺来相凑，吉少凶多必主殃。论曲尺根由：曲尺者：有十寸，一寸乃十分，凡遇起造、经营、开门、高低、长短、度量皆在此上，须当凑对鲁般尺，八寸吉凶相度，则吉多凶少为佳，匠者但用仿此大吉也。

玄女尺

以九寸分八部。贵人：吉。天炎：凶。天祸：凶。天财：吉。官禄：吉。孤独：凶。天败：凶。辅弼：吉。

按九天玄女装门路，以玄女尺算之，每尺止得九寸，有零却分财、病、离、义、官、劫、害、本八位。其尺寸长短不齐，惟本门与财门相接最吉，义门惟寺、观，学舍义聚之所可装。官门：惟官府可装。其余民俗，只装本门与财门相接为最吉，大抵尺法各随匠人所传之术者，当依般经尺度为法。

寅

造葬实战篇

第一章　随师扦穴纪实

风水的奥秘，讲的是天地感应，天人合一，它一直以来的原理，就是在演义大道。天与地相合，能孕育生万物，自然也能蕴生出有“灵气”的龙穴，而天底下那些风水宝地，自然可以孕育出优秀的“人杰”。

所谓的“一方水土育一方人”，它体现的是人与环境的关系，在整个宇宙中，我们人类永远都要生活在一定的环境中，与环境有着非常密切的关系。人与环境本来就是一个统一的整体，环境影响人，人类活动影响环境，尤其是人类活动如砍伐森林，围湖造田，建产工业与民用设施等，都对环境造成严重破坏和影响。雅浩在此也呼吁大家，爱护好自己的生存环境，保护好我们的地球母亲，是每个人义不容辞的义务，因为我们都生活在其中！

因此，龙穴可以孕育人才，因为它符合这一大道规律。古往今来，所有发族旺族，名门公卿，状元、榜眼、探花、进士、将军王侯等等大贵人，以及天子，无不是阴宅龙穴所催荫发。没有穴位，或不是龙穴，可以说基本说上与大富贵、大功名、大成就无缘。就算是立得再好的线位，再好的立向及收纳水法，堂局形峦再好，亦只不过是小丁财小富贵，保一时安康而已。要大富贵、大功名就必须要大龙穴大地。中等富贵、中等功名亦要中等龙穴大地。小富贵、小功名亦要小等龙穴地，方才得地灵之力而生，从而根深蒂固，福力绵绵不休。有龙穴有地气，才是发福根本，足见龙穴之重要。晋风水鼻祖郭璞在《葬书》中云：“葬乘生气”。有生气则阴人骨骸暖而起作用，这样才会福荫后人。

古人常说：“山清水秀出人杰，水走砂飞出刁民”，这句话含有哲理。这不是迷信，而是客观存在的事实，就如种瓜得瓜，种豆得豆的道理一样简单，只要我们顺应天道，一切都是必然的。

《随师扦穴纪实》是雅浩跟师四处云游行道的笔记，数年来的耕耘，如今已经是累累一叠，全部是随师葬地和调理阳宅的纪实笔录，见证了堪舆中行万里路的种种历程。我们一路看到的是各地的风土民情和墓式葬法，还有很多都是事后福东的反馈，都是一一真实地记录下来，也许在文笔用词上会不一定流畅，就当作是我们一路为民造福的资料而作的记录吧。因为我拍摄有大量图片资料，出版时不便印刷，只能是大多以文字来表述了，希望对大家有所补益！

一、速发之验案——催官天星派风水实战案例

赖雅浩（记录于戊子年丙辰月戊申日）

广东珠海市的郭总在认识笔者前的数年，是他经商人生的低谷。幸好他很聪明，知道风水能消弥碍力，改善命运，经某种机缘与笔者相识，求扦葬其父，故为之用事焉。

地喝“九龙拱珠形”，其来龙自华山脑作祖，其行度甚近力盛，龙脉将入局之际，乃形成环抱之九脑芙蓉包围阔帐，阔帐分九支，正脉中落，然后龙脉在大断起伏转折过峡，至结穴处，在顿起三折止之后入首，玄武远眺如金星，微微出脉气盛于前并分两支，故玄武有仰瓦之势，结垂珠穴，穴情甚巧，但是穴后有大帐，做乐山撑靠，穴内明堂紧巧，下手关锁有力，四山环抱，成太极一圈，穴宛如大贵之人如坐密室，四周群峰如随从，一字案当前，前有一峰呈秀，四水汇聚成大水库，水口诸般贵器，此可当为大富之穴。卯龙落脉，艮龙入首，立丑山未向。东主不愿多露，故在此简单叙述其精要。

山向日课可见碑上：戊子年丙辰月丁酉日辛丑时，真正的风水术就是让人们觉得很神奇，这次大家可能觉得的神奇是为什么深夜下葬的，其实对我们来说没什么，这种事情很常见，因为经常这样。师父选择的日课是丑时下葬。吃过晚饭，我们每人一只手电筒，每人带上一瓶矿泉水，由我和师傅在前面带路一路蹒跚地走了大概半小时才来到了穴场。夜晚根本看不见四周环

境，山上全是稀疏的树林，只有模糊的山影在那里矗立。

分析此课，日课取日躔酉，命在巳，坐山丑，三合拱照，并于时上到山。仪度六壬三传巳丑酉，月将临地传，福基甚厚，祀主戊申命，禄发初传，又阴阳贵在山，葬前乌云盖住巳宫之月，到吉时之际，必然乌云忽开，祥光入井，天穹上星辰闪耀，几颗明亮的星辰浮现，所呈现的天象也是九星拱一珠，九颗微弱的亮光丝丝耀眼，所拱的一颗乃是北辰，在夜空中格外的明亮,。群山在夜幕里隐藏，星光只能显现出微弱的色泽，从天穹洒落而下，透过云层，飘荡而起，照耀着山谷中的某一处。一阵微弱的风声从中飘逸而起，那颗星本来是微弱的光，葬地时间一到，忽然发出夺目的光辉，透射而下。当这股星辰之力照耀而下洒落在我们身上之后，弥漫而开，整个山谷顿时仿佛活了过来，而此时仰望星空，只见坐后北斗七星闪闪发亮，向我们眨眼睛，也仅仅四分钟而已，当我们刚将土掩住金瓮，发现弯月隐入云内、北斗也入云不现，如此奇遇、如此日课、如此形峦、如此三才配合，故许其速发！

第二天中午，郭总竟然就接到一个来之湖南郴州的电话：“生意给你了！”，这可是久旱逢甘雨啊！郭总非常开心地说：“亲身感受赖师父的功夫了！”笔者笑道：“以后你会更见赖师父的功夫！”

回馈：到了2009年农五月，郭总邀请笔者到珠海玩，到了之后才知道，他已鸟枪换炮，短短一年时间里，发展迅猛，他已经另外又购了一辆奔驰，并且兴奋地说：“多谢赖师圆了我的坐骑梦，这款奔驰车3.05米轴距、3.5排放量……”。笔者并不懂这些车经，只知道他这一年确实发了。坐在车上，确有骑上千里马的感觉！

二、随师扦穴纪实一——催官天星派风水实战案例

赖雅浩（2008年5月19日星期一）

从山东连夜赶回，和师傅赖纯聪在武汉会合，再次一同前往代父从军的花木兰故乡——黄陂某村的某山岗。此地在年前曾经来勘察过，此次择吉用

天星定于农历 4 月 16 日酉时。一般来说，在山地、丘陵中寻龙点穴，风水术中的龙脉，无一例外地表现为连绵起伏的山脉，但山脉却并不等于龙脉。龙脉与山脉的关系，是主与次、贵与贱，犹如君主与臣属之间的关系。稍有经验的风水师，都可以从考察山脉走向和山水的性情中心领神会，紧扣主脉，顺藤摸瓜，于茫茫山海中串起断续而不连贯的龙行之线，在忽明忽暗、滑溜游走的山地中揪出潜藏之脉。其实，往往力量愈大的龙脉，周边山脉愈多，交缠愈密，形式也较为复杂。缺乏变化，常人极易判别的山脉，则通常不是龙脉，虽有亦甚小。审明龙的出身，一直以来都是风水师寻龙点穴的头等大事，不容疏忽。我随师傅一路勘察过来，过峡迎送有情，保护周密。开盘度量，丁龙出脉，辛龙过峡，未龙入首。仔细万分，此刻，天地乾坤，福禄财寿，尽在手中！消砂纳水，符合法度。每次师傅教导，必叫我认真体会，进行复核，得出结论，方为自己心得！经过精准定位，认真推演，最后决定立酉山卯向兼庚甲分金。

翠绿的山峰远远环绕，只见少祖峰蜿蜒曲折、生猛盘旋几转之后，方才生龙活虎直达穴星。其龙来脉甚远，自高山撒落平田，将结穴之际忽然突起墩埠相牵相连三四转，叠巧成金星融会，穴位左右各有巨钳，前面有一个泉水终年不绝的水池，池中不断的冒出细水泡，宛如螃蟹吐泡沫，我们喝形为螃蟹地。形格中有螃蟹地诗云：螃蟹之形眼上扦，游鱼作案喜相连。两边钳局为端正，下后令人便进田。此地龙穴就风水格局而论，当取螃蟹吐沫形，因形喝形固不可执，然亦有偶合。赖师讲就风水而论，螃蟹吐沫穴，最怕的是泉水干枯，这样穴地就会失去贵气，因蟹不得吐沫之故，代表病也死也。葬地时，切忌用石灰等物，开金井时穴中往往能见水泡之形。

定好穴点，开始开挖，铲开草皮，露出的是红土。再挖下去 38CM，出现了大量的小石片，师傅说这就是龙鳞。

瞧，漂亮吧！金银闪亮，宛若贝壳。

更为神奇的是，在下挖到 68 厘米左右，发现了龙穴之窍。形如一个大大的水泡，窍中气味清香，润而不湿。

这就是穴中奇品——龙穴之窍，它是地气长期凝聚一处所致。师傅在福建福清市葬地时也挖出来过，很少见，这是第二次挖到！

到了葬处，穴土色泽漂亮，具备五色，抓之成团，放之则散。我下穴勘察，土质上层，色泽鲜艳，气味清新，蹲在其中，感受深刻！穴挖到了一定深度，师傅亲自下穴验看。最后自然就是安葬，所有过程，都是顺利进行，每一个关口，都是认真把握、谨慎负责。

此时凭空一阵风过，真是上应天象；奇象又现，天空竟然此刻来去了8架次的飞机，不早不晚，恰恰在此刻来临，可谓神奇。安葬完毕，竖碑立向，师傅亲自放水，时间把握的恰到好处。收工时分，彩霞满天，预祝福东，心想事成，达成愿景！

反馈：福东葬地后事业财力都发展迅猛，广积善缘，带领一个大团队做公益慈善事业，本身能量大增，并于次年就已经在武汉市内买了一套大房，其所开的公司效应大增，两年内公司扩张，如今已经做成了一个在同行业中算是很大的实体企业。今年春天，还有专门依他为原型题材的电影在北京拍摄完毕，广为流传。

三、随师扦穴纪实二——催官天星派风水实战案例

赖雅浩（2008年5月26日）

扦穴地点：湖北省襄樊市

时间：戊子年丁巳月乙丑日甲申时

山向：乾山巽向

襄樊的山秀美，整体山脉西北向东南而行，跌宕起伏，穿涓水，脱卸融聚，点穴之前，要准确判断山体的来龙方向，必须参透此山峰在龙脉风水上的性质、地位、向背等基本问题。穴地龙祖发脉，少祖开帐，一路而来；穴星耸立，形成一个横三台，又似笔架。我们顺脉而下，赖师一下就定出了穴点。拨开杂草，清除枯叶，惊现灵芝，瑞祥之兆啊！

灵芝者，又称灵芝草、神芝、芝草、仙草、瑞草，治愈万症，其功能应验，灵通神效，故名灵芝，又名“不死药”俗称“灵芝草”，《神农经》云：

山川云雨、四时五行、阴阳昼夜之精，以生五色神芝，为圣王休祥。随行福东家人就是医生，他说：灵芝本乃悬崖峭壁生长，没有想到在此发现。

定好穴之开挖点，工人们就开始破土动工了。开挖至50公分左右，看看穴内之土质还是挺漂亮的。

师傅亲自下井查验龙息土。等到已到挖到差不多快要合适的深度，我就下井收拾平整。金井挖好，待时安葬，我教大家准备安葬事宜。金瓮一下，大家立即填土，时间把握的恰到好处。葬后立碑立向后，从碑前来了一条蜈蚣，民工想打死它，师傅说：这是一种好征兆，不能打，让放生。并告诫：凡是在安葬所见之生物，都要放生。上天有好生之德啊！

接下的工作，就是来立龙神后土，这是两广地区特有的做法，师说：福建的习俗一般是把后土安于墓前。何谓“后土”？在古时民间，安葬死人建造坟墓时，都会在每座坟墓同向左侧置“土地之神”或“福神”，勒石竖牌，像配置一座小坟一样。这种石竖牌神位就被人们称为“后土”。

据道教书记载：后土原是总司土地的主神，与苍天对举，民间称“皇天后土”。历代帝王祭祀后土的后土祠，是国祭土地之神的肇始之地。在古代人们祭祀后土的习俗中，后土逐渐衍生出了土神、地只、后土皇地只等称谓。后随着土地神职能的逐步细化与人格化，土地神有了“后土”、“土正”、“社神”、“社公”、“土地”、“土伯”、“福德正神”等称呼，在台湾民间多称之为土地公、伯公、福德爷等。这种在阴宅的竖起供奉土地神位的石碑除了上面写有“后土”二字，有的还会刻有碑文。而土地神的碑名在古时封建社会常因墓主人的身份而异，如平民称“后土”，士大夫称“后土神”或“后土之神”。但也有其他称呼的，如位于惠安县埔兜山的宋朝宗室后裔的阴宅，其碑名为“土地神”三字。

安置后土，一般都要根据实际情况来确定土地神位的大致方位，就是要和穴的座向及分金五行配合，确定土地神位的准确方位，同时参照穴的四周环境来确定土地神位的准确方向。这样的土地神位既符阴宅风水的形势，又符合其理气。使其坟墓更加符合风水要求，使其更好地荫益子孙后代。当然，本门所做，另有功效。

葬事完毕，太阳已经偏西，如此良辰美景，着实令人心旷神怡！下山之后，福东问师傅，此处有何福应？

师云：此地横列三台，必产官贵。龙、穴、砂、水俱合催官法旨。天柱峰高，必出长寿之人。惟无近案，明堂稍广，初代不出行政主官，只出掌管钱粮之俊才；巨富之应，几代享用不尽，福寿绵长啊！

福东反馈：葬下不久，长年靠外国进口药品维持的疾病不药而愈，每月节约3万余元药品开销，身体还健康起来了。以前一直失眠的习惯也好了，可见功效迅速。

四、随师扦穴纪实三——催官天星派风水实战案例

赖雅浩（2008年6月18日星期三）

扦穴地点：江西省于都罗坳镇孟口村腰带塘

时间：戊子年五月十二申时

山向：艮山坤向

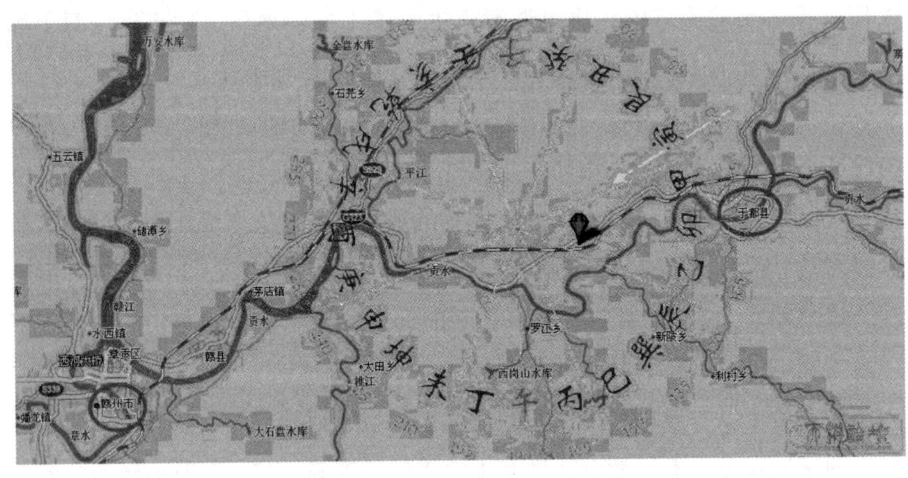

福东一天几次电话来催，我和师父连夜赶到于都，福东早就等急了，见面后才知道，着急的不是他，而是他母亲比较迷信。据悉前几日她去问仙姑所选之地是否吉利，仙姑告诉她，这次来助她们家的是天兵天将，大

吉大利。所以，母亲显得比儿子还要着急。我们听了后也感到好笑！如此着急，原来是听了仙姑所言，于是用过早饭就匆匆回他老家。

开工拣金时，另东家大吃一惊，但只见白蚁满棺，全部捡出来后，其奶奶的骨头已经没有多少了。合葬的爷爷骨骸，倒还是有一大部分在，当时大家看了都吓了一跳。再不迁走只怕就要被白蚁吃光了。我有一种感触：这次又救了一家人！

登高远望，细审此局，特起一星，呈木形且两肩匀等，曰华盖，曰仙人大座，为此方龙祖，属于丘陵中突然起高大峻拔之山，犹如群山之领袖，一呼百应，统领众山，当地人称之为古帐岽。古帐岽就是这种意义上的特起之山。远祖端正雄伟，开帐出身，奔行起伏，重重渡峡，跌断脱变，复起星辰，开屏列帐，延绵几十里，远望龙祖，云雾弥漫。行龙一路转身束咽入首，再起穴星而结作，龙虎二方，带仓带库，前朝星峰，层层叠叠，站在为主家所选的风水宝地，云开可见，巍峨顶天；查看入首是癸龙，穴星上一眼就可以看见远朝。龙脉行度至一定距离后，山势低伏，龙脉的力量会有所减弱，需要停顿驻跸，重新蓄气，积聚力量，然后才会束气结穴，穴星附近，青龙白虎带曜，明堂之玄水逆朝，三叉交汇，十米江面。看来龙之处有峰联袂而至，山势高大，如屏之土星护于穴星，自西向南绵延横亘。当地人说：下雨一两天，江水逆入明堂成泽国。水口有三桥关锁，而后江水汇入贡江。酒盖岽尖峰处酉，龙华山处辛。

挖土开穴，只见土色红黄。下午申时吉刻安葬，进金立内碑立两向，全是化煞作用：艮兼寅是主位，艮兼丑此金属于从位，其功化一煞即可，高明者一眼即知。

当时赖师指着前面的楼房对我说：“如果那是一村之族祠，则此穴我们就要放弃了，今是私宅，可用择吉益化”，本门扦地总怀一颗仁心，有时我们立一后土，如与他墓相邻近，还是跑到其墓测量，相较后取双方有利的方位，这样虽然很累，但必须认真对待！

该地扦葬一年有余，得到如下几项福应。

1. 长房之儿乙丑命考入赣州农行工作，以全省第 2 名入编，申月正式工作。（葬前长房不停地问：“我儿乙丑命有吉应无?”吾师云：“此课天地盘太阳归垣到向，六壬申将发于人传，为乙命之贵；坤申大水冲寅山马星，形气相合，七月小应，明年中应，寅申年大应，决非牛田浊富。”）

2. 四房丁巳命新添一麟儿。

3. 长房辛丑命巳月获一笔横财，约十万，告以赖师，师云：此小财耳!

4. 怎么没有二房和三房的情况？先发一四房，里面大有风水契机。二三房的情况是至今一切平安，稳步发展。

五、随师扦穴纪实四——催官天星派风水实战案例

赖雅浩（2008 年 7 月 16 日星期三）

扦穴地点：湖南省浏阳市社港镇

下葬时间：2008 年 7 月 13 日酉时

山向：乾山巽向

2008 年 7 月 11 日，天气炎热，我和师傅来到了湖南长沙市，路途遥远直到了 12 点后才到达，也来不及怎么休息，中午在长沙一吃完饭，就急急忙忙地驱车直达浏阳。工人们先去破土捡金，只见老坟之上杂草丛生，本非穴地，且所立为辛山乙向，紧靠之乾卦方有一条小路，前后来勘察都为不吉

之地。等到开封出棺，发现是罕见之瓦棺，棺上潮湿已有白蚁窝。此为合葬之地，这种瓦棺是湖南浏阳一带的习俗，比较罕见，其他地方很难看到。瓦棺只长 83 公分！

我们想知道现在当地还是采用瓦棺这种方式吗？为此疑问特意询问过当地人，回答说第一次血葬用棺木，捡骨后多数人采用瓦棺这种方式，有些人家也用瓮。

新迁之地离旧地不远，穴星山名叫龙口。此地处丘陵，顿起尊星，三台中抽，正脉落下，平坡结穴，穴前吐出一唇毡，平正自然。明堂宽阔，案山低平，朝山高大，下手砂层层兜回，风水形家向来十分看重去水中下手砂的作用。诀云："有地无地，先看下臂。"明堂，由近到远有几重，最高的是辰方龙祖凤凰山。卯水入堂，巽巳水特朝，丁未出口。赖师亲定穴点，以利开井，破土动工。开穴至 1.6 米，出现坚实细密之紫色粉石板。此时下葬时间到了，开始下葬仪式。回土，竖碑立向。立龙神后土。

师傅说本门施用后土之功效，每一环节均有奥妙，并非无的放矢，不像民工所说是为了敬神。

日课：**戊　己　甲　癸**

　　　子　未　寅　酉

祀主：父——壬午　子——丙午

律吕日课，黄钟（子）生林种（未），林钟生大簇（寅），大簇生南吕（酉），天干化合地支一气连生。

女主已有精神毛病二十年，此次迁葬主旨即是祛病兼催动丙辰女之婚姻，故赖师寻此太阴金结作之穴，以感应女人，立乾山兼亥以增头脑之力，收辰方凤凰山高峰以应丙辰之女。

女主四柱：**辛卯　壬辰　壬寅　癸卯**

反馈：2008 年 11 月，在武汉遇到此坟女主之婿，其人反馈："岳母病情逐步见好，接一般电话可以应付，现在早晚各诵一次佛经。对一个二十年精神病患者来说是个非常难得的变化。"直到今天，东家反映良好，现在一家人快乐并幸福地生活着。

第二章 堪舆实战详解

实例一

1. 点地

2002年农历九月初四日，应易友福东之请，到上林县将军山一带寻地。

将军山是一正体廉贞火星，高拔耸秀，峰尖为石，其利如刃，焰天火形，一方之龙祖和权星，亦称红旗星，《撼龙经》云："有人晓得红旗星，远有威权近凶怪，权星斩斫得自由，不统兵权不罢休。""权星威福若自专，纵人文阶亦武权。"故昔日把此山定名为将军山者，亦是通晓地理之士。

刚到此地，逢上福东的熟人偕地师来此寻地，该地师催同伙迅速登山以寻穴，大有怕笔者捷足先登之意。笔者对福东说这伙人是空废脚力，将军山本身绝无结作，为什么？凡火星多做龙祖而很少结穴，因为火性至燥，金入而熔，木入而焚，水入而涸。本身若结，则有开口、悬乳、弓脚、侧脑、没骨等形状，而此将军山是正体星辰，其势壁立，身上无一软处兜收，就是从峰顶倒下一盆水，也会全部流到山脚，玄武壁立不垂头，全无化气谓拒尸，那会有结？只有待其落脉剥换数星后才可寻穴，若穴里以此火星作用神，则远者求其回龙，近者须卸落低平借祖特乐而结。

笔者据此火星有情开面之方向踏寻，结果点到真穴。其自高至低剥换金水土等星体后，回转变为低岗，直到火星正面成一金水土相衬之星体，两者之间相距两百米左右，隔以冲田。低岗顶突开一大窝，四边成弦，中凹似锅底，成天池样式，虽为旱池，但火星照此已有水火既济之功，既知附近有穴，决曰："见奇须着眼"也！

又根据近者取特乐法则点到一骑龙斩关穴，乘金分水作峦头，开天然窝虾须水界合。龙过作案，高齐眉头，春上遍植甘蔗，尽遮外详无法观鉴，案与穴仅二十米左右，案山回抱成一小小名堂，名堂（即龙颈中）天然生成一个圆地形，凡骑龙穴总是八字水分流不利于财，而此处偏能将流入龙颈内的水收聚于一处，虽是旱池却胜于平常见水地。回观祖星廉贞，只见身与头，耸秀俊伟，有情开面，山色青翠，晶光注穴，真特乐催贵之地也！

下盘格之为亥山巳向，《催官篇》云："亥山一丈可致富。""催官第一天皇龙"，乘时得远，富贵更胜其他。

2. 安葬过程及个别情况

（1）择日：择 2003 年农历三月十七日亥时进金。癸未、丙辰、辛酉、巳亥。七政天星取时上真太阳到亥、太阴到巳、日月对望、天地交泰，吉何如之？大六壬月将戌，别责课，三传丑酉酉，青龙吉将乘天传发用，人传地传为日之禄：四课酉辛、申酉、申酉、未申，比生日干，大吉。奇门按清明上阳七局，亥山遁取地盘乙奇，天盘戊仪、人盘休门、诈盘九地，一路吉神，天地为青龙入云吉格，甲午旬死门入离宫不空亡，吉。

（2）开井情况与外应：当日巳时动土，徐徐开挖，一层浮土 20 公分，二层土石混杂，土质较疏，有水湿之意，约 70 公分，第三层为真土，约挖其质越坚实，逐具四色五色，黄红为主，杂以白青紫。

深 1.7 米时即会向后挖孔吞入，因低岗气缓需急凑，故用吞葬法。挖到笔者于地面所定穴心位置的深度，即得一石蓝色光滑，竖立以作金瓮之靠。不容再进半寸，遂令停手。

而正是笔者叫停工的声音刚落，离穴约 4 米的柴草从中忽然飞出一只飞禽，似雉似鸡着彩衣，连鸣数声传窜入东边十几米的草丛走了，福东家族青年追过去围捕，笔者赶忙制止。

这可是瑞征吉兆，本山穴之禄贵，岂可冒犯！出现这处外应，一是日课之应，二是触动地灵所使（须龙真穴的）。本日为辛酉日，辛干之禄为酉，酉为鸡，月建合之；从巳时穴场开工，一直干了几个小时，十几个人在穴场四周频繁走动，竟未惊动此鸟逃走，而偏偏到了下午六点二十分酉时之际，刚好挖至奇石受穴处，此鸟立刻出现，可见这是地灵启动物类相感而致。得此吉兆，可预外他日必产大贵。

(3) 安葬日之天气情况当天早上乌云满天屡屡下起小雨，福东家人找到很多的雨具，忧心忡忡地对笔者言："今天要下大雨就麻烦了。"笔者笑对："据我所推，今日绝无大雨，根本不用找雨具，还要防太阳晒爆皮!"九点多钟登车上路之时，天果放晴，乌云大散，太阳露了笑脸，此后直至安葬均是万里晴空，作为地师确实需要些"知天"的本事，若选到滂沱大雨的日子，荒山野岭可真不好受。

戌时末，月从东方升起，尚带红晕。亥时，月光皎洁，万里银辉，月到巳方正照其祥光入金井之时分，笔者即令进金。

3. 看得见的福应

五月中旬，福东对笔者说："葬后家中事事顺心，其弟生意兴隆，最可喜的是曾误入黑道的长子突然浪子回头，到旅游区做正当生意。"

2007 年 9 月，福东长子来电话说："自己已购轿车代步，并刚产一子，非常感谢赖师傅!"

实例二

1. 事由

壬午年农历八月中旬，广西岑溪市县昙容镇的罗某打来电话，自述其宅从甲戌年入居后，即诸事不顺，负债累累，最不幸的是他母亲，竟四十几岁就患病卧床，不能行走已五年了，力邀我亲临，以术济救其全家。

2. 实地勘察

其宅一层平顶楼，座于山腰，是劈开山土整出平地而建的，宅后所靠是一壁红砂赤土，刺眼得很。前面及左右是邻居的二三层楼，大有将本宅生气隔绝之势，特别是右边的邻楼过于逼迫。围墙一米二，庭院从围墙到大门约有七八米。

宅立乙山辛向兼辰戌 2.5 度。辛方本为当元旺气，但当地风俗不开正中门楼言怕冲，而在庚兼申处开一门，将坤申方村道之禄文凶气引入，因围墙不高，立于本宅大门，可明见到坤卦村道大转变，地盘坤为老母，禄存凶气主手脚之灾，故其母不良于行。厨房建在宅外巽宫，坐山后面这一间作餐厅，为方便出入开一后门，此乃祸害之门，亦为开门破旺，乙纳于坤为母，故凶咎应女人。且本年五黄到东，加重其凶性。

其母八字：壬辰、戊申、癸卯、乙卯。八字缺火，以火为用神，据医生诊断其病根因贫血而不能行，则缺火致贫血应属关联，古名医唐容川曰："血色，火赤之色也，火者，心之所主化，生血液从濡周身。"说来也怪，全宅十口人，八字几乎都缺火，则调理全宅气数须着眼于"火"。

3. 整改操作

(1) 先将后门卦起来隔绝凶应主母的病符气，将主母床位安于全宅的午丁方，床坐丁山癸向，丁为离卦，离为火，又为丁为心，主造血功能。亦为扶起旺丁之气。

(2) 拆巽宫的厨灶，于全宅之坤方建厨房，立丁山癸向恒卦，且筑起厨房又可遮挡坤申村道，使杀气不入。以丁山癸向定极点，此巳方筑灶，灶亦立丁山癸向，以扶宅母之元气。

(3) 拆开向上辛方围墙，造门楼，门立乙山辛向水泽节卦之四爻，收气纯正。用移步换形之法，定点造门，将右边村道入口拨于亥乾方。

(4) 将全庭院之水沟排水口定于庚方，牵动丁财之气。

4. 选择吉辰

(1) 安床：择于2002年农历九月十二日亥时。壬午、庚戌、戊午、癸亥。特取当晚其时太阴临幸丁山恒卦分金度吉照，恒卦已属未宫，为太阴归垣有权增力，月乃阴性，德柔体顺，母仪之象至吉之宿，对女性的肉体生理深具影响力，可助宅母增益健康。

(2) 筑门楼下基：择农历九月二十日亥时，壬午、庚戌、丙寅、己亥。立命未宫，静盘得宫主月（化天宫、天印）处申宫与用星木星（化禄元、天荫）处午宫夹照。恩星金星（化天贵、天嗣）与日处卯宫之合拱照。辛门分金为酉宫1度，日躔卯宫1度50分为朝元吉照。并特取当晚太阴到卯宫1

度与辛门成 180 度朝元。

(3) 门楼入行：当地风俗建好门楼须举行初次入行的仪式，张灯结彩，郑重其事，故择用农历十月初一日酉时用事。壬午、庚戌、丁丑、己酉，日干丁火得贵于酉时，丁为星，入夜始辉煌。在万家灯火尽亮之时入步大吉。初一日月合朔于卯，取酉时辛山时分日月同临辛门，不要以为初一无月光，一片晦暗，先贤蒋太鸿云："月逢晦朔毕为福，何必蟾宫三五圆"。

(4) 坤宫建丁山厨日课：择农历十月初六未时下基，壬午、辛亥、壬午、丁未、坐山未宫三度，立命亥宫，黄道太阳及水星处卯宫，此三者成亥卯未三合拱照。特取其时真太阳带水星（化仁元利治病）同临坐山恒卦分金。又先择十月初三未时动土，壬午、庚戌、己卯，辛未，取四大吉时之丁时，神藏煞设。且真太阳到坐山分金吉照。而此二日其时天帝星临幸坤，斗杓指于坤，乃取天地旺气到坤生扶宅母。

5. 效果

农历十一月，罗母已能下床"蹒跚学步"，渐渐的不用家人搀扶。十二月下旬，为庆祝春节其村委组文体活动，她已能携着小孙女去观赏。她的出现让全村人惊奇不已，因为已有好几年没见过她的面了。

6. 快速收效的原因研究

(1) 全宅的调整，达到隔绝衰死凶气，迎取生旺吉气的目的。

(2) 方位和择吉合乎主母需要的用神"火"。

(3) 整改方位均为阴性卦，必主感应女人：封乙门，乙乃天干之阴，纳于坤，女卦；安床丁方。建丁山厨房，丁属离，纳于兑，离中女，兑少女，均是女卦；坤方建厨，坤为老母，女卦；筑辛门楼，辛属兑卦，纳于巽，均为女卦；筑灶于巽，巽乃长女，亦女卦。将所有吉祥的磁力生气直接反射到宅母身上，使之快速健康，体现了"有的放矢"的堪舆布局。

(4) 不管是布局还是择日，都不作单一的、直来直往的"独巷"思路，而作步步为营、丝丝入扣既合此又合彼相互呼应的通盘考虑。当然作如此的回环兼顾，是需要煞费苦心和一定的驾驭能力的。

(5) 峦头、理气、选择之组合：峦头虽无不佳，但作通盘权衡，理气时尽量使之形气相合，迎生取旺、收山出煞。峦头理气既能配合，再择吉利的日辰来催化，使天星磁气快速催动，而收奇效。而后获知此人家四年即添三丁。

实例三（阳宅布局）　陈良荃　撰

2009年10月，笔者因出版之到当广州，与毕业后十余年未见面的校友郑先生碰上了面。相见甚欢之余，郑校友知道笔者居然还懂得些风水之术，免不了让我上他家看看。

按朋友间的话来说，我这位郑校友这些年来在广州“混”得很不错，已经在一家全国性的会计师事务所之广州分所任副所长，公司还有股份，标准的白领；夫人在某委单位任监事，可谓事业家庭双丰收；家居近二百平方米，也让笔者感慨。

笔者考定：阳宅为亥山巳向，厨房在丑艮方，于八宅理论属合法，灶口朝向坤申方；郑校友与笔者同年，1972年生人，命宫属坎，我于是断：今年（己丑）农历四月或八月，你应有不顺之事发生。郑校友面露惊诧，说：“就是上个月，9月，有点事。”

于是笔者建议：将灶移一个方位，让灶口向着房子的阳台方，即巳方(巽宫)。后郑校友按时将灶台调整。

然后，郑校友又将他的两位好友介绍给笔者：一位李兄，在某厅任职；一位程兄，在某委任职。二人皆能力甚好，时为科级，正好又都赶上竞聘上岗的时节。

李兄家坐北朝南，子山午向，厨房在进门后之阳台南方，灶口朝向东方；李兄1970年生人，命宫属震，灶向的是本命方，可谓不吉不凶。我建议李兄将灶口调为向着北方，李兄初以为这样对着房屋进口大门不太好，想必他也看过市面上那些讲室内装潢的所谓风水杂书；后在笔者之耐心讲解之下，算是决定下来。后，按笔者所选日课：准时动工改装。

接着又去程兄家：程兄所买房屋为精装修房，厨房位置尚可，但灶口之朝向不合，却又无法改动，让笔者很费脑筋；最后只得将其床位重新调整了一下。又到程兄办公室，考察其坐向为坐北朝南，我建议他与对面同事换办公桌来座，即调为坐南朝北，并选日课如下：

后程兄果与同事商议，不料对方欣然答因，盖因长期伏案工作，换个位置打电脑也好。

回馈：

程兄捷报最快，于年底 12 月，顺利升上处级。

李兄最慢，从年底开始选拔，经过测评、笔试、面试、演讲等程序，直到 2010 年 5 月的一个晚上，才收到李兄的短信：不负众望。

后才知：李兄这次竞岗十分不易，合符条件者有 50 余人，而名额只 8 位。

郑校友呢？2010 年 3 月的一天，接到他一个电话，说再外考察项目，我正疑他怎么本行不干了？原来是开年后跳槽到一家投资公司当副总了，月薪后听李兄说起，才知较原来翻了一倍。

后笔者到广州，兄弟们一起吃饭，各谈趣事，李兄不经意言及：去年底一次外出开会，竟与领导一个包厢，交谈后才知领导一直很欣赏他踏实勤奋的工作作风。

由此，笔者悟得：人本身能力才是最根本的，后天风水之力不过是助力耳。不过，笔者同时为以上三位朋友布局，皆有较好效果，让笔者对师传所学增强了很大信心。

卯

赖公足迹篇

第一章　赖公作品

赖仙亲手做的作品众多，今择取部分经典葬地，绘图以飨读者，期许可以令更多后学能够观摩到祖师当年之风采，每到一处都荫生出人之翘楚、国之栋梁。祖师之作总是让人大开眼界，称赞不已。

第一节　德兴银邑余氏祖地

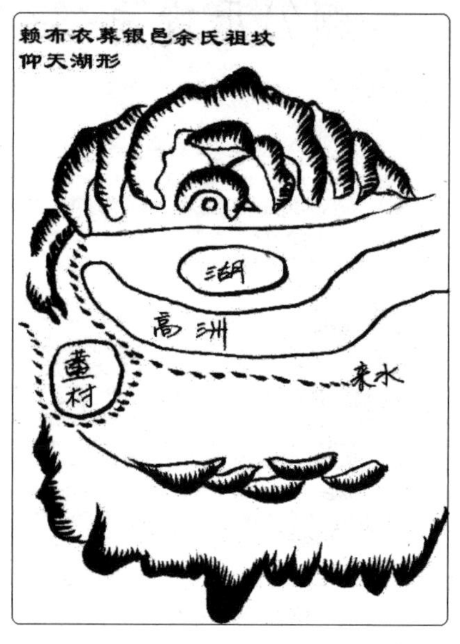

地在吾邑南门外（德兴古号银城），与县龙分脉后，起五星聚讲，开帐入局，又大断过脉，列芙蓉大帐。帐中穿心出脉，垂落清秀。入首结开口仰天窝穴。窝中圆净，两掬均匀，口中平坦，左右重重包裹，前朝秀丽，明堂融聚，水城绕抱，水口关锁，系艮龙，扦丙向，俗传仰天湖，赖布衣下。后余低出朝议大夫，数代清贵，至今福祉未艾。朱国本问曰：余氏此地，分干大龙开帐，穿心中落结美穴，明堂、龙虎、朝对、水城、水口，无一不贵。艮龙丙向，又合天星。赖公所下，葬法又善，宜其贵列三公。乃仅止此，何也？儓仙曰：善哉！问此地龙穴、砂水俱上格，葬又合法，而贵不穷显者，有二缺焉：少余气，无曜星矣。吴公云："余气不去数十里，决然不是王侯地。"杨公云："龙真穴真只无曜，空有星峰重叠照。"

故大贵须有余气、曜星。然而此地缺此，《葬书》谓"十一不具，是为其次。"此地是也。

第二节　赖布衣葬余家三郡侯祖坟

赖布衣葬余氏三君侯祖坟
长乳穴

余氏三郡侯祖地（长乳穴）江西银邑县距治南五公里处，乡人称为桐木坞。赖公在万万山下葬余氏祖地，垂乳穴喝形群羊出格。赖布衣当年记曰：

桐木坞中扦甲向，三代郡侯家富旺。葬后余家果然出了三个郡侯。地在银邑治南理，土名桐木坞。其龙来远不述比。入局开大帐，帐顶起三台。落脉磊落，如群羊出格奔跃数峰可爱。

入首复大断，过脉转身，顿起星辰结穴中垂长乳。旁开两肩，穴安乳头，不急不饱，前吐余毡，右拖曜气。近案一山紧关内气，逆收大河。前朝马上贵人，端拱有情，内堂紧夹，外洋开畅。赖布衣记曰，桐木坞中扦甲向，三代郡候家富旺。余氏葬后果出三郡守。曰述先者其一也，皆守磁州，富盛未艾。

第三节　赖公德兴点余氏祖地

赖公德兴长塘余氏祖地，在吾邑南门外五里，地名长塘。其龙与县龙分脉后，起五星聚讲，入局开五脑梅花帐，磊落数节，大断穿田，起串珠金四座。又大断走弄，三星结金星开口，成深窝穴格。窝既深，却中垂微乳，穴安乳头，赖公所下，取曰草蛇吐舌形。艮龙，扦癸山丁向。葬后，余氏连登科甲，富贵双全，迄今未艾。

按：深窝格，窝既深，必有微乳，乃阳中又有阴，方有融结。否则，纯阳无化气，不能结穴，谓之空窝，葬之主绝人丁。但此等微乳，非哲师莫能辨。此地若以山势星辰取形，全不类蛇。赖公乃命形曰“草蛇吐舌”，盖全以穴情取之，其旨微矣妙矣。哲师之重穴如此，孰谓赖氏专于天星而不论形穴哉！

第四节　赖布衣为徽州刘氏看地

赖文俊（布衣）与徽州刘氏看一地，辛山受穴，法合巽向朝空，而秀峰居辰方，其仆私为刘氏立辰向，盖贪秀峰，不明舍峰朝空法也。赖公留记叹曰：“好向空兮却向山峰，他年莫道我无功，为官必定因妇显，得意浓时便中风。”后刘震夫因妻爱尚书，即患风疾而卒。

刘驸马祖地

有人说，赖布衣先与刘氏扦乾山巽向，此局巽方为文曲凶星之峰，所以要朝空，挨得辰峰为武曲吉星。而赖公之仆人却为福主贪图正向秀峰立戌山辰向。又说，如用真三元挨星法，挨得此向辰峰却是破军凶星，虽水法穴法合，而刘震夫因妻得贵，却得凶星之峰，得官而亡。诀云：破禄文廉要坐空，贪巨弼辅武生穴，何愁大地不相逢。

先不管人们如何去争论和评说，重要的是我们通过此例可以看出两点：

一是：峰峦中虽然龙穴沙水都好，理气向法亦非常重要，这是一个体系，缺一不可，而吉凶亦验，不合河图洛书之数理，也是一兴即败。

二是：古明师守师秘之严格，仆人虽常年跟在赖公前前后后服侍。因没有真正拜师进行系统地学习，只是表面偷些猫腥。没有得不到一丝真传，自然不能造福，反而会坏事。胡乱出手才会有此教训，故而留此篇以为后学们自思！

第五节　赖布衣与“狮山”

从三水西南镇往广州方向大约 9 公里，在北江河下游东面的河堤边原有一座奇特的山岗，其山形不管你从哪个方位角度上看去，都如一头威武雄壮的雄狮屹立在北江河边，它的头雄视西南方的绿洲，背对东北方的大片山岗腹地，形态栩栩如生。

传说在很久以前，这座山在夜间或遇到刮风下雨都会幻化成一头真正的雄狮，跳跃过自己对面的那片绿洲里，拼命地残害那些农夫辛辛苦苦所种的桑叶、甘蔗。当地农夫们对它怨言非常大，然而却苦无对策，于是千方百计想要请来在当地云游的一个叫“赖布衣”的风水明师帮忙，让这位明师用堪舆之术来设法制止这头猛兽，以避免自己农作物继续遭到残害。

终于一天，人们把赖布衣请来了，农夫们带他一起走上了这座山岗，只见赖公朝四周察看，顿时觉得这座山岗确实很有灵气，赖仙不忍心伤害这头威猛的大山雄狮。但是，为了对面绿洲上的农作物不受其害，赖布衣想出了好办法。他告诉农夫，可以用一根大铁钉钉住它的尾巴，它就再也不会再跃过对面了。农夫们于是按照赖布衣的口授玄机，在这头雄狮的尾巴建了一支呈六角形、三层高的文笔塔（即狮山文笔塔）。塔的门口朝北，第一层门头横石刻“锁轮”二个大字。第二层门头横石刻有“去天尺五”四个大字。果然，自从建筑这支文笔塔后，这头雄狮再没有跃过对面的绿洲去毁坏过农作物了。为了纪念赖公斗狮王的这个事迹，从那时起，当地人们就取此山名为“狮山岗”，同时把方圆 70 多平方公里的地方取名为“狮山”了。

狮山文笔塔毁于抗日战争期间，狮山岗亦在 1960 年由于拆旧狮山窦，新建狮山水闸时把这座山岗挖掉（这头雄狮被毁掉了），在大山的原地上建筑了北江大堤管理所办公室和供销社仓库。很多宝贵的风水遗迹就这样被破坏了，这给我们后人来考察取证，带来了很大的难度。

第六节　赖文俊扦张学士祖地

赖文俊与张氏扦一地，自绝顶峰起祖，落下蜂腰过脉，结穴土面金顶，扦正穴，巽脉辛向，面前水流百余步，出庚酉方；龙虎无情，人以为嫌不取。公记曰：山无情兮水有情，应许文章眼中清；时人所舍我所取，葬后神童学士生。后果然！盖坐下气真，虽诸山粗雄，亦应贵也。

张学士祖地

第七节　赖文俊扦王翰林祖地

文俊与王翰林扦一祖母地，来龙甚远，形如串珠，入首土星结穴。时人为纯土不取，公因山精神足，面生嫩芽，气秀形佳；扦正穴，撞亥脉，作巽向兼巳，后出翰林。

王翰林祖地

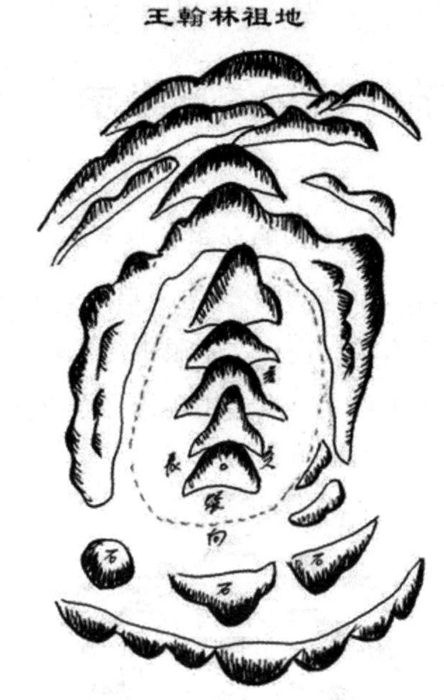

第八节　赖文俊扦詹翰林祖地

赖文俊与詹翰林祖扦一地，自风山发脉，至黄溪龙止；主山壁立，气结在上，正扦顶，下盖穴，辛脉巽向，面前峻急；登局视之，峰峦耸秀，出贵不乏；大凡点穴，当高则高，莫嫌孤露，低下扦之，如被压脱气必败。

詹翰林祖地

第九节　赖文俊扦黄状元祖地

赖文俊与黄氏扦一地，作黄蛇听蛤形！谓：葬后六年出状元，六年，黄氏果中甲首。岂造化出于法外者乎？

黄状元祖地

第十节 赖文俊扦沈学士祖地

赖文俊与沈学士父扦一地，自磨石顿起尖峰，左转艮，右转卯，扦卯脉一穴；彼时沈公艰于衣食，公习棉花匠，弟习皮匠，葬后大发，仕司马；其子学士同僚，戏之曰：黄甲手中三尺线，白云堆里一声雷。盖此地扦正面窝穴皆败，故云：误葬皆因求正面，不扦晕处取斜坡。凡点穴，不可固以中正为是也。

沈学士祖地

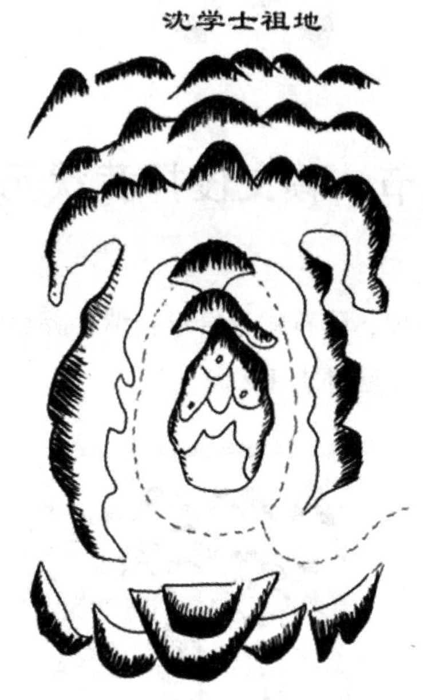

赖公一生的传奇，尽显于其神妙的堪舆作品之中，所到之处，都改变了一方之人文和历史。汇集起来不难发现，就是一部天星风水辉煌的发展史。

第二章　布衣传说

第一节　赖布衣与马陆

《戬浜志》载：“公孙泾，是本乡东西流向的干河，西起石冈镇东的横沥河，经仓场、赵家、戬浜、晓红至横石村的薄家宅南流入杨泾，中间贯穿泥介浜、云长泾。”就是在马陆戬浜公孙里，这里曾经是宋末元初时期，著名的风水大师赖布衣来过并且寓居之处。这个公孙里也是元代嘉定城南赵默庵所居之处。关于古人赵默庵，《阆阁家乘》载明吴文定公宽《题默庵像赞》：“在秦张禄，于齐计然。深自韬晦，抱璞以全。东南毓秀，椒衍瓜绵。祥征麟凤，于万斯年。”下面简单介绍一下这个人，赵默庵，字翠崖，宋公孙，不仕于元，改姓葛。由平江之嘉定，赘于城南朱氏。疏财仗义，四方名流多归之，人指所居为公孙里，指居旁河为公孙泾。

在元初时期，江西赣南的风水大师赖布衣来到嘉定城南，打听到了此人豪杰好义气，于是来到了赵默庵的住处。凭着两个人都有相似的人生经历，赖文俊和赵翠崖就这样一见如故，交谈得非常的投机。于是赖文俊在赵家一下子就住了好几天，而赵翠崖问寒问暖，总是那么的热情款待。这种无功受禄的感觉，让赖公觉得再长住下去很不好意思，于是就决定跟要辞别离去。翠崖知道了赖公的心思，于是便对他说：“家有犬子保一，需人教诲，请赖先生长住赵家以为师。”赖文俊也明白了翠崖的愿望，便欣然留了下来。在赵家，文俊悉心循循善诱教导保一，使其学业和品德俱长。教毕，与翠崖或交游、或切磋、或做诗，甚是欢恰。空暇时，赖公便又探引钩致其堪舆术。他的堪舆相术理论显得更加的精深，据说《催官篇》就是在这里构思成形，并且日趋成熟的。赖仙为今来之成篇并考虑到将来的流传于世，又作了很充分准备，成就了传世之作。《催官篇》分龙穴砂水四篇，“能参发吉凶祸福之所以然，胜于某宜某忌而不能言其故也”。是地理风水术的一部千古经典，继承总结了历代地理风水术，创新补遗了前人之不足。导致后学们日夜研究，代代不乏其人。

岁月流逝，这样日复一日的生活，一晃两年就过去了。世上没有不散的宴席，相聚虽长，终有一别，终于到了该说再见的时候啦。有一天，赖公便向翠崖提出要回家去看看家人。翠崖虽有点不舍，但这是人之常情，也不便强留，只是请他再多留几日，有事相求。文俊说：“翠崖有何事相求？”翠崖说：“君以地师名，盍为我择葬地？”文俊曰：“余以得之矣。”遂定穴于宅之西公孙泾畔，曰：“将来子孙绵延，可百千计。”事毕，文俊就告别翠崖，离开了赵家。再说，翠崖听从了文俊的话，就严肃慎重地告诉家人：百年之后，须将其公孙里以西公孙泾畔。后翠崖家人依其言以葬，后世子孙果绵绵瓜瓞。自公孙以后，元、明、清直至现代马陆，在国内外有影响赵姓文人贤达，有文字记载的就有数百人。

赖公侨居公孙里，给邑人留下了许多的故事。《练川纪闻》就载有一则传闻，其云：“里谣云：‘石岗南，烟炖北，两格横沥同一束。有人葬得此中穴，子孙代代有天禄。’相传为赖布衣语。然当地青乌家世代，努力长年寻访，究未知牛眠在何所焉。”

赖文俊是宋代相地术巨匠，由于他行走的地方很多，而且常在一个地方住上一段时间，所以他的生平事迹显得有些混乱，给世人的感觉似乎颇难考证。传说他字太素，处州人，曾经在福建的建阳县当过官，喜好相地术，于是弃职浪迹江湖，自号布衣子，世称赖布衣。赖文俊撰有《绍兴大地八铃》及《三十六铃》，各为之歌。今已佚。《万姓统谱》卷 97 记载：“宋赖文进布衣善地舆，注《四元天星》。”因为此处写的是赖文进，而不是赖文俊。不知是不是读音相近而误，容或本来就是两个人。《天一阁图书目录》卷 3 有《地舆大成》15 卷，题宋采山伯谦赖文俊撰，明月潭山人柯佩编辑，内有序云：“宋布衣赖伯谦撰《催官篇》，新安汪信民既尝为之注。”《地舆大成》

是柯佩搜集诸书而成，因为《催官篇》置于首卷，故称赖文俊撰，其实不是《地舆大成》都是赖文俊撰。这里，赖文俊的字酿成为了伯谦，不知是两个人，还是大家后来搞混了。

赖文俊在福建相地很有名声，我看到《夷坚志》中对赖公的记载："江西临川罗彦章酷信风水，有闽中赖先知山人长于水城之学，流落无家，一意嗜酒，罗敬爱而延馆之。会丧妻，命卜地，得一处，其穴前小涧水三道，平流，惟第三不长，如子孙他年策试，正可殿前榜眼耳。"其子邦俊挟十三岁儿在傍，立拊其顶而顾赖曰："足矣，足矣，若得状元身边过总得。"所说的儿者，春伯枢密也，年二十六，廷唱为第二人。赖先知山人，大概就是赖文俊，如前所述，赖文俊在福建活动，弃官浪游，"先知山人"是他的别名。

《夷坚志》是部好书，雅浩在乐安考察时买了一套六本，是一套劝人向善的神怪书，陈兄就很爱看，一直手不释卷。

第二节 赖布衣游历古贺州的传说

传说风水大师赖布衣来过两次贺州，初次路过时，赖公还比较年轻，一路上寻龙而来，很低调隐秘，极少为人所知。他从广东连州进入桂岭，沿着萌渚岭的潇贺古道，开山、里松、姑婆山、出水碧、望高、水岩坝、平桂、官田等地方来到这里，当然，在那时这些地方还不一定是叫这些地名，他一路看山探水，寻觅风水真迹，所走过的青山绿水让他感叹古贺州大地也非同一般，当然也还是没有遇到特别的神奇龙脉！

那时，赖公和自己的贴身侍从骑着马一路南行，刚好来到了沙田田厂西边的山上，往南一看，此时天朗风清，群山巍峨，景色十分可人，十多公里以外的石牌三叉（山名）就像王者戴着一顶皇冠在阳光下熠熠生辉，气势非凡。随行的侍从立即下马叩头便拜，对赖布衣说："国师啊！这是好地方啊！四面群山众多，犹如千军万马……"

赖布衣伸出手，撑开手掌在面前一看，掐指一算（据说是把手掌当罗盘)，摇了摇头说："非也！这山是像官帽，但却是背面；群山当千军万马，却委靡不振，正直的没几个，太都背附附歪向南方像一群南逃的残败兵将！唉！与我赖风冈此时无异啊！"

赖布衣叹了一口气，继续往沙田、公会、黄姚、富罗一路南寻而去，目之所极虽然钟灵毓秀、山青水碧，让赖布衣留连忘返，担待了不少时日，然则他就是没在这些地方留下多少踪迹。

相隔二十年多以后，赖布衣已是个花甲老人，他一直不太相信贺州是个平凡之地，决计再来探望一次。这次赖布衣是独身一人过来的，由岭南南丰进入，途径封阳沿贺江而上，一路向西北而行，信都、梅花、贺街、再西进而来，通常赖布衣是晓行夜宿，住的是便宜偏僻的客栈，常常还借宿农家。一日行将黄昏，他来到了现在的八步，因为在路上留连太久了，当时，这里还是一片荒凉，赖布衣此时又饿又累，躯软无力，脚步慢了下来，后来实在走不动了，他在一片虚疏高大的松树林中（现在的担杆岭）停了下来，回头四望，只见东、北边（竹山脚、黄田）远处山边不是很多的村寨农舍，正在升起袅袅炊烟，来路方向灵峰山后的村寨（点灯寨）已蒙胧隐约在山影里，南面河边刚刚还能见到的村庄（芳林）已被山岭松树掩去，远处的（粟木街）村舍在落日的余晖映照下相当醒目，一条河流（临江）蜿蜒而去，江水在晚霞映射下泛着粼粼波光。赖布衣舔了舔干燥的嘴唇，揉了揉辘辘的饥肠，小声地赞叹说，"好一片美妙的土地啊！以后必会成大器（市)"。

连日来的赶路，导致赖公感觉到饥渴交加，加上已上年纪，所以赖布衣觉得眼前一黑，终于支持不住了，一头就栽倒在路边的草丛里，彻底是累昏过去啦。

这时路上来了两个年轻的轿夫，是兄弟俩个，抬着一顶空轿从芳林、三加这边匆匆而来，他们原来是把一个在水岩坝开矿的财主送回芳林，想赶在天黑以前回到西湾的家，因为家里还有个双目失明的老母亲呢。抬着空轿走在前面的弟弟眼尖，"哥！前面有个老人倒在草丛里！""哦！可能是外出讨饭的穷人吧！也不知是生是死？唉！""我们看看吧！"兄弟俩放下轿子，去看倒在地上赖布衣，只见赖布衣衣着简朴、一个粗布行囊被压在身下，一顶烂竹笠歪在身旁。兄弟俩在鼻子底下一摸，见赖布衣还有气息，于是就“老伯！老伯！……”地叫起来。赖布衣一身软棉棉的，尽管头脑清醒，听到兄弟俩说话和叫唤，却没有一点答话的力气。哥哥说：“天快黑了，这里前不着村后不着店，留他在这里会给虎狼吃了的！”弟弟也说：“那就把他抬回去吧！我们整天出门在外，救他起来也好让他和母亲一起生活，让母亲有人照应吧！我们虽然贫穷，养活多一个人应该没有问题！”“只能这样了！”哥哥见天色不早！与弟弟一起把赖布衣抱入轿内坐好，拣起那个粗布行囊和竹笠放入轿里，抬起轿望西湾而去。

经过兄弟俩的精心调养，赖布衣当晚就醒了过来，他觉得这兄弟俩虽然目不识丁，却能救路人回家，真是心地善良，而且孝顺母亲，他们不应该贫穷啊！我一定要帮助他们。赖布衣答应兄弟俩的请求，愿意留下来照看其母亲，还把他们家打柴割草的事全包了下来。不知不觉间，赖布衣已在这兄弟俩家住了月余，也早已知道这兄弟俩的父亲去世了近十年，因为穷还没有找好墓地把父亲安葬好，晚上赖布衣就对兄弟俩说：“孩子！安葬先父是我们这些后辈人份内之事，我虽然是外人，但你们把我当亲人，救了我，我看你们也是好人，我也会尽力帮助你们，我这些天去寻柴也在山上留意到了一处佳穴，你们安心打工，安葬你父亲的事就让我来操办吧！”兄弟俩都说好！难得有这样好的老人帮料理这些事！

赖布衣又在这里住了好几个月，趁着打柴的工夫走遍了附近的山山水水，并亲自在水岩坝凿了一块墓碑，让兄弟俩去抬了回来，赖布衣又亲自凿上字，待吉日安葬后对兄弟俩说：“孩子！不瞒你们说，我是一个流落天涯的风水师，此处墓穴说不上很好，但足于让你们在三年后时来运转，富上三代。要记住，三年后的今天，你们要把墓碑翻过来，切记！好歹我也在你们这住了近半年了，我还是要离开的，请不要挽留我！记住往后你们同样还须诚实做人，勤劳致富，养育后辈……”

随后，赖布衣决定离开此地了，他又开始了新的云游，只见他一路向西去，一会儿就不知所踪了。

当地一些识字的有钱人，知道这对轿夫兄弟也葬了风水，有个好事者还专门去看了看，没看懂，回到家还不住的摇头，这是啥风水？没有来龙、没有去脉，前无堂、后无局。而且墓碑上的对联刻着“巧人葬巧地、地师牛胞衣”。“这对傻兄弟！”他自言自语嘲笑着而去。以后也就没人注意这些事了！三年后，兄弟俩按照赖布衣的吩咐，去把墓碑翻了过来，当移开墓碑时，三根黄灿灿的金条呈现在兄弟俩面前，兄弟俩想起赖布衣临走前的暗示和吩咐，取出金条，将墓碑翻过来重新安放好。

在后来的日子里，兄弟俩娶妻生子，日子越过越红火。他们的儿子还高中状元，分别都在京城做了官。这时那个曾去看过他们祖墓的人已成耄耋老者，这才想起该重查其祖墓了，他蹒跚着爬上山来，几十年过去了，这兄弟俩的祖墓和过去也没什么不同，只是旧了许多，他再看那墓碑上的对联，只见是“福人葬福地、地师赖布衣”。老者大吃一惊，原来这兄弟俩收留的竟然是大名鼎鼎的赖布衣。

后来，关于赖布衣来过贺州造福的事迹也就不径而走，而这个神奇的传说就这样流传了下来，从几百年前一直到今天都在人们口中代代传诵！

第三节　赖布衣自家的风水故事

赖布衣是江西定南凤岗村人，父亲赖澄山，是杨救贫先生的三大弟子刘江东的得意门生，是江西有名的地理师。赖布衣数十年在广东沿海一带“寻龙探穴”，人称“堪舆大侠赖布衣”。当时广东各县名门大族，多请赖大师看风水，择吉地殓葬其祖，关于他的身世，有一个有趣的传说。

据说赖布衣十一岁时，其祖父去世，其父赖澄山奔丧之际，曾对赖布衣说：“你可要用心读书，他日你祖父葬得好山，借风水之助，你定能有所造就。”

赖澄山在家守孝七七四十九日，遂离家而去，追龙寻脉去了，沿九峰山直达广东北部。九峰山是广东北部龙脉起点，也为世人视作南蛮之地，少有地理师来此。赖澄山沿九峰山直到粤北乐平，只见这儿山清水秀，草繁木茂，天地浩然，他深信这附近必有宝地。他翻山越岭，涉涧过沟，追寻龙脉。一天，一阵狂风骤雨，来势猛烈，他慌不择路，急急奔入附近山洞中，但衣服已被雨水淋透。

赖澄山正欲脱衣收拾，只见一只像鹰一般大的鸠鸟，自北飞来，在对面山洼间消失了影子。他实在有些奇怪，哪有如此身长二丈、翅阔八九尺的斑鸠？不禁心内暗惊："莫非这斑鸠已成精了不成？"

雨停之后，赖澄山疾步走向对面山洼。谁知，那儿不见有甚山洞或大树可以藏匿那只大鸠鸟，只见四周平坦一片，了无踪影。他正在奇怪间，偶一抬头，随即恍然大悟。

原来这山形十足地像一只大斑鸠。只见此山前面尖而短，后面瘦且稍长，中间肥起，活像一个蛋似的，两旁各突出一块尖地，形似鸟翼，简直活脱脱的一只斑鸠形状。且后面连接丰江，前面乃一片秀田，恰似一幅"斑鸠落田阳"的景象，实在是地形灵气幻化，是风水形成的好地方。

赖澄山仔细推测，发觉如在此地埋葬先人，三年后必可出一宰相、一太师，并陆续将出"一斗芝麻"的状元。这一斗芝麻有数万粒，此山堪称百世不衰。赖澄山琢磨端详间，天色已渐昏暗，正欲下山之际，忽见一轮明月自东方升起，正照着那"斑鸠落田阳"的山穴。见此他不觉叹道："唉，原来这穴地正是犯师地。"

风水之道有所谓"犯师地"的说法，即举凡山中有穴地洞府，如果向正东方日月出处，那这座山便是最先感受到日月的精华，这样的地穴就叫犯师地。因为如将先祖遗骸葬下此山，那这家必发，但那经手点葬的人，却必定在三年之内发生不幸，重者夭亡，轻者也会成为残废之身。

赖澄山虽然明知此地是"犯师地"，但心下寻思：到处寻龙觅穴，为的是自己的父亲，既然寻得这座难得的好山，虽属犯师之地，但如果老父葬下，自己儿子即可发迹，虽对自己不利，但儿孙可以显贵，为赖家增光，自己也可含笑九泉了。因此，他决定将父亲葬于此处。

赖澄山回家后见了儿子赖布衣，对他说："凤岗，你父现已寻点一处好穴，这座山就叫'斑鸠落田阳'，你祖父葬后三年，赖家一定会发迹。"赖布衣当时对于风水之学尚属陌生，不知个中奥妙，对此十分愕然。

赖澄山没有向赖布衣说明犯师地这一点，因为布衣那时才只有十一二岁，要是点破，怕他不肯让祖父葬在那里，而且，做父亲的也不忍心让儿子幼年丧父，令其心理蒙上阴影。此时的赖布衣只有将信将疑，点头称是，心中却仍不信这风水的所谓奥妙。

时间飞逝，五年弹指过去，赖布衣这时已经十七岁，在一次乡试中，竟然得中举人。赖澄山不禁暗喜，心想此时大可放心下葬了。因布衣已经自立，不用担忧，何况三年之后便是秋闱试期，今年下葬刚好符合“斑鸠落田阳”佳穴应发之期。

于是，择定吉日，叫家人及布衣，将他父亲的骨骸掘起，买齐香烛纸帛，偕同家仆，一齐去往乐平。抵达乐平，澄山便指点各人一同登山去。走到山顶结穴的地方，拉正了子午线，就要将棺椁葬下。

但出人意料的是，正在下葬时，其中一个仆人内急，跑在后山地方撒尿去了。赖澄山此时已来不及制止，只得徒然长叹：“真是天意！真是天意！”原来所点穴处正在斑鸠的颈部，下葬之时，是待斑鸠静默时才进行的。谁想仆人在后山地方撒尿，无异惊醒斑鸠，且尿为污秽之物，一经射下，斑鸠即醒而向天高飞。说也称奇，在仆人撒尿之后，即见全山震动，忽见飞沙走石。赖澄山急命各人伏地，狂风暴雨随之而来，足有半个多时辰才停止。赖澄山急命个人收拾物件，垂头丧气下山返回江西老家。

回家后，布衣见父亲整日愁眉苦脸，便询问原因。赖澄山叹口气：“凤岗，这次点葬斑鸠落田阳，功亏一篑，没料到下葬之时因仆人撒尿而将斑鸠惊醒，于是此山便失去不少灵气，原本此山葬后三年可出一状元、太师，现经此一变，灵气损半，状元固不可出，连太师也难以出了。我看这山，将来顶多也只可以出一个大师了。”布衣闻言追问：“难道没有补救的办法了吗?”父亲叹口气：“无法补救了，你将来的出路已无状元之望，只能做一个天下知名的大师了。因此山实在很好，虽葬时失灵，仍可出一名人，将来你的名称也可如状元、太师一样传闻天下，只是不能大富大贵而已。况我不久于世，依我想法，你不妨从今日起，努力研究堪舆地理之术，好使日后成为天下知名之师，那我的心也可告慰了。”

赖布衣听父亲如此说，心内不免觉得奇怪，因为以前父亲常常嘱咐他要努力学习文学，对堪舆之术不必染指，而现已中举人，眼看将来状元及第指日可待，现在却因葬了一个人，父亲便叫自己学习堪舆术，还说将来必不中，这究竟是何缘故？他表面上虽然惟惟应是，但心中仍是不信。

从那天起，赖澄山即将自己的满腹学问尽传于儿子，赖布衣也觉多学一门学识日后也许有用，故也没有异议。三年后，赖布衣进京赶考，正如其父所说，果然未中状元。于是他寄情山水，又得遇名师，终学成名闻天下的寻龙探穴功夫，成为南宋一代国师。

关于杀师一节，天星派一直是重点论述，在传授弟子时，必须让其过关才能出去点地。此为之要，事关生死，本着对弟子的爱护，参看历代祖师用学的教训换来的宝贵经验总结，不容忽视。赖公的父亲明知是杀师地，却也没办法破解之，后来为了赖公的前途还是愿意献出生命，父爱之情胜于性命，由此可见杀师地之凶险，不管是谁，如要犯之一律杀之。

我们在郴州为客户葬地时，也看到过一杀师地，所以至今也不用，是因为深知天律不可犯。杀师地尽管说有可结和不可解两种，然初学者务必要领悟透彻，方可保身无虑，如为葬一地而要献出生命之代价，不葬也罢！

第三章　赖公葬地考证篇

雅浩走遍大半个中国，就是沿着赖公的足迹一路走的，大家试想，在古时候没有现在的交通工具，光靠两腿步行，能行走到大半个中国去施展本领，为民造福，如今看来，可谓不易也！

赖公一生行道，作品无数，现在可以供大家考证的作品还有很多，现在例举部分赖公作与同好共享，也希望和赖公作品很近而有缘者，能发现本地赖公之作，并且能与同好们一起来分享。

其中大家耳熟能详的作品就有赖公在定南老城镇莲塘古城东门指点的风水，建巽塔和瓦桥。赖公为其叔父点墓穴于龙南，赖布衣在江西点王安石墓穴，月塘凤山为午山子向。赖公德兴南门外五里地的长塘荷叶陂之草蛇吐舌形（艮龙癸山丁向），余氏祖地出进士 7 人。赖公在严陵分水县西为秦桧夫人王氏葬祖坟名五马奔槽形，赖布衣在淳安县西寺白矛弯为徐氏扦葬贴壁蝙蝠形，出进士 4 人。赖公为浦江白马桥内的九世同堂之郑家扦地。安徽龙川胡氏阴阳宅，安徽绩溪伏岭村邵氏阴阳宅荫生出皇后，赖公改造广东南雄风水之古迹凤凰桥，珠玑巷，广东高要出宰相催与之祖坟——仙人仰掌格。赖布衣所堪之广东东莞三元不败格局黎氏大宗祠，广西容县都桥山赖布衣留题地，赖公作品还有很多很多，汇总起来就是一部赖公一生的风水行迹。

第一节　赖布衣与深圳东山寺

从福建乘飞机来到深圳，已经是晚上了,我们顺利抵达了深圳的真医堂。

在餐厅用就餐时，和张老师他们聊天，一下子就谈到了赖布衣。于是说道深圳的大鹏镇有一个来之和我相同祖先的江西宁都客家人,也是姓赖的将军。所以张伟杰教授夫妇特意决定带我前往，到这个出过很多将军的古老大鹏所城去观看去感受一下。于是，我们一行四人，由巩子师兄开车，在前行往目的地的路上，又说到赖布衣云游期间来过这里，不知道跟大鹏古城是否有什么关系！还说赖公就在古城的左侧，那里东面的龙头石山上选择一地，建议当地老百姓在此建了一座东山寺，可保佑一方的平安。这一路上真的是好消息不断，很是令人振奋。

大概四十分钟左右，我们到了一个海边的小镇，这就是当年赖公来过的大鹏湾，现在位于深圳市东部龙岗区大鹏镇的大鹏所城之区域，它的全称是“大鹏守御千户所城”，这里地形环抱紧密，前后左右都有天然屏障，形成一个罗城，前有海湾利于航行出海，之后是几重案台回护。这大鹏所城就是为当年抗击倭寇而专门设立的，占地 11 万平方米，始建于明洪武二十七年(1394 年)。是深圳目前独一的国度级重点文物珍惜单位。鸦片搏斗时抗英名将广东水师提督赖恩爵的“振威将军第”和福建水师提督刘启龙的“将军第”规模宏大，气势非凡。1839 年 9 月，赖恩爵指挥抗英取成功利的九龙海战，拉开了鸦片战争搏斗的尾声。这形成了深圳地区的文化脉络，这里是大家访古凭吊、剖析历史、领略明清古风的利益所。让我们这些后人们也可以以史为鉴，积极进取。

那么深圳为什么叫鹏城呢？一直以来，人们都认为深圳是个新兴城市，仅仅就是一个靠外地移民组成的特区，应该是没有什么历史文化底蕴的，其实它是有历史渊源的。深圳的根就在大鹏，“鹏城”就是得名于大鹏，“鹏城”深圳的称呼正是源之于此的。提起大鹏，你可能感到陌生，提起“鹏城”，你自然会想起美丽的深圳。而大鹏的历史辉煌，还是来之于当地的大鹏古城。在公元 1377 年，明朝政府在东莞县城南设立了南海卫，后来盗匪和倭寇横行，朝廷在深圳市龙岗区大鹏镇鹏城村增设了大鹏千户所，修筑了大鹏所城，城墙长约 1200 米，城外东南西三面环绕着深 3 米、宽 5 米的护城河，“大鹏所城”是抗倭的铜墙铁壁。明初建立了“卫”、“所”的军事制度，而“卫”、“所”是最基本的军事编制单位，最初一卫编制 5600 人，每卫设前、后、左、中、右五个千户所，千户所一般是 1120 人的编制。大鹏所城从海路与东莞守御千户所一起扼守珠江口，战略地势险要，是外敌入侵岭南重镇广州的必经之地，有省会门户之称。

这里的一切都可以证明给世人，深圳市确实是有历史文化存在的，它的前生以及所有的历史和文化基本发源于此，古城现尚保留有西南，东三个明代城门和部分城墙，大鹏古城雄伟庄重、风格古朴的城门和明清时期民居保存完好；狭窄蜿蜒的小巷以青石板铺就，宁静古朴；数座建筑宏伟、独具特色的清代“将军第”有序分布。其中以抗英名将赖恩爵的振威将军第最为壮观，该将军第有 150 年的历史，拥有数十栋屋宇、厅、房、井、廊、院等，其中牌匾众多，雕梁画柱，是广东省不可多得的大型古建筑。

而古城的来由，是因为这里出过很多的将军，在明代大鹏所城有武略将军刘钟、徐勋，在清代的大鹏所城有赖氏三代五将“刘氏父子将军”等，仅仅明清两代这里就有十几个将军，所城因之享有“将军村”的美誉。小小的地方所城内到处挤满的都是将军府，其中最为出名的是赖恩爵将军。赖恩爵(1795~1848)，字简廷，新安县大鹏城 (即现在深圳市龙岗区大鹏镇) 人，清嘉庆年间出生于鹏城一个行伍世家，是赖氏“三代五将”之一。大鹏所城赖恩爵指挥水师在香港九龙英勇击退英殖民者入侵，取得鸦片战争首战——九龙海战的胜利！并在此建设了规模巨大的赖氏将军府——振威将军第。当时广东曾有：“文颜武赖”之说，又有宋朝杨家将，清代“赖家帮”之美誉！

此外，古城内还有侯王庙、天后宫、赵公祠、参将署等一批古迹可供参观。现在为深圳市重点文物保护单位，我认为这个大鹏古镇已经算是目前深圳惟一具有悠久历史的古代建筑了，而历代古代建筑文化的灵魂就是风水！我想现在政府能够来加大保护和宣传力度，也是很有意义的事情。

张教授伉俪带领着我，首先从城楼大门开始参观，楼顶上面远眺四周，形式格局浑然天成，局势周完，前临大海湾，白虎作案环绕而回，城楼上面还有模型图，逼真的反映着当地的地形地貌，我们从城隍庙一路过去，到几个将军府，我和张老师他们一起浏览，沿途来拍摄了不少的照片，慢慢地从大鹏所城的前楼来到后楼，一路走来，猛然发现，这里的整个格局是有高人明师指点的，而且其奇特格局，特别符合天星派阳宅的布局手法，也许一千年前的这里，还是一个没多少人居住的小渔村吧，到了现在这个规模的形成，不知道其间和赖布衣祖师的到来有没有什么联系呢？也不知道当年赖布衣来到这里时，会不会因触景生情，技痒难忍而出手呢？在还没有历史记录可以考察的情况下，所以在这里，也是不能得出丝毫的结论的，就让它成为人们心中的谜吧！也许在大家求知欲望的努力下，很快就会解开这个谜底和答案的！

因此地建筑年代久远，又是身处海边的古城，如果不加以保护，只怕现在看到的许多珍贵的东西，都会被潮湿带咸味的海风，慢慢儿自然地腐蚀掉的。只要有人住进去，使很多东西常得到使用和打理，是能够更好的保护到文化遗产的。有幸的是，就在古城开始出现腐蚀的征兆时，已经被当地政府和有识之士及时发现，进行了及时得保护。搞起了旅游，旅游带动了人气，也能让古城又慢慢焕发了生机，这可以说是个一举两得的好事，现在又有不少人回来居住了，假如长时间不住人，古城就会慢慢地被腐蚀掉，那么后果是可想而知的。

我们从后面转一圈回来，看到东城门，上到大鹏所城的东门城楼上，一眼就可以看见赖布衣指点兴建的东山寺就在对面，与古城遥相呼应！我们出了城，驱车前往东山寺，这个寺庙位于深圳市龙岗区大鹏镇街道办鹏城村东面，背山临海。此山当地人们叫龙头石山，又名“鹫峰”。因为山脉逶迤起伏，海拔一百多米，而且山脊无树木，常年不长草。其光秃发亮，形态酷似巨龙，且龙身约长有八百多米，南北而昂首大亚湾。龙头上面是一座花岗岩石群，于是人们就叫它为“龙头石”，相传古时有只巨形大鹏鸟降落此石造化，因此而叫“鹫峰”，而东山寺就建在“鹫峰” 南侧山腰上。所以大鹏城也由于有此大鹏鸟降落的典故而获得此美称。

根据史记记载深圳大鹏东山寺始建于明朝洪武二七（公元 1394 年）年，一代风水大师赖布衣云游大鹏湾，路径东山龙头石山，发现该地有紫霞光，此乃吉祥之光，便告诉当地村民，此为圣地，在此建一座庙宇，可保一方平安，于是后来人们根据赖公建议，在此地建成了现在的东山寺。

有明代秀才王德昌重游东山寺时，即兴题下《大鹏东山寺》七律一首：不到东山而是秋，西风藜杖又重游，烟霞有约山如画，岁月无私人白头。檐下花飞深院静，菩提树荫古壇幽，丹梯欲上应长啸，遥望汪洋天际浮。

据清康熙《新安县志》中有记载："东山寺，在大鹏所东门外山上，中为观音堂，左为上帝殿，右文昌阁，前三宝殿"。

东山寺于清代咸丰四年（1854年）重修过一次，修建后的东山寺依山势从低到高分成四进，前后进之间有天井隔开。第一进为前门，门前有十一级台阶，门上对联为：山接鹏城尘不染，脉分鹫峰地便灵。横额为：东山古刹。东侧有禅房，客厅，西侧有厨房。客厅联云：客至莫嫌茶味淡，僧居不比世情浓，横额为：佛缘。厨房对联为：有时老菜和根煮，无日生柴带叶烧。横额为：美味可口。可见当年山寺主持，僧侣生活之简朴，处事清廉以及对客旅行人之寄语，第二进为"关帝殿"，中间有"关帝"神像一尊，右为玄坛，后有韦陀塑像，雄钟，大鼓等。第三进为大"雄宝殿"，设有三宝佛"十八罗汉"。十八罗汉或坐或立或作降龙伏虎状，栩栩如生。右设有"医灵殿"。第四进为"观音堂"等殿阁。东山寺周围林绿水秀，景色宜人。明代秀才王德昌重游东山寺时，即兴题下《大鹏东山寺》七律一首："不到东山二十秋，西风藜杖又重游，烟霞有约山如画，岁月无私人白头。檐下花飞深院静，菩提树荫古坛幽，丹梯欲上应长啸，遥望汪洋天际浮。"

东山寺下面有一口山泉，取名叫"龙井"。大鹏龙井水便产于此，据说此水胜过了桂林得龙井泉，而驰名中外。当年英国香港设在沙鱼涌，南澳海关官员经常派人步行近十里路，到此挑回龙井水饮用。大鹏龙井水之所以出名，不仅因为水之清甜，清凉，优质，而且挑回家放在缸内，年长月久，水之品味不变，属天然优质矿泉水，且常年流水不断。泉水是风水里的一个组成部分，也是很重要的，在风水考察活动中，我们会经常碰到的，作为一个学地理者，一定要了解他对结穴的影响情况和吉凶，东山寺这个山泉应该是风水里那种嘉泉，其味甘，其色莹，其气香也，也有人叫"甘泉"，澄之愈清，混之难浊，春夏不盈，秋冬不涸，暑凉寒暖，四时莹澈，此是最好的泉水，是龙气旺盛的表现，阴穴近之，乃大富贵之地，阳宅有此泉水，居民饮用，富贵长寿。

在东山寺的山上还有一座镇妖塔，有美丽的传说：很久以前，当地时有妖魔行凶，危害一方。后来，寺院主持看到了山后有一巨石，形如蜘蛛，多为观察，识破巨石原是蜘蛛精所化。主持和蜘蛛精大战 63 天，蜘蛛精终于被降伏，但老主持也终因精力消耗过多，圆寂。当地百姓为了感谢这位主持，特建镇妖塔以表彰其功，感谢其德。传闻主持骨灰也葬于塔中。

就在上世纪五十年代，东山寺曾经遭到了严重破坏，几乎到了砖瓦不存的地步。一九九二年，在祖国改革开放的大好形势下，鹏城被确定为旅游胜地。大鹏镇当地群众，港澳同胞和其他海内外人士，根据回忆和保存下来的资料，群策群力，在原旧址上重建东山寺,也就是现在这个样子,使东山寺幕鼓钟声得以重鸣。东山寺风景优美，鲜果迷人,描述中有四季诗歌：“春有香梅桃李，夏有龙眼荔枝，秋有红柿鲜柚，冬有橘果甘甜。”以上都是东山寺奇特风光的真实写照。

直到 2005 年，受鹏城东山寺四众弟子之请，广东省佛教协会常务副会长，韶关市佛教协会会长，南华禅寺方丈传正大和尚驻锡于此，2007 年，法清法师领传正大和尚法旨，出任监院，开始了现在的全面恢复东山古寺建设。为了宏扬佛教文化，创建和谐社会局面，应广大善信居士要求，经政府相关部门批准，东山寺修缮工作正在大规模进行中。现在只要你走到整个寺院后面所在的最高峰，站在龙头石山的顶端居高临下，就可以放眼俯瞰整个古朴庄严的鹏城古城了。所以有感兴趣的朋友，都可以前去领略一下那里当年赖布衣堪舆的东山寺！

江西赖雅浩

2012 年 4 月 16 日

壬辰年春于深圳

第二节　赖布衣与伏岭舞徊的来历

这次我们前来伏岭村考察，是追寻赖公足迹，考察赖布衣祖师一生中传世的经典作品，我们先是经绩溪县城来到龙川，到湖村考察之后，才再来到伏岭，这里秋色迷人，我们找到了当地中心小学退休的老教师邵老师，他很热情地为我们讲起了邵氏源流和文化，从事教育几十年的邵老师知识渊博，背起族谱的种种，如数家珍，可见他退休后也对当地家史很有研究。谈到的是伏岭舞徊的起源，感觉听着颇具传奇色彩，伏岭村会让更多人想到的是这里闻名天下的美食，还会想到的就是这里的徽杭古道。然而这里正是徽杭古道安徽方向的入口处。两年前走徽杭时曾留下美好的记忆。遂决定在绩溪境内继续留宿一晚，要好好的品味一下当地民俗文化和美景。

话说在北、南宋交替时，金兵南侵，邵氏先人百二公，为避战乱于是世师公于宋孝宗（1187 年）间由歙县井潭迁来伏岭，在伏岭下定居，因爱其山水秀美、河床绮纹交错，故以纹川为里名。岂知定居后不但人丁不旺，还差点绝嗣，到第三世孙世泽公就只生了一子。先来伏岭居住的成、唐、许、丁、周等姓，也一样日益败落，或迁居他乡，导致伏岭村人烟稀少，四周山中野兽成群，经常出没，损害庄稼，吞食畜禽，伤害村民，尤其在冬季更甚。古时人们都很相信地理、风水，认为一个村庄的来龙水口、朝山等，都与村庄的兴衰息息相关。当年村中常发生火灾，每到春节间更甚；婴孩出生的死亡率高；牲畜经常发生瘟病。这些事困扰着村民，对生产和生活带来不利影响。

面对如此险恶的自然环境，世泽公求曾当过大宋评事的兄弟世师公，请来著名的地理师赖文俊，勘查伏岭的地理环境，是否适宜人类居住。经过实地考察，认为伏岭确属风水宝地，定当人杰地灵。可惜的是，对面的朝山石性太重，鸡鸣尖上有石狮火虎作祟，影响到伏岭村的人丁繁衍和生活安全，必须设法克制石狮火虎，伏岭村才能兴旺繁荣。因为赖公认为石狮、火虎不赶走则会火虎肆虐，村中就会发生火灾；如果石狮怒吼，婴孩、牲畜就要遭殃。要消除灾害，保障群众的生产生活安全，必须驱赶石狮火虎。

当时根据赖布衣地师的亲自指点，召集三门——邵氏三支派人等，进行了反复商议，决定在村北、村东、村中开挖三口火烛塘，成品字形，以水克火，对付火虎。用一种古时有“伵”之异兽，据说能降福人间，它的勇猛远胜狮虎，只要伵一出现，狮虎就会闻风而遁。举行一种仪式，大家一起敲锣打鼓，驱逐煞气，赖文俊地理师还画了一个伵的图形，并造就了这一个伵字，要世泽公贴到家中，进行供奉，以驱石狮火虎，出于赀友情谊，还告之世师公，村北西坑坞有一处山湾，形同“美人坐金盆”，作为墓地穴居，后代要出贵人，邵氏子孙，也深深记得把赖文俊的话记在心里，一直把祭拜伵神，作为保佑人丁兴旺的一种仪式，代代相传，并定于正月十五为祭伵日，要敲锣打鼓热闹的祭拜一番。到了明朝中叶，伏岭下村已成为绩溪县第一大村。人丁兴旺，已修建了邵氏宗祠。在宗族法治的管理下，伏岭村的工作，都办得井井有条。风水带来的效应，每当后人谈起都会为此感叹不已！

伏岭由此开始人丁繁衍，大家内心对此事都非常重视，所以每年冬至后，祠堂的管事人员，都要书写一些“小心火烛”的标语，张贴大街小巷，引起村民的重视，提高村民的防火意识，并用布做成一只伵。还在身上涂上五颜六色，以显示它的勇猛，正月十五村民们准备松明火把，齐集村头，同时敲锣打鼓，放三门铳、爆竹，并由两个年青人套入伵身，表演跳跃、猛扑等动作，群众齐声呐喊，向石狮火虎示威斗猛，并绕村游行一圈驱赶一切邪气，在这种大张旗鼓的形势下，各种灾害减少了。村民们为了欢庆镇狮压虎，消灾降福的胜利。决定每年元宵节都要进行这项活动，遂定名为“舞伵”，形成了伏岭村的一项庙会活动。

赖布衣为邵氏后人带来了巨大良好的风水效应，除了出了皇后娘娘，升为名门，人丁也兴旺发达。伏岭村成了闻名安徽的“千灶万丁”的大村庄，是当今绩溪县最大的自然村，有 700 来户人家，近 3000 人口。

第三节　赖公点葬的王安石墓

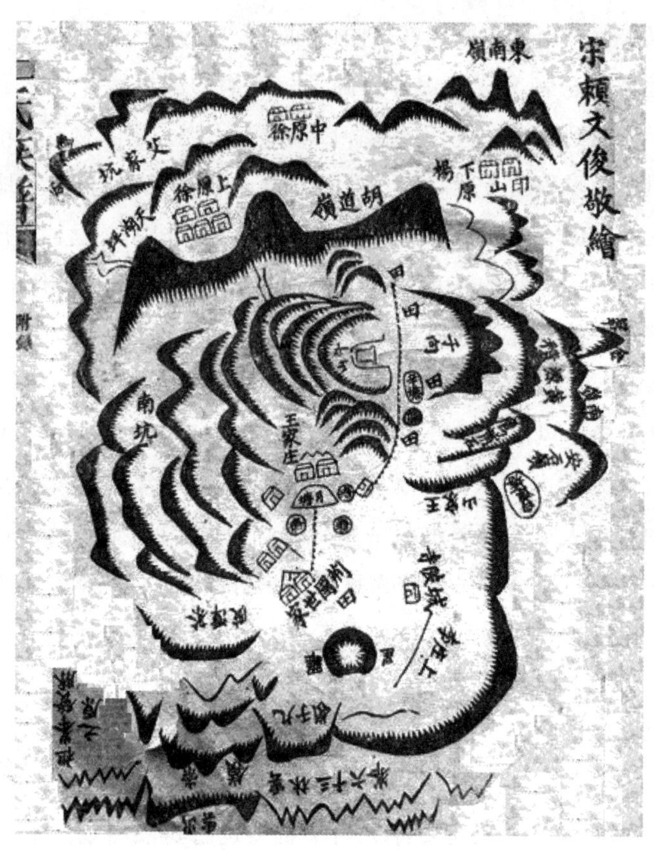

王安石（1021年—1086年），字介甫，号半山，封荆国公。汉族，临川人（今江西省抚州市区荆公路邓家巷人），北宋杰出的政治家、思想家、文学家、改革家，唐宋八大家之一，仁宗庆历进士。嘉祐三年（1058）上万言书，提出变法主张，要求改变“积贫积弱”的局面，推行富国强兵的政策，抑制官僚地主的兼并，强化统治力量，以防止大规模的农民起义，巩固地主阶级的统治。神宗熙宁二年（1069年）任参知政事。次年任宰相，依靠神宗实行变法。并支持五取西河等州，改善对西夏作战的形势。因保守派反对，新法遭到阻碍。熙宁七年辞退。次年再相；九年再辞，还居江宁（今江苏南京），封舒国公，改封荆，世称荆公。卒谥文。有《王临川集》、《临川集拾遗》等存世。官至宰相，主张改革变法。诗作《元日》、《梅花》等最为著名。

王安石的父母均逝于江宁，葬在江宁。王安石于宋哲宗元祐元年四年初六日（1086 年 5 月 21 日）卒，也葬在江宁，这是没有疑问的。《金陵新志》卷十二载："王舒王墓，名安石，在半山寺后"。王安石十三世孙王仁煜，号高隐学士，元世祖至元辛巳（1281 年）生，元顺帝至正十五年乙未（1356 年）殁，曾撰《拜荆公墓》云：

郁郁佳城数百年，一迥瞻拜一潸然。
打松来借樵夫路，荐藻猷分太守田。
春水池塘添骤雨，夕阳岩树横抹烟。
范鞋竹挟无由识，深愧云仍失所传。

这首记载在江西省崇仁县《甘坑王氏九修族谱·艺文·奚囊草》里的七言律诗证明，高隐学士卒前（1356 年），王安石墓仍在江宁。

王安石之墓后迁葬江西抚州市金溪县琉璃乡月塘村，乃为赖布衣所亲作，其证据是上池《王氏族谱·世系》载："安石……葬钟山，迁灵谷峰东后月塘。"民国壬午年重修《上池王氏族谱·附录》载有敕文俊所绘《月塘凤山图》，标有墓址所在，并载："宋荆国文公与纯甫（安上）公告葬凤山桃源窠，午山子向兼丁癸午庚子分金。"

赖布衣，宋朝国师，江西省宁都县人，先祖赖仲方，祖父赖复兴，父亲赖泰安。赖布衣，字太素，名文俊，字号布衣子，于南宋嘉熙二年（公元 1238 年）考中进士，宋理宗时拜国师，精于地理风水术，每点一穴皆扶荫主家子孙多代发官发财，由此其风水祖师名号留传于世，近千年而不衰。

赖布衣祖师为王安石葬地所赋之诗：

兑龙隐隐山坤方，上有桃源下有汪。气转离宫凤尾穴，台星吊落一月塘。
巽水流归银上去，太阳开口又窠藏。贵人执笏围屏耸，排衙列列子癸扬。
从今安厝牛眠地，世代公卿状元郎。

王安石葬后，其长子王雱冶平四年登许世安榜进士。王安石五世孙王周卿任亳州知州。王安石七世孙王应龙，登嘉熙丁酉解元，官淮阳提刑。（应验了赖公诗中所说的预言：贵人执笏围屏耸，排衙列列子癸扬）。

王安石墓的卫星图现在今天的江西省抚州市金溪县琉璃乡月塘村。所以说月塘村为王氏祖坟地毋庸质疑。据月塘族谱记载，月塘在王安石的曾祖王明时，已是王氏的祖坟山地，第一个卒葬灵谷峰东后月塘的就是王明，王安石祖父王用之也葬于此地，真可谓山好，水好，砂秀，明师之作，人杰地灵！

“青山处处埋忠骨，何须马革裹尸还。”王安石先葬南京紫金山后才迁葬月塘村的。迁葬月塘的就是赖公，合乎历史事实，此地不愧为国师手笔。

第四节　赖布衣指点建造的黎氏大宗祠

在东莞市中堂镇潢涌村地处东江东河畔，潢溪之水环绕古村，这里是一个繁荣富庶的水乡。潢涌村自宋朝立村，历史上曾被称为“凰涌”或“潢涌”。潢涌是东莞市赫赫有名的历史名乡，成为东莞四大名乡之首。历朝中科举者众，被称为文武进士乡。

潢涌村的古建筑以黎氏大宗祠为代表，赖布衣仙师所亲点，三元不败历经 832 年的黎氏大宗祠始建于南宋乾道九年 (1173 年)，距今已有 800 多年历史，祠堂具有浓厚的岭南建筑特色，虽然经过了历代的多次修葺，但仍保持了原来雕刻艺术的风格，线条细腻，是古建筑艺术的宝贵遗产。

相传当时赖布衣途经此镇，因饥饿，分别到了姓张、姓黎的两户人家讨口饭吃。姓张的没有给。姓黎的人家乐善好施就给赖仙师吃。恰逢此时这户姓黎的人家在盖祠堂，赖仙师在三个地方放了三张长凳就走了。姓黎的人家怀疑此人有可能是赖布衣，就派人追了出去。一问果然是。

赖仙师说：“你们回去看一下我放的三张凳，如果没有移动，按照此方向坐下去可保你们黎氏后人三元不败、丁财贵全，这是我给你们所点的龟形之地，其做法是如何如何，如此这般……”

于是黎家的人连忙赶回去一看，幸好凳子没有被移动，奇怪的是赖公摆放的三张板凳的朝向都有些许不同，家族的人猜不透赖仙运用的是什么手法。但最后，祠堂还是按此板凳所指之方位定基做了下去。从此，宗祠历经宋、元、明、清至今共832年，有文武进士五人，中有翰林学士两人，文武举人27人，秀才等不胜枚举……如今很多现任官员，皆为此黎氏大宗祠之后人，更有不少身价亿万千万之富人。

此宗祠第一进为壬山丙向（坐341度），第二进门也坐壬山丙向（坐340度），第三进门也坐壬山丙向（坐339度），祠堂左边来水93度（天盘卯方）不过堂。右边来水242度，天盘是坤方，并流经堂前与左方之来水汇合后环抱流向祠堂左后方而去。另外此祠堂在做法上非常考究，所有这些您可以自己亲自前来慢慢品味。

祠堂布局从上俯瞰，该宗祠是个龟形结构，故而建筑时就是取形于龟，有头、有手、有足、有尾。祠前的潢溪上，左右码头是左右两手，正中原有一码头，造形是尖的，像乌龟的头部，但现在已被扩路盖住。祠后两侧有两道石阶，就如同龟的两个后足，而龟尾就是后面的旗杆。据说，当地人怕灵龟跑掉，还在祠边溪上，建了一座东桥，就像一把大锁牢牢锁住了灵龟。

赖布衣所堪黎氏大宗祠

三元不败格局

黎氏宗祠在中堂镇潢涌村，始建于南宋乾道九年（1173年），距今已有800多年历史，具有浓厚的岭南建筑特色，虽然经过了历代的多次修葺，但仍保持了原来雕刻艺术的风格，线条细腻，是古建筑艺术的宝贵遗产。最初是为了纪念当时黎氏家族中出的一位至孝之人，他因母病深重，于是割股和药，治好母病，传为佳话，并由县里申报朝庭，奉旨荣门，以建宗祠。祠堂布局取形于龟，建筑为三进院落，两天井，四合院式布局，祠深48米，宽24米，前有包台，两侧有厢房，东西共有房15间，占地面积2360平方米，祠堂面积1337平方米，是东莞现存最大的宗祠之一。

黎氏大宗祠碑文为宋元明六名贤士所撰，成为确定黎氏大宗祠始建年代的重要依据，碑文内容记载了祠堂始建于南宋和历次重修的经过，从而证明了黎氏大宗祠是目前珠江三角洲有碑可考的历史悠久的祠堂之一。

主体建筑为广东著名的硬山顶式，抬梁与穿斗混合式梁架结构。门厅前台左右有垫台，两条圆形红砂石柱，前檐额压檐披风，柱端两边梁架布满了雕刻，有鸟兽虫鱼、云雷如意等，雕刻精细，工艺精湛，头门上端乘挂着“黎氏大宗祠”牌匾。

内进神台两则保存安放有宋、元、明朝著名的撰文碑记：宋为进士、元为朝中侍郎、明为国子监祭酒、以及监察御史、翰林院士等东莞代出的名人所提所立，是考证东莞文化发展史的一个重要遗址。宗祠历朝曾遭兵焚，毁祠三次，复建亦多次。在南宋德祐年间毁于兵火，元朝重建，元末再次毁于兵火，明朝又重建，抗日战争时又被日军烧毁，后又重建。明永乐三年(1415年) 扩建，清嘉庆十年 (1805年) 再扩建，而成为现今的宗宇。真是见证多灾多难的中国历史发展的重要文物古迹。在1993年，黎氏大宗祠为东莞市市级文物保护单位，2002年被评为省级文物保护单位。在广东省公布的第四批文物保护单位名单上，中堂镇市级文物保护单位潢涌村黎氏大宗祠榜上有名，被评为省级文物保护单位。

第五节　赖布衣百足山葬文家祖坟

说起南宋民族英雄文天祥，可是家喻户晓，其《过零丁洋》云："人生自古谁无死？留取丹心照汗青"，体现了民族英雄的高尚气节。文天祥是吉州庐陵人，初名云孙，字天祥。后选中贡士后，就换以天祥为名，改字履善。宝祐四年中状元后再改字宋瑞，后因住过文山，而号文山，又有号浮休道人。

文天祥以忠烈名传后世，受俘期间，元世祖以高官厚禄劝降，文天祥宁死不屈，从容赴义，从他写的《过零丁洋》和《正气歌》中的惊天地泣鬼神，可以体现出文天祥誓死不屈的精神，他的生平事迹被后世称许，文天祥与陆秀夫、张世杰被称为"宋末三杰"。

那么关于文天祥的祖坟的传说是怎么样的呢？这个和祖坟赖布衣又有什

么联系？

传说在宋朝以前，百足山周围还是茫茫的大海。民间有咏句云："百足山之长兮！梁金山之高兮！斩马冈之竹仔，钓龙塘之鲤鱼，'忽下'一条，'划下'一条……"这短短几句勾划出本地特色的诗句，一直为人们所喜闻乐道。

百足山位于潭江中游南岸，从"百足头"到"百足尾"，横贯赤坎镇江南西部，直达百合镇三圭马降龙，长约十华里、以其山形长，从山腰至山脚，多佥状小山臂，形似蜈蚣（俗称百足），故名百足山。此处为文天祥祖坟所在地——蜈蚣穴。

江西省庐陵一文姓人家，请到勘舆大师赖布衣为他家去寻找一处好坟地，赖布衣于是在江西踏山，发现这一条"龙脉"，便请文家雇了一条船，载了文家的祖先遗骸，一路南下，寻龙追穴，追呀寻呀，一直追寻到现今的广东省开平市百足山中部一个不高的地方，才停脚驻足，认定了这地方是江西来龙到此结的真龙真"穴"，最后选定在此安葬文氏祖先的遗骸。

赖布衣安葬前，为了要弄清这里是"生足"（生蜈蚣）还是"死足"，赖公便以一种很特殊的验证方法，来辨别好生死以后，可以选用最合适的葬法来安葬。

赖公于是叫一个仆人走到百足尾部去，要他在中午时分，仔细注意看看这个山动不动。没有见识过神奇的仆人心里一直在想，一座长长的大山，怎么可能会动的呢？但因为有主人的吩咐，没办法，只得很不情愿地向百足尾走去。而赖布衣便和文家人走到百足头去，并且对他们说："如果我用铁棒一戳，百足知痛就会动起来，这就肯定是生百足，如果不动的话，就是死百足。"这时中午时间到了，只见赖布衣用铁棒在百足头上戳一下，说时迟，那时快，百足立即被戳痛了，于是痛的把尾乱摆。那个站在百足尾的仆人，因百足尾摆动得很厉害，立足不住，立即一个翻身，噗通一声，就跌进水里去了。等他拼命挣扎得爬上岸来，全身衣服都已经湿透，而且自己腹中也灌进了水，于是心里埋怨，怀疑赖布衣有意摆弄他，所以气恼之极，穿着湿衣服落汤鸡似的，悻悻然地从旧路往回走。等赖布衣及文家人也从百足头转回来，与他在墓地相会。因为正当中午，阳光暴晒，行程又那么远，仆人的湿衣服早就已经干透了。赖布衣问：“有什么动静吗?”怀着一肚子气的仆人很气愤，于是故意骗他说：“没有动。”（殊不知，就是这个文家仆人，在扦葬祖地这么严肃的问题上，小家子似的赌气，欺骗地师，那可是给主人家族子孙后代的富贵丁寿问题上面，犯了一个巨大而不可饶恕的错误。）导致了后来赖公就把“生百足”当“死百足”的安葬法来安葬了。

自从姓文的葬下祖先的遗骨后，百足山原来的白山石逐渐变黑了，从远处望去，像成群的苍蝇蚂蚁，聚在一条死百足的身下啜食一样。据说此地安葬骨骸后荫生出来的就是宋末民族英雄文天祥的祖宗，原来是“生足”，如按“生足”安葬，文天祥是可以打败元兵的。但因“生足”当“死足”安葬，就使文天祥后来兵败被杀。后来人们又索性把这个坟就直接叫作文天祥墓，至今仍存。

这当然是无稽之谈，但作为和堪舆国师赖公有关的传说，也一直就传流下来了。

第六节　赖公点广东高要仙人仰掌格

荫生宰相崔与之的仙人仰掌格墓，是赖布衣公在广东高要县回龙镇所扦的名墓——仙人仰掌穴，墓主之曾孙崔与之为南宋丞相，据说是此地催生，我们来到回龙镇，这里有赖公风水的迷人传说!

从军屯村下车，步行数百米即可到龙穴山下。在半山腰能看到群峰奇秀，远见坤砂与庚砂耸起，但坤方之马砂在崔氏祖坟处却看不到。因为在明堂处看坤方之天马砂，乃是一匹雄骏的出阵马!此地武曲金星结作，高山开一大坪，坪中开窝，有数亩之宽，为此穴最奇特之处，喝形仙人仰掌，恰如其份，若高山开窝汇成水塘，则成仰天湖矣!这种穴法赖公有书曰：须接脉为贵，不接脉则为泥水绝穴。故赖公点此穴非常精确，扦于阴阳交接之处，霸尽一山之气数!

坟式美观依然，碑上记载：墓主因曾孙崔与之官拜丞相，有功社稷，故追封一品夫人。并记载崔与之中癸丑科进士，为官四十七年，直至参政知事正议大夫右丞相，为岭南四杰之一，和唐相张九龄齐名。

崔与之 (1158~1239)，号菊坡，抗金名臣，文天祥赞其“盛德清风、跨映一代。”

此地卯山酉向兼乙辛，前有庚峰，以大坪中所起之小丘作案，大明堂如蜂聚蚁拥。为了抢一点风水，明朝有一家潘姓墓地就建在崔坟左边约二米余，但却至今并无显者。立于此坟感觉实不大清爽，在此可悟乘气、控制之法。

第七节 赖布衣与郑氏忠孝义门

在赖公作品中的龙川胡氏家族，后来人丁兴旺人才辈出，历史进程中，胡家人才辈出，灿若星空。椐胡氏宗谱记载，仅宋、明、清三朝龙川就有进士 11 名，明朝就有进士 7 名，其中最著名的是“一族开三府”的户部尚书胡富、兵部尚书胡宗宪、副都御史胡宗明三人，龙川还为他们三人而立的二座牌坊奕世尚书坊和都宪坊。真可谓“龙川风水甲天下”。到了明朝自称飞来道人的安徽桐城人陆海鹤，游历龙川水口后，有诗赞云：“从来未睹石金峰 (龙须山) ,今见飞腾疑真龙；江南名族数百千，此是江南第一家。”

这只是赖公做到的第一个奇迹，在徽州历史上来说可以称得上是当时的徽州第一家。然而，在明朝，有皇帝册封的“江南第一家”确实真有其事，位于浙江浦江境内，无独有偶，竟然也是赖公赖文俊的风水作品。雅浩于是先后几次前去勘察，描述如下，供风水同好参考。

这里所说的就是郑氏义门的“江南第一家”。

一、郑氏忠孝义门

雅浩从武昌直到义乌，再转车到黄宅转到郑宅镇，终于看到当年南宋国师赖布衣祖师亲自点穴安葬的“金钗形”郑氏祖地，也成就了这个历史上有名的江南第一家郑氏义门。“江南第一家”指的是浙江省蒲江县郑氏义门而言。

宋代赖布衣自己所著《催官篇》一文“催官评水章”中就有说道：三阳水来归鬼乡，义门寿考同休光。这里所指的就有点说的是郑氏义门。鬼乡者，未为鬼金羊，三阳水为卯巽艮，卯属震卦，震纳卦庚亥未，未为震本卦，乃是催官纳甲水，故主寿考富贵。

郑氏义门世称（九世同居），实为十五世同居，只因同居至第九世时，屡受朝庭褒扬，名声大播天下，故以九世同居闻名。郑氏义门所以能够一门尚义，十五世同居，二千余人同饮食而无分争，这跟赖布衣给他们做的祖坟风水是分不开的，发族原因主要是得到了地理之荫，而且祖坟的影响力巨大。

赖公扦葬郑氏义门祖地

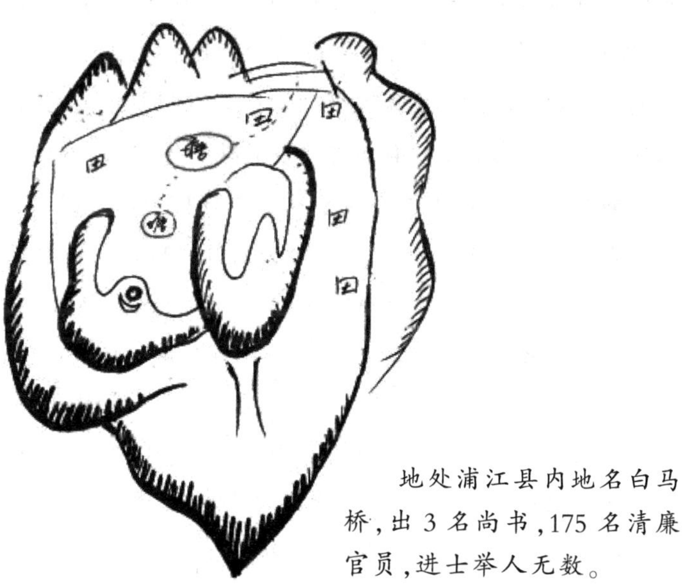

地处浦江县内地名白马桥，出3名尚书，175名清廉官员，进士举人无数。

同居第一世祖郑绮，父郑照，照公逝世后，就是由南宋时地理名师赖布衣亲自主持，葬于蒲江县郑宅镇之镇郊，位于郑宅北方约一公里，由于穴位选择高明，不论在乘气、消砂、纳水各方面，都力求完美无缺，所以后代子孙能够孝义相承，永久不衰。

实地勘察的情形记录于后：郑氏照公祖地，为丑龙入首，有几个穴位可见，正下之穴之乳突为丑山未向，在此称丑山未向，稍偏之穴之乳突为壬山丙向，另外正穴之青龙砂为子山午向，白虎砂为壬山丙向。由于外围尚有砂手保证，因此这四条脉都有可能结穴，而结穴之直假，则以乘气、消砂、纳水三者来判断。郑氏二世祖坟茔为壬山丙向，巽宫来水，左水倒右，从未山而出，有龟镇守水口。

这次我们前来浦江市的“江南第一家”考察郑氏祖坟，得知我们是赖公风水后学，传承赖公一脉，立即得到了郑氏宗亲会副会长，郑氏文史研究会副会长的热亲招待，而听他的详细口述：

“江南第一家”郑氏二世祖的坟茔恰恰就是《催官篇》的著者——南宋风水堪舆大家，足迹曾踏遍整个中国的赖布衣仙师亲自点穴、亲手主庚安葬的。后郑氏家族由于一门忠烈被赐封为“郑氏义门”，又由于家族聚居达3000多人而不分家，被明朝皇帝朱元璋赐封为“江南第一家”。历经宋、元、明、清四个朝代而富贵不替。郑氏二世祖坟茔为壬山丙向，巽宫来水，左水倒右，从丁未而出，有乌龟镇守水口。

为何赐封为“义门”？因其后人为人处世特别“忠义”。下至家族兄弟，上至朝廷。如：家族中有兄弟受到诬陷要处斩，结果就上演“弟代兄死”；明朝皇帝朱允文被叔叔朱棣赶下龙位，郑氏后人冒死救驾，又有忠烈就义之举。如此类似之事，不胜枚举。但堪舆研究者们是否发现就因为这个“义”字，郑氏后人就常有“就义早亡”之人。又岂止解释为“寿考富贵”这么简单。其实，赖布衣仙师《催官篇》中的“三阳水来归鬼乡，义门寿考同休光”这句断文在“江南第一家”郑氏的祖坟上已经完全应验了出来，而且也成为一个非常典型的案例。从上述因由可知，在解释先贤经文时，一定要力求实证。

郑氏祖墓墓地就位于郑宅的背后山上，前面有一个大水库，上面有几座山，有一个叫大金钗，一个叫小金钗。听他们说赖布衣祖师点的就是金钗形。

关于金钗形，张子微喝形图格中有好几首诗形容：

挂壁金钗形

挂壁金钗地势高，好个粉盒面前朝。
油腻穴葬为真诀，代代儿孙着紫袍。

匣内金钗形

匣内金钗各样看，四围包裹要围案。
但取油腻中间穴，帘幕牙梳便好安。

落地金钗形

落地金钗投上扦，须看卫托水来缠。
前后来倚分宾主，钗口逢珠得千金。

折股金钗形

金钗折股一边巧，入穴须看水要齐。
短脚上头宜巧取，令人富贵福盈余。

然而，等我们上来一看，说金钗形还是有点像的，只是这个金钗稍微粗了些。

据说陪同人员说，后来还有一个来看过的领导称为美女照镜，看起来很是有点牵强。

张子微喝形图格中有诗形容：

仙人照镜形

照镜仙人巧样裁，一轮明月是员堆。
令人下取心头穴，贵至中书踏御街。

美女梳妆形

美女梳妆仔细裁，牙梳粉盒及妆台。
令人只下眉心穴，管取高低莫乱埋。

另有美女照镜古记：

四水归堂水滔滔，
仙女座殿气势豪，
双狮前列牛卧睡，
江中便有双星锁，
吉葬美女富贵豪。

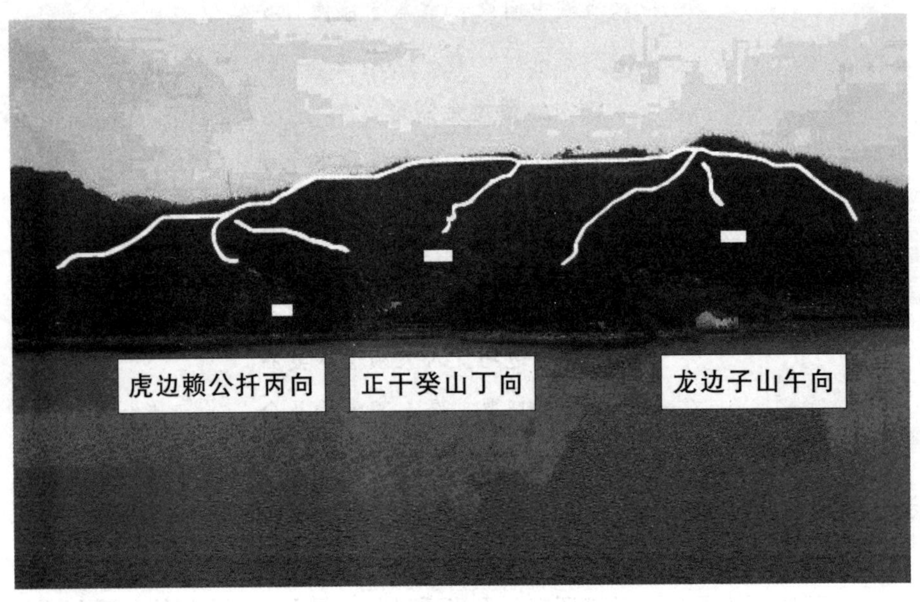

美女照镜图

而今看来，完全不像美女照镜形，其实这都只能是当地人的一种美丽传说而已，祖坟的现场是饱经沧桑，被后人左右前后的侵占，我们不由得感叹万千，祖坟根本就没有保护好，现在的那里已经是密密麻麻的坟墓，因为都知道当年赖布衣祖师说这里风水好，就都到这里来安葬了。

一路陪同我们的有郑氏宗亲会的郑期康和江南第一家文史研究会长郑定汉两位老先生。听介绍墓地在“文化大革命”时候已经破坏过啦，墓碑都打碎了，后来换的新碑，还把墓碑换错位置啦，因为当时是依据石头来定那个是老祖坟的。经我们确定龙穴所在后，老先生们才高兴了起来，带我们依次看过了祖坟，还有的宋濂墓以及元朝时的一个祖坟。会长说这是赖布衣的弟子来做的，这个祖坟是赖公作品的补充，也是赖派和郑氏义门的缘分在继续，直到我们的到来已经有800多年。师父送了自己写的《堪舆纵横谈》给两位老先生，老先生造东明书院里给我们看老照片，临别时也送了几本书给我们留念。

晚上回浦江县城居住，结果导航仪把我们带到的目的地却是郑家坞镇，我们是吃晚饭时在饭店聊天时说起浦江县怎么那么小，店家告知我们这里只是浦江县的边缘小镇郑家坞镇而已，我们不由得哑然失笑，看来和郑家的缘分是太深啊，我们入住在富源宾馆，晚上睡得特别香。

第二天早上，我们又重新回来，在郑宅镇吃午饭，又来到墓地考察一番，这次的收获是巨大的，这是一个天大的秘密，如果你想知道这个秘密，就亲自过来考察吧！从这里你将会得到赖公为什么要这样葬郑氏祖地……

二、赖布衣葬郑氏祖地的传说

在南宋绍兴年间，仙华山麓，住着一位赖姓高士，他上通天文，下知地理，星相卜课，风水地穴等等无所不晓；平时沉默寡言，但有时打开话匣，就口若悬河，如有人请他看风水，总是摇摇头说："没有好地穴，不与人讲坟葬。"替人谋事，言必灵验，人们请问他姓名，他含笑指指身上的布衣说："我乃布衣。"平日生活中，长年只穿一身蓝布衣，人们因为口头顺，就习惯称呼他为蓝布衣先生，而赖布衣为人随和，没有特意纠正，也就随他们叫开了。

在仙华山东去十五六里，有郑姓兄弟三人，分别名叫煦、熙、照，人称"仁义里"。因在康王南渡那年，天下大旱，他们的父亲郑淮是个爱苦怜贫的人。有一年，浦江又大旱，眼看很多的灾民饿得要死，郑淮就跟宣氏商量，要出卖农田一千一百亩来救灾民，宣氏也是菩萨心肠，对丈夫的义行，十分赞同。郑淮花掉了大半家产，救活了无数灾民，人们十分感激。后人为纪念郑淮夫妻的大恩大德，便称他们居住的地方为"仁义里"。由此，"仁义里"便出了名。现在的村名"三郑"，郑义门的前名"仁义里"就是这样来的。三兄弟温文敦厚，耕读成家，扶病济困，一如乃父，就是不善于经营。

郑淮病逝后，三兄弟欲觅一处好风水为之安葬，闻知赖布衣是一个高士，于是，郑煦数次登门邀请。赖布衣知道是“仁义里”的子弟，感到盛情难却，也就欣然允诺了。郑煦把赖布衣接到家里，老三郑照连忙殷勤款待，饭酒之间，有一汉子推门而入。“二弟，快来见蓝先生。”郑煦招呼进来的汉子对蓝布衣说：“这是舍弟郑熙。”赖布衣说：“二公子坐一块儿吃一杯吧！”照连忙又去拿来杯、筷子。席间郑煦问郑照：“二弟，李家的事，你办好了吗？”郑熙说：“我到朱路弯寒松家，算来了田价银，归途中看到朱寒竹在殴打何风，何风被打得头青面肿，遍体鳞伤，爬不起来，我扶着他回家，见他家徒四壁，我便把田价银先给他治了伤再说。”“二弟做得对。”郑煦说。“大哥，那末我们再卖一丘田吧！李流患病，妻子又在做产，真为难啊！”“好！好！”郑煦爽快地答应。

赖布衣听了很不理解，便问：“你们为啥老是要卖掉家产去周济别人呢？”郑煦告诉他，这是祖训，先父在日，教我们为人以仁义为怀，雪中送炭，不可欺贫凌弱。积善，家有余庆，积恶，近则祸及自身，远则祸延子孙。赖布衣暗想，长此下去，只恐自身也要陷入困境，自己不能存在，何能济人，所为虽可敬，其方法总感有些欠妥；不过不便辩驳，只好连连点头称是。

吃完酒饭，三兄弟带着蓝布衣到北边一带山地察看地形，走到一处，四周山丘环抱，南面小山上有一大樟树，亭亭如盖，苍翠欲滴，枝迎风来，尤如金步玉摇；正北中央有一山岗突出，蜿蜒如蟠龙，赖布衣不禁脱口赞道：“好一个地方！”照急急问：“这叫什么形。”赖布衣略一沉思，“这是金钗形，令尊墓穴就定在这里吧！”于是三兄弟挖掉杂木，平整好土地，只待地师选定墓穴位置了。赖布衣若有所思，忽问：“你们喜欢自己先苦，以后子孙荣昌呢？或者自己先发迹，以后子孙潦倒呢？”三兄弟不约而同地说：“我们情愿自己受苦，盼子孙能荣昌就心满意足了。”赖布衣说：“好，那么墓穴就落后三尺。”定下墓穴，三兄弟问地师：“先生，我们到哪时候会昌盛呢？”赖布衣暗想：“在此奸臣当道，恶人横行，你们念念不忘舍已救人，也许东郭先生会被狼所困，三兄弟温厚如此，能应付得了吗？”低头沉思良久，慢慢抬起头来，说：“记住，到破碗食饭，茅草拦衣，铁帽过转，鲤鱼上树，那时，你家必然大发。”

岁月无情流逝，“仁义里”三兄弟田产逐年减少，入不敷出，日子难以为继，一天煦对两个弟弟商量，想携带家眷到别处谋生。二弟郑熙也有此意，要照留在此看守祖坟，三家人的薄产留给一家，日子也许将就过得下去。郑照生有二子，长名缊，次名绮，自小受到家庭的熏陶，兄弟之间亲爱无间。缊弱冠而病逝，其妻不肯再嫁，绮敬嫂如母。绮临终前召诸子立誓：“要共炊，不分居。”这是同居第一世。到了同居第四世有兄弟五人，家道虽日见艰难，但抱着“仁义”这个宗旨不渝。为了舍己救人，扶危济困，到后来，田产变卖殆尽，兄弟之间几经商议，只好各自迁往他处谋生，可是祖坟呢？以后无人祭奠成为野鬼，不如拾骨随身带去，这样一来，坟地也会有人受领了。计议停当，五兄弟拿了工具到金钗形挖坟，先挖淮公的坟墓，不料刨掉表土，发现下面是石块砌的混合土浇灌，十分坚固。

那天天气阴沉，苦风凄雨，五兄弟刨坟腰酸了，暂时在一株大樟树下避避风雨。晌午时分，老大的妻子何氏送去午饭，一路大风吹着，衣衫飘飘上翻，不禁上下牙齿打颤，何氏情急智生，路旁拔起一把长茅草，拦腰捆好，这样就感到温暖了。急急忙忙赶一程，不料一个踉跄，跌了一跤，几个饭碗分别碰成了大小不同的缺口，何氏很懊丧，只好抖抖衣衫，就这样去坟地送饭。坟上五兄弟看何氏半身泥浆，腰缠茅草，感到又可怜，又可笑。这时一个头顶铁锅遮雨，手拎一条鲤鱼的人，也快步走到这大樟树下躲雨，把手中鲤鱼随手挂上树枝坐了下来。这时下的是间歇雨，一会儿又晴了，那人头顶铁锅，取下鲤鱼，匆匆而去。五兄弟之一的郑运，蓦地想起一件心事，突然放下饭碗，高喊：“不挖了，不挖了。”大家问他为什么，郑运不慌不忙地说：“你们难道忘记世代相传地师蓝布衣的几句话吗，说我家昌盛，要等到破碗食饭，茅草拦衣，铁锅过转，鲤鱼上树的时候。刚才大家都看到，不是都应全了吗？”几个兄弟不禁狂欢起来，说得对，应了，应了。坟不用挖，坟地不卖，家也不迁了……大家连忙收拾工具，高高兴兴地返回家里，由于精神振奋，思路也广了。到家后大家为振兴家业开始献计献策……

有人说："祖上遗留的田产虽所剩不多了，但荒地尚多可以开垦，野生果子也可代餐，将就着兴许能维持二三个月生活。"又有人说："我觉得施药不如施方，对于家族中有些困难的户，还不如给他们出点子，可以让他们过好生活。"通过这次家族大会的总结，大家齐心协力，不到几年，万事凑手，郑家的日子蒸蒸日上。到了同居第五代的德珪，德璋更能干，兴学校，树家规，从此扶摇直上，"郑义门"名闻遐迩，受到皇帝的旌表。当时赖布衣由感触而发的几句预言，幸而言中，竟成为现实了。到了明朝的时候，被太祖朱元璋敕封为"江南第一家"，这个家就是九世同居郑义门。

洪武十八年，浦江有个恶绅士，一心想扳倒郑家，去京里告了一状，说义门郑家故意拖欠皇粮，应该重办。太祖有些怀疑，就下了一道圣旨，命家长郑仲德进京朝见。仲德如实禀报说："这几年年成不好，我家年年要拿出许多赈饥粮，救济邻村灾民，自己的存粮确实不多。但皇粮已经全部交清，请陛下圣察。"太祖到过义门，是亲眼看过这户人家的，郑仲德的话当然可信。下朝后，回到宫里，马皇后看到皇上脸色很好，就说："陛下今天精神特别好，大概有什么喜事吧？"太祖说："并无什么喜事，我今天召见了浦江九世同居家长。我一见到这户人家的人，心里就特别高兴。这样的家确实天下少有，明天我要封他们为'天下第一家'。"马皇后一听，老觉得那里不对，就连忙问朱元璋："那么皇上，我们算是第几家呢？"太祖被她一问，马上领悟到，于是点点头说："皇后说得对，那就封他们个'江南第一家'吧。"

只从朱元璋旌表义门郑家以后，郑氏家族的美名就传遍了全国。有些大族，本来已经分家多年，为了凑热闹，又重新合并起来过生活。过了五年，洪武二十三年，郑仲德再次朝见太祖。献上一个红绫包袱，太祖叫太监打开，原来是一卷郑氏家范，内容共计 168 条。太祖从头到尾看了一遍，十分的感动，说："郑家同居数百年，孝义之行如松柏长青，实在难得。"当即命太监磨墨，拿来一张大纸，铺在龙案上，亲书"孝义家"三个大字赐给了家长。写孝字的时候，土字刚写了三划，墨迹太淡，太祖说："江南风土薄。"这时宰相站在太祖身边，续了一句道："惟愿子孙贤。"太祖说"续的好。"就把这两句话也写在孝义家三字的两边。

第二天，洪武皇命礼部举行旌表郑义门为“孝义家”的仪典，宋濂的学生，后来被称为是“天下读书种子”的方孝孺，也做诗两首来贺，其中一首是这样四句：

丹书旌门已拜嘉，
千所盛典更堪夸。
史官不用春秋笔，
天子亲书孝义家。

现在郑氏宗祠师俭厅里，那块“孝义家”的牌匾下面两根屋柱上的一幅对联，还写下这首诗的后两句，“江南第一家”的匾也挂在祠堂门口。

在郑义门不止有“九世同居、兄弟同心”的美谈，还有“百犬同槽”的奇事呢。这个故事是这样的，在元代时期，朝廷派钦差大臣到浦江郑义门来，专门查看他们是否兄弟同心，鸦鹊同巢、狗猫同窝。并查问起有关“百犬同槽”的事来。这是，郑家家长向家人吩咐了几句，叫他去准备饲狗，让钦差大臣查看。不一会，两个家人挑出两桶热腾腾的粥，一个倒，一个呼。立刻，一群群大大小小，各色各样的狗，从各处跑了进来。一下子把长长的木槽围得济济的。奇怪了，它们在槽里嗅了嗅，又相互看了看，竟都退到了木槽两旁。钦差大臣几乎不相信自己的眼睛了，点了又点，点了又点，不多不少，整整九十九只，恰恰还欠一只。等了好一阵子，只见一只跷脚狗一跷一跷走到木槽边，先在槽里嗅了嗅，舔了舔，抬头又看了看其他狗几眼，便头沉下去吃了起来，那九十九只狗一看，纷纷拥过来吃。一只勿到，只只勿食，百闻不如一见，果真是“百犬同槽”。钦差大臣看得啧啧称赞，信服得五体投地了。其实他哪里晓得，这全是郑家家长摆的瞒天过海计。原来，郑家有只跷脚狗，郑家家人先把它引得老远，再拿滚烫的粥饲其他狗，自然狗怕烫，只得退到一边等凉，等到跷脚狗一拐一拐跷到，粥也凉了，“百犬同槽”的戏也就演成功了。就这样，郑氏义门家里的“百犬同槽”故事，越传越红，越传越神了。

第四章　民间传奇

赖布衣与刘伯温——寻龙天机一脉连

让我们把历史倒溯回公元一千年，民间的传说故事是这样的，其时是南宋绍兴、隆兴年头。当时的一代奇人，寻龙大侠赖布衣在登瑶岭归来，那一晚半夜时，忽然醒了过来，他穿衣坐起，点亮一支纸油灯，然后就趴在岩石上写起字来。原来赖布衣心血来潮，想起毕生的堪舆术心得，写成一本书，书名定为《青乌序》。赖公这样一写，就写到了天亮。时间一幌就过了一个月，在这个月当中，赖布衣不分昼夜，每天辛勤地著作，《青乌序》终于完成了。从此世间就有了《青乌序》这样一部经典著作，以后将留传后世，这真是世人的福气。就在这时候，赖布衣身旁突然出现一团白影，赖布衣仔细一看，原来是一只高约两尺，全身白毛的白猿。它用手揣住赖布衣的《青乌序》，然后迅速的离去。赖布衣连忙起身，向着白猿走的方向跑去，然而速度太快，根本没法追上，只好作罢。

后来，赖公巧妙地识破了金龙窝穴，在洞内看到稀世珍品“龙晶珠”，一个有拳头这么大的珍珠，发出绚丽的色彩，只教人看的目瞪口呆。赖公走上前去，把它拿起来捧在手心，心想：“在这尊龙奇穴中，竟有这样的奇珍异宝，一定具有特殊的意义，我就暂时将它收藏起来，以免落入歹人手中。”说时迟，那时快，又被那突然出现的白猿一把就将珍珠给夺走了。赖布衣被它数度戏弄，不禁叱道：“你这只白猿，到底是何方妖怪，三番数次作弄赖某，意欲何为？汝须还个公道，不然惹翻赖某，用南海龙母的念心术，定把你劈成两半，教汝尸骨难存！”

白猿已然通灵，它一听赖布衣之言，自知经受不起，吓得连忙跪在地上，作人状的叩起头来，一面伸爪指天，吱吱呱呱的大叫。此时，赖布衣见白猿欲示甚么，问道："汝有话说？"白猿一听，竟竖起一指，虚空写画起来。赖布衣心中又惊又怒，细视白猿的手势，不禁暗吃一惊，原来白猿竟以虚空作纸，写起字来，写道："我是南帝座的白猿使者，奉了南帝的命令，才出此下策，如有冒犯之处，请大师见谅。"赖布衣惊道："汝既是南帝星君座前使者，必未卜先知，可知我之名姓？"白猿又虚空写道："大师姓赖，字太素，自号布衣是也！"

赖布衣又惊又奇，忙又道："南帝星君欲求赖某何事？南帝为什么要《青乌序》和龙晶珠？"白猿虚空写道："当今天下，行将大乱，宋室气数将尽，外族涂炭生灵，汉室子民须历百年浩劫。南帝因令吾寻一帝皇之身，及助其成功之士，太素公的龙晶珠及青乌序奇书，正为两者之助，万望太素公谅察！"

赖布衣说："南帝为百姓万民着想，真是宅心仁厚，只是，为何要三番两次前来愚弄我呢？"白猿说："人神相隔，南帝不愿惊扰凡人，所以才派我白猿前来。"

赖布衣俯身一揖道："但有益于黎民百姓，赖某岂敢藏私？但请使者留下谒语，以解赖某悬疑。"白猿连连点头，伸爪于虚空写了数行字，末了又写道："我留下几句偈语，算是回报大师您的恩情，只是天机勿泄，不知大师可否做到？"赖布衣点点头，只见见白猿起首的数行字道："冥冥主宰百年间，万千生灵惨相残。皇觉寺畔穿朱衣，伯温扶乩逐元蛮。"又见白猿叮嘱"天机勿泄"，便不再询问，拱手一揖，道："如此，请使者去吧！"白猿跪在地上，向赖布衣叩了三个头，然后一跃而起，大笑三声，又大哭三声，就缓缓升上天空，驾着白云离去，山中顿时变得十分安静。

一时间，山野陷入一片死寂。赖布衣亦默默无言，陷入沉思，暗道："皇觉寺畔穿朱衣"一句，当隐示了一位出身皇觉寺的和尚，日后正是穿朱衣的帝皇，"龙晶珠"的金龙窝穴龙气，正是助此人成事；而"伯温扶乩逐元蛮"，当指那本《青乌序》以后可能会流传到那位叫"伯温"的手上，并利用它来帮助皇觉寺的和尚逐元蛮而一统天下，而自己所撰的《青乌序》奇书，可以把一位和尚摇身变为万人之上的皇帝，他越想越觉得不可思议。只是当和尚发迹为皇帝之日，已是百年之后的事了。虽心中觉得有点可惜，但毕竟也算物尽其用了。赖布衣想念及此，不禁仰首叹道："既然元蛮主宰百年间，黎民百姓惨相残，如此暴逆，但能拯救百姓于水火，赖某乎复何求！也罢！暂且把此事抛开寻龙去也！"于是赖仙就继续去寻龙迫脉去了。

时光如白驹过隙，萧瑟秋风，扫除了几许残枝败叶？斗转星移，换了多少次寥落人间？转眼间，已是元朝末世了。

在浙江青田北隅，耸起一座大山，山高虽仅有百米，但连绵广宽，地力雄厚。山上峰峦起伏，溪水婉蜒，峰崖洞壑，千姿万态，当中更有一峰卓立云空，峰顶白云缭绕，就在这半山腰，这时正有一名中年男子奋力向中段的主峰攀登。此人姓刘名之奇，一位穷秀才，其父刘顺七是一位退隐的元朝县官，可惜返家不久便一病去世了。他攀上大山的顶部平台，举目向前望去，但见峰峦并立，中峰一枝独秀直插云天，峰上白云镣绕，甚有气象。刘之奇一见，心中暗喜道："爹爹临终之时，曾道他梦见有位浑身白毛的怪物，把他引上此山，上山后怪物无影踪，却见一对硕大白鹤于主峰上盘旋翱翔，状甚欢跃，似起舞迎接他的莅临，想必有甚好处。我死后，汝可葬我于此峰上，慎记莫忘。如今看来，爹爹所言，果然有点意思。"他这般转念，便咬紧牙关，奋力向主峰攀去。

过了半天，终于攀上主峰之巅。却见峰顶面积甚广，峰上奇花异草，溪涧洞穴遍布，仿似一处世外桃源。就在此时，刘之奇眼前一花，似有一团浑身白毛的东西在他眼前一闪而过。他猛然想亡父亦曾说道有一全身白毛的怪物把他引上此峰，便不敢怠慢，立刻一跃而起，朝白影消失的地方跑去。这一跑，竟然到主峰顶的西面平台，这里看到的又是另一番气象。但见峰上古木参天，连绵不断，山风劲吹，古木啸啸作响，四周白云飘荡，置身于此，恍如蓬莱仙境。

这时，刘之奇却又犯难了，他举目四看，见此地风光虽好，但四周地硬如铁，并无任何洞穴，暗道自己并未携来锹铲等工具，如何能挖穴下葬？那白东西想必是捉弄我了？却就在此时，忽见峰上云空有一对硕大的白鹤疾飞而至，在一棵巨大古木上面翩翩旋舞，状甚欢悦。心中一动，暗道岂料爹爹梦中所见，如今一一展现眼前了！他不再犹豫，连忙向白鹤下面的那棵巨木跑去。巨木甚大，方围近丈，下面近土处，却裂开了一个缺口，刚好可容他所背的包袱塞入。于是他探手进缺口之内，触手处却摸到了一块树皮，树皮光滑上有凹凸，仿佛刻有文字。心中大奇，把树皮挟了出来，他仔细一瞧，树皮上果然刻有文字！他小心翼翼地把盖住字迹的尘土拂去，树皮上的数行文字便展现在他的眼前，但见龙飞凤舞的字迹写道："枝枝叶叶现金光，晃晃朗朗照四方；江东岸上光明起，扶乱说偈辅真主。"而且，下面又有一行小字写道："吾有幸目睹天机示现，其曰伯温扶乱逐元蛮，为应此兆，特寻此白鹤真穴，以赠有缘之士。赖布衣仅留铃记，乾道八年初八月。"刘之奇一见，心下登时大震，他是秀才，于地理史实了然于胸。自然知道乾道八年距今日元武宗至大三年，已有一百三十八年了！显然，这块树皮，以及树皮上的刻字，竟然是一百三十八年前，是一位叫"赖布衣"的人留下来的！

他暗道树皮字迹铃记所示，树洞之内必是"白鹤真穴"无疑了，但按偈语所示，此穴日后当出一位扶乱论卦的风水之士，而且能够藉此相助真主去逐走元蛮，这岂非反了么！这一惊，当真非同小可。他出身于元朝的官宦之家，自然知道元人的残暴，当时的朝廷规定，民间百姓甚至要五户共用一把菜刀，若然造反，哪还得了？他若把亡父的骨灰塞入树洞，日后的弥天浩劫就必定降临在他姓刘的一族了！尽管顾虑很多，他依然安照父亲的愿望安葬了骨灰。返回家里，刘之奇也不敢向外人泄露半句，甚至连他的妻子黄氏亦瞒住了。只道先父已在附近山上入土为安。

就在此事的半月后，一天晚上，刘之奇正与黄氏躺在床上睡觉，忽然黄氏惊叫一声，挣扎而起，以手按着腹部目瞪口呆！忙问怎的了？黄氏惊奇得半晌无言，好一会，才失声叫道："天！……那是甚么东西呵？"见妻子吓成这般模样，便连忙安慰她，好半天，黄氏才总算回过神来，道："妾身方才忽见一团浑身雪白的怪物跳上瓦面，向妾身大哭三声，又大笑三声，然后向妾身直扑过来！妾身惊坏了，正欲张口大叫，谁知那团白色怪物突然骤缩成一粒圆珠，飞入妾身的口中了！……”黄氏说到此，用手抚着肚皮，恐怖地道：“妾身想，它已落入肚腹了！”刘之奇一听，勾起了幕幕往事，他登时亦为之目瞪口呆。自这一晚后，黄氏便发觉已怀了身孕。刘之奇又惊又喜一喜的是刘家中年得子，若是男丁，便不致断了香烟，承继有人。惊的却是此事来得委实奇特，所怀之人必定与白鹤山上的那事有极大渊源，日后此子不知给刘家带来是祸是福。但事到如此，亦无计可施，唯有听天由命了。

黄氏十月怀胎，到第二年八月初八，便一朝分娩，诞下一个白胖的男娃娃。这男娃娃的长相非常奇特，眉浓长而几乎及耳廓，脸长而方正，眼珠炯炯，虽是娃娃，亦令人望而生敬。但这男娃娃甫一降世，便不哭不笑，眉尖紧聚，竟似满怀心事。黄氏道：“幸好是个男孩，相公呵，替他起个名字吧！”刘之奇中年得子，先是一阵狂喜，但随即忆起种种怪事，却又惊奇又担心，未知这男丁日后替刘家带来的是祸是福。蓦地，想起树皮上那位“赖布衣”留下的偈语——“伯温扶乩逐元蛮”，心中更感疑虑。这般转念，他心事重重地道：“无论如何，好歹也是刘家的基脉，他就名′基′吧！”黄氏一听，喜道：“好呵！刘基，刘家一脉的基业，相公起的好名字！但相公是读书人，也该替基儿取个别字。”刘之奇叹了口气，知不可回避，便道：“此子姓刘名基，字伯温吧！”话声刚落，刚出世的男娃竟似听懂了，黑眼珠定定的凝注着父亲，神情严肃，就似已然懂事的老人精。从此，这位奇特的男娃就叫刘基，字伯温了。

话说赖布衣著《青乌序》的一百年后，北宋被金人消灭，而南宋也受到元人的统治。汉室子民在元人残酷统治之下，已过了八十个年头。这时汉人有才干之士渐渐出头，抵抗元人的高压统治，而各种“元灭明兴”的传说，流传在民间，元人的气数似乎也已到了紧要的关头。

这时，在浙江青田县，出现了一位神童叫刘基，他有过目不忘的本事。在他十五岁那年，在山里读书忽然下起了大雨，为了避雨进入到了一个山洞里，天雷围绕石壁劈开，洞内瑞气万千，如幻如仙。刘伯温发现了一个石匣子，打开一看，得了一本天书和一颗龙晶珠，就是赖布衣写的《青乌序》，他不由自主地拿出书来翻阅，只见那字里行间透着仙气，忍不住细细品味揣摩，然而，天书里面的天文地理，文辞深奥难懂，恰好有一个守护秘笈的仙家——白猿仙，在地上书写为他解读天书。

自此以后，因为这个奇特的际遇，扭转了他的一生。这本意外获得的堪舆书，使他对堪舆之术产生极其浓厚的兴趣，因此，对那本从天而降的宝书——《青乌序》，更是爱不释手。除此之外，刘基一直以来就视此书的作者赖布衣，为自己的恩师。当他悟澈《青乌序》中的每一句话以后，便留下了一封书信，与家中的父母亲告别。然后离开了家乡，一个人独自来到安徽省钟离县的皇觉寺。途中，他一路上观察民间疾苦的现象，对元帝的昏庸无能痛恨欲绝，此外亦观山鉴水，印证着青乌序中的堪舆理论。半年之内他的堪舆术又精进不少，所谓“行万里路，胜读万卷书。”实在言之有理。

正元年八月初八，他来到安徽濠州。在睡梦中，仿佛听到有人叫着：“刘基！带着龙晶珠，随我来！”他觉得很奇怪，在这人生地不熟的地方，怎么会有人知道他的名字？“是什么人在说话？”刘基问。朦胧中，刘基依稀看见一个白发苍苍的老翁，他天庭饱满，目光炯炯有神，神情举止不似一般平民。这个老翁说：“你暂且不用管我是谁，带着你的龙晶珠随我前去吧！”刘基虽然未曾见过此人，但却有一种莫名的亲切感。他紧跟着虚无缥缈的影子，一直走到山野中。“吾道中人，切记心定神清。你天资聪慧，假以时日，成就无可限量。现在你闭目冥想，朝西盘坐，自有暗示。”那个声音说。

四周一片死寂，刘基虽然害怕，但还是照着老翁的话盘腿闭目静坐。约过了一柱香的时间，在西面山下出现了一声巨响，刘基吓得睁大了眼睛。他看见十里之外，有一团红光升起，然后渐渐散开，接着，又有一团青光升起，也是慢慢的变淡。一时之间，同样的情景重复了数次。在堪舆术中，青光与红光是指王命和运势之光，只是这一下升起，一下又消失，究竟意味着什么呢？刘基感到很纳闷。“快把龙晶珠丢向发光处！”刘基听到那熟悉的声音又再度出现，便赶紧拿出怀中的珍珠向西方抛去。“啪！”的一声，红光、青光，同时飞起，围着龙晶珠打转，而龙晶珠则发出五彩的雾气。不久，“啪！”的一声，红光、青光全都消失不见了。

“刘基，你看清楚刚才的景象了吗？”刘基觉得事情越来越诡异，便说：

"老丈！您到底是何人?""我是堪舆师赖布衣，也就是写《青乌序》的那个人。"刘基听了大惊，立刻跪下说："久仰大师名讳，大师就如同弟子的恩师一般，这些年《青乌序》给我的启示非常大，请大师收我为徒。"基跪在地上，不肯起来。赖布衣答应了他，然后接着说："眼前最要紧的青光与红光所代表的意义，你了解吗?"刘基回答说："大概懂得一些，只是那些光若是指能承纳龙晶珠的人，为何却不见紫光呢?"赖布衣注指着那缥缈的影子说："青光与红光合而为一，不就是紫光了吗?你继续往西行，将会发现帝尊之相。"说完，赖布衣就渐渐地消失在雾气中。刘基连忙叫着："师父，别走!"但此时影子已不知飘向何方，只幽幽的留下四句话："赖学百年后现身，布衣济世益万民，谁言青乌不入阁，凭此且觅紫衣帝!"

终于，刘基就成为了赖布衣《青乌序》的一名真正传人，身怀堪舆绝技，辅佐帝王成就了天下。

笔者按：相传，明朝开国功臣刘伯温有上知三百年，下算五百年的本领，这是他在青田石门洞得了赖布衣写的"天书"的关系。

其实很多人不一定知道刘伯温懂风水，因为他政绩大，他在风水易学的这一面反而不为认知了；却多数知道有个风水明师叫刘青田的，其实就是一个人，江湖上的朋友是因为刘基家乡在青田而称呼其为刘青田。

刘伯温所用风水实为继承赖布衣一脉，后来成为了一代风水明师。只是因为官大，政绩淹没了他的技能之名，故而大多数人都只知道刘伯温为开国功臣。

附　录

一、赖布衣催官天星派

赖公催官天星派风水秘技是自南宋建炎年间起，至今已经默默流传了近八百年。天星弟子们一直在为有缘福东服务，从不高调显露，而且历来只是师徒相承，就这样，一直在民间秘密流传。赖布衣之嫡传门人在出师时，都要经过极其严格的考验：用几箩谷在地坪中布山脉水流形局，然后在宝穴下藏一铜钱，古之钱有孔，被考之弟子要用一根筷子，若能一插下去正中钱也者，方可自立门户，不然便永远不准去葬地害人！赖公地法，就是沿用赖公祖师天星之法，使得后学能直步终南捷径而得道。而赖公传人谨遵祖师遗旨，本门弟子将此绝世秘法代代传承，艺成之后，云游四方，实战操作，造福万家。

催官天星之学，历来注重天象，仰观天文，俯察地理，将日月五星、四大星垣、北斗九星、廿四天星、廿八星宿等以及整个星空体系，每每夜观星象，通过观象授时以催发，直接贯通于龙穴砂水向中；理气参佐寻龙点穴，寻龙点穴可定理气。其中暗含葬法、作法、破法、谋法、化法等等机秘。阴阳二宅均可施用，丁财贵寿信手拈来。因而成就了不世之神术，或成天妒之夙因？

世人对催官的解释，通达者寥寥，千年来赖仙定会感到寂寞与失落。催官，是如此精妙奇巧与雄浑，在南宋时，赖仙就已播下了这枚以天星之法，用作寻龙点穴的种子，当今堪舆界普遍的催官传承，仅仅只是跳蚤蛋般大小的那么点收获，不由地一声叹息。正因为如此，人们格外关注赖仙催官天星一门的蛛丝马迹，哪怕是历史进程中那个偶尔闪过的人物或事件，以此来怀念赖公，这位800多年来一直是巅峰级的堪舆巨匠。

因为催官天星的传人极少，又很少抛头露面，赖公应该是会感到寂寞的。当年赖公独创之催官天星之法，创发人盘，完善了天文地理缺憾，真正做到承前启后，其贡献可谓卓越，技艺之高超，可谓前无古人后无来者也。

在这里，我衷心的祝愿能得到赖仙一门传承的后学弟子们，能够珍惜这份天地间的珍宝。以赖仙的眼界、文笔，是那么精炼和老道，文辞的华丽，表达的准确，暗藏玄秘天机，字里行间无不显示出一代宗师的风范；也想在此中把有关催官天星的群落中，寻找到赖仙一脉的宗匠。只要能有幸得以聆听到赖仙一门的经义，此乃人生之幸运。天星风水的发扬就因为有赖仙，才一直这样的卓然独立。虽后世的人们不能亲睹起音容，然而却是人人心中皆向往之！从而它已经成为一个令人敬佩的一个门派。

其实，赖布衣天星派弟子们知道，催官天星派风水实乃大道，能引动天地之气，培植后人之福。其效果往往是惊天地泣鬼神，故而一直很少抛头露面，基本隐居民间造福。古人云：天生我材必有用。用通俗的话说，就是人生下来都有自己的岗位，具体会做什么事，这都是有定数的，问题还在于自己是不是做地师这块材料？从命理角度谈：人一生要做什么，其实都是注定的。

风水师作为代天行命的地仙，必然就有其人生的际遇。其实历代一来，天星派的传承，都是师父找徒弟的，万事皆因果，能有缘相聚在一起肯定有原因，假如能成同门则更加难得，也许这就是的“物以类聚，人以群分”。风水之学，乃事关家族国家之大事，其因果循环之体现尤为明显，多少大师身受其害……

堪舆术数都是主动介入的因果之道，因此通数术者当自重。高允的安然而退与崔浩的持才傲物而获死，这是两种截然不同的结局，郭璞知天、知地、知他人而不自知，良可叹也；刘青田能天地人俱知，而不能安然而长眠，时也、命也；惟范蠡、张良却可以全身而退。道行通达深浅由此可见，此乃通天人合一之学的极致体现！山医星相卜皆乃入世之用，只要把它作为职业，必然是要受其果报的。能造福一方固然可以累积福报，然做坏了会如何？所以说把风水作为爱好，那是最正确的选择，懂得保护自己，不要给自己压力。

人的一生，就是活到老学到老，能达到什么样的程度，要看天分。重要的是懂得享受学习的过程，其实这也是一种美丽，至少，你看到了奇峰的高度，虽身不能至，也可以心向往之。关于赖公的催官体系，很多东西其实就是赖仙的亲历，包括本门历代传承的经验总结。很多人都说明师难求，其实还是其因缘不具足。天地规律，大道至简，道法自然，我们做人也一样，只要做到大山不向我走来，我向大山走去，所谓人往高处走，水往低处流，常常能亲近高人，自然就能得到好处和加持！

常常有的易友对我说：研究风水很久了，依然还感觉这条路很漫长！是的，如果你还有更好的选择时，请不要把风水当职业，就当是生活中的一个爱好吧，也许这样学习起来，你的浮躁就会少了一些。大自然的造化之妙，可谓鬼斧神工，形神俱妙。要想了悟其之奥妙，只有自己的生活稳定了，才能安心学习，才有精力去体悟世间天地的奥秘，感悟自然之大美。其实在探求真理的道路上，这样的人还是很多很多，内心不由感叹："路漫漫其修远兮，吾将上下而求索……"

学任何一门技艺都涉及到天分，在这些门类中，能够登顶者，肯定是少数，这就是宿命。杨公有曾廖公的嘉惠，也有黄妙应古拙，也有刘江东的机缘，各自有命。要学好一个东西，根器很重要，恒心也很重要，恒心非一日之功，积沙方能成塔。学习时就是要重复重复再重复，干事业必须要坚持坚持在坚持！世间事就是这样，说起来简单，做起来难！

一个没有恒心，不能坚持的人，再大决心，再强的信心，都只是纸上谈兵！做任何事，要专一，要精纯，这是态度问题。至于所达到的高度，由根器所决定，在一定程度上，非人力能所及。就好像做风水一样，有时候就是福人葬福地，福地福人居，风水永远都是为有福德的人服务的。于是徐总昨晚问我，有钱人或者当官的人，很多的人都造了恶业，为什么能请到明师做风水？他之所以能成为富贵之人，祖宗所积累储存的福德必然很大，风水本乃富贵人之游戏，服务的自然也是尚俱大福德之人。

常言道：富不过三代，那是因为没有风水的支撑，就如存钱取钱一般，福报用完自然败落。然而赖公为郑氏义门葬地，为黎氏做宗祠，为胡氏及邵氏所作阴阳宅，出帝王将相，而且个个都是三元不败，富贵人丁，兴发悠久。可见风水乃借取天地之力而荫后人，故而源远流长。在福建和两广等地，有的人家供养一个老地师在家几十年，愿意吃这样的苦，不就是为了子孙后代的福祉。

古人云："上有天理，下有地理，中有人理。"又云："有德之家遇着，无德之家错过。"风水里头也常说："医道不明，误杀一人；地理不明，误杀满门!"故，为人子者，医理不可不学，地理不可不知。古人云："医理无底，地理也无底。"又云："医理杀人用纸包，地理杀人不用刀。"故知地理有利也有害，双刃剑也！不管您是谁，能够听到以上言语，已经是很幸运、很知足了。世间之事变幻无穷，能懂天地山川的性情，就是人生的一件美事。作为一个代天行命的地仙，本身承担的责任就很重大，自然会令人态度谨慎。

然而，从事这个风水行业久了，生离死别、悲欢离合看得太多啦，对人生的理解会更加深刻。慢慢地就会厌倦，心中自然就会有一种退隐的感觉，然而隐退是一种境界，心中清净才能得自在；古云："惟求静道，静，则万籁皆寂；静，则心如镜平；静，则坐如巨钟，站如劲松。静，则眼看无色，耳闻无声；静，则一切归于平宁，虚空飘渺；静，亦复如是。"一念不起谓之清，灵台无物谓之净，这就是清净的意义！相信有一天，在云雾袅绕的仙山上拥有一个自己的道观，圆了自己从小就有神仙梦，也许会慢慢考虑是不是该修仙去啦……

据说赖公当年到罗浮山偶遇葛洪仙人，得其传授之内丹修炼 16 秘法，后在太乙峰得道飞仙。这是古籍上有记载的。摆脱轮回，达到解脱，正是很多人要最求大道的一个目的。其实人生，不能仅仅是为自己活着，人类的灵魂生生不灭，只是外在的躯壳，通过业力轮回中发生着改变。一个人的组合从肉体到灵魂，是可以分出很多个层面的，生死转换，灵魂不灭，六道轮回，循环不息。一个人真的很复杂，目前很难找到恰当的比喻，犹如电脑，要硬件，要软件，要电源，还要操作者……

有些话，只能对知音而言。跟不信者谈论此道，简直就是对牛弹琴。古话说“见人说人话，见鬼说鬼话”是对的，否则不着调。老子曰：“上士闻道，勤而行之；中士闻道，若存若亡；下士闻道，大笑之。——弗笑，不足以为道”，而现实社会上的事实，也大多就是如此。

能生在中国，是此生的幸运，有幸得闻往圣之言，亦是幸运。上天此生给了我人身，就要好好珍惜，不浪费光阴。一直往前，坚持去做，去感悟，感悟你的心灵，你的生命历程，你的人生经历，只要来到这个世界，你就必须要去面对，更好的塑造自己，成就自己。风水的境界与心灵的修炼，其实是可以相辅相成的。有道是“万般神通皆小术，惟有空空是大道！”只有追根溯源、返本归真，才是我们这一生为之终极追求的目标！雅浩认为，不管一个人在术数上层面多高，最终还是要回归到大道的修行上来，赖公的完美结局是如此，而我们也将成为这样的人！

所谓大象无形，道隐无名，一切皆是因缘际会，也许那一天，你也会成为我们的一员，或许这一切就是上天注定的，谁知道呢？万事皆是缘吧，能够在茫茫人海中相识，本来就是需要缘分的，所谓有缘千里来相会。很快，我就要启程了，又将经历一段全新的风水云游……

二、风水孝道人生

一、风水源于孝道

堪舆之道，乃天道、地道、人道之总和，上应天象，中应人事，下应山川，所谓顺天者昌逆天者亡，天地大道乃规律所趋，而最高的境界就是掌握其规律，顺应天道地道，就能趋吉避凶，心想事成，达成愿景。

惟有人道在风水的运用，体现至深，全在于孝道。因为孝道传承着一脉相连的骨肉亲情，关系子孙后代吉凶祸福，为人子者，不可不知其关联。因此，如果要抛开孝道谈论风水，无异于缘木求鱼。

很多人以为，孝道是做给亲人们看的，其实不然，试想，天下的父母生前都无私奉献爱心来养育着你，死后葬在地下却依然无私地被利用来保佑着你以及后人。面对这样的恩情，却很少人能够做到“趁亲安在，尽孝勿迟”，甚至于很少能常回家看看父母，就是一直都在外面忙。百善孝为先啊，身为人子，要时刻抱着“感恩的心”懂得“树欲静而风不止，子欲养而亲不在”的道理，别让这成为一辈子的遗憾。

孟子曰：“养生不足以当大事，惟送死可以当大事。”又说：“养可能也，敬为难；敬可能也，安为难；安可能也，卒为难。”从以上可看出传统孝道观念中，非常重视“事死”的，也就是古人说的丧亲。曾子将丧亲之孝概括为“慎终追远。”慎终是父母死亡的丧葬行为，追远是父母死后的祭祀礼仪。可见，子女表达丧亲之孝的形式就是丧葬和祭祀，也就是说父母或长辈去世后要举行葬礼和祭礼。

古人有个说法，叫做“百善孝为先”。一切善行都是从孝开始做起的，因为这是人世间最伟大的亲情，人人不可回避。所以说，我们现在就应该珍惜身边的亲人，真诚地面对自己亲人之生养死葬，其实孝顺的最大的得益者，最终就是你自己。如果没有孝道，又何来的风水！

古代地师十不葬，排在第一位的就是：“素不孝悌者不葬，其人之天良久丧，何不养之於生前，乃慎之於死後，所谓欲得佳城以安亲者，实欲谋吉壤以佑身耳，如此等人，而与之言地理，先已不知不理矣。” 如果生前不尽孝，死后却拿父母的骨骸，利用他们来保佑自己，像这种自私自利的子孙，相求风水的力量，根本就不配！因此，赖公曰：世降风移人少淳，相逢大地勿轻许。

圣人孔子也说过：“卜其宅兆而安厝之”。孔子还认为，为人子女孝顺父母，是天经地义的法则，是人们应该身体力行的。弟子子游向他问孝，子曰：“今之孝者，是谓能养。至于犬马，皆能有养。不敬，何以别乎？”孔子在这里突出了一个“敬”字，很是精僻到位！可见孔子对孝道的看重与推崇。

为人子者，当念厝亲是平生第一大事，上为亲体安宁之谋，下保子孙久远之计，而不可惮其登涉之劳也。孔圣人在几千年前，就已经认可并认知了风水的力量，所以他自己一直非常注重安葬之事，认为葬地事关子孙后代之吉凶。如果平时不关心亲人葬地的风水，把它看成细枝末节，一旦出大事，就很被动和仓促了，如果匆忙之中能寻得吉地相救，尚能达成愿景。如果不幸把亲人骨骸葬于蚁泉沙砾之中，无异于抛尸荒野，就会祸害子孙，发生灾难，那就是最大的不孝。因而大家能明白这个道理，能做到有备无患，使亲人能安息于地下，自然会保佑活着的子女，这就是最大的幸事了。

我看过多遍《和谐拯救危机》，记忆最深刻的是说：为什么四大文明古国惟有中华文明独存，说明我们中华的传统文化是符合天地之道，是能大道长存的民族文化。因为我们中华民族一直是家庭制，其中核心文化就是注重孝道，如果连老祖宗都不要的，这样的文化怎么能长久呢？故提倡我们不要崇洋媚外，盲目学习西方的文化。就是要回归到中国的传统文化上来，其核心还是首先要回到孝道上来。

二、人生追求回归

人为什么活着？目前很少人会去思考。我见过这样的答案：“追求自我的极致就是追求自然，如果还仅仅只是在追求名利，是属于生活比较初级的阶段，那还属于比较低级得活法。” 这也许是大道理，但是，在这市场经济时代，人们都已经心浮气躁，追名逐利去了，静不下心来去思考：“此生要怎么度过？”只是一味沉浸在尔虞我诈，勾心斗角地去追名逐利之中。往往一旦步入名利场，就会失控，身心的疲惫，完全到了不能自拔的境地。

人人都在生活，但是只有少数人懂得生活，我们适合什么样的生活，需要自己去选择。雅浩尚易，追求自由，向往逍遥，觉得自己的一生，能去自己喜爱的地方，做自己喜爱的事，就是一件最幸福的事。觉得人的一生，能做好一样有益社会的事业就足够啦。于是辞去工作，专事堪舆，胸怀仁心，闲云野鹤，云游四方，游历山川，造福有缘。许多年来，只爱天文地理，仰观俯察，跋涉山川，游历人间，亲近自然，追随历代祖师和先贤们的足迹：

我仰望那无边无际的星空，那片千百年来先贤们仰望过的星空，尽管斗转星移，满天星斗依然在向我闪烁。

我俯视那广袤无垠的河山，那些千百年来祖师们俯察过的河山，尽管沧海桑田，大地山川依然在向我微笑。

著名隐士陶渊明有一句："采菊东篱下，悠然见南山"，写的是那么绝妙，道出人生需要追求的生活目标，这是自然的回归。让我们体会着每天的安定从容，感受这一切，发现平淡才是真实的生活。常和朋友说起心中的未来，假如有一天，我们大家一起结庐而居，赤脚庭院，碧波荡舟，巅峰品茗。此为何等的意境，何等的逍遥！中国古人常好隐逸，以求清幽修身，主张大隐住朝市，小隐入丘樊。所以雅浩以为，不一定非要到深山去，只要有那份心境，身在闹市也一样能做到"心远地自偏"。

只要大家心念都能趋向于回归，平时都是往好的一面想，世间会变的更加的美好！然而，现在这个年代，对很多城市里的人来说，能够睡觉睡到自然醒都很难，如果想要时刻亲近大自然，回归到日出而作日落而息的规律生活，达到返璞归真，倒真是成了一件很奢侈的事情。从这点来说，感觉确实是个悲哀。然而，这些都没关系，看到我的这本书时，就是我们结缘的开始，改变就从此刻开始，改变了心念，就是改变了命运。或许某一天，我们还会偶遇……！

三、心念改变世界

我们常常会听到：这个世界怎么啦？日本大地震导致核泄漏，以及其他灾难频频发生，其实人类发生的一切都是人类自己所为造成的。高科技是能带来方便，也能导致人类功能上的退化和灾难。这是人类科技无限发展的一种共业，长期汇聚一起就会从量变发生质变，最后形成灾难的发生。

听闻后很有感触，心念可以无中生有，念力决定物质，可见念力作用的可怕，群体的念力更大，能决定着群体的命运，个人也是如此，直接决定着一个人的命运，因为心念决定了你的行为，行为决定了你的习惯，习惯决定了你的性格，性格决定者你的命运。由此可见，好或坏的心念一起，直接决定了你的命运。

灾难如何来解决？

那就从小我做起，从我们大家来做起，一群人都能做到，这样就能改变灾难，离苦得乐。佛家常云：不怕念起，就怕觉迟。所以雅浩觉得，把控好自己的念头，控制好自己的言行，都要先从自己做起，积极向善行善，培植福田，这是最好的改运方法，能影响到大家跟你一起向上，积善就会减少灾难，如果能影响半个世界就已经很成功了。

从易经风水的角度看，世界就是由阴阳组合成的，有灾难就有平安，有痛苦有幸福，人的好坏也一样，自然是有好人有坏人，怎么改变呢，只能以从小我做起，尽量影响到更多人来向善，争取更多的善念。不必强求，毕竟有人永远都跟你没法共振的。而你的选择就是要做好人还是坏人，要幸福还是痛苦，要平安还是灾难。所有这些都取决于你自己的一念之间。

风水世界里的道理也一样，只要我们恪守孝道，以媚事亲，保持心存善念，积极行善，遵行五常八德，理想崇高，做到格物致知，知行合一，自然福人福地，得遇明师，定然境随心转，福德相随。

三、仰观俯察乃堪舆之源

仰观天象，俯察地理，乃王者之法。天星地理学之源头来之于此，故祖师曰："历法始乎伏羲而成乎尧"，伏羲之前，则有帝释梵王，洞明此理，法象天地，施之人事，迨尧命羲和，钦天授时，而仰观之说始明，推鸟火虚昂以占中星，定春夏秋冬，以正四时夫周天三百六十五度四分度之一，星丽乎天而左旋者也，周岁三百六十五日四分日之一，气运於天而右转者也。

赖公曰："紫微天极，太乙之御，君临四正，南面而治，天市春宫，少微西掖，太微南垣，旁照四极，四七为经，五德为纬，运干坤舆，垂光干纪，七政枢机，流通终始。"七政乃以北斗七星为枢机也，其流通终始，在天皆有形可见、有象可求也。

天之有四象，东方苍龙七宿，自角始而箕终，南方朱雀七宿，自井始而轸终，西方白虎七宿，自奎始而参终，北方玄武七宿，自斗始而壁终地法以二十八宿之分度，以配八方，推之为二十四路，又二十八宿，分配日月五行纬星之气，分而丽之就以分配分野，天禽地兽，在人各有所主，其所以消息阴阳，辨其吉凶，论其情性，分其分野布天星，立四正，占山川之所产，察人物之善恶，其理微矣。

夫罗经者，乃一天地也。本后天八卦方位，间以八干四维，分为二十四位，地理之法，本乎先天而纳甲，配八局以为其用。追八卦之起源，溯易经之理，则有云："仰观天文，俯察地理，近取诸身，远取诸物"。所以易经之理包罗万象，举一千从，运变无形而能化物，大矣哉，阴阳之理也。"方位既定，局法既明，然后推五气之流行，知阴阳之休咎，因是以为返本还源之妙。葬事之理，返气纳骨，乎其生气，骨骸得气，遗体受荫，其义亦微矣，且以八卦分二十四路，兼各配五气，各分阴阳，不可不深察也。

人存于天地之间，天地自然成了人类所认识、探索、研究的对象。从最早的原始时期起，这种认识、探索、研究就已经伴随了神秘的色彩。国家出现以后，又增添了王权的威严。《周易·系辞下》说到上古的伏羲氏"王(称王) 天下"的时候，"仰则观象于天，俯则观法于地，观鸟兽之文，与地之宜"，最终创制出了八卦。这一段话把天文、地理以至神权都纳入了王者之法中，成为了统治者的御用工具。

地上最大者，莫过于君王，天之最中者，中天北极，天地之合也。故"地德上载，天光下临，阴用阳朝，阳用阴应，阴阳相见，福禄永贞，阴阳相乘，祸咎踵门，天之所临，地之所盛，形止气蓄，万物化生，气感而应，鬼福及人。"地为静、天为动，此君子所以夺神功，改天命也。

富贵出乎龙身，而昆仑乃四极之祖，分流南、北、中三干龙，北条出河北，人云中，九嶷雁门代郡，回复南而太原帝丘，太行恒山，孤九河，东北渡辽海，以人於海，为翼兑之分；中条出河南，自秦陇三辅，入丰沛汾晋，孤伊洛，东而淮泗，以入於海，为雍豫徐青之分；南条出江南，自陕右分，出西鄙，回巴蜀，逾荆衡，人黔中，东而匡阜，南极岭海，北度闽粤三吴，自浙右以入海，为梁荆杨之分。

因来龙力量大小之不同，而气象亦异。故而有一人之气象，有一家之气象，有一邑之气象，有一郡之气象，有一国之气象。地理之大者，莫先于建都立国；地理之小者，莫过于一家一冢。是故风水之说在于地，固有国者所当择地立都，而祸福涉及百姓之福祉，而得丧之机存乎人，尤有国者所当慎也。故云："堪，天道也；舆，地道也。"而"道"者，"首"在"走"也，故要寻天地真髓，把握龙脉，必然要涉行万水千山，除此，还须步天，精于天道。自三代时始，中国的天文地理之学均有此显著特点。至于古天文学，被认为是唯一能知"天命"的学科，历来为帝王服务和控制。故而堪舆之道，素有"帝王之术"之称。

所谓地法，相其阴阳，原其骨脉，辩其嫡庶，察其情性，使龙穴砂水收藏，裁于百里，於方寸冲阳和阴，增高益下。因山以别水，因水以分山，随其形势而为之分野，因形势以推气，因气以立穴。葬经曰："地有四势，气从八方至，"晋郭氏作葬书，推明其义。又曰："寅申巳亥四势也，衰旺系乎形。应震离坎兑乾坤艮巽八方也，来止迹乎冈阜。四势之山，生八方之龙，四势行气，八龙施生，一得真宅，吉庆荣贵。"

唐朝有一位寒山禅师，一直传说是文殊菩萨的化身，就说得更加透彻了。其作有一首诗说："众星罗列夜明深，岩点孤灯月未沉。圆满光华不磨莹，挂在青天是我心。"这个非常透彻圆满地来描绘，人与大自然是身心不二的，我们与大自然是圆融无别的。

由此可见，观象之法，所阐扬的"形止气蓄"，亦可用于观天地交媾之气与形也。地气在下，必得日月五星之精光下照，始有所涵育。阴令用阳星、阳令用阴星，必求阴阳交媾、二气相济，则龙穴得阴阳交媾之气，福才能永贞。因此，只有掌握天地运行规律，顺应天道为我所用，这就是本门观天察地的目的。

后 记

人生在世，莫让生命太遗憾。首先要重名节，视自己声誉如生命。爱惜时间，莫让时光空流逝。虽不求做什么惊天动地之事，只求能有益社会！人一生能干好一事足矣！

学一门技艺，需要全身心投入，精益求精，穷于实践，不敢丝毫松懈；雅浩多年来，努力学习各门派技术，孜孜不倦地实践，不参加无尽的争论，远离江湖恩怨，专研好技术。

信心需要技术做支撑，技术就是信心，才能造福社会！雅浩以为，作为爱好者也要懂点风水，才不为庸师所骗，才能为家人求得真正的平安富贵。作为风水师，更需要精研，做到心有定见，方可应验不爽。

战胜孤独，潜心研究，有梦，就努力去追求，坚持不懈去实现心中理想！做人需要敢于追求，保守总是落后于人，所以，有梦的人是幸福的。

心地善良，待人真诚，如此而已。要了解一个人有很多方法，从术数中可以！从生活细节中也可以，从文章中也能了解——做人洒脱大气，才能写出大气洒脱的文章来，文如其人啊！字里行间都倾注了你的思想，你的观点，你的起心动念！

好人品肯定能交到良友，所谓物以类聚！古人严谨，今人功利，如今的社会就这样了。而做人，就只能是靠自己给自己排队，假如让雅浩选择，宁可效法古人！

为弘扬中国传统文化之风水学说，雅浩在出版本书之前，就曾远赴京、赣、苏，浙、闽、粤、桂、鲁、陕、鄂、湘、川、藏等地，深入民间拜访明师交流学习，由衷感恩，也要感谢传授雅浩技艺的各位老师。

雅浩自幼爱易，崇尚道学，喜游山玩水，自在逍遥；寻师访友，闲云野鹤，怀济世之宏愿，豪情满怀，不畏艰辛，走遍大江南北。雅浩出道学艺，遍访名师；盖名师易得，明师难求，世人皆知也。知盛名者，日思夜想，必前往拜师，达成愿望，方才安乐，然青春年华，盘缠银两，缺一不可。

合浦赖师，民间实干风水师，有祖传之赖公秘学，专事地理十多年。雅浩独自前往拜师，亲如一家，亦师亦友，从此随赖师游历全国葬地，达五年之久，深感奇术灵验。

山东曲阜李师，自创八字六爻，为新派宗师，又创命理风水，名气甚大，争论亦多；看李师著作，感其铮铮铁骨，霸气非凡；服其气概，前去学习。

北京王师，世界预测协会会长，年轻时曾旅居国外教学，道家正一派阴盘奇门遁甲风水，大六壬闻名一方，为人温文尔雅，和蔼可亲，随即前往拜师学艺。

赣南曾老师，雅浩组织师兄弟姐妹一同前去参习杨公古法风水，大家在赣州欢聚一堂，其乐融融。随后一同前往考察风水，实习期间，觅得 800 年前古墓。

广东风水狂人黄师，听闻其身怀从江西习得形峦绝学，后才知是刚出师就出来教学，雅浩独自一人几次前往学习，就是立志要把江西之学学回江西。

西安陈师，乃面相泰斗，通过三年多的电话不断联系，终得到应允，在西安的工作室；雅浩和江苏师兄弟一同前往拜师学艺，习得华山面相体系。

福建陈师，自学天文 26 年，走弯路终自悟，创出一套天文地理之学；家境贫苦中，依然研究不懈，令雅浩感动，怀投缘之心学习天文之术。往返几次，亲切相知。师云：历代国师，皆天文学家也。

三僚廖师，廖氏嫡传名家，脾气暴躁，性情古怪，保守正直，求学很难。雅浩曾先后三次登门拜访，最终感动廖师，得其应允学习；适逢杨公庙会，盛况空前。

四川陈师，得川中高手刘天禄“形法择”真传，一生实践使用，知其珍贵，后传其子。雅浩与陈师兄青云鹤年龄相仿，甚是投缘，在陈兄的引见拜陈忠和为师，得传刘伯温嫡传风水。

雅浩自叹：风水之学，虽博大精深，但终可同归一源也。

此后，雅浩还拜访过很多的民间地师诚心学习，经历神奇；由此结识了许多风水学界的明师益友，并力邀诸师友将秘不示人之风水古籍整理后公布于世，以供广大风水爱好者研究和学习，共同为弘扬中国风水文化的发展出把力。求学期间有缘偶遇道佛之师，不图名利无私传授，在此雅浩一并感激；十几年坚持走来，往事依然是历历在目，其中走过了很多弯路，但始终无怨无悔；回忆以往学艺经历，满怀感恩，对所有亲身经历的故事，除了感动，还是感动！

追求真理、怀念师恩；勤于实践、精益求精；学海无涯、艺无止境！

俗话说的好：“三人行，必有吾师”。尊师重道，乃中华传统美德，继承祖国传统文化，需要同志努力。所谓能者为师，雅浩期盼能够更多结识一些志同道合的良师益友，为保护祖国宝贵的传统风水文化得以延续而出把力。

雅浩要感谢所有的老师以及支持雅浩的师兄弟和朋友们，在此要特意感恩无影道人、王凤麟、赖纯聪、张伟杰等师父在著此书前的教导和鼓励，感恩陈师兄为本书出版所做的序言补充评注校队所付出的巨大努力，感谢涂传荣师弟、梁奕明老师以及出版社的编辑忙前忙后的辛劳，要感谢管峻、钱亚东、吴晓玲、李建、方慧、应伟中、邵伟、牟春峰、纪英霞、李晓君、陶厚庭、姬垣凯、高洁、戴皓民、吴云、黄春华、李蕾、蔡维金、孔振、黄军赣、车丽梅、徐雁冰、郭纪平、梅松、陈军、陈君威、邹重阳、陶建忠、袁麟坤、张清皓等人给予的帮助，祝愿所有好人们时时吉祥，一生平安！

本人学识有限，本书亦编成于仓促之间，错误在所难免，愿天下高贤志士能批评指正，雅浩不胜感激！作者QQ：2082426249，联系电话：18970809101，因为平时在自己的道观传经布道以及闭关等，可能会比较忙碌，为避免影响到笔者的日常事务和修行，还望彼此可以相互理解。所以希望有事的读者，尽量是QQ留言或者通过手机短信的形式进行联系，谢谢！

赖雅浩

2012年6月1日于广州